王文静　杜霞　谭英◎主编

好老师家书

中华经典涵养师德新探索

北京师范大学出版集团
BEIJING NORMAL UNIVERSITY PUBLISHING GROUP
北京师范大学出版社

图书在版编目(CIP)数据

好老师家书：中华经典涵养师德新探索 / 王文静，杜霞，谭英主编. -- 北京：北京师范大学出版社，2024.8. -- ISBN 978-7-303-30061-7

Ⅰ. G451.6-53

中国国家版本馆 CIP 数据核字第 2024KN8208 号

图 书 意 见 反 馈　gaozhifk@bnupg.com　010-58805079
营 销 中 心 电 话　010-58808083　58807662

HAO LAOSHI JIASHU：ZHONGHUA JINGDIAN
HANYANG SHIDE XIN TANSUO

出版发行：北京师范大学出版社　www.bnupg.com
　　　　　北京市西城区新街口外大街 12-3 号
　　　　　邮政编码：100088
印　　刷：唐山玺诚印务有限公司
经　　销：全国新华书店
开　　本：710 mm×1000 mm　1/16
印　　张：30.75
字　　数：441 千字
版　　次：2024 年 8 月第 1 版
印　　次：2024 年 8 月第 1 次印刷
定　　价：88.00 元

策划编辑：张丽娟　　　　　责任编辑：齐文媛
美术编辑：焦　丽　李向昕　装帧设计：焦　丽　李向昕
责任校对：冯　倩　　　　　责任印制：陈　涛　赵　龙

教育部人文社会科学研究规划基金项目"儒家经典学习促进教师幸福感的干预模式构建与验证研究"（项目编号：21YJA880064）成果

教育部教师工作司2023年委托教育部师德师风建设基地（北京师范大学）重点调研课题"新时代师德师风建设模式研究"成果

全国中小学幼儿园师德师风建设专家委员会首届年会暨北京市学校德育研究会年会（2022）推荐典型案例

主　编　　王文静　杜　霞　谭　英

编　委（按姓氏笔画排列）

王文静　吕文倩　刘一璇　刘淑红
杜　霞　李德政　杨一鸣　张翠平
岳　曲　郝敬宏　胡莹莹　侯保成
夏　红　崔　欣　曾榕清　谢秋葵
詹　筱　解会欣　谭　英

前　言

　　"中国式现代化，深深植根于中华优秀传统文化"是习近平总书记关于中国式现代化理论的重要观点。建设教育强国，是以中国式现代化全面推进中华民族伟大复兴的基础工程。强教必先强师，培养高素质教师队伍是建设教育强国最重要的基础工作。师者为师亦为范，好老师首先应该是以德施教、以德立身的楷模。2023 年 9 月 9 日，习近平总书记致信全国优秀教师代表，深刻阐释了"中国特有的教育家精神"，希望广大教师"大力弘扬教育家精神"。中华优秀传统文化的突出特性是厚德载物、明德弘道的精神追求，这正是新时代教师师德涵养的宝贵资源。十余年来，我们紧紧围绕中华优秀传统文化涵养师德这一领域，探索出"基于个体、以校为本和面向区域"的系列师德涵养新模式。本书就是中华优秀传统文化涵养师德的探索之一。

　　中华经典是中华优秀传统文化这条大河的上游之水。《论语》是中华经典中的圣典，是新时代"四有"好老师师德修养的宝典。在教育部印发的《中小学教师培训课程指导标准（师德修养）》中，《论语》成为教师 A 类必修的通识性、基础性课程。从 2015 年开始，我们开办了面向优秀校长和教师的《论语》百日线上学习班。学习班以"读原典，悟原理；向内看，向前走"为理念，选取《论语》中与教师生命成长和教育教学密切相关的 72 章内容，通过教师在微信群中每日聆听专家诵读经典、解读经典，提交个人学习心得，每周轮值写家书和轮值点评分享，大组点评和小组交流相结合，以及专家团队、一线教师和志愿者每天守护陪伴的方式，引领教师将《论语》中的智慧融入教育教学实践、学习与生活，逐步构建起以"自我觉察－反思改过－正向认知"为核心机制的中华经典涵养师德新模式。

《论语》百日线上学习班至今已举办了11期，众多老师参加学习。学习班自开办以来，我们本着边实践、边研究、边总结、边提升的工作思路，不断对学习模式进行调整改进，积累了许多宝贵的经验。比如，老师们也有过诸如"100天对我们来讲会不会太长了""我们的成长会不会太慢了"之类的担忧，但一轮又一轮的追踪调查数据证明，100天完完整整"跑下来"的老师们的成长变化很持久，也很显著。一期又一期的实践表明，老师们前期的成长看似缓慢，但有了一定量的积累，便能产生质的飞跃。一位又一位老师的变化告诉我们，只要老师们坚持时时觉察，不断反省过去，察看当下，老师们的心力便在不知不觉中提升，内心境界便会不断提高。

家，是记忆里的老房子，是厨房里的烟火，是那一盏永远为你亮着的灯。有人为你守护着儿时的一砖一瓦，有人为你热汤，有人为你留灯，那就是家人。幸福快乐的精神归宿，砥砺奋斗的动力源泉，内心坚定的温暖力量，这是中国人赋予家的最大意义。家是最小国，国是千万家。一位好老师，总是一手撑起他的"小家"，一心装满他的"大家"，与身边的学生、同事建立如家如亲的和谐关系。在中国传统教育发展历程中，家族长辈把道德修养、处事原则、人生感悟等，常常以家书的形式传递给子孙后代，既饱含家人之间亲情相拥的真实情感，也彰显了中华民族对于理想人格的追求与承扬。而当代心理学的研究也证明，表达性写作对于身体健康和心理健康具有显著的促进作用。

"品读经典，撰写家书"是《论语》百日线上学习班的活动之一。这一活动创造性继承和发展中国传统家书的育人功能，引导教师聚焦日常工作、生活中的师生关系、同事关系和家人关系等，自主选择相关对象作为家人来倾诉和表达。在具体实施上，学员在学习《论语》的过程中，按照安排轮值写家书，并由班主任每周六选取优秀家书推送至学习大群，由导师进行点评，学员之间在小组学习群进行分享交流。由此，老师们反省过去的人和事，对自身的感受时时觉察，诱发积极情绪，建立对自我与世界的正向认知，进而升级认知、更新观念、转变行为。

本书中的 200 封家书，精选来自全国的老师在《论语》百日线上学习过程中撰写的优秀家书。本书分为上、下两编，上编以"修身齐家"为主题，围绕"孝悌之道""相敬如宾""舐犊之情"展开；下编以"立德树人"为主题，围绕"师道坚守""师心闪亮""师爱如歌"展开。展卷之际，仿佛看到了一批又一批新时代好老师奋勇奔跑的身影；静心阅读，一个个来自平凡岗位却不平凡的生命的故事动人心弦。

钱穆先生在《民族与文化》中开创性地提出了中国式心理学的观点，并谈到"主要在把自己的心投进里面去，他的日常人生，即是他的心理实验。家、国、社会、天下，则是他的心理实验室。中国心理学之主要目的，则在把自己的人格要提升超越到更高一个境界去"，"讲到这一步，不必再讲'道德'，而最高道德已活现在我们心里了"。[①] 诚如钱先生所说，中华优秀传统文化中的心理学思想，是真实社会情境下关于修、齐、治、平的一场人学心理实验。本书就是揭示这场人学心理实验朴素而深刻道理的著作。师德修养的路径有很多，可以讲理论、讲道理，也可以讲述别人的故事，但更接地气、更加管用的路径是讲述自己的经历和自己的故事。我们真诚地希望，本书的出版可以让老师们时时觉察的智慧通过家书流转起来，让更多的老师们感受到家书中的光明与美好，唤醒每一位老师内在真诚而坚定的力量。我们也坚定地相信，只要是对的信念，就可以汇聚成巨大的正向能量，在无形中冲破时间与空间的樊篱，去影响越来越多的好老师。

本书在成稿和出版过程中，得到了教育部教师工作司、"学习强国"学习平台领导的指导与支持！得到了北京师范大学党委书记、中国教育与社会发展研究院院长、教育部师德师风建设基地（北京师范大学）主任程建平

---

① 钱穆：《民族与文化》，163、164 页，北京，九州出版社，2011。

教授，中国教育与社会发展研究院执行院长宋珊萍教授，中国教育与社会发展研究院（国家高端智库）管理办公室主任李文等领导的指导与支持！得到了北京师范大学出版集团领导和各位老师的大力支持！此外，来自全国的 200 位老师参与了家书的撰写，他们是本书的共同作者！在此，谨向各位领导和老师们致以诚挚的谢意！

北京师范大学中华文化教育研究院

教育部师德师风建设基地（北京师范大学）

2023 年 9 月 11 日

目　录

上编　修身齐家

下编　立德树人

第四章　师道坚守 / 273

上　编

修身齐家

第一章　孝悌之道

导语

"在那懵懂的季节，很多事情我还学不会，是您耐心地牵引我，给我依靠和安慰。寒冬为我盖暖被，夏日为我拭去汗水，付出从不求收回，从那白天忙到深夜。看看天上弯着那半边月，像那母亲的侧影一样美，推动摇篮的那双手，也推动了整个世界。"当我们唱起《推动摇篮的手》这首歌曲时，我们的泪水也许会情不自禁地流下来。为什么当我们受挫、无助时，会想起父母？为什么当我们想起父母时，内心会充满力量？父母的无条件的、不求回报的爱，会给我们的一生带来什么影响呢？为什么古人说"夫孝，德之本也，教之所由生也"（《孝经·开宗明义》）？

"家庭是人生的第一个课堂，父母是孩子的第一任老师。……家庭教育涉及很多方面，但最重要的是品德教育，是如何做人的教育。"[①]今天，我们用"品读经典，撰写家书"的方式涵养师德，也正是立足家教、家风建设，弘扬中华传统美德的新探索。

自古以来，中华民族就有重视家教、家风的传统，为此古代流传下来了很多家训、家书等，如《颜氏家训》《了凡四训》《朱子治家格言》《诫子书》《曾国藩家书》等。这些家训、家书中所倡导的敬祖宗、睦宗族、讲孝悌、守忠信等中华美德，已成为中国人判断是非曲直的价值标准，潜移默化地

---

① 习近平：《在会见第一届全国文明家庭代表时的讲话》，载《人民日报》，2016-12-16。

影响着中国人的行为方式。《论语·学而》讲："孝弟也者，其为仁之本与!"孝敬父母长辈、友爱兄弟姐妹，是为仁之本、做人之根。其内涵的丰富性，不仅体现在孝敬自己的父母长辈、友爱自己的兄弟姐妹上，还体现在将这种仁爱之心推及爱敬所有的人、事、物上。

一切美德从孝悌开始。好老师是一盏灯，要把孩子的孝悌之灯点亮，首先要点亮自己的孝悌之灯。

一封封家书是老师们满载真情的回忆，我们不妨静静地打开每一封家书，用心品读和体悟孝悌之道带给我们的一次次心灵的震撼，体会孝悌之道的真谛。

1. 滋养生命的根

亲爱的妈妈：

　　给您写这封家书，我酝酿了好久。不是没的写，而是那满满的、鲜活的回忆一起涌来，让我不知道从何说起。虽然您总说自己没什么文化，只上到小学三年级就随姥姥一起到生产队干农活，养活一家老小了，但您教育子女是智慧的、成功的。我们兄弟姐妹四人，三个从教，一个经商，而且毫不夸张地说，我们真的都很优秀！

　　妈妈，从小到大，您对我的影响无处不在。

　　您让我学会了自强自立。您对我说："学习是自己的事。学了本事是自己的，谁也抢不去。你有本事考上自己理想的学校，我砸锅卖铁都供你；没本事考上，那就跟我回家种地，谁也不要怨。"我从小就立志当一名老师。那时候家里穷，我怕没有学费上不了学，十来岁的我就想尽办法去赚钱。乡里收购站收购药材，放学后，我就拿竹竿去捅蝉蜕，背个筐去打蒿子；干旱时节，生产队要打水井，放学后，我就去捏泥球，晚上编草圈……总之，只要能赚钱，我都去学着干。

　　记得我上初中那一年，收购站收购黄瓜用来腌菜。您就把家里的一亩三分菜地，分出六分种上了黄瓜，并告诉我，您管打理，我管卖，卖的钱归我。整个暑假，我每天除了按时完成作业，就是在下午一点多准时去地里摘黄瓜，整整齐齐地码在筐里，让大人帮我抬上家里的那辆旧自行车，小心翼翼地费力蹬上去，直奔收购站。为了多卖点儿钱，有时黄瓜装得过满，骑着骑着，自行车的前轮就扬了起来，上不来下不去的，我就那样尴尬地等着来往的大人帮我压一下车把，才能继续骑。每当拿到那几张自己赚的钞票时，我是无比幸福的，觉得一切辛苦都值得！您把我的劳动所得如数给了我，让我自己攒着，当我拿着自己辛苦赚来的钱去交学费时，那种发自内心的自豪感至今难忘。

　　在这些赚钱的经历中，我不仅学会了自强自立，也理解了大人生活的不容易、赚钱养家的艰辛，对您和爸爸充满了心疼。

您让我学会了对待他人要宽容。在您勤俭持家的影响下，小小的我就像个小大人一样，学着做饭。您还记得我第一次烙饼吗？我烧的火大了，饼两面都煳了！可您却吃得津津有味，自始至终都带着满足的微笑。有一次我刷碗，因为摞得太高，我胳膊肘一碰，只听啪嚓一声，七八个碗全摔碎了。您从屋里跑出来，直接拿起我的手问："扎到手没？"当看到我安然无恙时，您摸摸我的头说："没扎到手就好！"一句责备的话都没说。像这样的言行示范还有很多，我学会了对待他人要宽容，尤其是要原谅别人那些无心之过。

您让我学会了乐于助人。记得有一次，学校号召捐钱帮助受灾地区的人。我知道家里没有钱，要吧，怕您为难；不要吧，怕同学笑话。所以到了上学的时间，我还磨磨蹭蹭不肯出门。您看出我有事，就问我，我只好如实说了。您从兜里掏出5毛钱给我，说："孩子记住，给别人时，永远都要手心朝下地给，尤其是在别人遇到难处的时候！"我把您的话深深地记在了心中。自从当了老师，我用自己的工资给家庭困难的学生买运动鞋去参加长跑比赛；组织学生为患癌的孩子捐款、捐物，并身先士卒；给灾区小朋友捐款、捐书，并亲自到邮局打包寄出；每天抽屉里放着红糖，以备没吃早点的孩子出现低血糖；只要和学生在一起，兜里必备卫生纸，防止学生流鼻血等意外情况发生……

我亲爱的妈妈，想对您说的太多。从小到大，您给我的母爱陪伴着我人生的每个阶段，您就是滋养我生命的根啊！

深爱您的女儿：洪莲

2022 年 1 月 8 日

（北京市北京小学大兴分校　张洪莲）

2. 刘家大院我的家

亲爱的爸爸、妈妈：

记得上次写信给二老还是 22 年前上大学的时候，那时还没有普及手机这种通信工具。今天提笔，心潮澎湃，要说的太多了。

记得高三报志愿选专业时，妈您的一句话影响了我，您说："我当了一辈子的农村教师，我一个人教三个年级的语文和数学，不能做到术业有专攻，最想看到的是农村的孩子一个个走出去考上大学，现在快退休了，希望更多大学生来农村任教，为农村教育事业注入新鲜的血液。"后来我考上了师范院校，立志学好专业课，这就是我梦开始的地方。

记得大二的暑假，咱们用四天把田地里的绿豆收了回来，卖了 5200 元，爸您让我将全部的钱都存到我的银行卡里，说是下学年的学费和部分生活费。拿着这些辛苦钱，我心里沉甸甸的，唯有好好学习获得奖学金减轻家里的负担。

记得毕业找工作时，我想回老家当教师，照顾二老。可是随着时代的迅猛发展，曾经的农村学校已经不存在了。你们建议我去北京的郊区发展，后来我选择了北京郊区的一所农村学校，开始逐梦，我终于成了一名农村教师。

刚参加工作时，每取得一项成绩我都会打电话向二老汇报。当我告诉你们，我被发展为中国共产党预备党员时，在我印象中爸您第一次夸赞了我。因为当了一辈子村长的您，最大的愿望就是成为一名党员。您骨子里的那份执着感染了我，我时刻以一名党员的身份来严于律己。去年因新冠疫情不能回老家陪二老过年，爸您说党员就要身先士卒，坚守岗位，尽己所能。我于寒假在小区参加了门前党员值守，我开始蜕变了。

记得我想调动工作时，爸您问了我三个问题。第一，为什么调动工作？第二，对这个单位你做出了什么贡献？第三，调走后，如何报答这个单位的培养之恩？当时我的想法是到区里工作，便于照顾孩子。这灵魂三问，惊醒了我，使我汗颜。是啊，这个单位给了我发展的平台，我有了调动的资本就走，辜负的是学校对我的栽培，寒的是领导和同事的心。感谢爸您及时唤醒了我，没有让我迷失方向。后来在单位我开始带团队，培养青年教师，我们共同制订班级活动方案，研究解决学困生的问题，对优秀案例进行分析、整理等，这样我又奋斗了三年。现如今我调到了区里，选择的是原单位协作区的学校，这样可以继续发挥我的余热，全力以赴帮助曾经的"战友"。爸爸，是您时刻提醒我，做人不能忘本，吃水不忘挖井人。

爸、妈，正是您二老的教诲，才成就了今天的我。当我迷茫时，你们给我力量；当我迷失自己时，你们指给我方向。从您二老的身上，我真正理解了父母是孩子的第一任老师的含义；您二老的教育，让我明白了心中有爱才能成就大爱人生。随着年龄的增长，我渐渐地懂得了生命的意义、教育的使命。

真的非常庆幸成为你们的孩子。如今年迈的你们，一定要好好珍重，照顾好自己。我期盼今年可以回老家陪二老共度春节。

此致

敬礼！

你们的三女儿：晓波

2022 年 1 月 10 日

（北京市大兴区兴华中学　刘晓波）

3. 爱之语

亲爱的妈妈：

　　您好！印象中我从没有给您写过信。我的性格极其像您，羞于表达自己的感情，平常电话联系也只是聊聊家长里短，很少把"爱"说出口，今天就借着写家书的机会和您说说心里话吧！

　　今年暑假，我带着先生、儿子回了一趟老家。车刚开到门口，您便迎了出来，手脚麻利地帮我们搬行李。看着您矮小的身影、斑白的头发，我的心中除了高兴，又涌起一丝哀伤。妈妈，您又比之前瘦了，老了，但依然不改勤劳的本性。晚上，您准备了一大桌子菜，白切鸡、鱼丸、炒粉，都是我们爱吃的。我们心中满满的感动。无论长到多少岁，有妈妈的孩子都是最幸福的！您和天底下所有的妈妈一样，都恨不得倾尽所有给孩子。爱就是给予，用行动默默付出就是您表达爱的方式。

　　每次回家，我都喜欢和您一起翻看家里的相册，听您讲过去的事。您年轻时工作特别认真、技术精湛，多次被评为厂里的劳模、积极分子、先进共产党员。小时候，我经常从抽屉里翻出您的奖状、奖牌细细欣赏，心中又是钦佩又是骄傲，心里也把您视为榜样！您从来不会说什么豪言壮语，只是轻轻地叮咛我："现在好好学习，以后认真工作。"爱就是成为榜样！妈妈，我一直记得您的话，不断追求进步、认真开展工作，努力成为更好的自己！

　　妈妈，您一直很遗憾自己只有小学文化水平，所以特别重视我的学习，对我要求严格。我那时很贪玩，经常瞒着您偷偷看电视，应付作业，结果期末考试成绩一落千丈。那天回到家，本以为您会大发雷霆，可是您并没有严厉地批评我，而是让我自己去分析原因，制订学习计划。其实妈妈您了解我贪玩的天性，借机让我自己去体悟学习的方法，养成自律的习惯。爱是理解和引导！妈妈，在您的包容与支持下，我明确了人生目标，更加认真地学习，成了家族里的第一个大学生。

妈妈，每次遇到困难，您总会第一时间来到我们身边。我生病、生孩子，妹妹生孩子，都是您来照顾，几个月甚至几年。我很少听您说"累了"或者"不舒服"，就是偶尔生病了，您也决不去医院，都是自己买点儿药吃了撑过去。有两次您迫不得已在老家做手术，也没有通知我们。后来我才知道有一次手术做得很不成功，您痛得死去活来，过后也只是淡淡说起，并没有责怪我们不在您身边照顾。妈妈，您为我们付出得太多了，而我们为您做得太少了。在您的心里，爱就是为子女排忧解难，不给子女添麻烦！

妈妈，您经常用行动教导我们：要不怕做事，要多劳动；要学会包容，多为别人着想；要有担当，做一个有责任心的人！

没有爱就没有生命的延续！妈妈，您从来没有豪言壮语，也很少柔情细语，您用爱在我们心里播下一颗真诚、善良、美丽的种子，用行动默默地教育着我们做一个正直善良、有爱心的人，也教导着我们把爱传递下去！

一年又一年，您一直在为儿女操劳着，岁月使您的头发变斑白了，年轮把深深的皱纹印刻在您的脸庞上，长期的操劳压弯了您的腰。现在我们三姐弟都成家立业了，妈妈，您可以放下心了，一定要好好照顾自己！

最后，希望您身体健康，余生都是幸福平安！

深爱您的女儿：小棠

2021 年 9 月 6 日

（广东省广州市荔湾区教育发展研究院　梁小棠）

4. 走在左边

亲爱的爸爸、妈妈：

这是女儿这么多年来写给你们的第一封家书，一向"伶牙俐齿"的我，此刻却一语难言，似乎有很多话想对你们诉说，却又一时不知从何说起。

还是像每周固定打的一通电话一样，说说我这几天的工作和生活吧。前几天班里的学生向我要几张生活照，说是要送给我一件神秘的新年礼物。翻看照片时，我的目光却久久地停留在了那样一张照片上。爸爸、妈妈，你们一定不知道，那是很多年前我在你们身后随手拍下的一张背影照片，照片中的你们正并肩走着——爸爸在左，妈妈在右。这样一张普通的照片却勾起了我一段高中时代充满温情的回忆。

爸爸，您还记得吗？上高中时，一次您接我放学回家，遇到了骑车下班回家的妈妈。我们一家三口走在马路上。妈妈推着自行车，走在最外侧。走了几步，您似乎很不自在似的，停了停，向左跨了一大步，绕过自行车，走在了妈妈的左边。不知为什么，那天的情景一直深深地印在我的脑海中，爸爸、妈妈自然的动作，默契的笑容，都让我感到一份莫名的温馨与美好。在我的印象里，每次你们并肩而行时，都是如此——爸爸都会走在妈妈的左边。

但是，那时，每当我和妈妈一起走时，好像走在左边的却总是妈妈。

很小的时候就是这样。妈妈总会朝我伸出右手："来，妈妈领着。"妈妈，我想您一定没有意识到，您总会把这句简单的话挂在嘴边，而那时的我也总是很开心地把左手递上去。您的大手将我的小手整个包裹住，温暖又踏实。后来，我长大了，和您差不多高了，我总是喜欢挽着您的手臂一起走。每当我无意间走在您的左边，您总是感觉不习惯似的，一边说着"换一下吧"，一边就换了过来，我挽住您的右臂，您走在我的左边。

直到有一天放学回家时，我和同学并肩走在狭窄的便道上，只觉得旁边疾驰而过的汽车几乎擦着我的衣袖要把我卷到车流中了。紧张不已的我霎时明白了走在左边的秘密：走在左边，意味着更接近行车道，更接近危险；走在左边，更意味着用心将走在右边的人包裹在爱的安全岛里。

从那时起，每每我与妈妈并肩走在街上，我总会把随身的东西提在左手中，用右手挽住妈妈的手臂。而爸爸与我和妈妈一起时，还总是会走在我们的左边。

后来，我上大学了，毕业了，工作了，一晃二十年过去了，我早已习惯走在爸、妈的左边，也早已习惯走在学生的左边。

爸爸、妈妈，我知道，那是我年幼时你们教会我的爱的表达方式。现在，我早已自然地把它回赠给你们，自然地把它传递给我的学生。我相信，他们也会如我一般，在某一时刻突然明白走在左边的秘密，长大后自然地走在父母的左边，走在每一个爱着的人的左边……

谢谢你们，亲爱的爸爸、妈妈！

女儿

2021 年岁末

（北京市第一六一中学　郑悦）

5. 被风霜染白的头发

亲爱的老妈妈：

您好！

时光匆匆，岁月流逝，不经意间，您的双鬓已添了银丝，皱纹已深深刻入脸颊。但在我的记忆里，您一直都是那个刚学会骑自行车便要捎着儿子上路的年轻妈妈，那个走路风风火火、干活不要命的劳动妇女。但是，您是如何变老的呢？

小时候，我依偎在您的身旁轻轻入睡。您会给我讲您小时候的故事，讲外婆与外公离婚后您孤苦伶仃受的那些苦，讲您小时候去荒地拾粪差点儿被狼叼走，讲您九岁那年外婆偷偷来看您，您是如何哭着让她留下的。您最后悔的就是，如果当时您没有哀求外婆留下，外婆的后半生会过得更好；如果您偷偷地跟着外婆走了，您自己也不会受那么多苦。讲着讲着，您暗自落泪，我也跟着哭泣。

小时候，在我的印象里，家里就一个字：穷。那时候，每年家里自产的麦子有限，白面总是不够吃。您调剂着一家人的生活，每天要吃一顿苞谷面或荞麦面"煮片片"才可度日，有一次我偷偷将半碗难吃的"煮片片"倒掉，您知道后狠狠地训斥了我一顿，然后又自顾自地哭起来，说家里条件好一点儿也不会让娃受这个苦。那时候的我怎么会理解妈妈压抑的哭声中包含了多少生活的辛酸和无奈呢？

您也打骂过我，因为我挨打时从不讨饶，您往往越打越生气。但是，当我真的犯了"不可原谅"的错误时，您反而又是那么宽宏大度。

六七岁时，我偷着掰生产队的葵花头被队长当场抓获，您被扣除了一天的工分。我躲在四奶奶家里不敢回家，您收工回来后一句话也没说，将我领回了家，抱着我大哭了一场，却并没有打骂我。我拿着只穿了几天的海军式小 T 恤衫到家门口的水渠里去洗，结果衣服让水给冲走了，您知道后很心疼却没有责骂我。初三时，我早上去学校生炉子。学校的大门没有开，我便将自行车放在校门口自己翻校门进去。等我生完炉子回到校门口，自行车不见了。那时，自行车可是家里最值钱的物件呀！我知道自己捅了天大的娄子，跌跌撞撞回到家，扑通一声跪在您的面前求您责罚，您也没有打骂我……

在我的印象里，您总是从早到晚在忙碌，不知疲倦。

去年五月底，父亲不慎从高处跌落，大部分时间卧床不起，您便承担起照顾父亲的重任。一年多来，您晚上不曾睡过一个囫囵觉。父亲住院时，我常常对您说由我来陪床，而您总是说，不要耽误我在学校的工作，不要影响我第二天的工作状态，所以决不让我熬夜。

对于我的小个头，您一直耿耿于怀，说怀着我的时候家里没有好吃的，营养没跟上；生下我后，又赶上大家庭最困难的时候，耽误了我长个儿。每每说到此事，您都要掉眼泪，觉得对不起我，每次都是经我百般劝慰，您才平复情绪。

我终于明白，您是怎么变老的了。您的每一根白发都是为了这个家而被风霜染白的，您的每一道皱纹都是为儿女操心而被刻深的。

和您一样，我其实是一个不太会表达爱意的人。这封信也是我写给您的第一封信。虽然您不认识字，看不懂这封信，但我一定要将这封信念给您听。

祝我的老妈妈健康长寿，晚年幸福！

爱您的儿子：贺登川

2021 年 7 月 1 日

（甘肃省张掖市第二中学　贺登川）

6. "担当"与"信仰"

亲爱的妈妈：

您好！久未提笔，竟然不知从何说起。时间飞逝，一年又一年的时光像童年折叠的纸飞机，带着自己对未来的期许起飞，最后落入人间，反反复复，永不停歇，而我一晃眼竟也快步入知天命之年。我总是匆匆上班，着急回家，有时又匆匆地拎些您爱吃的水果看看您，然后又匆匆地赶回自己家，却从未好好停下脚步，审视当下的您与我。

您生长在一个物资匮乏的年代，因为您是家中长女，加之家中贫穷，您未能完成小学学业，可懂事的您却和父母一起承担起了家庭的重任，帮助父母养家并照顾下面的六个弟弟、妹妹。弟弟、妹妹们的衣食住行都要面面俱到。今天这个打架了，明天那个又闹矛盾了，家中琐事总是来来回回、反反复复，您也在这样的环境中慢慢成长起来，懂得了一些化解矛盾的方法。1967年，您嫁给了我的父亲，陆续生下了我们三个孩子，家中杂事样样都需要您去做，您从一个家庭又到了另一个家庭，庞杂的事却未有一点儿减少。父亲那时在学校上班，每天为了学生起早贪黑地工作，照顾我们的担子就又落在了您瘦弱的肩上。我们在您的精心呵护下慢慢长大，家里的生活渐渐有所好转。可是在那一年，父亲因工作积劳成疾离开了我们，您靠着顽强的毅力一个人照看我们四个未长大的孩子（11岁的小姨从老家来上学，一直到出嫁才离开），是何种信仰支撑着您度过了这段艰难时光啊！但是苦痛和艰辛从未作为标签印在您身上，反而成了您砥砺前行的信仰，这也是对为母则刚的阐释吧。

在前几年，病痛的折磨让您苦不堪言。由于年轻时的工作要长期站立，还要上上下下地搬重东西，年纪大了腰椎间盘突出、膝关节磨损全都找上门来，上楼梯得上一级缓一下。就这样，您还是积极地承担做楼长的义务工作，时不时地打扫楼梯间的卫生，用抹布一遍遍地擦拭楼梯扶手。最后由于两个膝关节磨损过度不能使用，都置换了关节，您还乐观地说：

"我真正成了机器人了!"之后您被查出肠癌前期，前前后后竟又做了三次手术切除病变部分，造成身体的状况较正常人更差了，术后的恢复过程也十分艰辛和痛苦，但是您都熬了下来。几年后，您依然每天按时起床，精心照顾继父的生活起居。您知道我们的工作很忙，平时很少打扰我们的生活，总是亲力亲为。有时候您还会把继父家的孩子请到家中吃饭。人多了中午要做五六道菜，您早早地就开始备菜，让一大家子人都吃到美味佳肴。疾病从来未打倒您，却让您变得更加坚强有韧性! 一想到那一幕幕场景，我竟潸然泪下。

您常常教导我们，要有担当、有信仰，珍惜现在的美好时光，不忘历史。以前在做饭的时候，您给我们讲身边的故事，教我们懂得敬畏、懂得感恩、懂得善良；现在我陪您进餐时，您也时时关注国际、国内新闻事件，教导我们要珍惜现在来之不易的幸福生活，做好自己当下的事，做一个勇敢、有担当的人。以前我仅仅是将这些话肤浅地听着，并未有深刻的理解，但是在入党之后，在那段波澜壮阔的历史的熏陶下，我才逐渐明白了您所说的"担当"与"信仰"的含义，也明白了您深邃目光后的期冀。我也在将这种"担当"与"信仰"传承给自己的孩子。传承的力量是意想不到的，就像经过了一百余年风风雨雨的中国共产党，不断发展、不断与时俱进，成为时代先锋，走在前方为未来开路。

您生在新中国成立之前，也是经历了我们新中国发展历程的一批人，新中国的发展历程都在您身上体现出来了，塑造了您坚毅的品格。党和国家的历史是一座蕴含丰富的宝库，我想说，这些与新中国共同成长的老人们也是一座座宝库! 他们是内化了的历史，从新中国的发展中汲取了智慧和力量!

家庭是社会的缩影，只有家庭稳定、和谐，社会才会有序发展，似乎您比我更懂得这个道理。1992 年，在我们几个孩子的撮合下，您和继父重新组成了一个家庭，两大家的人加起来将近 20 个孩子，都相处融洽。您嘱咐我们要脚踏实地，不断提高自身的修养，赶上时代的步伐。

习近平总书记说，幸福是奋斗出来的。我们今天的和平生活是先辈们奋斗出来的。时光带走了您的青春年华，但您总说青春是短暂的，只有历史才会长存。我不应整天喟叹青春易逝，而应将有限的时间和精力投在教育自己的孩子和我的学生这些事情上。虽然是微不足道，再平凡不过的，但我也会竭我所能，尽我所有。这也许就是您一直所说的"担当"与"信仰"吧！

新时代要有新面貌，我们应从微小的事情做起，成为被正能量包围的人！把自己活成一束光，温暖自己，照亮身边所有的人。让一缕缕的光连接成一大片，照亮大家前进的步履！

敬祝

身体安康！

您的小女儿：叶子

2023 年 2 月 10 日

（甘肃省酒泉师范学校附属小学　董叶）

7. 父亲的坚强与柔情

亲爱的爸爸：

小时候，在我心里，您是一位威严的父亲，不苟言笑、不怒自威。

作为校长，您总是那么忙碌！我上小学的那几年，您负责学校分校的筹建工作，总是凌晨出门，深夜而归。令我印象最深的是，有一次看到您举着吊瓶在工地上和工头一起指挥工程。您的偶像是毛主席，我出生那一天，您在教室给学生上课，课文是《我们爱韶山的红杜鹃》，我的名字就来源于此。您喜欢用毛主席的名言激励学生，记得在您带的最后一届初中生中考前，您在全校动员会上对他们说："要像解放军战士一样，一鼓作气，一举夺下南京城！"在我的心中，您就是"坚强"的代名词。

可是，今天我坐在这里提笔给您写信，首先浮现在我脑海中的却是您的两次落泪。

2003年高考前夕，几次模拟考试的失利，让我失去了信心，数次对您和妈妈提出要转到文科班，都没能得到你们的同意。到了春节，您有了难得的假期，在饭桌上我又重提此事，您自然还是拒绝，我心里难受极了，根本听不进您的劝说。我越想越委屈，于是跟谁也没说，就坐上了去好朋友家的长途汽车。我永远都不会忘记，回来的那天我走出车站，您站在那里看着我，眼角泛起的泪光。您强忍着泪水对我说："孩子，有什么事不能跟父母好好说呢？"我的父亲，在任何困难面前都从未低过头的父亲，第一次落泪竟是因为我这个不懂事的孩子。

2011年，妈妈总会在半夜醒来时觉得肚子隐隐作痛，体检结果显示是胆囊结石，需要马上手术。尽管医生告诉您这只是个普通手术，您却依然无比紧张，手术前的几天您一直守在医院，不肯回去休息。手术过程中，您一直沉默着，一句话也不说，直到医生出来告诉我们，结石很顺利地取了出来，您才松了一口气，眼角含着泪水，哽咽着说不出一句话。您还用您的实际行动，教导着我们要照顾好母亲。退休后的您承担了家里所有的卫生打扫工作，周末我们回家吃饭，妈妈在厨房忙碌，您从来不会加入我们，总是陪在妈妈旁边，洗洗菜，聊聊天。散步时，您也总是习惯性地让妈妈走在里侧，过马路时会紧紧地牵着她的手。父亲，您让我知道了什么叫"铁汉柔情"。

您的柔情让我感动，而您对我的教育，却从未放松过。春节期间，我爱人的腿部做了手术，这对于从来不做家务的我来说简直无异于天塌了下来。我既要忙于繁重的工作，又要照顾刚入学的孩子，不免在电话里跟妈妈抱怨了起来。第二天，您就把我叫回了家，严肃地说："你说你现在在学习《论语》，你都学会了些什么？成家这么多年，小陈从没让你做过一顿饭，洗过一件衣服，把你照顾得这么好。现在，是他最需要你的时候，你反而抱怨起来了！你今年已经30多岁了，三十而立，要承担得起责任，面对得了困难。"一番话醍醐灌顶，令我无比惭愧。您说得对，三十而立，在生活最需要我立起来的时候，我应该平和地"立"、包容地"立"。

这就是您，亲爱的爸爸，您用您的坚强与柔情，给我以温暖，让我感受到榜样的力量，有您的引领，我的路会走得更稳妥、更踏实！

爱您的孩子：陈红娟

2019 年 4 月 8 日

（安徽省铜陵市实验小学　陈红娟）

8. 梦中依稀慈母泪

亲爱的妈妈：

您虽然已远行多年，但是您的音容笑貌并没有随着岁月的流逝而变淡。每当忆起与您相处的点点滴滴，我的心情总是难以平复。

您是千千万万普通母亲中的一员，但在我的心目中，您又是那么不寻常。

是您培养了我从小爱读书的好习惯。

您是一名教育工作者，深谙育人之道。尽管那个年代家里经济并不富裕，但您在保证我衣食温饱的基础上，还省吃俭用，给我买来不少精神食粮。记得我小时候，您不定期地给我买了《三国演义》《西游记》等连环画，至今我还珍藏着。您还根据我不同的学习阶段，给我订阅了不同的刊物。记得我读小学的时候，您就给我订阅了两种少儿画报类的读物；在我读中学的时候，您给我订了一本叫《中学生》的月刊。通过阅读这些刊物，我掌握了很多好的学习方法，强化和突破了很多学习上的重点、难点。等我手上有了一些零花钱，我也开始把钱都花在买书上。那时您还有一个广州图书馆的借书证，当时广州图书馆还不向广大市民开放，您经常帮我去借我爱看的书。后来，我也办了广州图书馆的借书证，经常和您一起遨游书海。我在您的耳濡目染下，至今还保留了爱读书的好习惯。您没有给我讲很多大道理，只是让我多阅读，在书中慢慢读出真、善、美。

是您培养了我从小爱劳动的好习惯。

我在家中虽是独子，但您并没有给我娇生惯养的机会，到了合适的年龄，便让我参与到家务劳动中，从择菜洗碗，到拖地刷窗，甚至粉刷墙面，都有我一份，平时我还要收拾好自己的生活、学习用品。我养成了爱干净、有条理的生活习惯，干起活来也比较得心应手。

是您培养了我从小会感恩的好品格。

家里亲戚不少，我记得小时候您经常带我去一位表姨家里做客。那位表姨都搬了好几次家了，她家里的孩子跟我也不怎么熟络，但您每次都带着我去。一直到我十四五岁的时候，才没有去得那么频繁。终于有一天，我把心里的疑惑告诉了您，您语重心长地说："在你还很小的时候，由于我和你爸工作实在太忙，照顾不了你，就把你送到这个表姨家，托她和她的妈妈照顾了你好一段日子呢。所以有机会，我们要报答她们。"后来，您听说这位表姨的小妹患了重病，需要照顾，马上联系表姨把她的妹妹接到家里来，细心照料，直到她病好为止。还有，只要您听说有哪位亲戚生病住院，马上就会带上我前去探望。您用实际行动教育我，人与人之间的亲情、友情是非常珍贵的。

您所教我的远远不止这些。

感谢北京师范大学《论语》百日线上学习活动，让我有机会用写家书的传统方式与亲人交流，让我把对母亲的思念之苦，以这样的方式倾吐出来。

梦中依稀慈母泪，母亲，愿您在另一个世界安好！

您的儿子：梁启盛
2021 年 8 月 30 日

（广东省广州市荔湾区南海中学　梁启盛）

9. 子欲养而亲不待

敬爱的父亲：

您好！这封信在二十多年前就应当写下，可我一直不愿动笔，似乎那些尘封的往事是一块块并没愈合的伤疤，稍稍触碰就感到钻心的疼痛。

当时的您已经在住院治疗无果后回家静养了，我们都瞒着您，怕影响您的心情。直到呕吐不止、吞咽困难时，您叮嘱我们要好好工作，注意身体，一切靠自己！其实您早就知道了自己的病情，只是不愿孩子们为您伤心；原来您清楚出院意味着什么，只是不愿孩子们再花"冤枉钱"；原来在您疼痛难忍、气息微弱时，心里放不下的还是孩子们。我不明白，您在村委会操劳了大半辈子，修桥、铺路、建厂、整田，村民的日子就是您的全部；您在家中担当了一辈子，种菜、植树、养殖、酿酒，一家十三口的衣食就是您的全部……谁都很重要，您都在心里给他们留了位置，可您把自己放在了哪里啊?!

在模糊的记忆里，我幼年时母亲多病，我是在您的后背上长大的。下田干活我伏在您的后背上，出外开会我伏在您的后背上，探亲访友我也伏在您的后背上……您的后背总有一片片的污渍，那是我思念母亲时哭泣的泪水，那是我接过您买的玩具时欢笑的泪水，那是我蜷缩在您后背上时闷热的汗水。您的后背是那么厚实、温暖、安全，以至于我从来没有想过，那个伟岸的身躯，那个坚实的后背，有一天也会如木柴般削瘦。那咬紧牙关的痛苦呻吟，那强忍着的憋气干呕……要强的您不愿给孩子们留下软弱的印象，您始终坚持着。

一切历历在目，又如梦似幻。多年后，我都怀疑只是自己做了一个不好的梦，期望泪水流尽，早点儿醒来，然后太阳依然明媚，您依然在院子里，戴着草帽、穿着农衣，勤快地侍弄着您的瓜秧……您确确实实是躺在坟墓里了，但躺在里面的似乎又不是您，我的父亲遇事坚强，怎会轻易躺下？我的父亲处事乐观，怎会这样愁容满面？我的父亲谈笑自如，怎会这样默不作声？我离您那样近，却又是那样远。我就在这样空空落落的迷境中走过了一年又一年。清醒的时刻，我总是心如刀绞，总是怨老天不能善待好人，以您的宅心仁厚、孝亲友朋，以您的一心为公、广积善德，上天怎忍心早早将您带走！

不管如何难以相信，我都得接受您不能再指引我、鼓励我、支持我的事实。我只能长久地心怀愧疚。在这里，我要真诚地向您道歉，原谅儿子的无知。在您不顾亲朋的反对，坚持送我到城区上中学的那些年里，我没能懂您的良苦用心，反而抱怨伙食不好、宿舍简陋……我要请您原谅，原谅儿子的不孝，在大学毕业后，我没能征得您的同意，只身外出谋职，让您在很长的时间里担心、牵挂，彻夜不眠。不得不说是我害了您啊！我恳请您原谅我！"树欲静而风不止，子欲养而亲不待"，每当听到这样的句子，我懂得说话的人只是把它当作一句警语，可对我来说，那是一把锥心的尖刀，我感受到的是无法言说的疼痛。您对我似海一般的恩情，我该怎么报答您？我又能拿什么来报答您？我实在无法让您明白我此时的心境，仅以此表达儿子对您深切的思念吧！

不孝子：君

2021 年 7 月 14 日

（甘肃省张掖市第二中学　张学君）

10. 妈，我想您了

亲爱的妈妈：

　　天上的月亮很圆，大地一片明朗，今天是元宵佳节，妈，我想您了！这个年没有了往年的快乐和欢声笑语，我们小心翼翼地陪着老父亲，强装出喜悦和欢庆，但那些都掩饰不了我们心中的悲伤，妈，要是您还在，该有多好！

　　无数次在梦中和您相见，您的头发是花白的，面容是慈祥的，笑吟吟地看着我们。尽管时隔数月，我却依然不能接受您离开的事实，似乎您只是出远门了，不久就会回来，回到我们身边来。

　　妈，您出生于贫寒家庭，自幼辛苦，拉架子车、啃锅盔、住窝棚……每当您和我们说起那些受苦的日子，您长长的叹息一下下打在我们的心上。那些年，父亲在外工作，您独自在家操持家务，起早贪黑地承担了所有农活，白天翻地锄草，晚上在灯下给我们姐弟几个缝补衣服。冬夜里，您独自挖沟打坝，回到家中，已浑身是泥，极度疲惫。我们当时还小，不理解您的艰辛，后来每每听人说起您受过的那些苦，做儿女的我们就深感愧疚，悲痛愈盛。

　　小时候，我一直觉得我们家是最幸福的家庭，三代同堂，其乐融融。饭熟了，您总是让我们把第一碗饭端给奶奶；婆媳有不愉快的时候，您总是低眉顺眼地哄着奶奶。在那盏昏黄的油灯下，您一边给奶奶梳头或挠痒痒，一边陪奶奶有一搭没一搭地聊天，我们围在您的身边嘻嘻哈哈，那成了我们记忆中最怀念的画面。如今我才明白，这个家之所以充满甜蜜和幸福，是因为您把所有的爱和深情都给了我们。

　　还记得在那些艰苦的日子里，我们姐弟几个的衣服都是您缝了又缝、补了又补，但也总是被您打理得清清爽爽、干干净净的！您不识字，却坚持让我们上学，您总是执拗地说："再苦再累，这是妈的事，你们一定要好好上学。"正是有了您的坚持，才有了我们的今天。

妈，不能再想了，好多事情历久弥新，说起来几天几夜也说不完。您为我们付出了一切，而我们却为您做得太少太少了。"子欲养而亲不待"，您在世的时候，我认为让您吃好穿好，不用操劳，就是孝，但学习《论语》中"子夏问孝"一则时，一句"曾是以为孝乎"叩问着我的心，让我羞报，哑然无语。过去，当您的想法和我不一致时，我没能和颜悦色地与您沟通，有时甚至还顶撞您；当您对儿孙过于疼爱时，我"旗帜鲜明"地反对，自以为是地批评您，却忽略了您怯怯的目光；当您生病不愿配合治疗时，我没少数落您……事亲之际唯"色难"，我只在乎对您的物质供养，却没能做到和颜悦色。我对您的孝敬还远远不够。而待我醒悟，您却离我已远。

　　您走了，我们再也听不见堂叔、堂婶亲切地喊二嫂的声音了；侄子、侄女们回老家，再也没有知冷知热的姑妈了；舅舅们再也没有倒苦水的老姐姐了。而我们，也永远失去了给予我们无边的关爱的母亲。

　　此时，十五月圆，佳节思亲，泪已尽数渗透在心间骨缝！

　　妈，我想您了！

不孝儿尚山默哀致上

己亥年元宵夜

（甘肃省张掖市第四中学　史尚山）

11. 做好老师，您的心愿，我的目标

亲爱的妈妈：

您好！我一直都盼望着通过写信的方式和您沟通，更好地表达我的想法和我对您的感情。今天，正好借助北京师范大学《论语》百日线上学习这个活动来实现我多年的愿望。

在我心里，有一个小秘密，我从来没有和家里人提起过，那就是，当年我为什么义无反顾地填报房山师范这个志愿。

您还记得哥哥们收到录取通知书的情景吗？对我来说，那些事情仿佛就发生在昨天，我相信您也是一样的感觉。

一个风和日丽的晌午，小学二年级的我放了暑假，正在和同伴们玩耍。忽然，街头的人纷纷聚拢到了咱们家。我急忙往家跑，想知道是怎么一回事。等我挤进咱家院子的时候，您正在和一群人说着话。您说："感谢校长和老师们啦！孩子能考上，我心里就特知足！你们都辛苦啦！"我看见，院子里面站着五六个大人，他们推着自行车，车把上挂满了网兜，里面装着脸盆、饭盆、被罩等。有一个人说："我没有想到孩子分数这么高，超常发挥呀！这个分数去哪儿都可以了。您是不是心里埋怨我们？孩子会不会觉得伤心呢？"我明白了，是妈妈盼望已久的二哥的录取通知书到了。这是好事啊，哥哥怎会伤心，妈妈又怎会埋怨？看着渐渐散去的人群，我满脑子的问号。

傍晚，哥哥们拉着满满一车草回来了。他们一边洗漱，一边听妈妈说着白天的事情。二哥说："咱当初计划填报的志愿，这个分数还真够。可是想想，校长给我安排宿舍，大冬天夜里两三趟跑来看我屋子里的煤炉；学校老师为了给我补充营养，经常带我回他们家吃饭，吃完饭还给我补习功课……没有他们，根本没有现在这个成绩！"大哥接茬了："当老师挺好的！我当初虽然分数高，但也报考了师范。现在你也考上了，正好咱俩一块上学！""老师好！老师好！没有老师，你们两个拿什么报考啊？要不是

老师，学都不知道能不能上完。咱们得感谢校长，感谢老师！你俩以后也要做好老师！"妈妈您这样说。

在以后的每一天，我心里对老师这个职业充满了无限的憧憬。所以，您也就知道，我为什么要填报师范学校这个志愿了吧。

自我任教以来，每接一个新班，我首先要了解学生的家庭情况，了解学生的个性化特点，钻研教材，悉心开展自己的教育教学工作。多年来，我做到了对学生因材施教，让家长安心，我个人更是收获满满。

妈妈，您知道吗？这么多年来，咱家人从来没有改变过对老师这个职业的情感。我们的下一代在您的引领下，也都欣然选择了老师这个职业。目前，他们都在努力学习，为今后能成为一名合格的"四有"好老师，当好学生的引路人做着准备。

妈妈，坚韧、豁达、精致是我生命的名片，我要孜孜不倦、上下求索，做"学而不厌，诲人不倦"的好老师。

好了，就说这么多吧，以后再陪您好好聊。

此致

祝安！

您的二女儿：王雪娥

2020 年 12 月 20 日

（北京市房山区蒲洼中心小学　王雪娥）

12. 妈妈，请原谅我

亲爱的妈妈：

　　您好！

　　我们经常见面，却还要用家书的方式来表达感情，您是不是觉得很奇怪？妈妈，请您理解，我想用这样的方式和您聊聊天，也借机给您道歉。

　　自从爸爸去世，您的生命就没有了方向，尤其是这两年，经常忘事，甚至忘记刚刚发生的事，而且越发严重了。您经常穿好衣服，装好自己的两个背包，拿起自己的围巾围好，说着"走，去看妈"的痴语，我只好再跟您说一遍已经不知强调了多少遍的话："我姥姥去世好多年了，她不在了！"您听了眼角发红，坐下抽泣。我又气又急，嘴里不住地念叨："又犯病了，又糊涂了！"言语中透着不耐烦。

　　我没有仔细想过，您与爸爸百般恩爱，爸爸去世对您的打击究竟有多大。我只觉得家里的事您都不会做了，经常千遍万遍地问同样的问题，实在很烦人。我和您说话总显得很不耐烦，语气粗暴，音调总是持续升高，有时甚至恶语相加；给您穿衣穿鞋也嫌麻烦，对您的照顾也是粗心大意的。每次您犯糊涂了，我都会觉得我们上班很辛苦，您每天好吃好喝的却还给我们添乱，真是不心疼人，却不知道，您患上了抑郁症，并伴有阿尔茨海默病。

　　最近一段时间，我学习了《论语》，其中"子游问孝"和"子夏问孝"的两则内容，让我认识到了孝的真正内涵。"子游问孝"中孔子说："今之孝者，是谓能养。至于犬马，皆能有养；不敬，何以别乎？"能够供养就是孝顺了吗？如果没有尊敬，那和饲养牲畜有什么区别呢？类似的内容，在"子夏问孝"中也有所反映："色难。有事弟子服其劳，有酒食先生馔，曾是以为孝乎？"给了父母好吃好喝的，但是不给好脸色，这又怎么能算是孝顺呢？我明白了，孝顺是在尊敬的基础上发自内心的对父母的爱。我对您缺少了尊敬，缺少了对您发自内心的爱，这让我羞愧不已。

妈妈，对不起，原谅我之前的不孝顺吧！请您放心，爸爸虽然不在了，我们会好好照顾您，不会让您再受委屈。

　　记得春日午后，阳光暖暖地照着您的面庞，您懒懒地坐在沙发上，眯着眼睛，听着我给您读《玄奘之路》的故事，还会时不时地说一句："玄奘真不容易！"记得夏日的夜晚，我拿着画笔为您作画，您一遍又一遍开心地问我："盖章吗？"我知道，这是您最期待的环节——每当我的作品完成后，都要由妈妈盖上一枚刻有"墨趣"的印章。还记得秋日的落日余晖中，我牵着您的手，走在满是枫树的小路上，没有言语，您只是微微地靠着我慢慢地走……妈妈，我多想这样的日子永远地过下去。

　　妈妈，我知道，随着您阿尔茨海默病越来越严重，我能给您的只有爱和耐心的陪伴，或许这才是对您最大的孝吧。愿您开心快乐起来，远离病痛，幸福地度过晚年生活！

爱您的女儿：文辉

2020 年 12 月 30 日

（北京市房山区城关第二小学　王文辉）

13. 爸爸、妈妈，请你们放心

亲爱的爸爸、妈妈：

今天是我 50 岁的生日，感谢你们给了我生命。

上个月，我又一次来到天安门广场，此行我有一个重要任务，那就是录制祝福梧州一中 124 岁生日的视频。当时北京只有 0℃，风很大，为了以最佳角度、最饱满的情绪、最标准的语言来录制，我操作了一遍又一遍。这段视频在校庆大会上播放了，当时我乘坐的飞机刚刚降落西江机场，同事们发来信息说，视频一播放就全场沸腾了，学生们纷纷挥手呼喊着我的名字。我听了潸然泪下，心中充满感激。

是的，还没有来得及告诉你们，我现在来到梧州一中工作了，是 2018 年 4 月调过来的。听到这个消息，你们肯定会有些失落和担心吧。以前，讲起女儿在梧州最好的学校——梧州高级中学做老师，你们都是一脸的骄傲，我也没有辜负你们对我的期望，认真工作，还担任了学校的管理干部。局长来宣布调离消息的那天，我的眼泪不禁喷涌而出。

亲爱的爸爸、妈妈，如果你们还在，也一定会坐在我的身边，拉着我的手，像往常一样安慰我、鼓励我说，没关系啊，在哪里做老师都一样，都要认真工作，听从组织安排，梧州一中也是一所很不错的学校啊。

我花了好长时间才把自己调整过来。是的，在梧州高级中学读了 6 年书，工作了 26 年，整整 32 年啊，这么深的情缘不是说放下就能放下的。还记得 28 年前，我到学校报到后，带着你们来学校转转。以前你们是作为学生家长来的，现在已经是老师家属了。爸爸很高兴，他一边仰视着学校的教学楼，一边对我说："阿宇，你做老师了，是在梧州最好的学校，爸爸好高兴。你要努力工作，认真负责！"妈妈没说话，只是笑着看着我。我看着你们灰白的头发，有些心酸，又很受鼓舞。放心吧，这个职业是我自己选的，我一定会认真做好。

是的，当初填报志愿的时候，你们都希望我读新闻或法律专业，当时我也按你们的希望填写了院校和专业。可是，我从来没有和你们说过自己内心的想法，我想做老师。初中时我就已经有要做老师的想法了，但是，我从来没有和别人说过，因为自己还不够优秀，距离人类灵魂工程师的标准还很远。但是，这个念头在我心中不断地成长，我严格要求自己，努力学习，不断进步，在班上名列前茅。直到我被录取后你们才知道我偷偷报了师范大学，但是，你们没有责怪我，只是说应该早点儿告诉你们，你们也会支持我的选择。每念于此，我心中都充满感激，深受鼓舞。

　　现在，你们不用担心，我一切都挺好的，还是那么幸福地教书育人。还有什么比做着自己喜欢的事情更幸福呢？我爱当老师，不管在哪个学校，教什么样的学生，我都会认认真真地工作，对得起当初自己的选择。我不会让你们失望的。

　　大家也都挺好的。大哥、大嫂经常叫我回家吃饭，婷婷几天前也到成都一家大律所工作了。成都是有点儿远，大哥、大嫂虽然不舍，但也很支持她。我也支持她追求自己的梦想，就像当年你们支持我一样。她现在是我们家里工作离家最远的人了，需要克服很多困难、面对很多挑战，就像当年你们从农村来到城市一样。我们的血液里流淌着你们的质朴、勤奋、勇敢和认真，谢谢你们，亲爱的爸爸、妈妈，很荣幸能成为你们的孩子！

　　真的很想你们！愿你们安息！

你们的女儿

2020 年 12 月 3 日

（广西壮族自治区梧州市第一中学　玉宇）

14. 女儿不在身边的日子里，愿你们一切安好

亲爱的爸爸、妈妈：

你们还好吗？

又一年即将过去，你们又老了一岁。孩提时代，我曾经那么盼望过年；如今，过年带给我的却是一种伤感——伤感时间过得那么快，而我陪在你们身边的日子却那么少。

记得我上一次回家已经是两年前的事了——家乡还是一如记忆中那样四季如春，土楼依旧古朴，小路上总有你们忙碌的身影……古人道："父母在，不远游。"然而，自从我来到北京工作并成了家，回一趟家乡就变得好难。去年过年前本来已经准备好回家，却因为新冠疫情没能回去。这一等，又是一年。今年新冠疫情形势依然严峻，我可能还是无法回家跟你们一起过年，只能用手机视频慰藉思念之情。每次和你们视频结束时，我的心里都有一种隐隐的痛——岁月的痕迹爬满了你们的脸庞，生活的沉重压弯了你们的身子。家乡还是那个记忆里的家乡，然而你们却不再是记忆里年轻的样子。

亲爱的爸爸、妈妈，原谅我没办法经常回去看你们，原谅我不能在你们渴的时候递上一杯热水，原谅我不能在你们孤单的时候陪伴左右。作为女儿，我深知自己不孝，内心有愧。但是请爸爸、妈妈放心，我虽然远在他乡，但从来没有忘记你们从小对我的教诲：踏踏实实做事，老老实实做人。你们一直以来就是这么做的。

在咱家最困难的那些年里，你们脚踏实地、苦心经营，拼尽力气供 3 个孩子读书。在 20 世纪 80 年代的农村，我同龄的小伙伴们大多在初中毕业后就被父母催着外出打工养家，而你们一直让我安心读书。多少年过去了，我依然清晰地记得当年爸爸经常说的一句话："只要你们能读书，能走出去，我和你们妈妈再苦再难也会供你们。"你们朴素的思想和平实的话语让我看到了未来的光，我知道只要我一直朝着有光的方向走，未来定会

充满希望。在多少个狂风暴雨的日子里，你们背着重重的货物穿梭于山间的小路；在多少个烈日严寒的日子里，你们搬着沉沉的泥瓦在工地上劳作。你们从不羡慕村里靠运气发家致富的人，也不羡慕同龄人悠闲的生活，而是费尽心力供我和妹妹读完大学，给了我们姐妹俩走出小山村、到大城市学习和成长的机会。虽然弟弟没能考上大学，但也一直沿着你们的路坚定地走着，踏踏实实学艺，本本分分做人。

感恩命运让我们成为一家人，感恩你们一路的支持与付出。你们的言传身教深深地影响了我，这些年来，无论是家庭生活还是工作，我一直本着踏实、勤恳、真诚的原则去对待，虽然有时候会被误解，有时候会有挫折，但我知道，无论什么时候都要努力向前看。写到这里，我的脑海里又一次浮现出熟悉又温暖的情景：在咱们家的老房子里，咱们一家人坐在一起，爸爸用慈祥的话语教育着我们三姐弟，妈妈在旁边给我们添饭、添菜……

爸爸、妈妈，我想你们了。女儿不在身边的日子里，你们一定要照顾好自己。愿一切安好！

爱你们的女儿

2020 年 12 月 28 日

（北京市房山区长阳镇中心幼儿园　张春玉）

15. 老爸、老妈，谢谢你们

亲爱的老爸、老妈：

　　看到这封信，你们一定感到奇怪：每周至少见一面，又不是住得有多远，平白无故写信干什么？今年恰逢老爸、老妈金婚之年，借此写信之机，回忆点滴往事，表达一下儿子的感恩之心吧。

　　首先要感谢老爸、老妈养育之恩。我每每回想起以前的事，都感念不止。有时用冬天冰凉的水洗手，就会记起老妈曾说起，在我出生后，老爸在鄂西北寒冬的冷水中为我洗尿布。有时用饭盒装饭，就会想起我上高中时，每天早上天不亮，老妈早已为我装好了午饭。每次看电影，就自然会想起小时候，晚饭后，一家四口到电影院看电影。看过啥，已经不记得了，印象中只有那个必备的军用水壶，捧在手里热乎乎的，里面灌满了糖水。老爸、老妈，你们大概已经有几十年没去过电影院了吧？今年，我要请你们去电影院看一次新式的电影。

　　其次要感谢老爸、老妈给予儿子成长的启迪。我上小学时，老爸远在北京工作，常常买回一些古典名著，读书成了我每晚的乐趣。《西游记》《水浒传》《三国演义》《三侠五义》等，横排的、竖排的、繁体字的，我连蒙带猜地念。老爸要求我只要看了书，就要写一篇读后感，这练就了我对语言文字的敏感，养成了我见字就要拿来看看的习惯。

　　老爸在我心中一直是我学习的标杆——字写得好，书读得多，工作上技术顶呱呱，为人随和又幽默。老爸常说出一些让我醍醐灌顶、茅塞顿开的话。记得在我刚参加工作时，因为一篇论文获奖受邀去外校宣读，老爸笑着跟我说："去吧，也好好跟人家学学，电影《地道战》里有句台词说了，'别的庄的地道也有很多高招儿'。"这句话，至今仍是我津津乐道的台词，时常警醒着我不要自以为是。

　　老妈的勤学好思也是我学习的榜样。年过七旬，她每天除了忙家务，还要抽空读读书、写写字。每次我们回去，她还要跟我们聊聊人生的诸多感悟，而不是讲些张家长李家短的八卦。

最后还要特别感谢老爸、老妈赐予儿女的福气。老爸曾说："父母身体好，是儿女最大的福气。"老爸有高血压、糖尿病，每日生活起居极为规律，自己的事情坚持自己做，既是为了自己的健康，也是为了减轻儿女的负担。孔子说："父母在，不远游，游必有方。"我深为自己能住在老爸、老妈的身边而高兴，深为老爸、老妈的身体安康而欣慰。今年春节，我为你们做了"变脸"的小视频，老妈看着图片里年轻了的自己，高兴得合不拢嘴，我也开心得不得了。过去，你们会想尽办法让儿女开心快乐；现在，就让我们加倍用心地做让你们开心快乐的事情吧。

祝福老爸、老妈幸福安康！

爱你们的孩子

2021 年 1 月 10 日

（天津市滨海新区塘沽第一中学　王瑞刚）

16. 生命中最重要的人

亲爱的爸爸、妈妈：

　　你们好！

　　写这封家书是想和你们分享我的近况和成长，表达我对你们的感激之情。从我出生到现在，你们一直是我坚强的后盾，无论我遇到了什么困难和挑战，你们总是在我身边支持我、鼓励我，让我感到温暖和安心。

　　我想告诉你们，我很好，很健康，也很忙碌。我的工作很辛苦，但也很充实。每天都有很多事情要做，但我很享受这个过程。我离家已经好几年了，虽然我发现自己已经习惯了这里的生活方式，但是每次回家的时候我都会感到很亲切。

　　爸爸、妈妈，你们是我生命中最重要的人。在我成长的过程中，你们一直是我的支持者和榜样。我记得小时候，你们总是很早就起床去上班，晚上回家后还要忙活家务。你们从不停歇，为了我们的生活一直努力工作。我知道，没有你们的付出和支持，就没有今天的我。

　　在成长的过程中，我也犯过很多错误。但是，你们总是耐心地教导我，帮助我纠正错误。你们不仅关心我的身体，还关心我的心灵。每次我遇到困难或挫折时，你们总是在我身边陪伴我、鼓励我。你们的话语和行动给了我很大的力量。

　　我还记得小时候，我们一家人度过的那些美好时光。我记得我们经常一起看电视、玩游戏，还有吃晚饭的时候聊天的情景。那些回忆对我来说非常珍贵。我现在非常后悔的是，没有好好珍惜那些时光，没有多和你们交流。

　　在我成长的过程中，你们一直是我的榜样，让我学会了如何做一个负责任的人。爸爸用他的言行和耐心，教会我如何坚持、努力和珍惜时间。妈妈则用她的爱心和细腻，教会我如何关心他人、善良待人。无论是在学业上还是在事业上，你们总是鼓励我勇敢追求自己的梦想。你们告诉我要脚踏实地，用心去做每一件事情，让我学会了勤奋和努力。同时，你们也教会我如何做人，让我明白了做人的基本准则和道德底线。

我知道，我的成长和进步离不开你们的支持和鼓励。你们总是在我需要的时候给予我帮助和鼓励，让我有信心面对挑战和困难。感谢你们一直以来的支持和理解，让我有了更多的机会去尝试、去成长。在未来的日子里，我会更加努力地工作和生活，为自己和家人创造更加美好的生活。我希望能够取得更好的成绩，让你们为我感到自豪。同时，我也希望能够帮助家人实现自己的梦想和愿望，让我们的家庭更加团结和幸福。

我知道我不在家乡的日子里，你们的生活也很充实。你们每天都会去上班，做家务，照顾自己和奶奶。我相信你们一定会过得很好。我知道你们非常爱我，也非常支持我的决定。当我有任何问题或需要帮助时，你们总是会尽力帮我。

我想对你们说，我非常想念你们。我怀念你们做的饭菜、你们的笑声，还有你们的拥抱。但是，我知道我不能总是回家看望你们。所以，我想告诉你们，我会一直努力工作，学习新技能，以便能够更好地支持你们。我永远爱你们！

我想对你们说声谢谢。谢谢你们一直以来对我的关心、支持和陪伴，让我感受到了亲情的温暖和幸福。我会珍惜这份亲情，用心去回报你们的爱和支持。

祝愿你们身体健康、工作顺利、生活愉快。我会定期给你们写信，分享我的生活和工作。希望你们能够喜欢我的信件，也能够回信给我。

儿：冯士原

2023 年 5 月 27 日

（北京市顺义区杨镇第二中学　冯士原）

17. 爸爸、妈妈，请接受我这一声迟来的呼唤

亲爱的爸爸、妈妈：

你们好！

收到这封信你们一定很不解，我为何要给你们写信。是啊，连我自己也没想到，有一天我会以这样一种方式向你们敞开心扉。而步入天命之年的我，却是有生以来第一次叫你们一声"爸爸、妈妈"。

我知道，你们一直在心底里期盼着我的这一声呼唤。我自幼跟着你们，一直称呼你们"叔叔、婶婶"，如今四十多年过去了，我还是这么叫着，彼此都习惯了。但我还是想要叫你们一声"爸爸、妈妈"，就像所有的孩子叫自己的爸爸、妈妈一样，那么自然、那么亲切、那么甜蜜，甚至是带着点儿撒娇的意味。其实在我心里，我早已经是这样称呼你们了，只不过没有叫出口而已。

我要感谢你们的养育之恩，是你们给了我一个温暖的家。我开始跟你们生活时，你们已有两个孩子，奶奶也还在世，再加上我，一家六口的生活全靠你们微薄的工资。现在想来，那时的日子多么艰难呀！可是我却没有因为是你们的养女而受过半点儿委屈。在记忆里，我们一家人在一起的时光总是那么幸福、美好，我就在这样一个其乐融融、充满爱的家庭里不知不觉地长大了。

我要感谢你们的教导之恩，让我懂得了真诚与善良。爸爸为人正直、胸襟宽广，虽然学历不高，但也是个喜欢读书的人，而且好读古书，在餐桌上常常跟我们讲"人之初，性本善"，讲"孟母三迁"，讲"精忠报国"等，所以自小我们就知道了《三字经》，懂得了"仁、义、礼、智、信"。还记得那时，我们的家风好、家规严，与左邻右舍的关系好，在整条街都是出了名的。奶奶和爸爸都是热心肠，街坊邻里谁家有个事需要帮忙都会找到我们家。爸爸给我印象极深的就是那句"做人要正直，待人要宽容"。从小到大，我们姐弟三个就在耳濡目染中学会了做人。因为正直、宽容，我赢得

了朋友和同事的信任与尊重，自己脚下的路也越走越宽，这都得益于爸爸的教导，得益于我生长的这个家庭。

我要感谢你们的厚爱，让我拥有了一个幸福的人生。初中毕业那年，我在你们的指引下报考了师范学校，这是最适合我的求学之路。毕业之后，我成为一名光荣的人民教师，这在当时乃至今日都是羡煞许多人的工作。这是我热爱的工作，更是我为之奋斗一生的事业。在这条路上，我勤勤恳恳地干，踏踏实实地走，不管遇到怎样的艰难险阻，我都谨记你们的教导，始终怀着一颗真诚之心，保持积极向上的精神状态，追逐梦想，无怨无悔。如今三十年过去了，我仍幸福地行走在这条教育之路上，感觉自己的人生非常充实。

四十多年来，我与你们、与两个弟弟、与这个家已经融为一体，那是不可分割的亲情啊！但是我一直很歉疚的是我从来没叫过你们一声"爸爸、妈妈"，小时候是因为倔强，长大了却叫不出口了。希望你们能够原谅我。

今天，我用写家书的方式向您二老敞开心扉，表达我内心那份真挚而深沉的情感。我再次在心底里说一声：亲爱的爸爸、妈妈，感谢你们宽广无私的爱！

你们的女儿：万长瑛

2019 年 2 月 28 日

（江西省赣州市红旗大道第二小学　万长瑛）

18. 老师父亲，不断前行的引路人

父亲：

您今年 82 岁，是一位老教师。真正发现您老了，不是从您花白的头发和胡须中，也不是从您怎么也收拾不利落的衣着中，更不是从您伴着电视的瞌睡中，而是从您那越来越弯曲的脊背、越来越下降的听力、越来越蹒跚的脚步中。

在我的心中，您是个好儿子、好丈夫、好父亲，更是一位好老师。

您考上大学时，家里只有爷爷一人挣钱供您和两个姑姑上学。在您大二时，得知爷爷在家太辛苦，您说什么也不读书了，决心回家帮爷爷支撑起这个家。爷爷、奶奶不同意您辍学，您平生第一次没听父母的话，在县里的中学当了老师。后来，您的很多大学同学都身居高位要职，我问您后悔吗？您说："如果那时不帮你爷爷，他老人家累倒了，我才真后悔呢。"

您的孝心在邻居及亲朋好友中是出了名的，奶奶半身不遂卧床六年，您尽心尽力伺候，从无怨言。奶奶最后走得很安详。

您和母亲都是老师，都很有修养，我从来没有听过你们吵架，两人总是为对方着想。姥姥和舅舅家有事都会找您帮忙，您从来都是尽心竭力。有时姑姑心疼您，悄悄对您说，能帮就帮，不能帮也别太勉强。而您说，不想让母亲因为娘家的事着急上火。20 世纪 80 年代末，母亲提前退了下来。因为母亲是病退，和与她同龄的正式退休的同事相比，工资低了很多，但我从来没听您埋怨过。每次听到"筷子兄弟"的《父亲》时，我都会泪湿眼眶。

由于先天的原因，我的牙齿不好，小时候经常去看牙，而这恰恰是我最害怕的事。每次您带我去看牙，都会想方设法哄我、安慰我。从小，吃饭时您都会挑我爱吃的放进我的碗里，尤其是吃排骨，总会把肉最多的部分给我，一直到现在，哪怕您自己的牙齿已经远不及我了，也还是这样。每到下班时间，一进小区大门，抬头望向阳台，总会发现您趴在那里往下看，等我进屋时，饭菜已经摆好了。您的爱深沉无声，汩汩流入我的心窝，沁入我的骨髓。

您无微不至地关心我，也是我不断前行的引路人。您是一位好老师，在您的学生心中是一座永远的灯塔。您的学生大都年过花甲，但每年您的生日和正月初九都是师生相聚的日子，学生都会来看望您，和您一起谈人生、谈理想、谈当下的生活和工作，身在外地的学生也会通过电话送来问候和祝福。这种深厚的师生情谊，给了我很多的温暖和感召，使同样作为老师的我始终心存美好。

越来越浑浊的眼神，越来越佝偻的脊背，越来越缓慢的动作……虽然您已经老了，但您的精神却像一座灯塔，始终在引领我不断前行！

您的女儿：晓红

2018 年 8 月 28 日

（黑龙江省绥化市一曼小学　王晓红）

19. 爸爸，您就是我们心中的那座城

亲爱的爸爸：

这是一封写给您的信。不知为什么，心中似有千言万语，但不知从何处落笔。古人说："欲作家书意万重。"大概就是我现在的感觉。

我从小就听邻居说，您身世坎坷，跟着兄、姐长大，三十岁才成家。前些天，妹妹翻建当年由您亲手修建的老屋时，发现老地基竟有一米多深，全部是用石头砌成的，最小的也有几十斤，最大的那块，挖掘机也无能为力。真不知爸爸您当年是如何把它们从山里弄回来的。这间老屋摇摇欲坠十几年，就是不倒，也是因为地基打得太结实了吧！

不过，您自己却从没说过苦。别人锄田锄两遍，您会锄三遍；别人歇晌，您会在家里编筐；别人图省事种粗粮，您种麦、种菜、种葡萄……那份辛苦不用言说，但也着实收获多多。一次，村里有人来借钱，您一下就拿出一千元，要知道这在当时是一笔巨款啊！艰难岁月钱财来得极其不易，但您还是坚持了守望相助的原则，拿出来给别人救急。

您对我们的教育也非常重视。我从小爱画画，记得初一放暑假时，有一天您卖菜回来说："乡里的文化站开了个画画班，30 元学费，闺女你要想去，就给你钱。"那个夏天，我终于如愿以偿学了画画。现在想想，30 元学费，差不多是当时一些人一个月的工资了，可当年，您却毫不犹豫地掏出来支持我学画画。

爸爸，我知道您一生最遗憾的就是没有儿子。倒退几十年，我们这里"轻女"倒不严重，但"重男"绝不免俗。没有儿子，您心里就自觉低人一等。于是您全力督促三个女儿读书。多年后，咱家出了两位教师、一位大学生，成了左邻右舍羡慕的家庭。

而多年的辛苦劳累，也拖垮了您的身体，最严重的一次已到生死边缘。那次我们本来是去看肺炎的，检查结果却显示您的心脏已破败不堪，医生当即就让您住进了医院。我给妹妹打完电话，感觉到巨大的悲伤袭

来。"树欲静而风不止，子欲养而亲不待"，我也许就要没有爸爸了。医生建议赶快带着片子到大医院去想想办法。到了北京，专家给出的建议是：治疗就如闯关，第一关，送一把"小伞"去堵洞，但伞撑开的一瞬，小洞可能会破成大洞；如果成功，第二关，给心脏做一圈支架；如果还能闯过去，第三关，开胸……我们的心都揪紧了，这一关关的，老爸能闯过去吗？

真是奇迹！重症监护室待了 5 天，您还在；普通病房住了 15 天，您还在；出院一个月复查，您还在……如今 4 年过去了，您还在！就像我们家的老房子一样，摇摇欲坠坚毅不倒。正如妈妈说的，一辈子劳动，练出的身子骨哪那么容易就倒下？! 好心眼放前头，管他生呀死呀！这就是你们朴素的人生观吧！努力前行，又看淡一切。

回忆往事，我是感慨又欣慰。虽然您如今行动有些不便，思维也缓慢下来，但是爸爸，我希望您就这样坚强地活着！因为只要您在，我们的心里就有了一座遮风挡雨的城！

女儿：宪珍

2019 年 6 月 3 日

（北京市延庆区刘斌堡中心小学 吴宪珍）

20. 老爸，我会当好您的依靠

亲爱的老爸：

　　最近的生活还如意吗？是否还有熬夜的时候？腰痛好些了吗？提笔之时才想起，这似乎是我二十多年来第一次给您写信，第一次向您嘘寒问暖，第一次用"老爸"这样略显亲切的词语称呼您。从小到大，我一直都是个过于理性的孩子，跟您日常交流的次数屈指可数，我们之间大都是由老妈互传信息。您肯定也好奇，为何如此不善表达的女儿突然变得感性了，那是因为，自从参加北京师范大学《论语》百日线上学习活动以来，我常常想起您，想起您教育我的一幕幕，慢慢体味到您对我细水长流但又不动声色的关爱与照顾，也渐渐意识到我作为女儿对您的亏欠。今天，就借着这封家书跟您说说话。

　　小时候读朱自清的《背影》，文章中父亲的形象让我好生羡慕。我也同样羡慕骑在父亲脖子上或在父亲怀中撒娇的孩子，觉得他们很幸福。而我跟您之间似乎隔着什么，从来没有如此亲密的举动，唯一印在脑中的是您眉头皱起的样子和说话时严肃的语气。小学时，我埋怨您对我的学业要求过于严格，埋怨您容不得我表现出一点儿矫情的样子。中学时，我埋怨您总是让我从书本走向实践，埋怨您让我去做修电路、修水管等众多我认为是男孩子该做的事情。直到后来，当我发现自己拥有超强的独立能力的时候，我才明白我错了。

　　我感激您，感激您唤醒我的生命，教我学习，教我做人。尤为清楚地记得距离小升初会考只有一学期的时候，我的成绩与县里最好初中的要求仍有很大一段距离，您果断辞掉当时的工作，白天我在校学习，您就在家根据我的弱项整理题库，晚上给我辅导，整整三个月没有周末，没有假期。这不长不短的三个月，让我第一次体会到筑梦前行的艰辛与不易，品尝到竭尽全力后的成就与喜悦。我还掌握了思维导图、错题集、分类积累等各种有效的学习方法。从那以后，您再也不过问我的学习，您说，我已经有足够的能力驾驭所有的学习任务了，而我也用您教给我的学习方法不断前进，顺利圆满地完成了学业。

印象中，您还特别喜欢上"政治课"，每次到我人生转折的关键期，这节必修课从不缺席，内容包含婚姻、理财、孝顺、守法等，只要是与我成长有关的，您都会涉及。我还是小学生的时候，有一次，您跟我一起读了一篇关于成才的文章，您问我想成为什么样的人，我当时马马虎虎地说了说，记得您只回应了一句："无论做什么，都要做一个对社会有用的人，不要成为一个废人。"这句话引领着我走了很多年。

我依赖您，在我最困难的时候唯一想起的就是您。高中时期的我，成绩不太稳定，情绪也不稳定。您带着我去爬山，到山顶的时候您告诉我："人的生命是最重要的，不同的人有不同的活法，高考只是一个途径，我们尽力就行，不论怎样，活着都是一件很幸福的事情。"当时的我无法完全理解，但对于高考释然了很多。自此之后，每当我情绪崩溃、无法发泄的时候，我都会告诉您，只要听见您的安慰，我的世界会瞬间充满阳光。

前两周您生日时，我给您送去祝福，您跟我说："女儿的安好，就是我的安定。"我听了瞬间心里一紧，红了眼眶。这是我第一次听到您说如此柔情的话，第一次发现您老了，第一次感到您需要我。老爸，在我心中您一直是一位无所不能的强大的父亲，直到今天，我才意识到您强大的外表掩盖了内心的失落与脆弱，您跟老妈一样把我当成了您的依靠，而我却忽视了对您的体贴与关注。

老爸，对不起！今后，我一定会好好呵护这份父女情，好好孝顺您，当好您的依靠！

您的女儿：张琼

2020 年 12 月 29 日

（湖南省浏阳市机关幼儿园　张琼）

21. 亲爱的妈妈，您是我力量的源泉

亲爱的妈妈：

很长一段时间以来，儿子都没有好好地和您说说话，总是匆匆地来又匆匆地去。昨天您儿媳妇跟我说："咱妈 80 多岁了，听力又不好，如果长时间没人和她说话，恐怕会得阿尔茨海默病。"我听了猛然一惊，才意识到自己一直以来对您的关心太少了。今天，我先把要说的话写下来，明天念给您听。以后，我要经常给您写信，给您读信。

今天儿子只想讲一件往事，这件事情对我触动很大，也是一直支撑我走到现在的动力源泉。我记得那是 2004 年的夏天，我带毕业班，刚刚结束了高考就接到了您的电话，您在电话里的声音很低沉又很坚定，让我抓紧时间到家里来，同时也叫了我的姐姐。当我们匆忙赶到家的时候，您告诉了我和姐姐一个不幸的消息：在四月份体检的时候，您查出乳房有肿块，医生怀疑是乳腺癌。我当时一听就急了，我问您，四月份的事情怎么到现在才告诉我呢？您说本来想尽快告诉我们，可是考虑到我带毕业班，一个多月之后就要高考，就想等高考结束后再告诉我们。当时的我心如刀割，又不知道说什么好，只能和姐姐抓紧时间联系医院和大夫。

拿到确诊结果的那一天，我的眼泪止不住地往下流，简直无法想象，从查出来有问题到确诊的这一个多月您是怎么过来的啊！您为什么不及时告诉儿子呢？万一耽误了病情怎么办？当时忍不住责怪了您两句，而您只是平静地说："你那可是一个班的学生，这么关键的时候，牵扯到孩子们的前途命运，老妈能撑住，你却耽误不起啊！"听到这里，我再也忍不住，自己找了个没人的地方大哭了一场。

您的这段话我永远记在了心里，我也意识到，教师不仅仅是一份职业，更是一份沉甸甸的责任，这份责任和年龄无关，和职称无关，却和每一个学生息息相关。手术很顺利，术后的化疗和放疗非常痛苦，可是您都咬牙坚持下来了，这种毅力不仅仅是来自对生命的渴望、对家人的无限依

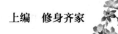

恋，还来自您不想让儿子遗憾终生，不想让我陷入深深的自责中。自古忠孝不能两全，是您用自己超乎寻常的意志力闯过了这一关，让我既能尽忠，也能尽孝。

您是一位伟大的母亲，您不仅把爱全给了我们，还让我们把爱给了更多的人。每当自己遇到困难的时候，我总想起您说的那番话，为了不辜负您的期望，为了所有的孩子，无论有多么大的困难我也要克服。有您在我身边，儿子无所畏惧。

妈妈，衷心祝愿您健康快乐！

您的儿子：于戈

2019 年 3 月 11 日

（山东省济宁市第一中学　于戈）

22. 妈妈，您是我的榜样

亲爱的妈妈：

　　还记得上一次给您写信，是我 17 岁刚踏上讲台的时候，那是您和爸爸站了一辈子、我从小就很熟悉又突然很陌生的讲台。当时的我，洋洋洒洒写了几页纸的委屈。记得您用加急挂号信迅速回复了我："你从小就喜欢唱歌跳舞，能每天带着学生们快乐学习，做个有用的人，有什么不好呢？"您就这样一直鼓励着我，让我在音乐教师的讲台上一站就是 26 年。

　　从小见惯了您和爸爸忙忙碌碌批改作业的模样；习惯了学校有活动时您把我的白衬衣、蓝裤子借给那些偏远寨子里的学生穿；习惯了经常有贫困学生在咱家吃饭，虽然你们往往到月末都没有钱买肉给我吃；习惯了心怀感激的家长拿来几斤土豆，您反而买几斤白糖回送。所有这些，我从未觉得有什么特别。

　　如今的我，整日忙碌，您每次看到我瘦了，都会不放心地叮嘱我不要熬夜，一定要爱惜身体。我胆结石住院时，您是那样焦虑、着急、心力交瘁。您给我打电话，怕我嫌您啰唆，每次都先想好要说的话。对于这些，我居然都没有在意，对于七十多岁的您给予我的爱，我居然不懂得珍惜！

　　突然发现，我已经好久没有和您坐下来好好聊一聊了，聊一聊您的身体、您的学生，聊一聊您照顾患病多年的爸爸，听您讲一讲教育生涯中许许多多有趣的故事。

　　听说您当年剖宫产生下我时，实习医生不小心在我太阳穴上划了一刀，血流不止，一家人心痛得流泪，可满月了您还是提了一篮鸡蛋去感谢这位差点儿让我破了相的实习医生，您说："谁都有第一次。"如今，我突然懂了，是您善良的心在我清澈的眼睛里映照出这个世界最初的模样，也在我幼小的心灵里播种下人生的第一个梦想。如今，我已然成了一名老教师，面对不断变化的社会环境，我仍然在您——一个 20 世纪 60 年代师范生的时时督促下，保持着对教育的热爱与坚持。是您那些朴实的话语与默默的支持，让我坚持着、努力着，成为一名特级教师。真的谢谢您，妈妈！

我热爱音乐教师这个职业，也获得了一些认可和荣誉，可是这就够了吗？这次北京师范大学"京师好老师生命成长营"，真的让我豁然开朗。原来，作为一名教师，要学习的不只是专业知识和技能，更重要的是如何做人！一名好教师，工作上要勤勉，生活中要做典范，要不断完善自己、提高自身的修养，才能走得更远。

亲爱的妈妈，我会继续以您为榜样，努力做一名好教师，相信不久的将来，您会看到我由内而外的改变，看到一个更加温暖、平和、优秀的女儿！

爱您的女儿：支红

2018 年 10 月 24 日

（贵州省六盘水市实验小学　支红）

23. 妈妈，我成长中的力量

亲爱的妈妈：

当我开始写家书时，您是第一个出现在我脑海里的人。您总说我是家里的开心果，我在哪里，哪里就是一片欢声笑语。可不知，您在我的印象中一直是一位少言寡语、不善言辞、默默奉献的人。

由于爸爸在我和姐姐上小学时就过世了，您承担起了整个家庭的重任。您从来没有在我们面前哭过一次，从来没有因为照顾我们太累而抱怨，反而给了我和姐姐最好的生活、最好的教育、最好的示范。这不禁让我想起了在北京师范大学《论语》百日线上学习活动中老师提出的"尽己责"。

"尽己责"，就是把分内的事、当下的事，尽力做到最好。您虽然文化程度不高，但要求我和姐姐努力学习，从写好每一个字开始；遇到困难时，要积极主动去想办法……您用自己的实际行动，照顾着一家老小的生活起居，天气热了给我们装空调；冬天冷了就想办法让我们能洗一个热水澡；为姥姥、姥爷十年如一日地操持一日三餐；在家里最需要您的时候，您毅然提前退休，回家给老人养老送终。您永远是家里那个不缺席的人，尽自己最大的能力给予我们无微不至的关怀与照顾，而从来没有要求我们对您有所回报。记得您因为体重基数大、操劳过度而膝关节严重受损，在不耽误帮姐姐看孩子的前提下，您选择了关节置换手术，就是这么一个在我们看来很大的手术，您只让姐姐、姐夫在手术当天来医院签字，而我作为老师，您没有要求我请假，说怕耽误我的工作。其实我知道您是怕我请假再回去工作太累，说到这儿，我的眼里已经布满了泪水，我何尝不想为您做些什么呢？您还记得吗？您第二次进医院做手术，正好赶上了我放寒假，于是您坚定地让我去医院进行夜间陪护，我的心结才慢慢解开。我第一次在医院陪夜，给您换尿袋，扶您上厕所，帮您洗头、擦洗身子，虽然有时我会有些急躁，但我在尽力弥补，我在用我的实际行动"尽己责"。那时的您也很欣慰，有女儿陪在身边，可以随时调遣、聊天解闷，短短几天

的时间，真的是我和您相处最多、最难忘的时光。

　　当你能够全力做好自己应该做的事情时，身边的人会给你靠谱、能干等评价，你的人格魅力将会光芒四射。这也让我在工作岗位上成为让领导省心、家长放心、学生开心的教师。是您带给我这样的力量，让我从建设自己的心灵品质开始，从自律、靠谱、守时、守信、诚实开始，尽己责。谢谢您，我亲爱的妈妈！

爱您的女儿：蔡颖

2022 年 9 月 6 日

　　　　（北京市朝阳区花家地实验小学　蔡颖）

24. 妈妈，我的铿锵玫瑰

亲爱的妈妈：

　　见信如晤！

　　收到这封来信，您是不是有点儿意外？有点儿惊喜？看到"亲爱的"三字，您一定会说："受不了、受不了，这么肉麻洋派的词还是对你伯母说比较合适！"是啊，从小到大，我们最喜欢拿伯母与您对比。如果说伯母是典型的婉约派，那么您一定是铿锵派的代表了：您的嗓门儿特别大，总是不苟言笑、风风火火、雷厉风行，批评、教育起我们来也是噼里啪啦的。

　　小时候，每当我们犯小错的时候，您最喜欢用《增广贤文》中的古训来教育我们。因此，"《增广贤文》书上说……"这句话成了您教育我们的开场白，什么"许人一物，千金不移""忍一句，息一怒""忠言逆耳利于行""少壮不努力，老大徒伤悲"更是把我们的耳朵都磨出了茧子。而如果我们犯下了大错，您是丝毫不留情面的。

　　记得那是初三的一次期末考试，身为物理学霸的我却在电学上栽了个大跟头，破天荒地考了51分。看到分数的那一刹那，一个念头闪过，我偷偷将成绩册上的5改成了8。可终究纸包不住火，没过多久，您居然在街上遇到了我的班主任刘老师。回来后，您阴沉着脸，一字一顿的话语重重地敲打着我的心："一就是一，二就是二，做人、做学问不能弄虚作假，更不能自欺欺人。"您的话掷地有声，叩击在我的灵魂深处。我将物理书从头至尾啃了好几遍，终于在中考考出了优异的成绩。重要的是，从此，我把"诚信"二字时刻牢记，从不屑于弄虚作假，以诚待人更成了我为人处世的信条。

　　比起我来，弟弟就没有那么幸运了。那是1996年的初夏，我即将中考，弟弟念初一。一天下午，您被学校叫到了政教处，因为弟弟在上学途中跟随几个同学到瓜农的瓜地里准备偷西瓜，被瓜农逮个正着。您铁青着脸，一把将弟弟推到爸爸的遗像前，弟弟扑通一声跪在地上，您坐在旁边的椅子上，肩膀一上一下地抖动，浑身也在战栗着。末了，您用沙哑的声音缓缓说道："小时偷针，大时偷金，做人要堂堂正正啊！"说来也怪，从那以后，弟弟真的像变了个人似的，他勤奋好学，如愿考上了县一中，然后是重点大学，还考上了研究生；他上班后廉洁自律，哪怕身处重要敏感职位，也能做到堂堂正正。

亲爱的妈妈，这些事情虽然如过眼云烟般倏忽远去，但深深地铭刻在我的心里。没有高深的道理，没有华丽的语言，没有脉脉的柔情，甚至还有点儿简单粗暴，但朴素的语言里，饱含着育人的大智慧。

我很惊诧，您到底是怎样的一个奇女子？您平凡朴实，您吃苦耐劳，您坚毅果敢。本是一朵娇嫩玫瑰，却偏偏如此铿锵。您柔弱的肩膀承载着全家人的希望。虽只是高小毕业，肚里却藏着那么多朴素的教育箴言。中年丧夫，您独自涕泪，挑起生活的重担，将6个孩子抚养成人，创造了他人眼中的奇迹，书写了自己传奇的人生。

亲爱的妈妈，今天是3月24日，清明将至。此时此刻，您一定又在计算着归期，计划着行程吧？我期待着，期待着我们相聚的那天，期待着在您的絮叨中重温生活的苦涩与甘甜。

最后，孩儿愿您：健康长寿，一切安好！

您的女儿：玲

2020 年 3 月 24 日

（湖南省永兴县朝阳实验小学　李玲英）

25. 未曾谋面，您却在我心里

亲爱的奶奶：

见字如面。您应该不认识我，因为在我出生之前您就已经去世了。您也一定会感到诧异，为什么我突然要给您写信。那是因为我在学习儒家经典《论语》，其中的核心思想是"仁爱"。当我慢慢理解了这个词以后，我不由得就想到了您。

我对您的了解主要源于父亲。

每次提到您，父亲总是说："你奶奶是世界上最好的人，再也遇不到这么好的人了。如果我文笔好，一定要把你奶奶的事写成书。"而您，父亲心中那个"世界上最好的人"，我应该唤作"奶奶"的人，却并不是父亲的亲生母亲。听父亲说，他刚出生不久，生母就去世了。您进了家门，虽是继母，对他和大姑却特别好，比亲妈还要好百倍。后来您生下叔叔和二姑，但依然像亲生母亲一样对待他和大姑，别人根本看不出四个孩子是同父异母所生。而自从您来到家里，一家人虽不富裕，但六口人在一起，总是其乐融融的。您对父亲和大姑无分别的仁爱之心，对我们整个家庭，尤其对我父亲产生了非常大的影响。既弥补了他童年的遗憾，也潜移默化地教会了他如何做人，更激发了他通过努力改变命运的信心和勇气。

然而，命运弄人。在我二姑两岁多的时候，您惦记着娘家人的事，三伏天徒步回娘家探亲，结果中暑染病，久治不愈而永远地离开了。这件事给整个家庭带来了很大的伤痛，父亲每次都遗憾地叹息："为什么这么好的人，命就这么短啊！"

您走后，家里发生了很多事，我在信里好好跟您唠唠吧。

为了减轻爷爷的负担，父亲后来辍学回家。没能继续上学，这成了父亲一生的憾事。而即便如此，他也从未向现实低头，而是通过自己的勤劳、善良和智慧努力改变着整个家庭的命运。父亲20岁时，因为勤快、善良又有能力，被推选为生产队队长，带着队员们一起发展生产。后来赶上改革开放，他又是村里第一批闯出去做生意的人，也带动培养了一批年轻人共同致富。他还经常接济村里的贫困家庭，对他们照顾有加。关于这些，我也是后来听村里老人讲的。

后来，父亲又被推选为村主任、村支书，管理着村里的大小事务，尤其关心、重视村里的教育。每天早上起来第一件事就是去学校看看，再去地里看看。父亲有时候会跟我夸口："给我再大的官，我也能干好！"我就故意问他："凭什么能干好啊？""凭良心！"我想，他这一生一定是受到您的极大影响，才能拥有这份自信与坚定。前几年，父亲做了一个胃部手术。现在，近70岁的父亲还在村里种着地，他已经离不开这片土地了。

再跟您唠唠家里其他人的情况吧。我爷爷在1987年正月十五那一天去世了，那时我才5岁。听父亲说，当时爷爷胃部出血，但最终没查出什么病就离开了。我大姑长大后嫁了个不错的人家，只是命运不济，在生下二儿子后不久也染病早亡。我亲奶奶、您，还有大姑的命运竟如此相似。大姑父后来一直没有续弦，一个人将两个儿子养大成人，现在生活过得都很好。我叔叔从小身体就不好，但学习一直不错。可还是因为身体原因影响了学业，高考落榜后回家务农。好在后来结婚生子，日子过得红红火火，现在也子孙满堂了。我二姑结婚以后一直在做生意，本也过得富足，对我们家也照顾有加。后来生意不景气，家道中落，日子过得拮据了些……写到这里，我已经泪流满面。既喟叹于咱们家庭的命运多舛，也感慨于大家对艰难命运的不屈服，更为您带给我们的仁爱之心而感动。

亲爱的奶奶，从我知道您的那一天起，您就一直活在我的世界里，就像我父亲一样，成为对我影响很大的人。

未曾谋面，一直在心。

顺祝您在那方安好！

您的孙儿：海群

2019 年 6 月 14 日

（北京市石景山区京源学校　黄海群）

26. 父爱如山

亲爱的老爸：

　　今天以这样的方式和您交流，是我俩之间从来没有过的。似有千言万语，但又无从下笔。

　　静坐在书桌前，我的耳边响起了爸爸您的咳嗽声。

　　年轻时的您是一位司机，开大车的那种，在20世纪七八十年代是令人羡慕的职业。因为工作便利，您经常会给我们带来别家小孩子不容易得到的物品，如铁垫圈、铜麻等。我们搭配上芦花公鸡的翎毛，就能做一个漂亮的毽子。我经常在其他小孩面前扬扬自得地炫耀："这是我爸爸给我带回来的。"我也经常盼着您回来给我们带来惊喜：农村不经常见到、吃到的香蕉、大白兔奶糖。每每等到天黑了还不见您回来，我是又瞌睡又着急，但还是强撑着。一听到窗外传来您低沉浑厚的咳嗽声，我就一骨碌翻起来，等您进屋，我的眼睛上上下下地巡睃。您仿佛知道我的心思似的，从口袋里或包里掏出我们盼望的物品，什么也不说。我们只顾着高兴，丝毫没有顾及您的疲惫。您标志性的咳嗽声就成为我经常盼望的声音。如今似乎还响在耳边。

　　那时农村的孩子初中毕业大多选择考师范学校。我们家族中长我几岁的哥哥、姐姐都考了师范学校，等到我中考后，也自然报考了师范学校。记得拿到通知书的那天，爸您也极开心，小酌了几杯，借着酒劲，给我们兄妹三人"开会"。您语重心长地说："你们几个都很争气，考上了学。到学校一定要好好学习、好好做事、好好做人。"以为您要长篇大论给我们讲什么深刻的道理呢，没承想短短几句话就结束了。年少的我们也没细想，只顾互相笑闹着、分享着快乐。上学时、工作时、成家后，您的那句"好好学习、好好做事、好好做人"却不时出现在脑海中。

　　不知从何时起我们称您为"老爸"了。周末一大家子聚在一起，我们谈天说地，但老爸基本上不说话，默默地做准备工作；吃罢喝毕，我们要走了，您把家里给孙儿孙女准备的东西一一装好，眼巴巴地看着我们提着大包小袋走了。一直以来，您以火暴的脾气、耿直的性格在王姓大家族乃至更大范围的亲朋好友间出名。可不知从什么时候起，您话少了、沉默了。您默默无语地关心着您体弱多病的老伴、已经人到中年的儿女、已经成年的孙儿孙女。

老爸，说实话，我对您的照顾太少了！您身体强健、心胸宽广，比起其他同龄衰老多病的父辈们，您让我们少操了许多心。头疼脑热，自己买药吃吃就好了；家里水、暖、电一概大小事务自己就解决了，从没让我们跑过腿儿。

老爸，说实话，我对您的关心太少了！在我们心里，您一直能吃、能喝、能睡，似乎没有烦恼、没有忧虑。但事实上怎么可能呢？您额上的皱纹逐渐加深，您头上的白发日益增多，您为这个大家庭操心、操劳着，怎么可能没有烦恼、忧虑呢！

老爸，说实话，我和您的交流太少了！从小到大，您给我们的印象都是耿直、严肃、认死理，我们平时自然就较少和您谈论，简单的问候和告别就是我们之间的交流。这是我们做儿女的欠缺呀！

老爸，父爱如山，在您身上是最好的体现，您给我们的爱厚重而深沉、稳定而踏实。今天就借着这封信表达一下女儿的心意：谢谢老爸！做您的女儿真幸福！

永远爱您的女儿：莉

2021 年 8 月 12 日

（甘肃省酒泉市玉门油田第二中学　王莉）

27. 迟到的赞美　无尽的思念

敬爱的父亲：

您还好吗？

我知道，您还未走远，您离我们而去还不到一年。我们回想过往，想念您，却发现我们从来没有当面赞美过您一次。儿女们现在才说："父亲呀，您是多么了不起呀！"我的父亲，您听到了吗？

您虽已82岁高龄，又有老年癫痫，但您还是尽自己最大努力照顾母亲。就在您突然走的那一天早上，您还用轮椅推着母亲上街一起吃了臊子面；中午吃完饭，您还把锅洗完；午休起来，您和母亲并坐在沙发上，一起看电视。您走得那样突然，没有一点儿征兆；您走得那样安详，头枕在母亲的肩膀上，平静得像睡着了一样。

我的父亲，您走得是那样干净利落。我知道，我敬爱的父亲，您肯定是不想麻烦儿女，不想拖累我们。您怕因脑梗瘫痪在床上，您怕您大小便不能自理，您怕您不能自己吃、自己喝，那得给儿女添多大的负担呀！儿女们都那么忙，都有自己的家庭和事业。您活着时就总是为别人着想，为他人考虑，不给别人添麻烦，一生如此，最后走的方式也是如此！

您是村里的能工巧匠！您是一位好木匠：大到架子车，小到桌子、椅子，您都是自己动手制作，几乎和卖的商品一模一样。您连锯带刨、卯榫相接、抛光上漆，您是那样耐心细致。您还是一位好泥瓦匠：我们家的房子拓宽改建多次，每次都是您亲自设计，召集带领亲朋好友砌墙、上梁、粉刷，给我们建造了一个温暖宽敞的家。您还是位种田的老把式：我们村地处近郊，您精打细算，种大棚韭菜，套种玉米、芹菜，菠菜接着白菜一茬又一茬。您埋头干活、辛勤劳作的身影，曾经在我的脑海里定格，现在——在我眼前复活。

父亲，如今您修过的房子有的地方墙皮已脱落，院子里也没有了红红黄黄的花朵，更没有了满架的南瓜藤。您走了，院子里冷冷清清的，阳光直直地照着掉了漆的紧闭的门窗。

父亲，您的人生经历实在不同一般。您出生在新中国成立前，新中国成立后成年的您积极进步学文化，进入识字班，加入中国共产党；您从公社到村上，从农民到主任、书记再回到农民，一生几多波折，尝尽了生活的酸甜苦辣咸；您识字不多，却读了《三国演义》《西游记》等，还常在田间地头休息时绘声绘色地讲，叔伯婶婶们听得津津有味；您青年时潇洒走四方，晚年在家洗衣做饭，喂猪养羊；您早年当代表到北京开会，您在天安门前照的那张黑白照片至今仍挂在墙上；年轻时的您神采飞扬、脾气火暴、不苟言笑，晚年却对着挑剔唠叨的母亲笑脸相陪，对儿女处处迁就。您为了我们，为了这个家，默默改变着自己，委屈着自己。

父亲啊，您刚强而内敛、沉默而果断，您睿智而随和、忍让而坚韧……以前我们从未对您说过这样的话，现在说为时已晚呀！

我敬爱的父亲，我知道您还未走远，我有许多话要对您说，给您写下这封信，盼望您能看到啊！

我敬爱的父亲，我们想念您！

儿：培林

2021 年 7 月 19 日

（甘肃省张掖市第二中学　赵培林）

28. 传递精神，砥砺前行

亲爱的姥爷：

去年您因车祸意外去世，您的突然离开带给家人无尽的悲痛和永远的思念。

身为军人的您生前身体是那么健康！您热爱生活，每天早上六点起床、八点回家的习惯始终如一，姥姥喜欢在家做好早餐等您回家，下午睡醒后您继续出去锻炼身体。89 岁的您在别人看来是高龄，可是您身体健康，耳聪目明，各项指标都正常，您还很年轻啊！我知道您一直还在，您的灵魂还在，您那热爱生命、积极乐观的精神一直都在！

姥爷，其实我应该叫您七姥爷，因为您是我亲姥爷的亲弟弟，家中排行老七，大家都这么叫您，可是我却习惯了叫您姥爷，因为一直是您照顾着早年失去父亲的我的妈妈。当年您每到假期都要回农村探望我的亲姥姥，还要看看族里的其他家人，扶危济困。

因为您在大城市，所有亲戚去了都要麻烦您，可是您从不厌烦。那时候家里上大学的所有孩子都得到过您和姥姥的照顾。我每次去看您，您都要亲自送我到公交车站，虽然您年龄大了我本不该让您送我，可我又喜欢您送我，因为我想跟您多待一会儿。记得那时候我上学拿的行李箱挺大的，您总要帮我拉上公交车，此情此景每每想起我便泪水盈眶！

您参加过新四军，生前始终保持着艰苦朴素、勤俭节约的好习惯。记得有一次煮熟的玉米到第二天有点儿坏了，我提醒您不要吃，可是您却笑呵呵地就着热牛奶吃了。我担心您会拉肚子，可是姥姥说您肠胃很好，吃了没事，后来果真如此，看来是我杞人忧天了。

您的卧室干净整洁，您起居有常、生活自律、心态平和、不妄加羡慕、不妄自菲薄，家中书香气息浓厚。您细心照顾家族老小，60 岁读老年大学，发愤图强，废寝忘食，认真学习国画和英语。您喜欢爬山，喜欢经常到大自然中走一走，您独自一人去过全国好多地方，甚至 80 岁了还报团跟着旅行社去马来西亚转了一圈。您热爱生活的积极态度和超级自律的好习惯也影响、带动着全家人。

　　姥爷，我知道您担心您的儿子，怕他遇事没有人帮扶，可是我早已将您看作自己的亲姥爷，我会经常去看望姥姥，陪她说说话，和哥哥相互扶持，您就放心吧！

　　亲爱的姥爷，虽然我竭尽所能表达对您的思念，却感觉不能完全倾诉。我会把您的学习精神传递下去，努力上进、积极乐观、热爱生活；学习您不服输的精神，把这种单纯质朴的精神永远传递下去，在自己的教师岗位上扎根成长，努力做一名新时代的好教师，不辜负您的期望！

想念您的外孙女：文娟

2020 年 12 月 25 日

　　　　　（甘肃省白银市靖远县大芦镇新星小学　董文娟）

29. 永远的大山　不灭的明灯

敬爱的父亲：

好久没有提笔给您写信了，今天正逢您81岁的生日，也恰好是北京师范大学《论语》百日线上学习活动轮值写家书之际，我思索再三，这封信最应该写给您。

首先，跟您说声："对不起！"去年高考延迟到7月7日进行，而高考前夕，恰好是您的80岁寿辰，当时，我正带领高三毕业班学生全力备战高考，所以没能参加您的寿宴，心里一直非常愧疚，觉得很对不起您，为此事我也常常落泪。记得当时给您打电话商量时，您说："你今年带高三，现在到了关键时刻，就不要赶回来了，一来时间紧张，长途开车不安全；二来学生马上就要高考了，高考是人生大事，我们耽误不起。"事后听母亲说，虽然哥哥、姐姐、侄子、侄女以及亲朋好友等一大家子人给您祝寿，场面也很热闹，但您看上去总是有些惆怅，我知道那是您在惦念我。

父亲，在我小时候，您为我做的事太多了，很多我都已经记不清了。但我还记得我第一天上学，是您给我包的牛皮纸书皮，是您亲自把我送到学校。记得有一次，我从咱家房子后面的石崖上摔下来，摔得鼻青脸肿，满身是血，您硬是背着我冒着大雨跑了20多里山路去看医生。当时的我，模模糊糊地看到，您的脸上有水一直往下滴，不知是雨、是汗，还是泪。

父亲，记得您曾经也是村里人的骄傲，您读过书，能写一手好字。您18岁参加工作，19岁入党，您当过大队会计、村干部、银行出纳等。后来，我的出生导致您失去了体面的工作，几经周折后您当起了煤矿工人。再后来，由于种种原因，您回家种地了。记得我考上大学收到录取通知书的那天，一直不爱笑的您终于露出了久违的笑容。入学报到的那天，您背着大包小包，把我送到了学校，我眼里满是对大学生活的向往，却没有看到您眼中的不舍。您帮我铺好床铺，安顿好我的一切，再三嘱咐我照顾好自己，然后满足而不舍地走了，连顿牛肉面都没舍得跟我一起吃！四年一晃而过，大学毕业后，我幸运地找到了这份教师工作，工作的忙碌加上路途的遥远，我很少回家。但当我遇到困难和无助时，我第一个想到的人便是您，我慈祥的父亲！那一刻，我才发现，不管自己走到哪里，不管长多大，您都是我可以依靠的那座大山！

父亲，现在我有了自己的家庭，有了自己的孩子，当我第一次听到孩子叫我"爸爸"的时候，我不禁泪流满面。记得在我刚买了新房子的时候，您揣着五千块钱一个人坐着大巴车来到张掖，帮我忙里忙外，把新房子的玻璃、地砖、墙面擦了一遍又一遍。旧房子那几书柜的书是您一趟一趟给背过来的！后来，母亲来我这里帮我带孩子，而您却只能一个人孤独地守在老家，无数个春夏秋冬，无数个日日夜夜，我不知道您是怎么度过的。每次我打电话回去的时候，您总说："我好着呢。"直到去年十月份我去看您，才发现，父亲您真的老了，您的头发花白了，您的牙齿脱落了，您的背也佝偻了……但是，当我向您倾诉生活中的不如意时，您总能给一些让我豁然开朗的建议。这时，我才发现，不管到什么时候，您永远都是给我指路的那盏明灯！

父亲，您辛苦了！衷心祝愿您身体健康、福寿康宁！

不孝儿子：鹏清
2021 年 7 月 8 日

（甘肃省张掖市第二中学　张鹏清）

30. 谁言寸草心，报得三春晖

亲爱的爸爸、妈妈：

你们好！

这是我第一次给爸爸、妈妈写信，心中有太多的感慨，提起笔却不知从何写起。

年逢四十，岁月匆匆溜过。此刻静心，再次诵读《论语》："事父母，能竭其力。"感恩父母，是你们给我生命，带我来到这个世界，让我亲历这人世间最美好的情感。父是天，母是地，你们给足了我阳光，给足了我营养，给了我一个幸福温馨的家。

往事一幕幕涌现在脑海中，思绪飘然回到从前，瞬间推开了记忆的大门。爸、妈，多少个寒夜你们帮女儿盖被子，多少个炎夏你们帮女儿驱走蚊虫……记得有一年冬天刚过，妈妈为我拆洗穿了一个冬天的棉裤时，发现棉裤的好多地方都漏洞了，当时就难过地哭了出来。为这件事，妈妈无数次责怪自己的疏忽大意，没把女儿照顾好，逢人就说，每次说完都是满眼泪花。记得当时我说："妈妈，其实我一点儿都没觉得冷，没关系的。"可是妈妈的心里还是难受了好长时间。

那时候的冬天，屋子里冷得像冰窖，身上裹着棉袄都感觉不到暖和。因为屋子里冷，每次洗头发我都很不情愿。小的时候再冷都是爸、妈给我洗头发，长大了，每次洗头发的时候都是爸爸在我的背上披一件棉袄，寸步不离地在旁边为我拽着，生怕我冻着了。每次洗头发我都要换三盆水，屋外更冷，爸爸总是不让我动，帮我把脸盆里的水一遍一遍倒在院子里。他总是说："你别动，外边冷别冻感冒了。"只要我洗头发，只要爸爸在家，就是这样。偶尔，爸爸不在家时，这项任务就会换妈妈来做。

往事历历在目，女儿发自内心地感恩你们给予我的一点一滴。爸、妈，今生有缘做你们的女儿是我最大的荣幸，谢谢你们，谢谢你们包容了女儿的一切。回想一直以来的任性、不懂事，女儿很惭愧，对不起，爸、

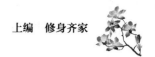

妈，请你们原谅！

我现在也已为人母，每天下班回家我都能吃到香喷喷的饭菜，所有的生活琐事都是你们在替女儿打理。我知道自己做得不好，平时忙于工作，不管是我的家庭还是我的一双儿女都是你们在帮着照顾，为了我，为了我的儿女操碎了心。

"谁言寸草心，报得三春晖。"千言万语无法表达我心中的感恩之情。我哭，你们伤心；我笑，你们高兴；我健康快乐，你们会露出无比欣慰的微笑。这就是永恒不变的父爱和母爱！爸、妈，女儿从小在你们的臂弯中长大，如今，你们已年过七旬，我要让你们在女儿的臂弯中快乐地安度晚年。感恩父母赋予我的一切，我会用生命去珍惜你们，用感恩的心去呵护你们！

你们的女儿：菁梅

2021 年 8 月 23 日

（河北省保定市阜平县大园小学　齐菁梅）

31. 妈，请让我跟您说一声对不起

妈：

虽然我们俩仅相隔步行15分钟的距离，而且时常见面，但是我还是选择给您写这封信，因为有些话，我不好意思说出口。

您已经快80岁了，我也是50岁的人了，过去的几十年，我生活中的大事小情，无不让您牵挂。谢谢您！妈，让您操心啦！

即便是现在，有时中午快下班的时候，我还是会接到您的电话："中午回家吃饭吧，我包饺子。"有时晚上下班的时候，门卫师傅会拿出一个袋子，说："这是您母亲给您送过来的。"有时回到家里，看到饭锅擦得光洁如新，地面一尘不染，坐垫儿上的小口子也已经缝补好了，我知道，又是您来过了。

所有这些，让我很享受，也让同事们很羡慕，这么大岁数了，还有老妈疼！可这些，同时又让我备感压力，您都快80岁了，应该安享晚年，对我过度的关怀照顾，让我有些透不过气来！我甚至当面跟您讲："妈，您照顾好自己就好，我的事情自己可以打理好！"

给您买的衣服，大都躺在衣柜里，而您身上穿的往往都是我打算处理掉的旧衣服。看到这些，我甚至跟您发脾气："以后这些旧衣服您不许穿了！"给您买的好吃的，您也是一留再留，哪怕自己吃一口都觉得是浪费，要么分给哥哥和弟弟家，要么实在留不住再吃。大哥常说，如果妈这几天尽快吃哪样东西，一定就是哪样东西要坏了。这让我心里十分难受，儿女们都已经长大，日子过得也都不错，您为什么就不能多照顾照顾自己呢？

您的勤劳节俭和无私奉献，在我这里都变成了毛病，见面时大都因为这些琐事让我莫名烦躁，甚至跟您发脾气，事后我又会深深自责，惶恐不安，而您依然是我行我素。我成了一个矛盾体，十分想孝顺您，却又不停地和您发脾气！这个问题一直困扰着我，让我非常纠结。

妈，您还记得我去年10月底去北京出差吗？那时我到北京师范大学参加培训，我对《论语》有了新的认识，明白了它的精髓在于帮助人们实现自我生命的觉醒！于是我又参加了北京师范大学《论语》百日线上学习活动，跟随北京师范大学的老师们，与全国各地的教育同人一起学习《论语》。也正是这个学习的过程，让我有时间反省，发现真实的自我。我想跟您说一声：妈，对不起！我不希望"子欲养而亲不待"，我不想留下任何遗憾！我向您保证，今后努力做到以下三点。

第一，尊重您，无论您选择什么样的生活方式，无论您如何对待他人，我都支持您。对于外人我都能克制，而对于最亲的您，我必须尊重。

第二，好好跟您说话，做到和颜悦色。要孝顺，最重要是"色难"，要像小时候您对待我那样，温柔和善地对待您。

第三，从小事做起，从一言一行做起，善待您，也是善待我自己。钱穆先生说得好，"勿尽在言语上求高远，当从行事上求真实"。

妈，明天就是元宵佳节，我想请您一起吃饭，一并呈上我的"罪己书"，请您相信，我会努力做您更好的孩子！

不孝孩儿柏利敬上

2019 年 2 月 18 日

（河北省承德市竹林寺小学　李柏利）

32. 最疼我的那个人

亲爱的奶奶：

　　转眼间，您离开我们已经三年了。2019 年的夏天，是我最难过的夏天，回到家里整理您的衣物时，我又再次无法控制自己的情绪。叠放整齐的衣服，窗台摆放着连枝叶都散发光泽的花儿，被抚得没有一丝褶皱的床单，就连平日积攒的瓶瓶罐罐都码得整齐有序，房子里安静无声，这些生活物件儿仿佛在告诉我您从未离开，又似乎在讲述着您一生的故事。

　　您最爱我，每次我回家时，您总是把家里最好吃的东西拿出来给我吃，有的已经在冰箱里存放了好长时间也不肯吃，跟爸爸、姑姑们说："琳琳没回来呢，得留给她吃。"印象最深的一次是连续两周工作的我身心俱疲地回到家里。每次开门您虽动作缓慢，但开门的那一刻，笑容立刻绽在脸上，开心得像个小孩子，还没等我坐稳，您便从厨房里端出了一个碗，里面盛满了剥完壳儿的榛子，满得仿佛马上就要溢出来了，榛子颗颗饱满，没有一颗是碎掉的。我不禁疑惑这是从哪儿来的这么多的榛子。说话间我留意到您的手上有斑斑淤青，原来是您用钳子一颗颗夹出来的。发现我心疼后您一下子把手藏到背后，嘴里念叨："这榛子不吃就坏了，我在家闲着也是闲着，没啥事儿就剥榛子呗。"那一碗榛子，是我吃过的最好吃的榛子，又岂止是一碗榛子。我把它拍成了照片，永久地存在手机里，并把一碗榛子的故事在语文课上分享给了我的学生们听，每一次分享，一股暖流在心中流淌，我知道，那是隔辈的爱。

　　有时您对我的爱是偏爱，甚至是不理智的。那是小时候我被同学欺负时您替我出头；是您执拗地认为我是最优秀的，不接受任何反驳；是您跟其他老太太唠家常时那句"哎呀，我孙女的荣誉证书可多了，这还不是全部"；是小时候我半夜生病发烧时您摆在我床头的那碗罐头。儿时的一幕幕美好回忆如此清晰，点滴的爱充实了我的生命。

　　您也是极聪明的，听姑姑说您从小生活在河北，小时候学习特别好，可因为是女孩儿，家里的钱都供哥哥们念书了，这样学业就被耽误了。可是您把学习上的韧劲用在了生活、工作上，在您的世界里，处处体现了您的智慧。犹记得小时候您总能把最简单的食材做得有滋有味，您炖的鱼最香，烙的饼最软。生活无师自通，全靠琢磨研究，这也是您引以为傲的。以前您总是唠叨我们放下手机，要不到老了颈椎受不了，我们很少能听进去，大多时候都是敷衍了事。您离开的这些日子里，手机不离手的习惯让我们备受颈椎病的折磨，才发现您说的都是对的。您可能年轻时过了太多的苦日子，近些年尽管儿女们补贴吃穿用度，手有余钱，可还是保留了过分节俭的习惯，会用盆接水龙头滴下来的水滴，积少成多后使用，会整理家里的瓶瓶罐罐，甚至看到街上的瓶子也捡起带回家，这些问题我们跟您沟通很多次了，甚至很生气。可是现在回想起来这又有何不可呢？这是一个老人坚持节俭的习惯，会让她有价值感、成就感，可是我们却忽略了这一点。暑假闲居在家，前几天收拾屋子整理出纸张、瓶罐，我也学着您，拿去废品站回收，居然卖了十多块钱，此刻，我才真正体会到了生活的真实感和那种整理收纳的成就感。奶奶的智慧足够儿孙们学习体会，这是一笔宝贵的精神财富。遗憾的是，这些都是您离开后我们才真正感悟到的。

昨天是中元节，我们按照习俗去墓园看您和爷爷。听着爸爸、姑姑们对您说的话，看着墓碑上您的名字，脑海里浮现出您的每一个画面，回忆着您对我说过的每一句话，我对您的思念再次涌上心头。奶奶，我很想您。您离开后，我开始相信逝去的亲人会变成天上的星星，看着地上的亲人，每次想您的时候我就会望向天空，寻找哪一颗是您。也很神奇，这一天，您就会到我的梦里来。死亡虽阻隔了我们相见的时空，但是在内心深处，我们会留出一隅，在那里填满想念与牵挂。想您！念您！如果有轮回，下辈子还做您的孙女。

您的孙女：琳

2022 年 8 月 13 日

（辽宁省沈阳市浑南区第二初级中学　卜琳琳）

33. 我在人间的每个角落想您

亲爱的爸爸：

展信开颜，见字如面！最近又梦见您，也许是中秋节要到了，思念也深了几分。在过去常想给您写信，却总是因各种理由没有下笔。在这样雷雨阵阵的午后给您写信，想对您说的话被风一阵阵地吹落成文字。

不知不觉您离开我已经两年了，在这段时间里，坦白说，我既痛苦又充实，为了度过这段难过的日子，我拼命地工作，努力地笑对他人的关心。在2021年第一天，我辗转反侧睡不着，索性爬起来写下了《2021年跨年我一定要跨过去》，既是对自己的小结，对您的倾诉，也是对新年的祝愿。我把它放在这里吧。

难忘的、痛苦的、煎熬的、让人心碎不已的2020年终于过去了。

这一年我和你们在珠澳团聚，却又匆匆离开，仿佛是老天为离别剧本埋下的伏笔。

这一年我在家里体验了最长、最充实的寒假。

这一年我体验了您突如其来的晕倒，省城医院走廊里无尽的灯、大厅里呼啸的风和重症监护室里永远亮着的机器……最后，我的泪都流干了，明白了您在我身边的意义，到几个月后彻底送别您的那声呼喊，我知道我终于完完全全地失去了您。

这一年我准时地回到学校上班，面对大家的小心翼翼我表现得云淡风轻。

这一年我反复地为生活、为工作而熬夜，我糊涂、拖拉。殊不知，这些都是我保护自己的厚厚的茧。现如今刷到治愈系视频、读到温暖的文字，我的泪水就会涌出来。

这一年身边的人和环境改变了，许多的力不从心让我反思、总结，许多的加班到深夜让我无处安放焦虑。我反复地提醒自己提高工作效率，大伙暖心地提醒我要讲究方法，严老师看到我的不安总是安慰我要开心。

这一年我理解世界的角度变得多元，不求人人能理解自己，包容本身的狭隘与局限，却也逃不出、算不出命运发展的曲线。

这一年我读书的欲望空前的强烈，总觉得书里有答案，书里有未知的共鸣。我将永远困惑，也将永远寻找。困惑是我的诚实，寻找是我的勇敢。

这一年我反复强调照顾好自己，因为我不能倒下，我将是妈妈的依靠。用这样的方式来提醒自己珍惜，实在是残忍。多少次大声说，如果可以天真无虑，谁愿意做那个懂事的人？人长到一定年岁，自己就得是屋檐，不能再找其他地方躲雨了。

这一年我也悄然间习惯了、爱上了珠海，这里的海和云，这里的、远方的家人和朋友，不论身处何地，我相信我们不会忘记彼此。

身边所有的关爱也在点滴中将我包围：所有的支持都记在纸上、眼底、心里。

> 不开心时候陪着你的人，
> 开心的时候也不能忘记！
> 愿诸君所有的泪水都因为感动，不必做风雨里的大人。
> 生活，只能治愈愿意好起来的人。
> 和让你感到开心的人，保持联系。
> 步履不停，总会有好事情发生的。
> 世界先爱了我，我不能不爱它，加油呀！
> 一边踉跄前行，一边重整旗鼓。

现在看来，我这段自言自语式的哭诉把当时的思念和委屈抒发出来了，若您能看见，该会多心疼呀！要知道年轻的我从没想过您会在 50 岁便突然离去，没有任何征兆，没给我留下一句话。如果说当时没有埋怨的成分连我也不信，可是当念起孔子说的"色难。有事弟子服其劳，有酒食先生馔，曾是以为孝乎？"我便怀念您从小到大给我做过的各种美食、玩具，只要我说，只要我想，您总是有求必应，特别是大学离家后的寒暑假，您总是能变身成为我的米其林大厨，换着花样用家乡风味填满我。而我呢？还未来得及尽孝，甚至不能在您有事时服其劳，有酒食时第一时间与您分享。多少次以为"树欲静而风不止，子欲养而亲不待"这样的悔悟不会发生在我身上，现在才明白这句话只要读懂便是心痛。人有生老三千疾，唯有相思不能医。我曾经开玩笑想为您写传记，现下却不知从何提笔。

爸爸，电影《人生大事》里说："人生除死无大事。"是啊，在我短暂的二十几年的成长时间里，没有什么比您离世更重要了，没来得及说出口的"我很爱您"只能在夜晚面对星空的时候说给您听了——据说每个爱自己的人离开后都会化作天上的星星，相信您只是换了个时空陪着我。

还记得小时候稚嫩笔触写下的《我的爸爸》，写您的关心，写您的严厉，写您在风雨中接送我上下学的背影带给我的安全感。不禁感慨，您选择此时离开，是因为我终将长大，也终于长大了。学着您的样子做饭照顾自己，照顾妈妈，不刻意表达爱，无须热烈，一切尽在不言中。"仁者安仁，知者利仁"，您就是这样一个把爱意承载于胸的仁者。哪怕您收入不多，见到街上卖草莓的农人您都十分体恤地全部买下从不挑剔；面对淘气的孩子砸坏咱家玻璃您也丝毫不责怪，只说小孩子嘛，常事；对于邻里老人有需要的，二话不说就能去帮忙……这些都是您身上的宝藏，值得我一生去珍藏。钱锺书说过："爱是要传承的。"我也会像种子一样，一生向阳。

对了，还有个好消息要告诉您，我遇到了想要共度一生的男孩，他真诚善良，愿意包容我的小脾气，学着像您一样体贴地照顾我，他的出现让我觉得生活里有了更多的温柔、温暖，也让我更有力量和勇气继续创造快乐的回忆。爸爸，这下您是不是能放心些啦？未来的路很长，希望我和他能带着您的祝福一起探索世界，一起努力长成更好的大人，在平凡的日子里相互尊重又彼此坦诚。我每次想到今后婚礼上没法让您亲自把我的手交予他手上，就感觉很遗憾。《道德经》说："大成若缺，其用不弊。"意思是让我们接受遗憾，遗憾本身就是生命的一部分，正因为有了这部分，生命才会更加完整。我相信您依旧会是我抬眼望见的一朵云，是我耳边吹来的一阵风，是我下雨时拿出的一把伞，您变成了这世上默默守护我的千千万万。放心吧，爸爸，收起眼泪，我接受生活带给我的种种考验，也会好好照顾自己和更多需要我的人。

　　最后，我还要说："谢谢您！"虽然中国式的内敛总是亲不言谢，可是长大我才知道我是多么幸运，有您和妈妈给我健康温暖的家庭环境，给我爱护和教育，感谢您尊重我生命里所有的选择，点滴爱意汇成生命里不息的能量。感谢您不是超人，却为我变成了万能。千言万语说不尽思念，只愿您如天上的星星，永灿烂，长安宁！

想您的女儿：蓉

2022 年 9 月 8 日

　　　　　　（广东省珠海市香洲区广昌小学　黄蓉）

34. 纸短情长，道不尽深深父爱

亲爱的爸爸：

在这个键盘代替了纸笔，语音代替了打字的快节奏时代，许久未给您写信了。我已经许久没和您面对面坐下来好好说说话、谈谈心了，好久没细看过您日渐老去的容颜了，但心中情绪的积攒、爱意的累积有增无减。如今提笔，记忆与情感已然在脑中浮现、凝聚。

看到视频中您有些苍白的头发、深深的皱纹、睿智的眼神，就想起您曾经历的那些刚毅的岁月。您曾经是一名军人，以岛为家，与大海相依，在绿色军营生活了8年，从部队转业后，到镇政府工作。家里珍藏着您身着军装的照片，精神帅气，难忘的军旅生活磨炼了您坚强的意志和自律的品质。记忆中的您，生活总是很有节奏。退休之前，您每天早上5：30准时起床，骑自行车到十几千米外的镇政府上班，天黑才能下班回家。退休之后，您每天坚持早起晨练、读书练字、打乒乓球、拉二胡，准时收看《新闻联播》，闲时会帮妈妈整理家务，照顾花花草草。就是您和妈妈从东北来到我们家小住的短短一个月的时间里，您也是每天坚持早起锻炼、读书，晚上坚持听《新闻联播》、读历史，离开中山时，记了满满的2本读书笔记。记忆中，平时您除了和朋友喝酒时，偶尔会喝醉，酒后会多唠叨几句之外，至今我还没发现您有哪些不良嗜好。规律健康的生活方式，让年逾古稀的您看上去依旧精神健朗。

您总说，做事需要坚持。成事不易，坚守更难。您几十年如一日的自律与坚韧，一直影响着我，让我面对困难时有更大的勇气。

关于父爱的描写，最早给我留下深刻记忆的，似乎是初中课本里朱自清的《背影》。文中不善表达，却深爱着儿子的父亲形象真的就是大多数父亲的写照。许是因为您曾是军人，所以对我和妹妹一向要求严格，起床后叠的被子要方方正正，出门时的穿戴要干干净净，学习上态度要认认真真，作业本上的字迹要工工整整，工作要兢兢业业……小时候的我总是向往自由，想快点长大摆脱您的束缚。现在，越长大越明白，正是您这种严格要求，才让我成了如今的自己。您虽然学历不高，却是有大智慧的人，无论是学习上，还是生活中，都时刻要求我们踏实用心，不轻言放弃。

小时候我有各种想法和好奇心，您总会鼓励我尝试。但是，您一定会提出要求：做任何事情要有始有终，不要抱着三分钟热度；做人要有责任心和操守，要有一份坚韧不变的恒心。人在方寸之间，自有乾坤百态，要坚持自己的旋律，才能奏响心中的天地。如今，我深深懂得了这份叮咛背后的力量，每当在工作和生活中遇到难题时，我总会怀着坚定的心，坚持到底，这让我形成了凡事努力、尽力的习惯。

印象中，在工作上，您一直严于律己，率先垂范，和大家一起干，在困难面前，好像您总是有很多办法可以克服，同事对您的敬佩溢于言表。三十几年前，家里的柜子里就有高高的一摞红色的小本本，都是您每年的奖状和各种荣誉证书。我还看到您在台上讲话的样子，当时觉得爸爸好威风呀！家庭中，即使肩负生活重担，您从不在我们面前表现出软弱，更没有一句抱怨的话，这大概就是中国式父亲的典型代表。小时候不懂事，对您的爱无动于衷。等到了中年，开始对人生有所沉思，自己成为母亲，才真正懂得为人父母的不容易。

都说"父母在，不远游"，但是在我们决定由北到南调动工作、举家南迁的时候，您和妈妈除了不舍，更多的是默默地支持、鼓励。前年休年假回去探望您和妈妈，无意中看到您书桌抽屉的一个日记本里整整齐齐地保存着从 2005 年到 2021 年，我们一家人往返于辽宁铁岭和广东中山的高铁票和机票，还有我二十几年前读书时寄给家里的书信。我这才知道，这是您和妈妈退休后，孤独寂寞中思念远在他乡的女儿一家时的独有方式。

我知道，您和妈妈一定是在无数次的翻看中回忆我们相聚时的美好时光。我不敢再看，转身藏起模糊的视线。路途的遥远、工作的忙碌，只能几年回家乡一次，但北方黑土地的大米、小米，亲手剥壳之后的花生米，小时候我最爱吃的"红姑娘"，每一年的同一时节都会跨越千山万水如期而至。每次离别时的千般不舍万般牵挂，都让离家千里之外的我深深愧疚，唯有尽量在生活、工作中努力做到不让您和妈妈操心。

爸爸、妈妈，你们的世界很小，小到只装了我和妹妹。我们的世界似乎很大，大到常常忽略了你们。多少言语都不足以表达你们对我的养育之恩。但我仍要说声谢谢，感谢你们一直以来对我的付出，对我那份深沉而厚重的爱。我努力，成长到能让你们依靠，永远爱你们。

永远爱您的女儿：李威

2022 年 9 月 15 日

（广东省中山市小榄镇教育和体育事务中心　李威）

35．写给我的母亲大人

尊敬的母亲大人：

您好！

第一次提笔给您写信，心里很激动也很紧张。从小到大，我们可以说是聚少离多，我从小没有在您身边长大，上了高中就出去求学，所以没有养成和您亲昵的习惯。我没有牵过您的手，揽过您的肩，挎过您的胳膊，更没有像别的孩子那样，钻到妈妈的怀里撒个娇。我一直努力地想要和您更亲近一些，但一直也没有进一步的行动，但这并不代表我不敬您、不爱您。您是我的人生导师，对我的影响特别大。

快上小学的时候，您把我从姥姥家接到您身边，刚开始我是很抗拒的，在姥姥家我都是每天睡到自然醒，来到这儿，连周末都不能多睡一分钟。爸爸因此每天都要训斥我一番，您什么也不说，只管每天早起读自己的书、跳自己的绳，您用无声的行动影响着我。我跟您说："每天您起床的时候叫我一声，省得我每天都挨训，影响我一天的好心情。"那时我连声"妈"都不叫，因为没有叫习惯。您不说话，但每天早上都会在我的窗户跟前跳绳，大声地数数。您说："你自己的事自己得操心，别什么事都想着指望别人。"

有一天，家属院门口来了一个乞丐，我跑回家跟您说："门口来了一个要饭的。"您板着脸跟我说："不要这样说话，不要瞧不起任何一个人，他肯定有比你强的地方；你也不要在任何人面前抬不起头，他们肯定也有不如你的地方，人和人都一样。"说完您让我到厨房把一个饼拿给他。后来每天您都会多做出一些饭菜让我送到门口，这样的日子持续了很久。

家属院门口的胡同里住着一户人家，家里有奶奶、爸爸和小孩，小孩的妈妈是因为生孩子时难产去世的。我记得小时候我经常会把家里的一些东西往那户人家搬，今天您让我去送米，明天您让我去送面，我一度认为他们是我们家亲戚。家属院里还有一位奶奶，听说她的丈夫在台湾，无儿无女，您把她接过来，为了能让她安心住下来，您说家里需要一个保姆，每天接送我上下学，还负责做饭，其实那个时候我都是和同学结伴上下学的，根本不需要大人接送。现在您和老爸上街买菜，要是提一大兜菜回来，我就知道您肯定是碰到有老人在外面卖菜了。您用您的言行，教育我做人要善良。

您在单位是出了名的美女，我想，不仅是因为您长得好看。单位里总有那么几个人不太好相处，分组的时候，领导总是把他们和您分到一个组，因为这样才能保持"稳定"。您说："和最难相处的人共事，才能撑大自己的胸怀，凡事斤斤计较，就失去了生活的乐趣。"您的宽容赢得了大家的尊重，记忆中，叔叔、阿姨们见到您，都是这样向您问好的："大姐好！"

您还教过我：管好自己，不要给别人添麻烦。您不苟言笑，却谦虚有礼。您用最朴素的语言、最真诚的行为教会我很多做人的道理。虽然没有牵过您的手，揽过您的肩，挎过您的胳膊，甚至都没有大声地叫过您一声妈妈，但是我想对您说：我很尊敬您、很爱您，我的母亲大人！

您的女儿：武韶敏

2021 年 7 月 18 日

（河南省濮阳市第七中学　武韶敏）

36. 给母亲的一封信

亲爱的妈妈：

您好！自 8 月我离开老家，分别已一个多月，您的胳膊肘还痛吗？家里的天气转凉了，记得添加衣服，注意保暖！

亲爱的妈妈，转眼间，您已过古稀之年，我也人到中年。亲爱的妈妈，谢谢您！谢谢您的无私奉献！

亲爱的妈妈，谢谢您！您虽识字不多，却总能说一些充满生活智慧的言语，什么"吃不穷，穿不穷，没有文化代代穷""小偷可以偷走你的财富，却偷不走装到脑子里的知识""金窝银窝不如自己的狗窝""人不可貌相，海水不可斗量""跟着好人学走路，跟着坏人去抓瞎""做人要实在，贪小便宜吃大亏""良言一句三冬暖，恶语伤人六月寒""三天打鱼，两天晒网；三心二意，一事无成""师傅领进门，修行靠个人""磨刀不误砍柴工；刀不磨不快，人不学不成器"等。长期的耳濡目染，您的这些话似乎都已经嵌入我的骨子里了。在物资贫乏的 20 世纪 70 年代末，您勤俭持家，通过养鸡、养猪、种菜来补贴家用。即使家里再穷，生活再苦，您和爸爸仍勒紧裤腰带，不顾爷爷、奶奶的反对，让我们姐弟几个都能去学堂好好学习。

亲爱的妈妈，谢谢您！在经济刚刚复苏的 20 世纪 80 年代初，物资依然贫乏。您总能凭借自己的智慧把日子过得有滋有味。人常说"巧妇难为无米之炊"，您总能变着法儿改善我们的生活——各种蔬菜做的疙瘩汤，小米粥，有时还会吃到鸡蛋疙瘩汤。爸爸和我的肠胃因长期吃玉米面食不大好，您总会把以玉米面为主食的饭菜变成令人欣喜的各种蔬菜馄饨、蔬菜饺子：小白菜馅的、胡萝卜馅的、白萝卜馅的、洋槐花馅的……您还会用榆钱、洋槐花、各种野菜做成蒸菜，变着花样提高我们的生活质量。在我懂事后，您说："技不压身。"在您的指导下，我学会了做简单的饭菜：手擀面条、油泼莜面、洋槐花蒸菜、馒头、凉皮、鸡蛋疙瘩汤、小米粥、炖豆腐白菜粉条……谢谢您，亲爱的妈妈！学会做饭，真的饿不着自己。在2020年大家居家隔离抗击新冠疫情的时光里，我在家就卖弄着所学的本领，变着花样给家人做一些简单可口的饭菜——早上小米粥，中午馄饨、打卤面、蒸凉皮，晚上杂粮粥，一家人吃得津津有味。谢谢您，亲爱的妈妈！正是您不屈服于恶劣环境，对生活的满腔热爱感染着我，也激励着我，让我在遇到困难之时，总能以积极的心态去面对、去克服，总能用笑脸拥抱生活中的各种不如意。

亲爱的妈妈，谢谢您！您教育我要品行端正，不贪小便宜。您常说："做人要实在，不能贪小便宜，贪小便宜吃大亏。"爸爸是个木匠，经常帮十里八村的人制作家具。在物资匮乏的年代，爸爸这种匠人总会得到主人的盛情款待：可以吃白米饭、白面馍馍、馄饨，甚至还有猪头肉、牛肉等。和爸爸一起做家具的王叔叔为了不让自己的孩子饿肚子，就在吃饭当口让孩子跟着自己去吃主人家的香甜美味的饭菜。可是您和爸爸就不允许我们姐弟跟着去蹭吃蹭喝。村里的红白喜事，大多数家的小孩都去蹭吃蹭喝。反正人多，事乱，闹哄哄的，谁都不在意。可是您就是不允许我们随波逐流。我有了小孩以后，自然而然地就不允许他跟着我或者他爸爸去大人的饭局蹭吃蹭喝。还记得孩童时，一个小男孩跑到家里告诉您说，他参加滚铁环比赛时，让我帮他拿文具盒，比赛结束后我没有还给他。您听了之后二话不说，让我把文具盒还给对方，也不听我解释，让我给对方道歉，我倔强地认为，我没有拿他的，凭什么给他道歉！您就把我关在大门外，让我反思自己的错误。直到放学回家路过的赵老师向您解释，文具盒是让另一个和我长相相似的女孩拿了，您才让我进家门。我当时觉得委屈，现在想起来，您是爱女之深责之切啊！这可能就是最质朴的家风了吧。

亲爱的妈妈，谢谢您！您的言传身教让我懂得了"老吾老以及人之老，幼吾幼以及人之幼"的可贵之处。孩童之时，虽然家境贫寒，但是遇到爸爸发工钱的日子或逢年过节，您总会煮上一锅饺子，改善我们的生活。每当饺子出锅，您总会先盛满两大碗，放在盘子里，让爸爸给爷爷、奶奶端过去。我也会端着蒜水颠颠地跟在爸爸后面给爷爷、奶奶送去。(注：爸爸是上门女婿。)我结婚之后婆婆家人口多，您常常耐心地说："一家子劲往一处使，绳往一处拧，哪有什么做不成的事?""公公、婆婆是家中宝，不要嫌弃公公、婆婆，照顾好公公、婆婆，才能后顾无忧。"每次周末放假，您都是让我回婆婆家，好好照顾公公、婆婆的饮食起居，照顾父母忙于工作的侄子，让我做适合公公、婆婆以及侄子口味的饭菜：香软可口的鸡蛋疙瘩汤、红薯小米粥、凉皮、饺子、糊卜等。有时候，我想在娘家住一晚您都不同意。直到现在依然是这样，什么事都让我先想着公公、婆婆。初到广东的时候，即使经济拮据，我都会在每个月末和丈夫、儿子一起去邮局给公公、婆婆邮寄生活费用。给您寄，您说弟弟给您的足够了。每次从广东回陕西老家，您都让我好好地照顾公公、婆婆的饮食起居，好好对待年迈的公公、婆婆。自结婚以来，我照顾公公、婆婆的日子多过照顾您的日子。妈妈，谢谢您的通情达理、推己及人！每次返回广东，公公、婆婆总会眼含热泪，舍不得让我离开。妈妈，我是个好儿媳，但我不是个好女儿，我愧对您，我多希望有一天能全心全意地照顾您的饮食起居！

亲爱的妈妈，谢谢您！您说："没有文化很可怕，就好比走到了黑灯瞎火里。"每当我学习稍有倦怠之时，耳边总会想起您的这些话语。上学的时候，您总会在院落的树荫下纳着鞋底，听着秦腔，远远地看着我和小伙伴们在小桌子上写作业。遇到有不想写作业想要拉着我一起玩耍的调皮蛋时，您总会说："不学习，吃黑馍；肯学习，吃白馍。"并且要求我们先做完作业再玩耍。小伙伴们当时敬畏您威严的眼神只好先写作业，后来都不敢偷懒了。几年前回老家，碰到曾经顽皮的伙伴，她说后悔自己当时没有好好读书，没有领悟您的意思，现在吃了没文化的亏。暑假里，看到您操劳的身影想拿起笤帚扫扫院落，您却说，赶快学习《论语》吧，这些小事您还做得动。通过《论语》的学习，我明白了您浅显质朴的话语中包含着《论语》中的仁、爱、礼、智、信。

亲爱的妈妈，谢谢您！您是一本包含着人生智慧的书，让我学得了一丝丝的严于律己，让我懂得了一点点的谦卑礼让。您总是默默地提醒我要豁达开朗，在工作中要戒骄戒躁。

    祝

身体安康！

女儿文娟敬上

2022 年 9 月 21 日

（广东省中山市恒美学校　李文娟）

37. 致老爸的一封信

亲爱的老爸：

您好，展信开颜！

收到我的来信，您一定很惊讶吧，因为这是您收到的我写给您的第一封信。提笔之前，思考良久，一直下不了笔。不是不愿意给您写信，而是不知如何开口。我写过很多次信给老妈，但是面对您，我一时不知如何说起。

那就先说说小时候吧。作为您的大女儿，想必我的出生给您带来了很多欢乐，也带来了很多忧愁吧。您第一次当爸的欣喜与激动，第一次当爸的无力与慌张，第一次当爸的满足与幸福，皆是由于我的到来，所以您对我的情感应该也是充满矛盾的吧。而自从我有记忆以来，我对您的印象，便是与您通话时电话那头严肃又沉默的声音。直到现在，与您通话，我每次都会在脑海中想象您说话时忧愁的眼神和紧锁的眉头。

随着我慢慢长大，您给我的印象慢慢有了一些变化，日常您总会给我带来一些温暖。为了生活，您把我留在家里和爷爷、奶奶生活。您心里有千万分不舍，但是没有办法。因此，作为留守儿童，我的童年总是充满了争吵，我常常因为得不到公正的对待而备受委屈。每次和您通电话，电话那头，您总是静静地听着我对家里生活的各种抱怨，您不说一句话回应。刚开始，我觉得自己是被抛弃的孩子，没有任何人能帮助我解决困难。但是，过了几天，我的困难便悄悄得到了解决。我知道，是您把我的诉求听进心里面了。印象特别深刻的是，上了初中，我想要一张学习的书桌，家里人和老妈都不同意，觉得太占地方。但是那个周末，书桌被直接运到了家门口。我因此决定每天都要在书桌上写日记。您还不知道吧，我从小学六年级开始写日记，一直坚持到了高三。后面高中学习太忙了，便很少写了。（这件事家里人都不知道哦！）

也是那个时候，我开始慢慢明白您心中的渴望。您渴望我们能学有所成，能上大学，用您的话说，就是成为一个有文化的人。我知道，您也想成为有文化的人，所以您才会每天早上买一份报纸来阅读，去了解国家大事，关心生活小事。我尤其记得，在我初中毕业的时候，家里人都不支持我继续读高中，是您，宁愿多花些钱也让我去高中学习。幸好，我现在学有小成，也找到了一份好工作，您也应该宽慰了吧。老爸，还记得吗？我经常说我人生中最幸运的一件事情是我没有放弃学习。其实，我最幸运的事情是有您当我爸爸，谢谢您生我、养我、送我读大学，还有，一直支持我！如果没有您的支持，我也许是另一种人生轨迹了，谢谢您，亲爱的老爸！

但是，亲爱的老爸，您怎么生病了？我不愿意相信，因为这根本不可能发生在您身上。如果您年龄大了，应该是身体出现了问题，也不应该是有心理上的压力。但是医生的诊断无误，换了那么多家医院，医生已经得出近乎一致的结果。我很难去理解，但是更多的是内疚，为什么您生病了那么久我都不知道？为什么您生病了我却什么忙都帮不上？为什么生活明明越来越好了，偏偏您生病了？我很难过，但是您应该更难受吧。医生说这需要家人的全力支持和配合。

暑假期间，我到您的身边陪您。看得出，您的笑容多了，额头的皱纹少了，我们去了我10多年前去过的大观公园，去了步行街，去了园博园。还记得那天在园博园，您像个孩子一样，当看到我和广惠（妹妹）在吃雪糕时，您问我们好不好吃，说您也想吃。我便给您买来了，当时我们父女三人在众多小孩围着的游乐场吃雪糕，现在想想，周围的小朋友是不是觉得我们在抢他们的欢乐呢！那天，我很开心，这些珍贵的记忆和欢乐时刻将会一直存在我的心里。

老爸，最近我在学校工作虽然很忙，但学习我也没有落下。我参加了北京师范大学《论语》百日线上学习活动。也许您不知道是做什么，但是我想说您的前半生一直在尽己责、不迁怒、不贰过，您是一个非常好的爸

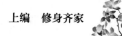

爸，您的身体一定会健康起来。我会一直努力工作，在工作中不断学习。我们的生活是奋斗出来的，生活不辜负我们，我们就尽情去享受生活吧。

最后，希望您平安顺遂！一切安好！

爱您的女儿：凤

2022 年 9 月 11 日

（广东省广州市荔湾区立贤中学　林海凤）

38. 志与行的表白

爸爸：

您好！

春去秋来，转眼您离开我们已经快六年了。我的梦里偶尔还会出现您的身影，笑音几许，温暖洋溢。在参加北京师范大学《论语》百日线上学习活动之际，心意万重，提笔给您写下这封书信。

记得您常给我讲您儿时的故事：从幼年丧父，童年时奶奶去世，到您辗转跟随华滨伯父来到重庆学习、生活，而后曾在厂里担任工长等。成家后，您每天步行 20 多里路上下班，风雨无阻，无怨无悔。在我的记忆里，您对我这个小儿子格外关爱，正如您曾经受到的照顾一样。您让我一直感受到父母的大爱，我心中自然饱含着人生的真爱，增强了自我确立感。回忆到这里，我的眼睛有点儿湿润了。

您是一个朴实无华的人，喜欢用行动给孩子指路。依稀记得在我学龄前，有时候您会带我去工厂里玩。下班后，咱们从侧门出去上小街，走进磁器口老街，那时石板长巷、古镇人家，还不是旅游景点。顺着古石桥走过去，上劳动路，经过重庆大学到沙坪坝。您当时对我说："好好学习，考进重庆大学，那咱们家就太好了！"这成为我求学立志道路上的格言，激励我不断学习进步。近几年，我多次顺路去磁器口怀旧，虽然已经物是人非，但我流连在老街的角落，徘徊在重庆大学旁的小路，总是满满的感动。这常常能消除我的疲乏和压力，心中不禁念起一句"慎终追远，民德归厚矣"。

父亲，您是一个大大咧咧的人，但粗中有细、有爱。在我初一那年的一个冬季周末，我们在五舅舅家里串门。到了返校时间，没有家人管我，我便自己闷着头转身就走了。您听说后不放心，一路在后面追着我，我却生闷气沉着脸独自前行。到了三圣宫汽车站，您看着我上了车才放心回去。现在，我读到《论语》中"子夏问孝"一则，不禁惭愧许久。您时刻牵挂着孩子。记得我上大一那年，收到家里的生活费汇款却忘了回信，您就专程坐长途车到校查看。那天晚上，为了节省住宿费，您也住在寝室里。您的鼾声，让大家调侃了我很久，但这对我来说是最美的声音。我们在学校大门处聂荣臻元帅题字的校牌下合影，我至今还保留着那张珍贵的照片，经常讲给我的孩子听。

子曰："今之孝者，是谓能养。至于犬马，皆能有养；不敬，何以别乎?"在您 70 岁后，有段时间您心绪不太安宁，常和家人争论，也许是我一直比较注重父母内心的想法，大家都说需要我劝解才能行得通。那时我带您一起去黑山谷旅游，携手漫步，旅途中交流的那些建议，您都欣然接受了，这真是亲情温暖互动的美好时光。我知道您晚年最喜欢旅游，特别是我开着车带您回祖籍威远县，看着您的笑容，我的心里也是暖暖的。

父亲，您是一个坚强的人，历来什么事都自己默默扛。但是人生之路，从青年走向衰亡，这是必然规律啊！子曰："父母之年，不可不知也。一则以喜，一则以惧。"当年，您已经年过 80，我却有点儿忽略了这个应该使我惊惧的问题！在 2017 年元旦，我开车给您带来一箱奉节脐橙，打电话请您下来拿。您提着走了一小段路，就气喘吁吁了。我赶紧停下车，一路送上去，而您都没有吭声。下个月的一天，您竟然突发了脑出血！当晚我亲自送您进入重症监护室，但您最终还是离开了我们。

子曰："父在，观其志；父没，观其行；三年无改于父之道，可谓孝矣。"父亲，您放心，我们传承着勤劳朴实的家风，母亲也生活得很快乐。我想，将自己的孝心体现在点点滴滴的生活细节中，才是孝道。而真正的"孝"，不论是父母生前，还是死后，都要有"敬"。如今，我常常还会想起您在重庆大学门前的那几句话，它们时刻提醒我要坚持努力求学。父亲，您是我生命的一分子，永远不敢忘却！

致以革命的敬礼！

儿：陈林

2022 年 11 月 24 日

（重庆市青木关中学校 陈林）

39. 一棵挺脱的玉兰树

敬爱的父亲：

您好！

"微风轻拂香四溢，亭亭玉立倚栏杆。"想来老家那棵玉兰树现在正葱茏吧？在我的心里，它是，又不仅仅是一棵百年老树。

父亲，您还记得当年中秋的那个夜晚吗？月华初上，我们一家人在玉兰树下围桌吃着月饼，品着茶，听您讲教书时的那些故事。您每次讲，我们都听得津津有味。

您说，一位好老师就得像树一样，先把根扎深扎牢，才能为人遮风挡雨。您这样说，也一直努力这样做。当年，您不满足于自己的学识，发奋努力，一边教书一边自学参加邵阳师范学校的考试。母亲说："那时你爸每天一放学回来就抓紧干完农活，然后便雷打不动地坐在桌前读书，做题的草稿纸都装了满满一麻袋。""我的'绝顶聪明'就是从那个时候开始的。"您说完哈哈大笑了几声。经过一番苦读，您如愿转正。后来又因工作出色，您被学区领导提拔当了校长。那年春天，屋前的玉兰婷婷袅袅，花香袭人。

当年，您所在学校大门外也有一棵玉兰树。记得1999年的秋天，有个搞林木种植的中年人在校门口探头探脑——他看上了学校这棵汤碗口大的玉兰树和一棵亭亭如盖的桂花树。他问您是否可以卖给他，说："反正学校里面树木多得很，而且这树太大，占地方。"那人一边笑嘻嘻地说，一边塞了一个信封给您。您的脸色瞬间暗了下来，硬生生一推，将人"送"了出去，您说："这些树是公家财产，校园里的一草一木绝不能被轻易破坏。你就不要妄想了！"那天，您的背影笔直挺拔，犹如校园中的那棵玉兰树。

您的书房总是一尘不染的，每一本教案都规规整整，各种标注符号清清楚楚。书架上陈列着十来本剪报册子，每一本侧面整齐地贴着红边框的标签，里面都是您利用业余时间写的一篇篇新闻和发表的文章。您的书法厚重有力又不失灵动，在乡里小有名气。只要有人求字，您总是满口答应，然后一挥而就，大方送人。2020年春节突发新冠疫情，此时您虽然退休在家，但也没有闲着。您主动向村支部申请承担宣传任务，并连夜书写了200多幅防范新冠病毒的宣传标语。村干部说您是不求回报的"孺子牛"，您说您更加愿意做默默无闻的"玉兰树"，因为它叶子宽厚、花瓣干净、树干挺脱。

今年暑假的夜晚，我们又一次围坐在了玉兰树下。

您说："要好好学习我党100年的发展历程，这是我们中国共产党人用鲜血、汗水、勇气、智慧和力量铸就的。"

您还说："要加强对我们党历史的深刻了解，活学活用，才能做好自己的教育工作，承担起教书育人的职责和使命。"

玉兰树下，清风徐徐，稻香袭人。我静静地听您述说着……谢谢您！我最敬爱的父亲！

祝

身体健康，万事如意！

爱您的儿子：凯凯

2021年7月28日

（湖南省长沙市雨花区长塘里第三小学　陈凯凯）

40. 给姥姥的一封信

亲爱的姥姥：

很久没有这样回想与您在一起的时光，初中以前那些漫长又悠闲的时光。

小时候总觉得您沉默寡言，甚至有些严厉。您从不与邻居起冲突，我们小孩子发生争吵您总是先批评我。小区里热闹事您总不爱多参与，但若是有什么能帮忙的您总是尽心尽力。

印象中每次过年您都会带着我搓麻花、炸丸子，一盆一盆吃到正月十五都吃不完，弄得我现在若是过年看不到这些年货，便觉得不像过年。姥姥您的针线活也很好，织毛衣、做棉衣，包揽我一冬的衣服。做衣服时您那么细致耐心。您说："无论做衣或做人，心里都要有一个样式，才能做好。"

从前几年开始，我常会对妈妈说："您现在这样特别像我姥……我姥也这么做菜……您的背像我姥一样佝偻着……"但现在我越来越觉得自己像您，曾经毛毛躁躁的一个人，现在变得说话慢条斯理、沉稳有序了。如今讲话往往是笑脸，不会显露太多的情绪，也不会太过于争抢什么。静静地做好自己分内之事，看着别人思考自己。说话前习惯了思考，习惯了察言观色。

这不仅是成长，是生活的积淀，还是您的一言一行在我心中的印记。

时钟在不停地转动，人在慢慢成长，也许我会越来越像您，或者越来越像妈妈，或者这些都是我自己。

想念您的外孙女：石唱

2022 年 9 月 5 日

（辽宁省沈阳市浑南区东陵路小学　石唱）

41. 别怕，我会陪您慢慢变老

奶奶：

　　展信安！

　　时间如白驹过隙，转眼间，我已从孩提长成在社会上磨砺的成年人了，而您却在我没有觉察时，变成了佝偻老人。岁月催人老，我只想在这一刻，让时间停住，写一份属于你我的记忆。

　　闭上眼睛回想，记忆里最深刻的是您牵着我的手，带我到老街的集市采买。那会儿我还很小，路上遇到喜欢的，就吵着要，您不给买，我便耍赖不愿走。虽说这一招并不高明，但在您身上，基本都能如我所愿。当我的要求太过分时，您会拽着我走，我便一路走一路哭。每回这个时候，您就会转移我的注意力，带我去我爱吃的那家云吞店，给我点上一碗干拌云吞。不管是早上还是下午，每回去吃，云吞一上桌，您总会先数一数盘里的云吞数量，然后再用筷子从您那盘夹四五个到我的盘里来，前一秒说着："怎么云吞才 12 个，还这么贵！"下一秒，嘴里却又说着："奶奶吃不完，给你吃了就不浪费。"年纪尚小的我贪心得很，虽知道您能自己吃完，可看到盘里满满都是自己爱吃的，心里一整天都是乐滋滋的。可慢慢有了爱美之心之后，我在饮食上格外克制，再碰到您这种宠爱行为时，我却对您恶语相向："我就是因为您才变胖的，您就是想让其他同学笑话我吧！"全然忘却了以前的自己有多么享受。直到远离了家乡，到外面上大学，很久才回家一次，您都会跟我说："你骑车载我去吃盘干拌云吞吧！"那时候，我们会开展云吞拉锯战，您放两个到我盘里，我便从我自己盘里放回两个到您盘里，一来二去，好几个回合后，您才作罢！现在想想，真的好怀念您腿脚还利索，能陪我到处逛的时光啊！

　　以前爸妈因为工作总是不着家，每一天，我都是跟您一起吃，一起睡，我努力学习，您买菜做饭。在爸妈那儿我从不敢主动要钱买自己喜欢的漫画刊物，却有胆子窝在您怀里，撒娇要零花钱。

如今的您，已到了历劫的年岁。如果说 2016 年年中您意外摔了一跤，把左手手臂摔断，是风雨欲来的预兆，那去年那次生病住院便是您的一场历劫。那次正好是国庆节，我刚跟学校领导申请回家看看您，想着带您去买您想买的手表，带您吃您想吃的云吞，爸爸就打电话跟我说您住院了。那会儿我真的害怕了！看到视频中您浮肿的脸，讲话无力又呼吸困难的样子，我真的好难受，只想能快点到您身边照顾您，就像小时候您照顾我那样！您不知道的是，挂了视频电话，我就对自己说：等您出院了，您多早叫我起床吃早饭，我都不会冲您生气了；您想让我陪您去剪头发，我也不会送您到店里就返家，等您剪完再去接您了……

最爱我也是我最爱的倔小老太太，感谢您陪我长大，我会陪您慢慢变老，所以也请您不要害怕。尽管现在因为工作原因很难经常回去看您，但我会时时念着您，打电话给您，给您讲我对您的关心！

祝

身体早日恢复，笑口常开！

爱您的孙女：张玮静
2022 年 8 月 15 日

（广东省中山市蟠龙小学　张玮静）

42. 这百年盛世如您所愿

亲爱的姥爷：

您好！我是您的外孙女王萌，时空虽然阻隔了我们祖孙二人，却阻隔不了我对您的思念和敬仰。您时常出现在我的梦里。梦里的您，还是 70 多岁的模样，很有精神。我看您笑，我也笑。

您离开我已经 9 年了，而我入党也有 10 年了。记得您得知我在大学就第一批光荣入党后，高兴地在电话那头说自己这个抗美援朝的老战士也算是有个接班人了，还说要把自己的"传家宝"——那枚保存多年的抗美援朝勋章送给我做纪念。对于这样的红色传承，我感到很自豪。

从我记事起就一直听妈妈讲您的故事，虽然那时候我还小，不是很了解保家卫国的情怀，但是看到相册里您身穿军装英姿风发的照片，对您的崇敬之情油然而生。参军入伍是您生命中最浓墨重彩的一笔，参与抗美援朝战争更是属于您的高光时刻。2019 年 9 月，我把从小听来的关于您的片段整合成了《"最可爱的人"我的姥爷——记一位抗美援朝老兵的故事》一文并发表，用另一种方式向更多人诉说一位抗美援朝老兵的故事。

1950 年，您扛起枪加入了抗美援朝志愿军，我问您害怕打仗吗？您说："我那时已经做好了为党牺牲一切的准备。"您告诉我，当时中国人民志愿军用小米加步枪的落后武器，去对付"武装到牙齿"的美帝国部队，之所以最后取得了胜利，靠的正是这种坚定又无畏的革命信念。小时候我总挑食，浪费粮食，您会严厉地批评我，您语重心长地给我讲那异常艰苦的部队生活：当时志愿军每人都背着一个长长的布口袋，里面装着炒面，因为炒面很干，战士们常常一把炒面一把雪掺和在一起吃，当战火激烈，后方支援赶不及时，一点儿干粮也没有时，战士们就吃野菜，啃树皮。听了您的话，以后每次吃饭我都"光盘"。

记得您退伍回家后，因为您踏实肯干，乡亲们都推荐您当村书记，也有很多人跑来给您送礼，都被您一口回绝了，您说："我是军人，是一名共产党员，绝不会做给党的形象抹黑的事！"

印象中您好像没有跟我说过什么大道理，但是，我又好像在您这儿学到了很多很多东西。经历了战争年代的您教会了我爱惜粮食；帮助邻居的您教会了我保持善良，助人为乐；一辈子让着姥姥的您教会了我珍惜拥有，热爱家庭……

前辈回眸应笑慰，擎旗自有后来人。您参军那会儿，军队规模虽然很大，但科技水平相对落后，而如今，在习近平总书记领导、指挥下，我们有了自己的航母，新型主力舰陆续下水，东风系列导弹不断更新换代，武器装备越来越先进。这些年，家乡的变化也是日新月异，政府越来越重视生态文明建设，交通也越来越便利，公路早已实现了村村通，高铁四通八达，成了出行首选，这盛世正如您所愿。

9年过去了，您的精神始终激励着我。我会时刻谨记您当初对我说的那句话——"我这个抗美援朝的老战士也算是有个接班人了"。我向您保证，我一定会不忘初心，坚守信念，接好您手中的这一棒，把您的忠诚、正直、善良与担当融进生命里，挥洒在工作岗位上，把育人当作使命，努力成为您心中合格的接班人。

此致
敬礼！

外孙女：王萌

2021 年 7 月 16 日

（北京工商大学附属小学　王萌）

43. 休羡井梧能待凤，凌霜坚守岁寒心

我最亲爱的爷爷：

我们想念您！20 年，您离开我们已经整整 20 年了！20 年来，国家在变，您的孙女也在变。今天站在这旷野的风里祭奠您，我迫不及待地想跟您说说话，好让您听了欣慰！

爷爷，我是跟着您在草垛花间长大的孩子。挑水喂猪，吆羊抓鸡，牵驴打滚，我都做过。但是我心里最爱做的事是看书。放羊时，我藏在榆树上看书，躺在渠梁上看书。您给苞米地浇水，我躲在您被子里拿手电筒看书，把我爸晚上要查看水闸的手电筒都看没电了，全家人以为刚买的电池是坏的，骂了好几天无良商家。看了书我就胡思乱想，我想：要是能有个巴掌大的小电视，拿在手里看书、看剧、看世界，还不怕耗电就好啦！我想：割草、摘梨、掰玉米要是都有机器来干，别让农民们"足蒸暑土气，背灼炎天光"就好啦！我还想：要是能到天津的大爷爷家去瞅一瞅，看看大城市是什么样就好啦！

后来，爷爷，这些都不再是幻想了！仅仅二三十年，手机出来了，通信、视频、游戏、阅读，只有我们想不到的，没有这个小东西做不到的。现在我们的地里，从锄到种，从养护到收割，全部的过程都是用机器了。当年开拖拉机的小姑娘已经有 10 年汽车驾龄啦，还有了自己的车。您要是还在多好，我载着您去看毛主席站过的天安门，去爬雄伟壮观的万里长城。您不放心让我开车，我们就坐飞机、坐高铁，又快又稳！

爷爷，还记得我小时候性子独，您喜欢小孩子，可是我却不喜欢，嫌他们吵闹。后来我迫不得已当了老师，心里总觉得自己不适合这份工作。但 20 多年一路走来，一所一所学校的锻炼和磨砺，一年一年的学习和领悟，到如今，爷爷，您能想到吗，教育竟然成了我心中的"大善"，成了我热爱并积极努力追求的光辉的事业！

爷爷，时代在变，一切都在变，但您栽的树还在，您开的地还在，您

养育的全家人的向上向善的初心没变。您放心吧，在如今这个美好的时代，我一定会变得更善良、更美好，不辜负您对我的期望！

孙女：玲

2021 年 7 月 24 日

（甘肃省酒泉市敦煌中学　侯金玲）

44. 写给心中的"母亲"

阿姨：

您走进我们家已经十几年了，我一直称呼您"阿姨"。

记得您刚到我们家时，爸爸对我说，他成家了，这使我很没有安全感，觉得自己漂泊在外，孤独无助，没有家庭的支持，没有爱的港湾，感受不到生活的快乐。

那时，虽然我只是每年寒暑假回家一些日子，内心却十分矛盾：我盼望着回家，渴望得到爸爸的爱，但又害怕和您相处，总是小心翼翼的，生怕惹出家庭矛盾。可有时，我又为了证明我的存在，要求这、要求那。但出乎我意料的是，在生活的小事上，吃什么饭、几点睡觉、几点起床之类，您与我的节奏竟是那样的一致，我渐渐地和您有了共同语言。您总是小心翼翼地迁就我，给我做我喜欢的饭菜，不用我做任何家务。还记得每年大年三十包饺子的情景，您负责包，我负责擀皮，我和您一边干活一边聊天，您总是安慰我要知足，要乐观，要有一个好心态，要照顾好自己。忙完了，吃着美味的饺子，我觉得我们这新的一家人还算融洽。于是，我开始期盼寒暑假能够回到这个家里。

我常年不在您和爸爸身边，可是每当看到爸爸在视频中的笑容，看到他对生活的满足，我就知道您把爸爸照顾得很好。您为我们这个新家辛苦地付出，您以自己的方式与爸爸相处，把家庭生活经营得和谐美满；您在千里之外默默为我操心，让我有了家的港湾，让我工作之余没有后顾之忧。我觉得，现在我的生活条件好了，我能做的就是让您和爸爸的生活更加富足。可是，我给您钱您却一直不要，当我偷偷把钱塞进家里抽屉后，您就趁我睡着时把钱塞进我的行李箱中，等我回到北京，您才告诉我钱在哪里，还叮嘱我想买什么就买，不要舍不得。我知道您十分体谅我自食其力的不容易，所以您总是说，我们过得挺好，不需要钱。于是我悄悄买些您爱吃的东西寄回去，可是每一次您收到东西后，又叮嘱我好久，说以后不要买了。

您不仅在生活上理解我，不知从何时起，您还爱听我说说心里话，说说困惑，或者工作上的事情，并帮我缓解压力。我常常想，该做些什么来孝敬您呢？每每想到我在千里之外不能随时在您和爸爸身边照顾，我的心里就很不是滋味。有时，我半开玩笑地说，再过几年，我就回到你们身边找个工作吧，这样可以好好照顾你们。可您却说，我们现在身体还不错，即便有时有点儿小难处也都能过去，而我要是回了老家就会失去在大城市生活、工作的机会，这可是一辈子的事情。您这样为我考虑，真让我不知何以为报！我想，除了努力改善您和父亲的生活，我能够做的就是照顾好自己。子曰："父母唯其疾之忧。"我过得好，不让您牵挂，也就是对您尽孝了吧。

虽然我没有叫过您一声"母亲"，但是，您早已走进我的内心，我在心底已经无数次地呼唤您"母亲"！感谢您对我的关心与陪伴，感谢您为我们这个家所做的一切。虽远在千里之外，但我会一直尽我所能，好好孝敬您——母亲！

丽芳

2021 年 1 月 7 日

（北京市房山区十渡中心小学　祝丽芳）

45. 长姐，请让我叫您一声"母亲"

长姐：

　　您好！

　　父亲曾跟我说，当年，在我的大娘，也就是您的亲生母亲因难产去世后，我们的母亲来到了我们家。此时，您已经被送到了鹤壁外婆家，母亲说："把孩子接回来吧，自己的孩儿还是要自己带着才好。"于是，母亲和父亲一起，到外婆家把您接了回来。您与母亲20多年的母女情由此开始。

　　2007年7月11日凌晨，我突然接到哥打来的电话，说母亲前一天晚上突发脑出血，已经送往医院抢救。我急忙收拾东西，带着孩子和老公一起赶往医院。经过两个月的治疗，母亲出院了。从此，您就开始了对母亲长达8年的照顾。

　　母亲的身体一年不如一年，病情一次比一次加重。记不清母亲在这8年里住过多少次医院，记不清她从什么时候开始不能走路了，胳膊抬不起来了，不能说话了，以至于不能吃饭了。在这漫长的岁月里，我并没能陪伴在母亲身边，是您，默默付出，见证了这一切。刚开始，您带着两三岁的孩子住在母亲家里照顾她；慢慢地，孩子长大了要上学，您就在自己家和母亲家之间来回奔波；再后来，母亲的身体状况越来越不好，您就把母亲接到自己家照顾。直至母亲生命的最后一刻，守在母亲身边的依然是您。是您把母亲安然送走的，而我，似乎永远只是个长不大的孩子，被您保护起来的孩子。

　　母亲走了，本想您可以休息休息了，父亲的身体却又大不如以前了。您又送走了父亲。接着又送走了爷爷。这一切，您都无怨无悔。您用自己的双手，替我们撑起了一片天！

　　如今，您也年近50岁了。我不知道该如何报答您，只想把这份情记在心里，记一辈子。也许是因为好人有好报，您的3个孩子都特别争气。大姑娘已经读大学，老二、老三也都是优秀的中学生。我唯一能做的就是帮助您更好地教育孩子。其实，我又能做什么呢？您的行为，就是对孩子最好的教育。我跟弟弟说："母亲走了，长姐就是母亲，要像孝敬母亲一样孝敬长姐。"我想，在我心里，早已将您当作母亲了。

我该拿什么去爱您，我的母亲，我的长姐！

此致

敬礼！

爱您的妹妹：园园

2019 年 3 月 14 日

（河南省新乡市外国语小学　任园）

46. 姐，愿你一世安康

姐：

　　自参加北京师范大学《论语》百日线上学习活动以来，我慢慢地学会了省察自我，慢慢地感受到了身边人的关爱，慢慢地懂得了换位思考，我的工作方法改进了，与他人相处也更融洽了。说来惭愧，学习《论语》后我才发觉，长期以来我一直忽略了身边的你。

　　我们姐弟三人之中只有你和爸妈生活在同一个城市。所以，我总为自己找借口，把爸妈的生活全部交给你来照顾。无论什么事，只要一个电话打过去，你总是说"好"。你还经常对我说："你忙吗？你忙就把昭昭交给我带吧，有事我请假，你不要请假，别耽误学生的课。"在我的印象里，你就犹如救火队长一样，只要我们需要你，你就会马上出现。

　　有一次，我们去你家，回到家，我爱人对我说，你的唇色有点儿黑，是不是身体出了什么问题。我漫不经心地说不会的，我们仨里面就你的底子最好了。

　　年尾我到广州学习，拍了张珠江夜景图传到了亲友群，你一看到就拐着弯地打听广州医院的信息，我觉得你心里肯定有事。在我的"严刑逼供"下，你告诉我，你腹胀、腹痛几个月了，还出现过几次便血，辗转找了几个医生，做了多种检查却没有找到病因。你想到广州再找医生看看，但是不知道去哪个医院，平时没有出过远门也不太会乘车，又担心检查结果不好不敢去。你的话霎时间犹如一道霹雳在我耳边炸响，我的眼眶湿湿的，心揪得紧紧的。我特别害怕你的身体真的有问题，但又不能让你知道我的担心。所以，我一边安慰你，一边劝说你早日到广州详细检查。

　　第二天我到火车站接你，一路上教你如何乘坐地铁，如何查看标识，怎样用手机导航。到了医院，我们一起查找科室分布图，一起用自助机报到、用微信缴费，一起学习领取药品的方法。那一刻，我如教学生般耐心地给你一一讲解。你听得很认真，还不时重复着，生怕忘记了什么。我说，不记得没关系，我再陪你来。你连忙拒绝，说让姐夫陪着就好了，不要耽误我的工作。

姐，我真的后悔了，我怎么就这样粗枝大叶，没早点儿发现你身体有问题呢？你的生活一直以来都是围着老人、小孩转，唯独没有把时间留给自己。如果不是到了你不能控制的时候，你还会继续瞒着我。我们在忐忑不安中连续约医生看了3次，万幸的是结果比预想中的要好。我心中的大石终于落地了。孟子曰："父母俱存，兄弟无故，一乐也。"这一刻我真切地体会到了幸福之味！

姐，我不求大富大贵，只求你一世安康！愿今后的漫漫长路中你我始终相依相伴，携手同行！

永远爱你的小妹：意环

2020年3月2日

（广东省云浮市恒大学校　邓意环）

47. 知者不惑，仁者不忧，勇者不惧

亲爱的弟弟：

展信佳！

时光匆匆，不知不觉你已经是一名大二的学生了，不知道你在南京的学习生活过得好吗？其实你一直让姐姐心生敬佩，回望两年前你填报高考志愿时，家里人都希望你和表弟一起选择深圳大学，留在广东，而你却义无反顾地选择了心中所想的"冷门"专业社会学，又坚定地选择到远方去求学。在我心中，你从小就是一个聪明独立、有想法的小男子汉。

思绪又飘回至我们成长的往昔，小时候父母比较忙碌，上小学的你一放学便主动在庭院里架上一张小桌子，和煦的微风从院子里吹拂而过，掠过你稚嫩的脸颊，将桂花淡雅的幽香留在你的作业本上。在奶奶的陪伴下，我们互相监督着完成功课，傍晚庭院里琅琅的读书声，便成为我们童年时光里最美的符号。

到了初中，你依然好学向上，从不用长辈担心你的功课，爸爸、妈妈花了许多时间陪伴在你身旁，但你内心已经有了自己的小世界，不愿意过多地向他们倾诉。然而每到周末，当我放假回家时，你却像关不住的水龙头一样，和我侃侃而谈地分享你在课外书中读到的各种关于人文历史的观点，你的眼里闪烁的光我至今无法忘记。

到你读高三时，姐姐已经上大学去了，或许是家里的长辈无法理解你的奇思妙想，或许是学习给你带来了压力，抑或是没有人倾听你的想法，你有一段时间不愿意到学校去，患上了轻度抑郁，认为世界"抛弃"了你。但是在你自身的努力下，在家里人用心地陪伴中，你仍能在落下许多功课的情况下在高考中超常发挥，我想，你已然战胜了自己，是一个坚强的男子汉了。

岁月如梭，韶华易逝。现在你已经大二了，人生的路还很长，每个人在前进的道路上都要面对许许多多的困难，近日姐姐一直在学习《论语》，

也想要送你《论语》中的一句话："知者不惑，仁者不忧，勇者不惧。"首先，要走进自己的内心世界。请继续保持你的好习惯，一定要多多阅读。遇到忧愁时，你可以不断地在书海中求取知识，拓展见闻，以减少自己对外部世界的困惑。阅读应当广泛涉猎，尤其是传统经典古籍，值得细细咀嚼其中滋味，能够助己修身解惑。其次，要真诚地走向他人。人是具有社会性的动物，我们无法与社会交际隔绝，那便用真诚与善良拥抱他人，以君子之仁德作为自己内心道德的标准，不为个人得失而忧愁。接纳社会便是接纳自己，希望你多出去和朋友聚会交流，肯定能够碰撞出更多思想的火花，促进个人生命的觉醒。相信攻读社会学的你一定比我更了解。此外，请勇敢地大步前进，朝着你喜欢的人生方向前行，用行动浇灌梦想之花，不需要畏惧任何困难。而且你知道，家人永远都在你的身后。

愿你能一直保持陈寅恪先生所言"独立之精神，自由之思想"，不惧前路漫漫，仰望星空，脚踏实地，在你所热爱的领域中闪闪发光。

祝

健康平安，学业进步！

你的姐姐：李静欣
2022 年 9 月 10 日

（广东省中山市马岭小学　李静欣）

48. 育苗育人　不负韶华

德良：

好像从小到大，姐姐都没有通过写信的方式与你交流，我们在一起的时光多数都是玩玩闹闹的。随着年龄的增长，哥哥、姐姐都考上了理想的大学，有了一份比较稳定的工作，然而你没能考上大学，最终还是回到老家，从事与农业相关的育苗工作。我知道，与哥哥、姐姐相比，你很失落。

还记得，小时候爷爷让我们三个写作文，每次都是你写得最好，作为哥哥、姐姐的我们，虽然什么都没说，但是心里是很不服气的。但随着年龄的增长，阅历的丰富，不得不说，我服气了。因为你是我们三个中最富情感的一个。但有时，世事就是这样。情感丰富，就代表除了美好的情感之外，你还经历和承受着许多说不出的痛。

年龄的增长，让我们经历了太多不同于童年的生活，更多地体验了什么是艰辛、什么是坎坷、什么是残酷、什么是挫折。这也许是自然的某种规律吧，与树的成长一样：初长成时，树干光滑泛光；随着时间的增长，在树身上会因风雨的磨砺，而留下一道道伤痕，撕裂、流血、结痂，最后长出新的皮肤，包裹住以往的经历。而在这新旧之间形成的，就是令人们永远觉得神秘的年轮。一圈代表一次成长，而真正经历过怎样的过往，只有树知道。

每天面朝黄土背朝天，你的皮肤被晒得黝黑、脱皮。不得不说，从事农业工作真的很辛苦。但是，无论从事什么职业，都是有它独特的意义和快乐的。看到微信群里，你手捧累累硕果时开心的笑容，听到你的科学育苗获得嘉奖时，姐姐由衷地为你高兴，为你骄傲。你总说，我在育人，你在育苗，我俩工作性质一样。的确，这两份工作都需要用真心去呵护，用爱去陪伴。我相信，经过一段时间的工作，你会找到属于自己的快乐，你会为自己的职业而骄傲，你也会从中找到自己人生的意义与价值。

又想起小时候我们在除夕一起抱大树了。如今，我们这三棵树在不同的地域共同成长着。但只要是树，就都会经历风雨，长出属于自己的年轮。但要坚信，我们三棵树的根还在一起，在原来的地方。受伤不怕，还有我们。如今所谓距离，只是我们的枝叶还不够繁茂而已，相信多年之后，枝叶繁茂之时，我们的枝叶会像根一样，重新聚到一起。希望你尽快长出新的皮肤，茁壮成长，期待你开怀大笑的模样！

　　祝

事业有成，不负韶华！

你的姐姐：孙琳

2022 年 8 月 10 日

（辽宁省沈阳市第五十一中学　孙琳）

49. 大哥，让我们一起迎接灿烂的阳光

尊敬的大哥：

见信如面！

当您打开这封信时，您一定会觉得十分惊奇，从小到大，我们两兄弟还从未用书信的方式交流过。我知道，近段时间您家里接二连三地发生了一些不如意的事情，您身心疲惫，甚至万念俱灰。我想用这种方式与您说说心里话。

从小大哥给我的印象是一个会生活、懂生活、热爱生活的能人，是我的榜样。还记得年少时，我总喜欢跟在您的身后。其实，那个时候我是很怕黑、怕蛇的。但不知什么原因，跟在您身后，即使是黑夜，即使遇到蛇，我都不怕。您俨然已成为弟弟心目中的英雄！

随着年龄的增长，我一直奔走在求学的路上，虽然我们没有像以前一样在一起生活，但大哥一直影响、激励着我。高中毕业后，您用自己所学的专业技能，在村里养起了鱼，还开荒种西瓜、种辣椒、种白菜，做各种生意，比起村里的同龄人，您一直奔走在勤劳致富的最前沿！后来，更了不起的是，您靠自学拿到了大学文凭，并且通过了县教育局的招考，成为一名光荣的人民教师。在老师这个岗位上，我一直认为您当得起好老师的称呼。每到春节，您的学生会齐聚您家里给您拜年，总有热热闹闹的两桌子。我知道，您曾把家里困难的学生带您家一住几个礼拜，像对待自己的小孩一样照顾他们，自己家做了好菜也会叫学生来一起分享，还常常免费为学生补课。在您的身上，我体味到了教师爱生如子的情怀！

世间的美好，总是在最美的季节失去色彩。在您 40 岁那年，命运给您出了一道难题。那是 2008 年的夏天，您患上了鼻咽癌。无情的病魔如山般压在我们整个家庭身上。父母亲几乎一夜白头。随着高强度的化疗、放疗的开展，您的身心经受了难以想象的摧残，150 多斤的体重，一个月内降到了 100 斤以内。而您并没有被命运打倒，靠自己的毅力扛过了最难熬的

3 个月。随后的十多年里，您前前后后三次复发，特别是去年年底，一天晚上，您的鼻子莫名出血，怕麻烦我，任其流了 5 个多小时。当凌晨 4 点我接到嫂子的电话后赶来，看到您鼻子里的血怎么也止不住，我的心情真的无法用语言来表达。您却还反过来安慰我。大哥，您每一次战胜病魔的精神和毅力都是我们学习的榜样，是我们家族的财富。这个寒假，您带着病痛辅导您侄女的作业，帮助她树立起了学习的信心，我相信，您的每一句教诲都将影响她今后人生的每一步。不难理解，在最难熬的时候您也许有过极端的想法，但活着就是美好，活着就是希望！想想在您身后有这么多爱您的亲人，那么多喜欢、崇拜您的学生，我们愿做您最有力的后盾，与您一起迎接最灿烂的阳光！

近段时间我参加了北京师范大学"京师好老师生命成长营"，很喜欢《论语》中的一句话："知者不惑，仁者不忧，勇者不惧。"这句话也道出了我对您的期盼——愿大哥您能走出心里的这片黑暗森林，做回那个不惑、不忧、不惧的大哥。

一直以您为榜样的弟弟：李荣钢

2020 年 3 月 27 日

（湖南省永兴县先锋小学　李荣钢）

50. 家庭是要用心经营的

睿睿，我亲爱的弟妹：

你好！

转眼间，我们成为家人已经快三个月了，很遗憾因为工作的忙碌和在两地生活，我们相处的时间并不多，交流的次数也很少，但我们却一见如故，毫无隔阂。

我们都是教师，还都是语文教师；我们身材相似，穿同码衣服；我们的性格相似，三观也一致；我们由同一位媒人牵线，嫁入同一个家庭；我们结婚的日子在同一个月，只相差三天；最神奇的是，我们出生的那两个小村庄叫同一个名字——"小川村"。这真是"不是一家人，不进一家门"啊！我们就像前世的姐妹又在今生相逢，多么幸运啊，大千世界里，我们有缘成为家人！

我们都很幸运地嫁给了爱情，更幸运的是我们都遇到了良人，加入了一个非常温暖的家庭。我嫁过来时，咱家慈祥又风趣的老奶奶还在世，一直记得她老人家和蔼可亲的模样和打趣的话语："彦儿啊，你放心，我孙子以后肯定对你好。咱们高家的传统是，疼老婆，惯娃娃。"的确，在婚后的这8年时光里，我幸福地见证了咱们家的这一家风，只是奶奶还少说了一句——尊老人。奶奶在世时，爸妈、三爸三妈、四爸四妈、大哥大嫂都极其孝顺。逢年过节，几家人都要在老家团聚，尤其在老家一起过年是雷打不动的传统，一大家十几口人聚在一起热闹极了。如今奶奶离开已经5年了，但咱家还是保持着一起过年的习惯，今年有你的加入肯定会更热闹！

咱爸在家中排行老二。大伯二十多岁时不幸溺水而亡。听爸妈回忆说，爷爷因病早逝，当时咱家家境特别贫寒，爸通过努力由民办教师考入师范学校，毕业后成为公职教师，和妈两个人靠着微薄的工资养家，还供三爸、四姑和大哥完成了学业，一家人就这样互相帮扶着都有了很好的前程。这就是家和万事兴啊！

咱爸妈都是善良豁达的人。在相处的这几年时光里，我觉得他们尤为睿智。他们夫妻恩爱，家中总充满欢声笑语。偷偷告诉你，在家爸啥都听妈的，在外妈啥都听爸的。他们孝敬老人，也特别疼爱孩子，疼孙子就更不必说了。结婚这么多年我从未见爸妈训斥或责备过儿子，而且特别尊重儿子的选择。奇怪的是他们兄弟都特别敬畏爸妈，从未见顶撞，你说神奇不？

絮絮叨叨，感觉要跟你分享的实在太多，不知不觉说了这么多。了解了这些家庭背景，弟妹你是不是更明白咱们嫁的这兄弟二人为啥性格都如此好了吧？他们温暖阳光、善良厚道、与世无争，因为他们内心从无所缺，有足够的安全感和爱的能力。相信这样的人一定能温暖守护我们一生，我们要做的只是以同样的温暖回报他们，与他们坚定同行。

最后想跟弟妹分享的是，生活中肯定不只是甜。柴米油盐酱醋茶，酸甜苦辣咸，滋味丰富才是人生，家庭是我们要用心经营的。方法很简单：问问我们的内心，想想在年老后我们希望自己的儿女怎样对待自己，就怎样对待我们的父母；问问我们的内心，想想我们希望自己挚爱的儿女以后有怎样的家庭，就怎样对待自己的爱人；问问我们的内心，想想我们希望我们的儿女以后怎样对待他们的儿女，让良好的家风得以代代传承，发扬光大，就怎样对待我们的儿女。我们只要给他们做出榜样就行了，很简单。

爱你的嫂子：国彦

2021 年 8 月 25 日

（甘肃省白银市平川区育才小学　张国彦）

51. 心中的母亲

亲爱的母亲：

应该用什么语言来形容我此时的心情呢？搜肠刮肚半天，也未找到合适的词语。提到您，往事种种不由得浮现在眼前。

麦秸垛里的人伞

大约是上四五年级那会儿，暑假跟着您去棉花地里打叉，突然间下起了雷阵雨，很大很急的那种。地头小道旁有一麦秸垛，地里无房舍可躲避，印象中您动作极快地将麦秸垛撕出一个洞，随即便将我塞进了洞里。而您则用身体堵在麦秸洞口。雨水顺着您的脸往下淌。不知为何，时常在夏天的雷阵雨时，想起您为我遮风挡雨的场景。

夏天的雷阵雨，来得快走得也快。雨走了，您全身湿透了，而钻在麦秸垛里的我，虽然也湿了点儿衣角，但没有大碍。

大白菜小菜心

我高中是在隔壁县上的，基本上一个月回一次家。有次冬天回家，您给我炒了棵白菜，起初并没有发现什么特别之处，等自己匆匆吃完，才发现了异样。

老家邯郸农村里，每到冬天家家基本上都要储存大白菜。而您当时给我炒的白菜，是把外面的白菜叶掰了又掰，最后只剩下了一个小菜心。

自然，那些掰下的大白菜帮子，您是留着自己炒着吃的。

以至于现在，很多时候去了超市，购买娃娃菜时，我总会时不时想起当年那一幕。

碎碎念

您第一次来张家口，是跟媳妇家商量婚事。那时我还在租房，是在我们学校旁边的老小区。自那之后，您每每打电话，总会说："吃饭没？吃的啥？要吃饱，不能饿肚子。"

后来，每次回老家，您都会讲一番话："每每家里吃饺子时，娘都会想，你在那边有多久没吃饺子了。"

儿时，您常常碎碎念，印象中自己很多时候选择屏蔽，或者直接躲开。但现在，每次回老家，特别喜欢听您唠叨。

您唠叨起家里的事，亲戚家的事情，似乎总有说不完的话。那时我则坐在小马扎上，时不时点头或评论一番，一切又仿佛回到了儿时。

那种感觉极好！

隔辈亲

母亲不识字，不会用智能手机。父亲虽识字，但是也操纵不来。他们更习惯使用老年机。

我的孩子出生后，每每打电话，三言两语后，话题总会扯到孩子身上。每每听到孩子的声音，电话那头的您和父亲就格外高兴。那种高兴，是真的能够听声音感受到的。

再后来，孩子大了一些。岳母家里事情实在多，想让您来照顾孩子一段时间。

当我驱车回家去接您时，还记得那夜，您和父亲屋里灯熄得很晚。是父亲一直在叮嘱您：去了少说话，多干活，别乱走，城市里不像咱们村……

看孩子，在您看来，并没有什么难度。毕竟我嫂子家现在已经5个孩子了。可是，当您来了后，面临很多问题，远远超其想象。最大的，莫过于语言沟通。您不会讲普通话，只会讲我们村里的话，语速很快。一天下来，除了跟我聊几句，您渐渐地变得安静了。

跟媳妇聊天，需要我在中间翻译。不然的话，两人需要边说边猜。渐渐地，您发现自己没有什么作用了。除了看孩子，别的都做不了。或者说，不知道怎么做。忙碌了一辈子的您，突然闲了下来，却有些不习惯了。周六、周日，有时带您出去转转，您也无心风景。

再后来，您除了扫地，渐渐地站在窗边遥望南方的次数多了。

我知道，您是想念老家了。还有几次，跟家里通电话，听到侄子、侄女问奶奶什么时候回去时，您说着说着就落泪了。

我知道，您是真想家了。钢筋水泥的生活，您不习惯，也不适应。但纵有百般不适，您为了我，为了孙子，都默默地忍受着。您这辈子，不识得几个字，去过最远的地方，也就是从邯郸到张家口了。现如今回老家，您总会说："娘去你那住了一个多月，就彻底放心了，家里再吃饺子，也不惦记你了。"

您还会说："外面的世界真好，你有机会就替娘多看看去。"

自己可能是受您影响，有些话总是讲不出口。等孩子上了学，这封算不上什么严格的家书，让孩子念给他奶奶听。

计丰

2023 年 3 月 27 日

（河北省张家口市铁路斜街小学　张计丰）

52. 儿女幸福之源

亲爱的爸爸、妈妈：

你们好！首先祝您二老身体健康！万事如意！福寿绵长！

记得第一次给您二老写信，是大概 40 年前的事了。那时我外出读书，一想你们就给你们写信诉说。后来有了手机，我们沟通的方式除了面对面，就是打电话，直到现在变成视频聊天，几乎从来没有间断过。每次聊天有时是和爸爸说几分钟，再和妈妈说几分钟，更多的时候是我们三人一起说，总有说不完的话。说说各自吃了什么饭；说说天气冷暖；说说明天的打算；和爸爸说说国际、国内形势，和妈妈聊一集电视剧。

爸爸、妈妈，我知道，您二老出生在同一年，如今相依相伴、相濡以沫已经走过了 65 个年头，国外称之为"钻石婚"。你们养育了我们 5 个儿女，操劳了一辈子。如今最小的儿子也已经 50 多岁，两个曾孙也都在苗壮成长。全家聚到一起共 22 口人，可谓四世同堂，家和兴旺。我们五六十岁，回到家还是不停地喊爸爸、妈妈，就像五六岁的孩子。您二老总是在厨房一个忙着剁饺子馅，一个忙着炖排骨。尽管我们态度坚决地把您二老支走，可是你们不一会儿就又进来了。尤其是妈妈，一会儿递根葱，一会儿递双筷。我觉得，你们是在彰显一种精神，那就是：生命自强不息。

爸爸、妈妈，我知道，您二老一辈子经历了太多的苦，因此，知道人间需要温暖，需要关爱。爸爸，您刚一出生就没了娘，是我的大爷爷和大奶奶把您拉扯大，送您进学堂，后来把全家重担都交给了您，您没有辜负老人家的期望。再后来您又挑起了全村的重担。记得那时我还是七八岁的孩子，邻居有位四大娘，每年青黄不接的时候，肩上就搭个空面袋子来咱家借粮食。那时候生产队按人头分粮，咱家闺女多，大概有剩余的粮可以借出去。四大娘每次都会背上多半口袋粮食心满意足地、说着感激的话走出大门。我问妈妈："我怎么没看见四大娘还咱家粮食啊？"妈妈说："你爸爸说了，还就还了，不还就不还吧！他家儿子多，总不能饿肚子吧！"其实，那个时候我们也是计划着吃的，早晚都以稀饭为主。

妈妈，您还给我讲了一个爸爸的故事。我的二爷爷和四爷爷远在"大圐圙"（就是"大库伦"，今天的蒙古国首都乌兰巴托）谋生，是我的大爷爷一个人赡养我的太爷爷，直到太爷爷去世。几年后，二位爷爷回来上坟，大爷爷准备冲他们哥俩发发牢骚，爸爸知道后一再劝说："那样做不好，会伤了兄弟之情。"大爷爷觉得爸爸说得有道理，就没再说什么。后来兄弟团聚共叙手足之情，其乐融融。那年爸爸18岁。三年困难时期，眼看着一家人少粮缺米，饥饿难挨。突然有一天收到从"大圐圙"寄来的白面，还是妈妈去邮局取回来的。

在我的记忆中，爸爸，您在担任村支书的二十多年里，忙得几乎不见身影，经历了唐山大地震后的防震减灾工作，经历了改革开放的农业生产劳动，经历了奔小康的农村社会主义建设，直到把一个生机勃勃的新农村交给了年轻人。那一年，您去市里开劳模表彰大会，领回来一条蓝花毛巾被，直接被我"据为己有"，并且一直随我出嫁。爸爸，您用您的行动给了我们无穷的力量。我们5个兄弟姐妹有从公的，有经商的，有从教的，有执法的。您常常告诫我们，一定要严格要求自己，绝不能做违法乱纪的事。您常常教导我们要学习"孔孟之道""中庸之道"，做人一定要和善。我们敬重您，实际上全村人也都敬重您，甚至在您退休几年后，村里的一些事情不好处理时，您再次被任命为村支书，又工作了好几年。

爸爸、妈妈，你们总有说不完的道理。因为你们对我们要求严格，所以我们从小就不打架；因为你们对我们和风细雨，所以我们对我们的另一半也和善体贴；因为你们常教导我们为人处世要有志有知，所以我们做事也谨言慎行。

妈妈，您告诉我，爸爸一辈子脾气好、性格好，总是在替别人着想，总是在心平气和地处理着各种问题，自家的、他家的。那年我恋爱，妈妈，您毫不掩饰地给我讲起了您和爸爸的浪漫故事。我的大奶奶去您村里走亲戚，看见您推磨，干活特别利索，说话很有礼貌，人也精明，于是就直接找我姥爷提亲。后来您二人一见钟情，不久就谈婚论嫁了。

妈妈是长女，您告诉我，您十多岁时经历了我两个舅舅的突然离世；十七八岁经历了我姥姥的去世；二十几岁又经历了我姥爷的全身瘫痪。您的心就像被刀割一样，有时候甚至用手去抓墙。那时，我的三个姨姨还小，所有的担子都落在了您的身上。幸亏有爸爸和您一起扛着。十多年来，您经常步行十几里回到姥爷身边照顾他。

因为我们兄弟姐妹多，妈妈，您总有忙不完的家务活。因为您勤快，我们小时候的衣服虽然陈旧，但是干净整洁；因为您勤快，我们住的屋子虽然窄小，但是井然有序；因为您勤快，我们替下来的床单、被罩，在您的缝纫机下变成了新款床单、窗帘、坐垫。

爸爸、妈妈，我知道，您二老心里永远充满爱。记得小时候天还没亮，就能听见你们在晨聊，说着某件事，讲着某种理，听着那么顺耳。随着吱呀的开门声，你们便早早起床，爸爸弄煤生炉子，妈妈生火做饭，一个和谐的早晨总使我们感到温馨又幸福。

爸爸、妈妈，你们一辈子都在跟我们说一个"人"字。你们说，人不能贪图便宜，人不能贪图富贵，人不能没有良心。就在您二老步入耄耋之年，爸爸还陪着妈妈回到出生的村庄，看望乡亲，见到上了岁数的老人生活比较困难就拿出些钱来资助，虽然微薄但也暖心。我终于懂了为什么全村人都叫妈妈"大姐"、叫爸爸"大姐夫"。

就在前年，您二老把自己的养老钱，拿出来一部分作为"家庭学业奖学金"，奖给考研的孙子辈。两名大的，大学一毕业就上班了，如今一名是科长，另一名是省优秀班主任。三名小的，两名考上了研究生，正高高兴兴地拿着奖学金在图书馆、实验室搞研究。最小的那个正摩拳擦掌说要拿下奖学金。

爸爸、妈妈，我知道，您二老一辈子在我们5个儿女身上一碗水端平，不会重男轻女，能帮我们带孩子都带，能帮我们干活都干，能留下好吃的都留。栽一圪嘟嘟葱、腌一圪嘟嘟蒜、扡一勺勺米、掫一碗碗面，再拿一缸缸咸菜和咸鸡蛋，这就是我们常常拿走的、喜欢的、家的味道。

爸爸、妈妈，我知道，您二老的养育之恩，无论如何我们都难以回报。现在能做到的就是好好工作，让您二老高兴；给你们买新鲜的东西，让您二老跟上时代；跟你们聊天，常回家住住，让您二老永葆一颗青春的心。我们这个大家庭的幸福源于你们的智慧和吃苦耐劳的品质。此生有爸爸和妈妈的关照，我们无比幸福！

永远爱你们的小女儿：素芬

2023 年 5 月 9 日

（河北省张家口市职教中心　郭素芬）

53. 写给亲爱的母亲

娘：

娘，您离去已经有十多年了，上坟的前一天我又梦到了您，和以前一样，您关切地抱着我。十多年来，您让我真正感受到了那种失去亲人的痛。那种感觉，似乎整个身躯在刹那间被掏空了。此时，我近乎麻木的思绪又如一匹脱缰的烈马，疯了一样跋涉在您这 70 年的人生旅途中。

清明节临近，想给母亲写一封信。

娘，您是 1941 年出生的，您娘家虽不是很有钱，但还算殷实。而且，由于您是长女，姥爷自然视您若掌上明珠，自小培养您读书识字，您也是一个有文化的人。

我那受苦的娘啊！您在年轻的时候，不顾家里反对毅然嫁给了村里会写字、能算数的父亲，父亲是当时少有的高小毕业生，字写得很好，现在回村里依然可以看见戏台上当年父亲写的字。父亲家徒四壁，您嫁过去的时候，家里只有一块小褥子算是给你们的；家里窗户纸都拆下来给孩子们写字用；吃的食物里更是一升棒子面掺三升糠，而且家里还经常吃榆皮面，莜面和小米都是奢侈品，哪里见过白面、大米，更谈不上有现在这些吃的。

我见过您年轻时候的一张黑白照片，照片里，您梳着两条辫子，笑容是那么灿烂，眉宇间透露出对生活的热爱和对未来的憧憬。

我那受苦的娘啊！您嫁过来后，和父亲很快步入了那种男主外女主内的传统生活模式。您 21 岁时便顺利地生下了一名男婴，也就是我的哥哥。后来随着时间推移，又生下了我们 4 个，一共是 5 个孩子，我最小。家里本来就穷，又增加了这么多吃饭的，想想当时的日子，该有多么艰难。

5 个孩子，都处在能吃不能干的年龄。那时候，靠着父亲那点儿微薄的收入不能解决家里的温饱。但是我们没饿过一次，不知道当时那么疼爱孩子的您是怎么熬过来的。5 个孩子，每天洗衣服就是一项不小的工作，那时候没有洗衣机，就是到村里的麻坑，也就是大水塘去洗衣服，用棒槌和锤板石，锤锤打打，夏天还好，冬天就得在家里洗，为了孩子们出去有脸面，您付出了多少辛劳！冬天的时候，要换厚衣服，都得一针一线去缝，这么多衣服，都是您熬夜或者抽空缝的，手上不知道扎过多少针。尤其是冬天的棉鞋，您都是白天把家里的家务干完，晚上等孩子们都睡下了，在昏暗的灯光下在腿上搓麻绳，经常会把大腿搓得渗出了血，然后用来纳鞋底。5 个孩子，一年四季，这是多么艰辛！直到 20 世纪 90 年代，随着物品的丰富，才逐渐不做鞋了。冬天的早上，咱们老家本来就冷，而且经常下大雪，大家都还在做梦的时候，您早已起来，烧炕、生火做饭、扫院，等喊我们起来的时候，就该吃饭了，现在想想，您一早上付出了多少劳动。

那时候，您经常笑着对我说："早起三光，晚起三慌。"大致意思是说，只有勤劳才是过日子的根本。您是懂得天道酬勤的。

我那受苦的娘啊！5 个孩子，您都坚持让他们读书。那个时候，村里的孩子一般都早早不去上学了，男孩子干农活，女孩子就去地毯厂干活，挣钱补贴家用，而您一直坚持让孩子们读书，让孩子们有文化，走出去。初中在外读书的时候，想想周六那香喷喷的饭菜和周日返校时带的干粮，就是我每周走 16 里山路回家的动力呀。而这一切，您又付出了多少。正是因为如此，您的身体开始慢慢不好了。

我那受苦的娘呀！我不知道您听没听说过"时光荏苒"这个成语，假如听说过，我想，您给出的解释会是令人十分心痛的。随着时光一点点流逝，我们兄妹 5 人也渐渐长大，各自成家，您也变得苍老；随着我们兄妹 5 人慢慢长大，我觉得您的苦日子终于要熬出头了。

然而，2012 年，您突然得了尿毒症，随着治疗和透析，您的身体情况好转了，但是由于血管的问题，透析不能再进行下去，只能看着您的身体越来越差。在老家的大炕上，我挨着您，看着您安详的样子，突然便有了一种不祥的预感，半夜随着您粗重的呼吸慢慢变弱、停止，我的心都快碎了。最终，您还是慢慢地闭上了双眼。当时，我的脑袋像要爆炸似的膨胀着，继而如撕裂般疼痛着。我不得不承认，我已无回天之力。

我知道您去了另外一个世界，已经永远地离开我了。这也就意味着，我变成了一个没娘的孩子。

说来惭愧，您生病期间，我没有做到"昼夜侍，不离床"，就像小时候，我也没做到"父母呼，应勿缓"，而且家里孩子数我调皮，没少给您惹麻烦，因此，我算不上一个孝顺的儿子。在我还未完全明白的时候，我受苦的娘啊，您离开了我！

冯梦龙《醒世恒言》里写道："天下无有不散筵席，就合上一千年，少不得有个分开日子。"生、老、病、死是任何人都改变不了的事实。所以，对于我们生者而言，一定要看淡生死离别。但是，真的要让人看淡生死离别，这又谈何容易啊！

娘，面对失去您的痛，我是受尽了煎熬与折磨的。今生未能侍奉慈母食人间烟火到百岁寿辰，还望您老人家恕犬子无能。今生如能与母亲再次相见，只有在梦里。因为，您已经走完了您平凡的一生，留下的只有在其中辛苦付出一生的老房子和那些让人无尽怀念的物件。世界上有很多珍贵的东西，当我们拥有它的时候，并没有去珍惜，甚至常常忽视它的存在。直到有一天，突然失去了它，才蓦然发现，原来它在我们的生命中，是那样重要和宝贵。父爱和母爱，就是这种东西。

我那受苦的娘呀！每年在坟前祭祀，我想对您说的话太多太多，在您离开的日子里，我一直有一种孤独感，不过还好，您的孩子们都过得很好，您那个调皮的孙子今年高考，而且很优秀，您未曾见过的孙女也已经四年级，品学都好，已经会背诵数百首古诗，像我一样爱读书，参加市里演讲活动获得了一等奖。其他哥哥、姐姐也都过得很好，孩子们也挺好。娘，儿子永远不会忘记您对我的养育之恩！

娘！您这 70 年的人生里，经历了为了生存每天跑反的战争年代，经历了为了填饱肚子而吃树皮的 20 世纪 60 年代，经历了一切凭票购买的计划经济年代，也经历了改革开放土地承包后的年代。您这 70 年的人生里，从未享福，当生活逐渐富有，您却这样不声不响地去了。

对不起，娘，儿子哭了，不要怪儿子没出息，儿子忍不住思念的泪水，就任由它流淌吧！这么多年，想起您，我心里就是一阵阵酸楚。娘，我有些写不下去了，泪水已经模糊了我的双眼，就此罢笔吧！

儿子：建国

2023 年 4 月 1 日

（河北省张家口市涿鹿县五堡学区　张建国）

54. 老爸，和您说说心里话

老爸：

　　也许您也没想到，在您 82 岁、我 54 岁的时候，我会以这样一种方式，第一次主动地跟您说说心里话。还记得吗？前天在银行给您换退休保障卡，当工作人员需要您坐在对面的不锈钢椅子上签字时，是我把您搀扶着落座的，脚下外露的电线盒让我担忧，生怕磕绊了您。签字时，您的手微微颤抖，签出的三个字依然是熟悉的笔迹，只是比以前歪歪扭扭了。办卡的手续出奇烦琐，而且必须本人操作。当工作人员让您再次签字确认时，连着签了两次都没有通过，原因是字体不规范，系统过不去。最后只得按指印代替。是我握着您的手，引导着您用食指在单据指定空白处按指印的。您每一次都用了浑身的劲儿，重重地按下鲜红的印迹，生怕按不到位而不合规格。那一刻，我心里突然涌出一阵酸楚，真切地感受到老和与老相伴的迟缓、迟钝带来的无助、无奈，让人顿生隐隐的心疼和怜惜。特别是给您照相时，让您看摄像头，您却不知所措地盯着对方的脸，被纠正时表现出的慌乱茫然，让我疼到心底，深深震撼。老爸老了，到了角色互换、儿子反过来全身心照顾父亲的时刻。可是，想想以前，我又是如何看待老爸、对待老爸的呢？

　　我是家里的长子，从小以懂事、孝顺出名。其实，在与您相处的大部分时间里，我对您是疏忽的、不冷不热的，甚至是冷漠的。从骨子里、潜意识中我觉得应该做一个孝顺、热情的人，可是现实中缺少激发我孝顺的动力，我找不到投入热情的理由，表现在日常生活中就是进家后礼节性地喊声"爸"，然后旁若无人地干别的事，或与其他人交流。细想起来，这样的情况已经几十年了，我已形成了习惯，隐隐有所察觉，但一直如故。在一家人吃饭的餐桌上，在家族人众多的大场合，总有一个人默默地、温和地坐在那里，而经常被我忽视。现在回想起来，我感到深深的羞愧和自责。

其实，我一直在寻找尽孝的理由，搜寻您的好。有一天，老妈向我诉苦，说家里的事您一点儿不操心，您有头疼脑热，老妈马上照顾您，当老妈难受时，您不闻不问，一句问询的话也没有。我解劝老妈说："老伴、老伴，临老有个伴就好。不要奢求那么多，80多岁的人了，还能健健康康陪伴就好！"是啊，80岁高龄，还需要寻找尽孝的理由？没有父亲，哪有儿子？没有您年轻时的辛勤节俭，哪有我们兄弟三个的长大成人？是您生了我们，养了我们，到耄耋之年，人健康，不拖累，还要什么尽孝的理由？

昨天，当我敲开家门，给我开门的正是挂满笑容的您，光着头，豁着牙，双目慈祥，满脸平和，被窗外的太阳光照射着，整个身子沐浴在光中。那一刻，我突然生出柔软的感动。老爸好可爱，好亲切！您的好一下子涌上心头：一生善良，没生过一点儿害人之念，没存过一点儿害人之心；宽容厚道，对家人、对外人，没有伤人的话语，从不斤斤计较；低调随和，不自夸，不炫耀，与人无争，与世无争，平平和和过日子；年过八旬不添乱，不拖累，健健康康，享受并守护着家庭的幸福与安宁。这不正是一个老人对家庭最大的贡献，不是我们做儿女的福分吗？

我想，真正的一家之主是您。老爸就是家庭幸福的根源。您稳稳地把根扎到地下，用善良、宽容、慈祥、平和，不断地浇水灌溉，为我们积攒能量，积蓄福气，才有家庭幸福的大树枝繁叶茂、生机盎然。

幸福有根，和睦有源。我明白了，也想起母亲常提起的一句话："没有你爸，就不会有咱们这个家今天的幸福。"您才是家庭幸福和睦的缘起。

借此机会，利用这种方式，让我第一次郑重地、大大方方地告诉您，谢谢您，老爸，我爱您！

儿子：伦刚

2023年5月1日

（河北省张家口市蔚县代王城中学 伦刚）

55. 回家路上的孝道：爱莫等，孝莫迟

亲爱的朋友们：

人们常说："孝行天下，为人之本。"有一种力量总会令人感动，有一种力量总会支持人渡过难关，那就是无私纯洁的亲情和啧啧称赞的孝道。

我身边就有这样一位值得学习的榜样，在他的身上诠释着什么是"孝"。"妈，我来搬桌子……我来和您一起择菜……我来清扫院子……"我爱人乐此不疲地帮着我婆婆做着力所能及的活。坐在一旁的伯父则语重心长地和我称赞道："我们伟伟真的特别孝顺，每年过年，无论有多大的困难，他都要回家过年，陪伴父母。尤其是在他上大学的时候，一到放寒假就会出现买不到硬座火车票的情况，他就只能买站票，这一站就是 48 小时，就是为了回家看望年迈的父母。这孩子啊，真是个大孝子。还有他每天都要和父母电话沟通，嘘寒问暖，只要有空就会陪伴在父母身边尽可能满足他们所需。所以说啊，这人不能忘本，这就是好的榜样，也是好的家风啊，要好好传承下去！"每每听到伯父谈起我爱人上学期间回家过节的经历，眼前就会浮现出他在回家途中，没有硬座票站在火车上的情景，想起来真是让人心疼，也会让我瞬间破防，眼泪夺眶而出，但心中的敬佩感油然而生——这就是回家路上的孝道！

可能对于我这种生活在北京这座城市的孩子，没有离开过父母的身边，不能完全体会到这种离开父母身边在外打拼的艰辛和不易，但是从爱人身上，我切身感受到他过节回家孝顺父母的心境：一个来自南方四五线小县城的他通过自己的努力考到北京，集全家的希望和嘱托来到北京进行打拼和奋斗，自己有所成就之后的反哺。他的所作所为，实属不易。有时我会问他是如何做到的？他就会语重心长地和我说："羊有跪乳之恩，鸦有反哺之义。父母不仅给了我们生命，还给我们提供了衣食无忧的学习环境，我们难道有理由不去爱他们、孝敬他们吗？"

他的语言很质朴，行动却很有力量。爱莫等，孝莫迟！孝为人之本，

一个人只有懂得回报父母，才能算是一个完整的人。"滴水之恩，定当涌泉相报"，父母为我所付出的，不仅仅是一滴水，而是一片大海啊！父母养育了我，给了我一个温馨的港湾，让我在这个幸福的家中快乐健康地成长，而我理所应当懂得如何才能回报他们。我现在所从事的是教师工作，我目前能做的就是在学校里带领我所教的孩子们，好好学习，努力上进，不断开拓，引导孩子们做一个好孩子，帮助父母做力所能及的事，在社会上遵守道德，做一个好公民。父母的爱，我们难以完全报答，就让我们从身边的每一件小事做起，用自己的努力换来父母的欣慰，让他们为我们感到自豪！

梁霄

2023 年 5 月 1 日

（北京市人大附中石景山学校　梁霄）

56. 和和美美　其乐融融

亲爱的公公、婆婆：

　　转眼间，我们在一起生活已经22年，每每看到您二老翻看"五好家庭""和谐之家""最美家庭"的荣誉证书，我的内心总是充满了幸福和感动。

　　自从我进入这个家，您二老对子女无私的爱便时时影响着我。在生活中，不论哪个子女有了困难，您二老总会倾其所能加以帮扶，对我这个儿媳也不例外。每当我生病时，婆婆您时时嘘寒问暖，公公您反复叮嘱儿子好好照顾；每当我因工作回家晚时，婆婆您常常坐在家门口等我到天黑，必和我一起共进晚餐。您总是跟儿子说："她工作累一天了，吃饭不能让她太孤单。"我听在耳中，暖在心里。自从孩子上了幼儿园，为了让我们一家三口每天能吃上热腾腾的早饭再离开家，公公您总是早早起床准备。婆婆您一直身体不好，为了我们能安心上班，您总是自己坐车去看病拿药，不愿我们为您请一次假。您常说："我是个没文化的人，看你们学习的学习，工作的工作，我高兴。"我感动二老对我胜似亲女儿的爱，感谢二老为我分忧解难，感激二老对我的理解与支持。

　　还记得1992年您二老加入了村委会里的京北大鼓老会，每年的娘娘庙会、村里的文化宣传、乡里的大型庆典活动等都离不开您二老的身影。2006年在村委会的积极努力下，京北大鼓老会申请了朝阳区非物质文化遗产，公公您作为主要传承人之一更是情绪高昂，活动一场不落。婆婆您也参与其中，为活动的顺利开展提出建议，并决心为传统文化的传承贡献自己的微薄之力。再想想您二老年轻时为了这个家所付出的一切，更令我对您二老产生了深深的敬重。您二老的身体力行令我感动，我唯有加倍地孝敬以回报。

　　2017年我们喜迁新居。婆婆您是个爱花的人，入住新居前，我和爱人悄悄为您在阳台上搭起了花架，供您养花消遣。当您看到摆满鲜花的阳台时，笑得合不拢嘴。从那时起，咱们家一年四季都充满了生机，串门的邻居和朋友纷纷交口称赞。

公公您是个节俭的人，常常为了省些钱，到街边的理发点理发。有一次，您的头发被理秃了一大片，还被邻居打趣，于是我便萌生了亲手为您二老理发的想法。从那以后，每月一次的家庭理发日成了咱们家幸福的时刻。每次理完发，您二老总少不了对我赞美一番，爱人还打趣说："你就是家里的御用理发师！"

正是有了这样和谐的家庭氛围，我们的女儿也特别懂事。每天离开家时都要跟您二老打招呼，回到家第一件事就是叫一声"爷爷、奶奶"，道一句"我回来了"。每每看到您二老会心的微笑，我都感到特别幸福。还记得公公您73岁寿辰那天，女儿主动申请，为您亲手做了一碗长寿面，表达她对您的感激与祝福。当女儿把热腾腾的长寿面端到您面前时，您非常高兴，还连连叨叨着："嘿，我孙女长大了，我享福了。"然后就一口不停地吃了起来。一家人，泪光闪动在眼里，幸福回荡在心里！

"百善孝为先。"常生敬重心，常怀感恩情，做好平凡事，是尽好孝道的法宝，是创建和谐家庭的关键。"和和美美，其乐融融"是我向往的家庭的氛围，感谢公公，感谢婆婆，是您二老的善良，让我们懂得了孝敬；是您二老的慈爱，让这个家更加和谐。

祝

健康、长寿！

儿媳：海兰

2023 年 4 月 12 日

（北京市朝阳区芳草地国际学校东洲校区　胡海兰）

57. 妈妈，我想对您说

妈妈：

　　您好！

　　虽然每周都能看见您两三次，但是很少用这种方式和您说说心里话。小时候家里比较贫穷，加上有我们3个孩子，您一直操劳着。有时候我就想，您是不是天生就是劳动的命。已近70岁的您还在社区做着垃圾分类的工作，回到家里您也是不闲着，把捡来的纸箱子都捆起来卖到废品回收站。我、妹妹和弟弟没少说您，让您不要做这些了，可是您不听我们的劝告，总是说："人一闲下来就会生病的。"您在垃圾分类点只要看见谁扔了剩菜剩饭，就会捡回来，能给狗吃的，就拿来给街坊四邻家里的狗吃；不能给狗吃的，您就晒干，收起来，隔一段时间让五姨拿走喂鸡。我们看不惯您的做法，总是说您，可是您却说："粮食不能浪费，这样浪费是可耻的。"很长时间，我们都认为您太固执了、太倔强了，怎么劝阻您也没用，我们也就不管了，甚至不能理解您，懒得搭理您。

　　我近期学习了《论语》，对"孝"有了深刻的认识。我以往觉得，孝敬父母，就是每周去看看他们，给他们买一些吃的、用的就可以了，其实不然，父母不缺吃的、用的，他们希望我们常去看看他们，多和他们聊聊天，谈谈心。回想自己，每次回家都像教训自己的学生一样，让妈妈不要做这个，不要做那个，说到气头上，两个人还会争吵起来，不欢而散。孔子说："今之孝者，是谓能养。至于犬马，皆能有养；不敬，何以别乎？"只供给父母衣食，不理解他们，这和饲养犬马有什么区别呢？读到这里时，我感到很惭愧。妈妈这么节俭，这是她生活的年代、生活的环境所导致的，养育我们3个孩子长大，供我们3个孩子上学，能不节俭吗？这是他们那个年代的人特有的品质啊。这则《论语》告诉我，对父母要心存敬爱，理解他们、感恩他们。妈妈我想对您说，您的节俭是中华民族的传统美德，我们应该继承下去。我们不应该嫌弃您，这种好的品质、精神是我们这代人值得学习的。在以后的生活中，我们要理解您，为您分担家务活，不摆脸色给您看，即使您做得不对，我们也要和颜悦色地和您讲道理。

最后，我希望您能够多替自己想一想，爱自己更多一些。我们已经长大了，不用您再为我们操劳了。

祝您身体健康，开心快乐！

您的大女儿：郭静贤
2023 年 4 月 15 日

（北京市平谷区第八小学　郭静贤）

58. 母教是力量的源泉

亲爱的妈妈：

您好！

天天见面，今天却给您写信，这真不是咱们娘儿俩相处的方式，略不自在。

妈，从我上小学开始就不和您在一起了，到上完大学，结婚生了孩子，又和您一起面对我儿子的长大成人，再到爸爸的生病、离世，时间这部机器，使我们母女重新互相适应，黏合起看似寻常的骨肉亲情。一路走来，虽然咱们娘儿俩有别于其他的娘儿俩，从不"腻腻歪歪"，您对我从没"宠爱"，我对您从不"撒娇"，但是我很感谢您对我潜移默化和开明的教育。谢谢亲爱的妈妈！

您对我影响最深远的一句话就是："什么事都别指望别人，自己能干的自己干，自己干不了的想办法。"于是，我很自立，从不娇气。我儿子出生就是您带，您带他就像带我一样，儿子的生活自理能力也很强，属于扔到哪儿都能生活的。当年我爸也说过，我去哪儿他都放心。妈，您也是这样，爸爸去世的时候您60岁，您不用我陪伴，自己独居，不仅自己照顾自己的全部，还负责起了我和儿子的午餐，把生活打理得井井有条，说起来您就是那句："这有什么的，我自己能行！"有这样的妈，我干什么事情都既安心又自豪，因为我妈总给我助力，从不拖我后腿。

妈，您爱打太极，有一段时间还常常给我普及养生的知识。您去公园晨练规律又有效果，拳会打好几套，太极剑、太极扇样样都会，还会时不时给我讲你们活动队的趣事，从您嘴里我认识了刘姐、杨华、小韩……她们各有特点，都是有趣的老太太。有几次我特意跑到公园去找您，您把我介绍给您的老伙伴。我听您的老伙伴夸您，夸您记性好，夸您动作标准，夸您跟她们相处融洽。我倍儿自豪，也深受您的影响，这几年练瑜伽、跑步等，我也无惧年龄，比之前更有精气神了。妈，谢谢您！

妈，您是我身边的朋友中最开明、最通透的妈，不以过各种节日为乐，也不为世俗所累。咱俩不过母亲节，不过你和我的生日，你说这些都没必要，孩子孝顺不孝顺，不在这些节日。每逢去看我爸的日子，您都会让我带束花，告诉我其他都不需要，您说把惦记的人放在心里比买那些东西强多了。是呀，现在咱俩还会讲讲我爸生前的事，笑话他一会儿，仿佛我爸就坐在餐桌旁，笑眯眯地跟咱们一起吃着饭。

　　妈，有时我就在想，咱俩这种母女关系也是少有的，要是我不给您打电话，您没事一定不会给我打电话，虽然不太亲热，但是想起您，我浑身就有力量，总想向别人讲起您这个超人般的妈！有您这样的妈，也是我的运气！

您的孩子

2023 年 5 月 5 日

　　　　（河北省张家口市桥东区胜利中路小学　齐玮）

59. 您是灯塔，指引我前行

父亲：

您好！这是女儿给您写的第一封家书，想和您说说我一直想说却没说的话。

您曾在村里当了20年村支书，是个干事业的人。母亲说您姓"公"。因为您当村支书时，不只往村里搭钱，人也是公家的。为了村里的发展，为了乡亲们的幸福生活，您起早贪黑，东奔西走。每到春耕、秋收，您就忙碌在田间地头，没日没夜地指挥调度。自家的农活却总是放在最后，往往是母亲带着我们干，还有乡亲们帮忙。

看年轻干部成长起来了，仍在壮年的您主动辞职让贤。有人说您太傻了，干得这么好，为啥不干到退休？您笑着说："长江后浪推前浪嘛。"镇政府领导知道您是不可多得的人才，商讨后回复：可以辞职，但必须留在镇里工作。于是，您又换了块"地"，继续"深耕"。

父亲，您知道吗？我曾经悄悄地恨过您：在母亲值夜班，您突然出差，我和姐姐在胶厂的锅炉房里过夜的时候；在您让我把自己捡的稻穗，放到场院交公的时候；在您顾不上管我们的学习，还把家务和农活全丢给妈妈和我们的时候；在您忙着出差，匆忙地把我"丢"在陌生的深山小学的时候。那些时候，我特别不理解您。我觉得您对家人太过忽视了，您眼里只有工作。

再后来，您对家乡的无私奉献，让身为人师的我真正地理解了您，也让我对您肃然起敬。退休后，花甲之年的您欣然为家乡新农村建设无私赋能。您学习摄影，学习用电脑修图、剪辑视频，创建博客，用图片、视频和文字记录家乡发展，宣传家乡新貌；您化身社会大课堂辅导员，义务为来村参观的几千名大中小学生授课；您跑了很多地方，查阅了大量资料，为村子撰写了村史；您还确定并主持修复了萧太后看花台遗址……

虽然您是编外的志愿者，但您做成了很多在别人看来，甚至编内人员都不可能做到的事情——我知道，因为您深深地爱着这片土地和这片土地上的乡亲们，您更是付出了常人没有付出的努力。

从您21岁当上村支书那天起，就把乡亲们的幸福和自己连了起来。再后来，您在乡亲们的支持下，成为最美乡村代言人。最美乡村竞选成功那天，您高兴得像个孩子。父亲，您知道吗，为什么有那么多素不相识的人为咱们家乡投票，纷纷选您当新乡贤？是因为您的无私奉献深深感染和激励了很多人。您是我们的骄傲！

这些日子，我有幸参加了北京师范大学《论语》百日线上学习活动。在众多专家的真诚引领下，我进行了深度觉醒和积极反思，不仅教育思路打开了，还确立了做明师的目标，但我也后悔给您和母亲的陪伴、关心太少。前几天培训时，一位女老师跟我的情况特别像，一心想着工作，顾不上照顾父母。听着她激动地历数一件件、一桩桩愧疚于父母的事情，我的眼泪像潮水一般难以抑制。爸，女儿错了！这些年，女儿为了当好老师，亏欠家里太多了。写到这，我的眼泪又一次止不住地落下来。

其实我一直知道：您孝顺老人、友睦姐弟，您关心、鼓励大家族里的每个孩子。"老吾老以及人之老，幼吾幼以及人之幼"，在您和母亲的身上体现得淋漓尽致。不仅两边的老人对您和母亲都很满意，大姑一家也感谢您和母亲的付出。

还记得大姑夫突然离世时，大姑得了严重的失忆症，儿女顾不上照顾，您二话不说，把大姑接回了家。大姑连拿筷子、系纽扣都不会了，就像个什么都得从头学的孩子，可大姑却记得您是她兄弟。医生说，她恢复记忆的可能性很小很小，不过亲情的陪伴可能会创造奇迹。这真像电视剧里虚构的故事，却实实在在发生在咱们亲人的身上。母亲为此愁眉不展，而您却坚定地说："你大姑一定能好！"

那段时间，您在家的时候多了，不苟言笑的您话也多了。如果说您的陪伴给了大姑满满的安全感，那母亲则是大姑的老师、姐妹和保护神。母亲一边要干家务、农活，一边还要带大姑锻炼，鼓励大姑多吃点儿饭，教大姑做很多事。那段时间，母亲的厨艺提高了很多，人却明显累瘦了。我们也总是抽时间陪大姑聊天，努力唤起她的记忆，慢慢告诉她家里的情况。功夫不负有心人。咱们一家人，用两年多的真诚陪伴，换来了大姑康复的亲情奇迹！

后来，每每我教育学生遇到困难的时候，全心投入工作不被理解的时候，我都会想到这一段经历，想到您和母亲的坚持。您和母亲教给我的仁德，是我当好老师的最大底气。

"忠厚传家久，诗书继世长"是咱家的家训，女儿永远也忘不了。这前半句是您对我们忠厚做人的期望，后半句也许就是您支持我们当老师的原因吧。小时候，您给我们姐妹几个买的最多的礼物就是书，至今我和二姐还是书迷，也热衷于带学生们多读书，读好书。

当您知道我被评为市紫禁杯优秀班主任特等奖时，笑得合不拢嘴。您让母亲多炒两个菜，要和我喝一口。那情景，怕是比您获得北京市劳动模范时还激动吧？

您为了支持我的工作，算得上有求必应。我们班开展经典诵读活动，摄像老师忙不开，您自告奋勇来当录像师兼摄影师，那次活动在全国获得课题成果二等奖。我们班代表学校参加比赛，需要科技实践基地，您第一时间帮我联系好地方；没有校外辅导员，您就硬核顶上——那时候我才知道，您虽然顾不上种家里的地，却是个很棒的农民！孩子们亲切地称您"赵爷爷"，我也从您那知道了小麦分蘖前不怕踩的常识。那一次，我们的活动获得全国科技体验活动一等奖，还为学校赢得了组织奖，您功不可没！

为了让我和二姐踏实教学，您和母亲从来都是说："放心吧！我们挺好的，我们能照顾好自己。有事我们就找你大姐。你们好好干工作，教书的事不能分心。"

通过这次唤醒生命的培训，我在深度反思中找到答案：您就是我多年不断成长、进步的榜样，是一座给我人生指明前进方向的灯塔！您的一生既是在践行仁爱忠厚，更是在传承责任道义。

再过两天就是我的生日了，我感谢您和母亲先给了我生命，又给了我

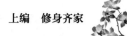

莫大的精神力量，我爱你们！父亲，您和母亲要多多保重身体，不用总是考虑我们，现在该换我们来守护你们的晚年幸福了！父亲，我愿在您的指引下，努力提升自己，成为一名好老师，成为您和母亲真正的骄傲！

女儿：赵晓静

2023 年 4 月 10 日

（北京市怀柔区第三小学　赵晓静）

60. 致敬父亲　传承家风

尊敬的父亲大人：

　　安好！

　　您的幺儿近日参加了北京师范大学《论语》百日线上学习活动。在这个活动中，有一个内容是写家书。这让我想起了在久远的 20 世纪 90 年代给您写信的情景，进而又使我想起了儿时与您相处的点点滴滴。

　　那时候，您一个人在北京上班，妈妈带着我们姐弟三人在老家务农。您一年只有过春节的时候才回来。所以，小时候我对您的印象是模糊的。

　　记得第一次给您写信，那还是在我上小学一年级的时候。那时候，我会写的字不多，硬是被妈妈逼着给您写信，我很是不情愿。那时不知道书信的格式，也不知道写什么内容，我就在信纸上写了一页的"爸爸"。现在想起来，还真是挺滑稽的。在我的印象里，给您写的信还得托人写信封才能寄出去，却总是看不到您的回信。偶尔收到您的来信，却是写给妈妈的，妈妈还要托人给她念（妈妈没念过书，不识字），我便失落起来。

　　那一年，一个风雪交加的日子，我们放学回来，一进家门，发现您从北京回来了。哥哥和姐姐脱口而出"爸爸"，只有我呆呆地看着您，不知道说什么，不知道当时是激动还是夹杂着些许的埋怨。激动是因为您可回来了，埋怨是因为您为什么回来得这么晚，为什么不给我回信。我的这种痴呆状并没有持续几秒，很快地，一种莫名的疼痛感传来。我一回头，发现妈妈手里操着荆条。说时迟那时快，您抢过妈妈手里的荆条，一把抱起我回到屋里（卧室）。您又回到堂屋，跟妈妈理论道："你打他干什么？"然后，就什么也没说了。

　　后来，随着我年级的升高，认识的字多了，会写的字也多了。虽然我依然被妈妈要求给您写信，但是变成了我执笔妈妈口述。妈妈会说一些家里的情况，并叫您在外安心工作。信封也变成我来书写。后来，您的来信也是让我念。

我记得，第一次念您给妈妈的信，我应该是 10 岁。当我念出"亲爱的珍"时，我看到妈妈的脸红了。我似乎能理解妈妈为什么要逼着我给您写信，也似乎明白您为什么很少给家里写信了。现在想来，在那个年月，"亲爱的"一词，从一个外人嘴里念出来，多少有些让人尴尬，即使关系再好的人，也难免会把信里的内容跟别人说。说来也奇怪，自打我开始念书信后，收到您的来信就多了。我在书信中也能找到您关心我的句子。

　　记得 1995 年，您回家的次数多了，在家待的时间也长了。1996 年，您把老家的房子卖了，我们一家都搬到了北京。您一个人工作，要养活一家五口人。那时，日子过得挺清苦。我记得自己在心里不止一次埋怨，自己在老家好好的，还能偶尔炫耀一下有一个"在北京上班"的爸爸。

　　直到我能在北京参加高考，迎来多少和我一样的外地人羡慕的目光，我才把埋怨放到肚子里。后来，我上了大学，读了师范学校，才明白您的良苦用心，明白您和妈妈的不容易。我为自己以往种种的不敬感到内疚。

　　我们后来一直生活在一起，书信的交流自然也就没有了。可我一直能感受到您对我的关爱。别的不说，我要结婚时，您把自己毕生的积蓄拿出来，为我付了房子的首付款；在我有了孩子时，您放弃了悠闲的退休生活，和妈妈一起帮我带完老大带老二；每天，我下班回家，总有热乎乎的饭菜等着我；每次加班，无论我回家多晚，家里总有一盏灯亮着，我回到家，您什么也不说，就去睡觉了。

　　虽说您寡言少语，但咱们爷儿俩也有争吵的时候，那就是给孩子起名字时，您非得说，名字中间得有"运"字，而我就想给孩子起一个随性一点儿的名字。没想到，您拿出了咱们的家谱。在家谱的扉页上写着八个大字："天开文运，德世永昌。"您问我："你知道这是什么含义吗?"我说我参不透。

　　您说："你再想想咱们名字中间的字，你给你儿子起名字，就必须要在中间加一个'运'字!"我说："这是字辈!"

　　您说："你只说对了一半，这里还有咱们沈家的家风基因。天是天人合一，开是开诚布公，文是知文达礼，运是应运而生，德是以德服人，世

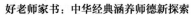
是万世师表，永是永无止境，昌是昌言无忌。你选择做老师，也算是咱们沈氏一族的家风基因所定。等我孙子 10 岁后，咱们还要带他回老家，让他入家谱，接受家风洗礼。"

虽然您说得有点儿"玄"，但我还是遵从了您的意愿。

尊敬的父亲大人，咱们爷儿俩性格挺像的，都属于不爱表达的人。我十分感谢北京师范大学项目组，给我提供了一个向您表达忏悔、表达谢意、表达敬意的机会。

祝

身体健康！

您的幺儿：文坤

2023 年 3 月 1 日

（北京市大兴区采育镇第一中心小学　沈文坤）

61. 最大的包容与疼爱

亲爱的妈妈：

我从未如此亲切地称呼过您，每每打电话、走进家门，也只是轻声喊一句"妈"，可是在女儿的心里，您是我最最离不开的人，是我的精神支柱。

您是一个普通得不能再普通的农村妇女，但您在我心里的地位却是谁都无法取代的。您虽是一个弱女子，却坚韧不拔地承担起整个家庭的负担。由于小的时候家境贫困，父亲常年在外打工，家里的大事小情都由您来打理。在我从小到大的成长过程中，总是能听到亲戚朋友对您的称赞——"做饭真好吃""干活真利索""教育的孩子多懂事呀""把老人照顾得多好"……是的，您虽然只读过几年小学，但是您所坚持的做人做事的道理和您身上的很多优秀品质令读过很多年书的我自叹不如而又引以为傲！

您对爷爷奶奶、姥姥姥爷的照顾，特别令我敬佩。爷爷在我 6 岁的时候就去世了，从此，您照顾了奶奶 20 多年。再后来姥爷也病倒了，而那个时候，我和姐姐、弟弟都在外地上学、上班，爸爸仍然在外打工，您一个人照顾两位老人，每天两头跑，给他们喂饭、洗脏衣服，可是您却从未抱怨过，您总说："在家孝敬老人，就是行善积德。"记得有一天夜里下大雨，电闪雷鸣，您不顾自己的安危，去看奶奶家的排水管道是不是畅通，您担心奶奶半夜出来摔倒，自己却在路上跌了一身的泥，湿透了衣服。也正是因为您对老人的孝顺，赢得了亲朋好友的喜爱。虽然祖父母都已去世几年了，但是，姑姑、舅舅依然时常会来家里聚聚，大家家里有困难了，也总是来找您讨论解决，所以我们这个大家庭延续至今，仍然那么温馨。不仅如此，您的一言一行，也感染着我们姐弟三人以及我们的小家庭，您总是嘱咐我和姐姐对婆婆、公公要孝顺，多回去看他们，过年过节记得给他们买些需要的东西。在您的感染和嘱咐下，我和姐姐的家庭也变得更加温馨和谐。

妈妈，我要感谢您，感谢您对我无限的疼爱和支持。我不是一个善于向您表达感情的女儿，也从未表达过您对我多么重要。可是，每当我在生活、工作中遇到重大的困难坚持不下去时，您是我最后的港湾。长大后，我也总是抱着报喜不报忧的心理，自己能扛过去的事，总是不告诉您，或者等事情过去了再告诉您，可是当我扛不住时，我总会选择把电话打给您，您的话语总能宽解我的内心。记得有一年我因为感情受挫（但我没有告诉您），加上临近考研，压力越来越大，我就把电话打给了您，我一边哭一边诉说着自己的焦虑，可是您却说："这有啥，考不上咱就回来工作，一年找不到工作，咱就两年、三年慢慢找，你看你的表哥表姐，不也都是好几年才稳定下来，妈妈觉得你已经很好啦，考不上也没关系的，可不能学傻了、累坏了。"我知道我这个电话打过去，您可能好几天都睡不踏实，但是您还是表现得云淡风轻地安慰着我。我记得就在那一年过年放鞭炮的时候，您大声地说了一句："祝我二闺女明年一切顺利！"那一刻，我偷偷地掉下了眼泪，我告诉自己，从这一刻起要重新振作起来，为了关心我的亲人们，积极向上好好地生活。还有一次是我刚刚参加工作半年的时候，压力很大，因此寒假里有一次跟您说话的语气很不好，您刚开始还批评了我两句，但是很快您轻轻地抱住了我说："孩子，妈妈知道你要强，在外面受委屈了，不容易，干不好咱再换个工作，不能把自己累坏了，妈妈就想让你过得开心些。"那一刻，我知道您是懂我的。

妈妈，我还要向您道歉。我觉得自己是个自私的女儿，当我有了自己的小家以后，我忽视了您的年龄已经越来越大了、您也需要我的陪伴了的事实。您养育了我们姐弟三人，但是现在，我们都生活在不同的城市，我只有寒暑假才能回家去看您，平时的电话打得也不及时。最初，您还主动给我打电话，可是我总顾着忙自己的事，或者准确地说是对您说的家长里短的事情不感兴趣，说不上几句就借口在忙着挂断了电话。渐渐地，您给我打电话的频率也低了，偶尔有事打来电话的时候，第一句话也是："现在忙着没？"您总担心打扰到我，以至于您把手摔骨折了我却毫不知情，您还叮嘱姐姐不要告诉我，别让我担心。想到这些，女儿特别惭愧。

妈妈，您给了我这个世界上最大的包容和疼爱，包容了我的坏脾气，包容了我的自私，疼爱着我的全部。您总是默默地自己承担着，不让我担心，却又总担心着我。到今天，您仍然是我的精神支柱，是我最温暖的港湾。所以，妈妈，女儿希望您健康，希望您长寿，希望您看着女儿越来越坚强勇敢，生活得越来越好，让您能够不必再为我担忧，也希望您能给我更多的机会和时间去弥补我对您的歉意。

您最挂念的女儿：张馨月

2022 年 11 月 10 日

　　（北京市第八十中学管庄分校　张馨月）

结语

在"孝悌之道"章，通过老师们的家书，我们深刻认识到，父母恩德重如山，手足之情深似海，也深刻领悟到中国式教育是唤醒仁心、生命觉醒的教育，是使人成人、成君子的有效之方。

父母与孩子和谐相处之道是父母疼爱孩子，孩子孝敬父母。这是慈中有严、严中有慈的中国式教育的特征之一。正如《礼记·学记》所说，教育的目的是"教也者，长善而救其失者也"。长善，即立德；救失，即树人。恭读各位老师写的家书就有这样的感受，我们的父母就是用自己的言行不断帮助孩子长善救失的好老师。《刘家大院我的家》《父亲的坚强与柔情》《妈妈，我成长中的力量》等家书均给我们展现出这种严慈适度的少言寡语、用行动为孩子做榜样的慈父、慈母形象。《刘家大院我的家》的作者说："您二老的教育，让我明白了心中有爱才能成就大爱人生。随着年龄的增长，我渐渐地懂得了生命的意义、教育的使命。"《爱之语》的作者深情地说："妈妈，每次遇到困难，您总会第一时间来到我们身边……妈妈，您经常用行动教导我们：要不怕做事，要多劳动；要学会包容，多为别人着想；要有担当，做一个有责任心的人！"《未曾谋面，您却在我心里》是作者写给未曾谋面的、父亲的继母的一封信，作者常听父亲说："你奶奶是世界上最好的人，再也遇不到这么好的人了。"父亲为什么这样赞叹他的继母？仔细阅读这封家书，才发现，父亲的继母对待父亲和自己生的女儿是无分别的仁爱之心，这颗仁爱之心滋养了家庭中的每一个成员，尤其对父亲产生了非常大的影响。正如作者所说："既弥补了他童年的遗憾，也潜移默化地教会了他如何做人，更激发了他通过努力改变命运的信心和勇气。"

"兄道友，弟道恭，兄弟睦，孝在中。"(《弟子规》)"孝悌之道"章的家书也真实地记录了兄弟姐妹和谐相处的感人故事。例如，《长姐，请让我叫您一声"母亲"》是同父异母的妹妹写给长姐的一封信。信中的妹妹回忆了长姐照顾母亲、父亲、爷爷，友爱弟弟、妹妹的动人故事。当得知母亲突发脑出血，导致说话费力，半身不遂时，为了弟弟、妹妹能够安心工作，长姐毫不犹豫地开始了对母亲长达8年的照顾。漫长的岁月里，弟弟、妹妹见证了长姐的默默付出，直至母亲生命的最后一刻，守在母亲身边的，依然是长姐。母亲走了，父亲的身体却又大不如以前了。长姐又送走了父亲，接着又送走了爷爷。这一切，长姐都无怨无悔地用自己的双手，替弟弟、妹妹撑起了一片天。这就是同气连枝的手足之情，它是血缘亲情的体现，同时又超越了血缘关系，显示出人性中更伟大的一面。

　　61篇关于孝悌之道的家书，让我们再一次领悟到这一点："我们希望自己的儿女怎样对待自己，就怎样对待我们的父母……我们希望自己挚爱的儿女以后有怎样的家庭，就怎样对待自己的爱人……我们希望我们的儿女以后怎样对待他们的儿女，让良好的家风得以代代传承，发扬光大，就怎样对待我们的儿女。"（张国彦老师的家书：《家庭是要用心经营的》）新时代的好老师，正是在返本归根、践行孝悌之道的过程中，领悟到了教育的真谛，同时让自己的教育生命也获得了新的发展。

第二章　相敬如宾

导语

　　说起好的夫妻关系，我们常常会提到一个成语"相敬如宾"。这个成语形容夫妻之间相互敬重，平等互爱。"相敬如宾"这个成语出自《左传》，这里的"敬"，并不是狭义地指一般意义上的礼貌和尊重，更多的是指夫妻间的恩爱已经超越了情爱，升华到以道相交的恩义和道义层面。古人为何要强调这个"敬"字呢？因为夫妻承担着繁衍后代、传承家风、使人类文明社会生生不息的责任和使命。夫妻关系是牵一发而动全身的人伦核心关系，夫妻关系直接关系到家庭、国家和社会的和谐稳定。为此《中庸》说："君子之道，造端乎夫妇，及其至也，察乎天地。"意思是，君子的道始于普通男女的日常生活，终于能明察天地间的一切。换句话说，若想使自己成为明礼、有道、有德、有修养的君子，使家庭永久兴旺，使世界长久和平，就要从善待夫妻关系、妥善处理夫妻关系开始。

　　在当今多元文化交集的时代，是否还有纯真的、可信赖的爱情？夫妻之间长久和谐相处的奥秘在哪里？为什么说夫妻关系的和睦是家庭幸福、世界祥和的基础？今天，借由这一封封家书，我们透过一句句真挚的话语、一个个暖人的行动、一幕幕温情的画面，去感受日月轮转中那永恒的真情与爱意，并寻找到让我们满意的答案。

62. 相信你，相信我自己

亲爱的胖子：

见信好！

我们一家四口分隔两地，有一个月又 3 天没见面了。

在家的这段日子，我思考了很多，也回想了我们并肩走过的岁月。我对你是有怨言的。你在父母的宠爱下长大，没受过什么苦，比别人也成熟得晚，让我一个小女子快速地变成女汉子，我是怨你的。你在婚后沉迷游戏，不思进取，在儿子的成长过程中常常缺席，我是怨你的。你把什么事情都藏在心里，不和我沟通，也屡次没有跟我说实话，虽然那欺骗都是出自善意……那么多的怨，让我变得易暴易怒，面目可憎。曾经，我以为我们的日子再也过不下去了。

在参加北京师范大学《论语》百日线上学习活动的这段日子，我在切己体察中，重新看到了你身上一直闪闪发光的地方。

你为人大气。结婚时，我家条件并不好。我的父母是普普通通的农民，我又是家中的老大，我们婚后的三四年，我的工资卡一直放在娘家，由老爸支取供妹妹们读书，而我们就靠着你的收入节俭地生活。记得最困难的时候，表哥还来咱家借钱，你留下了 50 元，把仅剩的几百元借给了他。靠着这 50 元，我们熬了一周，直至你发下个月的工资。生活是如此捉襟见肘，你却从来没有怨过我一句，依旧乐呵呵地资助妹妹们读高中、上大学，直到大妹大学毕业上班，我才拿回了我的工资卡。胖子，我是欠你一句谢谢的。

你从来都是一个性格温和、孝顺父母的人，在这一点上我真的不如你。我爸妈同我们一起生活的那四年，我还因为他们管得多、爱唠叨发过脾气。你却从来没有和他们说过一句重话，红过一次脸，总是想他们所想，为他们排忧解难。去年你的爸爸身体不好，你带他东奔西跑各处求医问药，老人家的病情其实并不严重，但心理负担很重。在医院住院什么都好，一回家，又什么问题都来了。妈妈都嫌他太"作"了，你却一直耐心开导。爸爸身体渐渐好转了，这里有你很大的功劳。

现在想想，我们真正的争吵是在儿子慢慢长大，成为"问题"孩子之后。我作为一名教师，却教育不好自己的孩子，内心非常痛苦，以至于把你视为罪魁祸首：儿子爱玩游戏，是你的错；儿子花钱如流水、不诚实，是你的错；儿子成绩不好，也是你的错。我对儿子的期望有多大，对你的怨就有多深！经典学习，让我懂得了"吾日三省吾身"，在孩子的教育上，我就真的没有错吗？当然有！我把耐心给了别人的孩子，对自己的孩子却一直是简单粗暴。颜回能做到"不迁怒，不贰过"，可我哪一天不曾迁怒呢？脾气一来，身边的亲人就成了出气筒，儿子应该算是承受最多的一位吧。好在，儿子的人生之路还很长，只要我们不抛弃、不放弃，我相信儿子总有一天会长成一棵参天大树。

胖子，今天想来，我们的生活虽然不浪漫，但从不缺少那些平凡的小幸福。幸福是两个人依偎着看一个通宵的电视剧；幸福是你牵着大腹便便的我慢悠悠地走在乡间小路上；幸福是即便我煮再难吃的菜，你和儿子都会爽快地吃完；幸福是女儿扑进怀里，甜甜地喊爸爸、妈妈。

认识你的那一年，你给我写过八个字："相信我，相信你自己。"19年后，经历了磕碰、跌倒、迷茫后，我仍愿相信你，也相信我自己。我相信我们经历过的所有考验，都将化成前进的力量，无论富有还是贫穷，健康还是疾病，彼此都将不离不弃！

你的芬
2020 年 3 月 7 日

（湖南省永兴县先锋小学　曹玉芬）

63. 我要好好珍惜你，我的知己

梅：

昨晚陪你看完《感动中国》后，我便去书房赶写刚刚接手的学校教研和新学期工作方案。醒来时，我才发觉身上多了一条毯子，身子很温暖，心里更温暖，这就是幸福！十多年来，你照顾我、支持我，为了这个家默默付出，从来不怨天尤人。

梅，谢谢你！

我常开玩笑说你是在蜜罐里长大的小公主，而我是啃着土豆长大的乡下娃！身边人总说咱们俩是那么不搭，其实我明白，我无论哪方面条件都配不上你。

梅，委屈你了！

家有千口，主事一人。父亲走后，我身为家中的长子，成了家里的主心骨；而你作为大嫂，和我一起挑起了这个担子，对上孝之敬之，对下怀之亲之，事事想人所想，急人所急。如今家里人的日子都过得安安稳稳的，我从心里感激你！

梅，辛苦你了！

我在成为区域内名师后，一心想把名师工作室的各项工作任务完成好，把年轻的工作室成员们带好，其余的琐事全交由你打理，得到了你无怨无悔的支持。尤其是 2018 年暑期，局领导几次征求我的意见，是否能调到咱们区最偏远的乡村学校支教，发挥名师的引领作用，让那里的教学状况得以改观。我考虑良久，迟迟不能决定，毕竟是三年的时间，你的腰病让我实在放心不下，几次想征询你的意见，却不知怎么开口。你得知情况后，反而来劝我。你说，2012 年我曾在那里支教一年，了解那里的情况，熟悉那里的人，清楚那里的需要。你还说，我是从大山里走出来的，有幸成为一名教师并在教学上取得了一些成绩，现在正应该回报乡村教育，家中的一切都不要有顾虑！

在你的理解和全力支持下，我踏上了乡村从教之旅。这意味着你曾经拥有"专职司机"的日子，一去不复返了。而且，你每天还要早起两小时张罗早餐，送走我再去挤公交车。只过了一个多月，你就累得腰病复发住进了医院，当时，我不知道有多么心疼！

许多人感叹：人生得一知己，足矣！

还记得去年在学校运动会上参加"二人三足"这项游戏吧，我们夫妻俩之所以能夺标，表面上是因为我们进退同步、节奏一致、配合默契，透过现象看本质，是因为我们相互信任、相互包容、相互鼓励，更是因为我们相互尊重、相互理解、相互扶持。这是临时组队的选手们无法通过训练获得的，在不善于表达的我们之间，这就是爱吧！

从元旦开始，我参加北京师范大学《论语》百日线上学习活动，身为语文老师的你不但和我同步学习，而且在我诵读、录音时有你帮忙；写感悟、写心得时有你指导；当我倦怠没有及时学习时，有你电话催促。有时，你还跟我开玩笑说："少小须勤学，文章可立身。"

梅，年轻时我们俩曾经生活在两个完全不同的世界，各自经历了婚姻的坎坷，当初好心人用一条红线把我们牵在一起时，我们谈不上是知己，可以说都没来得及"确认过眼神"，而走到一起之后，才真正携起手来追寻共同的目标。为此，我深深地感恩，感恩命运的眷顾，让我遇上了你，亲爱的梅！

梅，今天雪大就别挤公交车了，下班后先去学校对面的咖啡屋坐一会儿等我吧，我们一起回家。

祝

开心快乐！

夫：李太

2019 年 2 月 20 日

（吉林省吉林市龙潭区大口钦满族镇中心小学　李太）

64. 春风十里，一直有你

老婆：

从 1990 年那个认识你的秋天，直到 2020 年朝夕相伴的今天，是"1 月 6 日"这个特殊的日子——你我共同的生日，成就了我们这段难得的姻缘。读初中、高中、大学，工作、结婚、生子……相知相恋，相携相惜，整整 30 年，我们经历了各种风雨与磨难，经过了各种纠结与牵绊，最后，融进了彼此的血脉与灵魂。

一路走来，有太多的累积与情感，却常常相对无言。借一封家书，跟你说说肺腑之言。

旧日初见，你柔声若水，清婉如梦。岁月日渐消逝，沧桑了容颜，你从一个纯真无邪的女孩，变成了两个同样纯真无邪的女孩的妈妈，经历了太多的艰辛和苦楚！

老婆，谢谢你，在我最穷困潦倒、没有新房、没有婚礼甚至连结婚钻戒都没有的时候，你依然毫不犹豫地嫁给了我。一刹那，情深无言的感激与暖心暖肺的感动将我紧紧包裹。我颠沛流离的情感与生活，终结于你温暖的手中。自此随喜随忧，爱痛与共，不再是一个人辗转反侧。

老婆，谢谢你，历经千辛万苦，送给我一双女儿。看着面前大、小两个女儿，我不禁又想起你怀孕生产时的种种：剧烈呕吐、全身浮肿、担惊受怕、患得患失……你却怀着对浪漫爱情的憧憬和对温馨家庭的渴望，两次被推进了产房。一声啼哭，疲惫不堪的你汗泪交织，却满脸的温柔与充满母性。都说爱情之中易的是乍见之欢，难的是久处不厌，贵的是为你怀胎分娩。现在，每每看着孩子们嬉笑打闹，我都特别感激你。

老婆，谢谢你的理解和宽容。陪着我远离故土，白手起家，栉风沐雨，才有了今天。知道我工作忙累，便独自操持着家中的繁杂与琐碎，有苦自己吃，有难自己受，一个人坚持，将家打理得井井有条，将孩子培养得彬彬有礼、宽容大气。每念及此，惭愧万分，羞愧不已。

老婆，谢谢你的踏实与务实。"食无求饱，居无求安"，我出差返家，带回一件并不很贵的裙子，你都特别欣喜，幸福不已。"贫而无谄，富而无骄"，你不好高骛远，不浮夸虚荣，努力经营自己的小家。

老婆，谢谢你的隐忍与孝顺。我的父母来自农村，诸多习惯与你不同，但你将我的父母当成自己的亲生父母，诸事无违，有孝有敬。看着父母的笑容，想想你的隐忍与孝顺，我不禁泪湿眼眶。

写到此处，感慨万千。外面是草木、春风的清爽，屋里是爸妈、女儿和你爽朗的笑声。一家人，一座城，精神便有了寄托，烦恼可以诉说，心灵有了归宿，人生也不再漂泊。尽管凡俗、平常，却正是我梦寐的诗和远方。

老婆，谢谢你，往后余生，春风十里，一直有你。

爱你的老公：姚忠余

2020 年 3 月 21 日

（广东省鹤山市昆仑学校　姚忠余）

65. 感恩有你，伴我同行

群英：

你好！

平时总有那么多心里话想和你唠叨，但真到了提笔这一刻竟不知从何说起。携手走过的日子就像电影在我眼前闪过，即使有再华丽的词语、再动情的句子，都无法描绘出我此生遇见你的幸福。这里还是先给你深深地鞠一个躬吧，以表达我对你的歉意和对你无怨无悔陪伴、理解、支持的感谢。

时间过得真快呀，上一次给你写信应该是 26 年以前的事了吧！在这个信息发达，连感情都要靠光纤来传递的时代，真的从心底里感谢这一次北京师范大学《论语》百日线上学习活动，否则可能此生都不会像现在这样，抛开周围繁杂的一切，让此刻流淌的时间长河里只呈现出你和我的影子，一边仔细回想着咱们共同走过的岁月，一边来写这封信。究竟该给你写些什么呢？这两天我努力回想着与你的点点滴滴，想着想着竟然被你和这看似平凡而又简单的生活感动，眼睛里不知何时蓄满了一些湿湿的东西。

群英，咱们有两个约定我永远牢记在心。一个是我们刚结婚时就约定要力所能及地好好孝顺父母。"百善孝为先"是我们做人的底线和原则，我们是这样想的也是这样做的。两家父母经济条件都不好，每月发工资后第一件事就是把生活费给父母，这一给就是二十几年。有很多时候咱们的日子挺艰苦的，你不仅没有怨言，而且逢年过节或是父母生日、生病住院时，还总是提醒我要把孝心尽到，自己却常常舍不得吃舍不得穿。每每想到这儿，心里就觉得对你亏欠很多。

另一个是我们约定"父母在，不远游"。我们也真的做到了。目前我俩已是知天命的人了，还仍然守护在父母身边。父母在哪儿我们就到哪儿教书。2000 年时我们曾有机会调到乌鲁木齐工作，但考虑到父母的年龄和身体状况，最终还是放弃了。有时跟你开玩笑，问你后不后悔当初的选择，不然我们也早是大城市的人了，会比现在生活得好多了。你说有所得就有所失，能陪着父母，照顾他们，那是多少人梦寐以求而又难以顾全的，况且你的事业发展也算不错，又有什么不知足的呢！

群英，对待工作，你如坚守孝道一样执着！你靠自己的拼搏和努力成了一个领导欣赏、同事信任、学生与家长喜爱和认可的优秀数学教师。这份对工作的热情和努力，也在潜移默化地感染着我。说实话，常年带高考毕业班的我总是备感压力，是你一直在背后给我信任和鼓励，使我有了奋战下去的勇气和决心。

群英，今生感恩有你。我擦拭着湿润的眼眶，把所有的感动怀藏于心！

红军

2018 年 9 月 5 日

（新疆生产建设兵团第十师北屯中学　朱红军）

66. 你的名字是世间最美的情话

冰玉：

午休时刻，我又不自觉地唤起了你的名字。真的不知道，这是从何时起又是为什么，常常地这样唤你。其实你并不在我身边，我自己也没有意识到，可是你的名字就这样在我的口中盛开，像一朵冰清玉洁的白莲。而我也似乎得到了一种力量，从焦头烂额的状态中振作起来，整理心绪重新去做事。

冰玉，记得 14 年前我们的初次相见，我就这样唤你。那是在早春二月，阳光灿烂，而你笑靥如花。我庆幸自己那时就把你的名字融进心里，如今已然成了我疲惫时最温暖的慰藉。

你是一个内心纯净的女子，也因此，我们能独享生活的清贫而自得其乐。寒冷的冬夜，把孩子安顿睡下后，我们会踏着风雪去看一场 9 块钱的电影；温暖的春日，我们乘着公交车从 8 路换乘 206 路，再搭小三轮沿着大河一路颠簸，只为在老家的院子里种一棵映山红。

你为人率真、洒脱，家庭琐事常能处理得云淡风轻，让我在学习、工作时不受牵绊。我如果加班，你会在自己上班的间隙赶回来给孩子做饭，再风尘仆仆地赶回去；我熬到深夜，第二天早晨你一定让我多睡一会儿。我想说，我已在你身上习得了只讲付出不讲条件的优秀品质。

然而，对于你多年来的付出我竟没有说过一句感谢的话，把它当作理所当然，今天想来，我感到很羞愧。亲爱的冰玉，请你原谅我曾经的自私。我知道，你从来没有真正地埋怨过我。

冰玉，为了写这封家书，我又不知唤了你多少次，这份甜蜜是你对我的恩赐。亲爱的冰玉，在我心里，你的名字是世间最美的情话，你可愿意就这样让我傻傻地呼唤？祝我的女神三八节快乐！

大杰

2019 年 3 月 7 日

（安徽省桐城市实验小学　张大杰）

153

67. 为你辛苦　无上荣光

亲爱的党先生：

　　我不禁感叹缘分的奇妙，我们兜兜转转绕了一圈，又遇到了彼此。本就是高中同学的我们，直到都有了较为稳定的生活后才走到一起。刚刚恋爱的时候，我们是被同龄人羡慕的一对，却是长辈不怎么看好的伴侣。一个是军人，一个是教师，看似很搭的"军师联盟"，却有着很多不为人知的艰辛。我深知，选择了军人就注定选择了孤独与坚守。

　　成为军嫂之前，我似乎早就有军人情结。可能是少时家庭中的巨大变故，使外表看似坚强的我内心十分缺乏安全感。回想起来，在读本科和研究生期间，我就几乎看遍了所有军事题材的影视剧和小说，隐隐渴望着有一个足以保护我的人作为伴侣。在我写研究生毕业论文那段日子，褪去了高中时稚嫩与青涩的你，以军人的身份突然走进了我的生活，我们的故事就此慢慢展开。

　　在成为军嫂之前，我向往着童话般军婚的夫妻生活，可是现实毕竟不是童话。我们结婚那年，是你出海特别频繁的一年。家里这边需要准备婚礼和婚房，而在海上的你却无法与我们联系。我总是情绪不好，因为委屈而少不了抱怨。现在想来，我那时未曾换位想过，在海上的你有多么焦急不安呀！婚礼的前四天，仍然不确定你究竟能不能休假。经过各种波折和困难，我们如期赴了这场终身之约，组成了"军师联盟"的小家庭。

　　在成为军嫂之前，我以为我心胸宽广。与妈妈相依为命的我曾立志做一个大女人，保护好她，替死去的爸爸弥补遗憾。我努力追求"君子不器"的人生目标，我将"宝剑锋从磨砺出"作为我的人生格言，我以为我已成为一个心胸宽广、面对大我和小我时能够毫不犹豫选择前者的人。可是当了军嫂之后，我才发现，我是那样的柔弱、那样的自私。还记得那年夏天的家属来队吗？在我们买菜时，在我们逛街时，在我们看电影时，你总是接到各种紧急任务，每到这时你满眼抱歉地看着我，摸摸我的头，告诉我要乖乖的，随后就立即返回营区。由于你总是在执行任务，我来到你的城市却还是一个人生活。你总是担心我独自出门不安全，不让我去看你，于是我借口给你送吃的，我们相约在你营区的栅栏边见面，你在里面，我在外面，短暂的相聚让我们既欣喜又心酸。我们见面时的照片我不敢拿出来看，也没敢给妈妈看，她还以为我们那时能天天见面，如平常夫妻一般。

当了军嫂之后，"如平常夫妻一般"似乎成了我们的奢望。我们想像平常夫妻一样，上班、下班、回家；我们想像平常夫妻一样，有事随时能联系到彼此；我们想像平常夫妻一样，能够常回父母家看看；我们想像平常夫妻一样……你总是自责地说亏欠我的太多，但我知道你身上所肩负的责任和使命，更理解了这句话的深刻含义：哪有什么岁月静好，那一定是有人在为你负重前行。

我是教师，我在教育学生如何做人的同时，自己也必须懂得舍得与奉献！你是军人，你有你的职责与使命，你的一切属于国家，而我的一切都来自国家。祖国培养了一代一代的军人，也培养了一个更坚毅的你！正是因为有了你们这样一群人，无论我们走到哪里都有底气，因为我们身后是强大的祖国。我因我是军嫂而自豪，我因你保卫祖国而骄傲！

> 你守卫着祖国的万里海疆，
> 我培养着祖国的未来与希望；
> 你为我们保驾护航，
> 我虽辛苦，却无上荣光！
> 八一建军节即将来临，
> 我的英雄，祝你节日快乐！

你的爱人：宫萍

2021 年 7 月 8 日

（辽宁省盘锦市兴隆台区林丰学校　宫萍）

68. 执子之手　与子偕老

亲爱的老公：

　　你没有想到我会给你写信吧！

　　一直以来我做什么决定，你都很支持，但从你事后的偶有微词，我能感觉到，有时候你对我的支持，是出于对我的爱，而不是理解。正好最近我参加北京师范大学《论语》百日线上学习活动，要求大家写家书，我就借这个机会，给你写一封信吧！

　　你第一个不理解我的事情，大概是我为什么要当班主任。只要我的身体出现一点儿不适，或者我偶尔说一下累，你都会说："你别当班主任了！"因为在你的认知里，我完全没必要为了挣那点儿班主任费而受累。但是，亲爱的，我干班主任工作，不是为了钱啊！

　　我家从我曾祖父开始就是老师，我爷爷是老师，我爸爸也是老师，到我这一辈，由于家境贫寒，我的哥哥、弟弟都只上完初中就出去打工了，只有我有机会继续读书，才有机会当了老师。父亲在他去世前，一直叮嘱我要好好当老师！

　　我觉得当老师一方面是教书，另一方面是育人，而班主任工作能将这两点更好地结合起来。咱们结婚后，我考上首都师范大学的研究生，是为了自己有更丰富的专业知识能教好书，而在班主任岗位上，我坚持这么多年，是为了在育人方面做得更好！

　　我获得北京市紫禁杯班主任一等奖的时候，你说："现在你可以不当班主任了吧？"我被评为北京市市级骨干班主任时，你又说："这回你终于可以不当班主任了吧？"亲爱的，我当班主任，不是为了钱，也不是为了荣誉！当个好老师，是我的理想！我喜欢当老师，我愿意把老师工作做得更好。做一名好老师，既是我父亲的遗志，也是我自己的人生追求！

　　你第二个不理解我的事情，大概是我为什么要生二胎。每当我带儿子觉得累的时候，你都会说："谁叫你生二胎啊！"在这件事上，咱俩因为生活背景不同，存在观念上的差别。你是独生子，而我有哥哥、弟弟。小时候有玩伴自不必说，长大后遇到事的时候，我还有兄弟可以一起商量，一起分担。而你是独生子，家中有事，没有人跟你分担啊！我希望我们的孩子从小相亲相爱，长大以后有什么事情，他们两人能够互相商量，互相帮助。有一天，咱俩不在了，他俩在这人世间，还能拥有一份珍贵的血脉亲情。

　　仔细想想，我真应该特别感谢你！你不愿意我做的事，我坚持做了，你也一直支持我。你嘴上说："你别当班主任了！"可当我工作上有需要时，你马上帮我。我去家访，你送我接我；我给班里孩子们搞活动，你帮我买东西，搞策划；我在家工作，你就把家里的事情都安排好，不影响我工作。你嘴上说着"没事生什么二胎"，但你天天耐心地照顾儿子，陪儿子玩，送儿子上幼儿园，在养育儿子的过程中，你的功劳最大！

　　死生契阔，与子成说。执子之手，与子偕老。

爱你的妻：余娟

2022 年 1 月 13 日

　　　　　　　　　　（北京市昌平区回龙观学校　余娟）

69. 亲爱的邓先生

亲爱的邓先生：

提笔给你写信还是第一次，倒不知从何说起了！咱俩在一起生活有 23 年了，风风雨雨，有过痛苦，有过迷茫，但更多的是幸福与甜蜜，我想这源于我们之间的相互包容、接纳与珍惜。

婚姻生活是需要经营的，我们两个是从不同生活环境中成长起来的人，走到一起后难免磕磕碰碰。你内向，我外向。你是军人出身，家庭观念似乎有些淡薄，而我有些倔强、强势。可我们更多的是选择用不同的方式默默爱护着对方。你工作有不顺心的地方，我一心想着如何帮你化解；我遇到困难时，是你看似不经意的话点醒了我，让我释然。我们从来没有因为钱闹过矛盾，没有大富大贵，却也活得潇洒自如。现在想想，我们在生活中遇到的不快更多是因为性格上的反差，而多年来的磨合让我们的家庭越来越和谐。有时你迁就我的任性，有时我尊重你的想法，有时你配合我，有时我退一步，就这样在平淡而真实的生活中，我们相互更加理解和信赖对方了！随着年龄的增长，我也越来越释然，尽量让彼此都能"随心而动"，不必做到"如影随形"，我想，这也是夫妻之间的相处之道吧！你说过咱俩现在就是亲人，没有血缘关系的亲人，靠的就是这份对对方的珍惜之情吧！

这二十多年来，我们大多数时间是和我的父母在一起生活的。"能够和老丈人一起生活的肯定是个好姑爷"，这话一点儿没错。生活中的你总是尽心尽力照顾好家人，虽然你不善于表达，但是用行动证明了一切。老人病了，是你带着他们去医院，陪伴他们，我这个做女儿的都不如你。家里亲戚几乎每个周末都来做客，你从来没有怨言，每次都是笑脸相迎。逢年过节，你还给老人奉上一个大红包，说句："您辛苦了！"老人心里乐开了花。我们家大大小小的事都需要你，那是父母对你的信任和依赖，你的一举一动也牵挂着他们的心，他们把你真正当作儿子了。

亲爱的邓先生，我们以后的路还很长，为了我们的生活更幸福，我也提点儿小要求，那就是我们之间还要多沟通、多表达，更可以多一些甜蜜互动。就像每个周末咱俩坐在阳台上，当温暖的阳光洒下来，你给我梳着头发，那温馨的画面，我永远都忘不了。还有我们一起遛弯儿、一起购物、一起出游，这些都像电影镜头一样，一帧一帧定格在我心中。唯愿日后，我们有更多这样美好的回忆！

妻：新颖

写在 47 岁生日之际

2019 年 10 月 31 日

（北京市西城区实验小学　杨新颖）

70. 老婆，我从此不会再缺席

亲爱的老婆：

回首我们相识、相知与相爱的十年，我的脑海里不断闪现着我们从大一一路走来的美好画面。

那时，你是班长，我是团支书，我们在很多事情上意见相左，彼此看不惯对方。那天，在运动场田径跑道上，我呆呆地站在你的面前，涨红了脸对你说："班长同志，咱们谈场恋爱？"你俏皮地回了句："试试呗。"就这样，我们两个成长背景、思想观念、兴趣爱好相差甚远的人竟然恋爱了。大学毕业时，我选择留在这座城市，你说我在哪里，你就在哪里。就这样，我们在重庆扎下了根，在这座熟悉而又陌生的城市相互依偎。

2014 年，曼谷街头，"热心"的路人推荐我们去体验"史上最浪漫游船之旅"，我们花了两小时包船环游了曼谷的"臭水沟"。发现上当后，我很气恼，你却轻轻地说："我喜欢和你在一起的感觉，'臭水沟'也无妨！"2016 年，在台北、在台中、在高雄，每天晚上当我想躲在酒店看电视的时候，你总是蹦蹦跳跳地拉着我去逛夜市，去体验当地的民俗风情。你喜欢那里的喷火冰激凌，也硬要我试一试。还记得西岭雪山吗？你教我滑雪，我不断地摔倒，你熟练地滑到我的面前，大笑道："笨啊你！再来！摔了也不准哭鼻子！"你爽朗的笑声，如同清冽的泉水，让人舒心。

我是一个古板的人，中规中矩，毫无情趣。而你截然不同，你渴望走出去拥抱新鲜事物，不断地要求自己去发现、去尝试、去探索。这么多年，总是你带我走出自己的舒适区，让我体验到更广阔的世界。

可是，所有的这些美好都随着我们婚姻生活的展开渐渐变淡了。

2018 年，幸福降临了我们的小家，你怀上了多多。我忙于工作，完全无暇顾及你和孩子。多少次，都是你一个人挺着大肚子去医院产检。当我下了晚自习，带着对工作的满腹牢骚回到家时，你总是甘愿充当我的"怨气发泄桶"，微笑着给我递上提前准备好的水果，宽慰我说："没什么的！

会好起来的!"后来,多多出生了。因为剖宫产,你气血大伤。月子过后,你又坚持晚上自己带小孩。为了不影响我休息,你让我到另一个房间去睡。接连几个月的劳累,你开始耳鸣、失眠、腰椎疼痛。那天,你说你实在受不了了,整个人都到了崩溃的边缘。你让我带孩子,自己去学校教师宿舍住了一晚。说实话,当时我对此并不理解,认为自己平时工作非常繁重,而你正休产假,应该带好孩子让我省心。那一夜,孩子哭闹不睡,我抱着她,从床头哄到床尾,从卧室哄到客厅。第二天晕头转向的我终于明白,养育一个孩子是多么不容易,你作为母亲是多么辛苦。而我呢?清晨六点就离开家门,晚上十一点才回来,以工作为借口逃避对你和孩子的照顾,让你一个人承担所有的辛劳。孩子快一岁了,而我陪她一起睡觉的时间竟不超过十天。

上个星期,你肌肉拉伤去了医院,医生说,这是长期劳累的结果。看着二十几岁的你,佝偻着身躯,脚步缓慢,满脸病痛,我百感交集。过去那个开朗活泼、爱好广泛、活力四射的你去哪里了?是你自己变了,还是我改变了你?

亲爱的老婆,回首过往的十年岁月,总是你陪伴着我,替我分忧,助我前行,而我却从未主动替你着想,承担一个丈夫应尽的责任。想起你,我惭愧不已,悔恨至极。从今天起,我决定不再逃避,主动承担起家庭的责任,更多地参与到家庭生活中,替你分忧,让你宽心。

我希望你还能对我们未来的生活充满信心,就如同当年我给你戴上戒指时,你笃定地对我说"我愿意"那样。我永远爱你!

老公

2020 年 2 月 20 日

(重庆市第八中学　胡波)

71. 一封 20 年后的情书

亲爱的：

当我提起笔准备写家书的时候，我发现距离上一次与你书信联系竟然已经 20 年了。

那时，你远在山东济南服役，我在江南小城教书，没有网络，只有座机，而且话费很贵。我们的联络完全靠手写的书信，写完一封，等到对方的回信已是半月有余。而你，总是一封接着一封地写，让我每天都能收到你的来信，读到你的消息。书信寄托着我们彼此的思念，也使我们的感情越来越浓，心靠得越来越近。

2000 年我们结婚了，婚后的你为了成全我的选择，毅然离开了那个你生活了多年的城市，放弃你的人脉，转业回到现在这个地方从头开始。我不止一次地问过你是否后悔，你总是说，只要两个人能在一起，就是值得的。

时间过得真快，一转眼我们已经走过了整整 20 年。在你的包容下，我的性情柔软、豁达了不少。而你，也从那个啥也不会的毛头小伙，变身为美食达人，家常小菜、精致牛排、特色烧烤、米酒点心，样样精通，洗刷碗筷的活你也全包了。我爱种花，家里没有电梯，肥料、泥土、植物全都是你一件一件地搬上 8 楼来的。朋友们在欣赏我种的花时，都会夸赞你这个勤快、体贴的好先生。

20 年，你已经成为我最亲近的人。在我的父亲过世后，你对我的母亲百般照顾。我们不论去哪儿旅游，都会带上妈妈一起，周全地考虑她的感受。妈妈每次生病住院都是你专车接送，办理入院、出院的手续，和医生交流病情。记得有一次我在外地出差，你去探望妈妈时发现她不舒服，立刻带她去医院。后来，你把妈妈接到我们家，为她熬煎中药，给她烧水泡脚。我在电话这头听说了这一切，刹那间羞愧不已：作为女儿，这么多年我从未给母亲洗过脚，而你，却抢在我之前做到了。所以，妈妈经常在人前骄傲地说，一个女婿半个儿，你这个女婿做得比她亲生的孩子都要好。

20年，我们共同面对生活中的困境。儿子刚刚3个月时，就被诊断出先天性心脏病，当时的我非常恐惧，觉得天都塌下来了。你安慰我说，凡事都要向前看，听从医生的建议，等到孩子成年再看看情况。在养育儿子的过程中，你是调和剂。你常常提醒我这个教育工作者：孩子虽然体弱，却不能把他当成病儿来养，运动、阅读都不能少；孩子上学了，你说要营造宽松的环境，不要只在意分数；在儿子的青春期你以自己青春期时的故事为例，与我交流男孩子的教育要点，让儿子健康成长。在我们的呵护下，"奇迹"发生了：儿子的先天性心脏病在14岁时不治而愈。我的内心无比满足。

20年，细数我们走过的岁月，满满都是感恩。我记得，我在实验幼儿园的三年里，你风雨无阻，每天接送，还承包了家里所有的家务；我记得，当我焦虑得夜不能寐时，你每天帮我按摩，直至我入睡；我记得，当我工作压力大不能排解时，你陪伴我漫步林间小道，静听溪水。当我遇到困难时，都是你默默地陪伴，听我诉说烦恼，静静等待我走出困局。那些拂过的微风、蹚过的溪水、数过的星星和听过的鸟鸣，将永远镌刻在记忆深处。

我是何其幸运，在茫茫人海中遇上了你。未来还很长，愿你我安康，携手走过更多个20年。

珊珊

写在结婚20周年之际

2020年2月18日

（湖南省浏阳市机关幼儿园　刘珊珊）

72. 亲爱的，我要暂缓脚步，与你同行

亲爱的：

下午的阳光照在办公桌上，手边泡的一杯香茗，雾气缭绕。恍惚间，我似乎看到了 26 年前我们初识的场景：悠扬的音乐，气质典雅的华尔兹，热情奔放的探戈，还有舞步翩翩的我们。

历经 5 年的相恋，在初夏的五月，我们踏上了婚姻的红地毯。那一年的八月，按照学校的要求，我需要到偏远的地区支教一年。那一年，每个星期天的下午，你送我上车，我能看出你眼里的不舍；每个星期五的下午，你在车站接我，我能感受到你的欣喜若狂。几十千米的盘山路，将你的心也带到了那个山村。那个年代通信还不发达，我们只能靠 BB 机联系。聪明的你编了一本"密码"，如 01 代表"我想你"，02 代表"我去接你"，03 代表"无法接你，自己回家"……我们称它为"爱情密码本"，至今还保存得完好无损。你知道山上条件艰苦，我每次回来，你都给我做好吃的；走时，再大包小包地给我准备好一星期的食物，生怕我受委屈了。8 个月后，我怀孕了，你要去学校给我请假，被我劝住了。几个月来，我既教全校 5 个班级的体育课，又担任二年级一个班的数学课教学，与孩子们建立了深厚的感情。我走了，这些孩子怎么办？你被我说服了，只得依着我。在期末的乡统考中，我班的数学成绩遥遥领先，位居第一。我以骄人的成绩圆满完成了支教任务，你虽然嘴上埋怨我，但我能感觉到你心里的骄傲。

支教回来后，我改教数学学科并承担了班主任工作，在学校渐渐崭露头角，步入了行政管理的工作岗位，教学科研处、少先队大队部、政教处等都留下了我的青春和汗水。记得我当上部门主任后，因责任心强，不能容忍部门工作拉学校一点儿后腿，加班成了家常便饭。或许是我因工作忙碌忽略了对你的关心，你渐渐对我产生了不满。当着父母姐妹们的面，你说我眼里只有工作，没有你和孩子。你对我的埋怨并没有阻挡我对工作的热情和疯狂，我义无反顾投身到喜爱的教育事业中去，全然不顾背后那个

默默为我付出了很多，看起来有点儿孤单甚至可以说有点儿可怜的你，我的爱人。

终于，在我担任校长后，平常颇有涵养的你竟然没能绷住，我们大吵了一架，冷战了好几天，谁都不肯低头。此事惊动了家人、朋友，在大家的劝说下，你承认了自己的错误，觉得不应该对我发这么大的火，要一如既往地支持我的工作。我顿时号啕大哭，将所有的不愉快统统以眼泪的形式消化掉。你拥抱着我，任我的鼻涕、泪水在你身上肆意横流。

亲爱的，那时的我是多么幼稚轻狂，总是把你对我的付出看作理所当然，而忽略了你的个人发展与情感需求。如果不是北京"国培"之行，如果不是参加北京师范大学《论语》百日线上学习活动，我可能依然会在错误的道路上自以为是地前行。我相信你感觉到了，以前那个有点儿任性的我，正在国学经典的浸润下，慢慢地做着改变与调整；你也看到了，我不仅是一个上得厅堂的女校长，还是一个下得厨房的小女子呢。

外甥对我说："小姨，你飞得太快了，也等等我姨父吧！"亲爱的，我确实有点儿累了，是的，我要暂缓一下脚步，与你同行，去实现我们年轻时许下的诺言！

爱你的妻：玲

2019 年 2 月 21 日

（河南省三门峡市第一小学　李雪玲）

73. 幸福就握在我们的手中

亲爱的老公：

　　时光荏苒，岁月如梭。如今我们已经结婚24年，日子简简单单，却也幸福快乐。

　　我们谈了一场5年多的"马拉松"恋爱，为的就是能够真正了解对方，能一起幸福快乐地跑完漫长的人生旅途。经过接触，你不巧言令色、敏于事而慎于言的表现，获得了我父母的认可；你种种暖心的表现，坚定了我嫁你的决心。婚前，我们达成共识，要把对方父母当作自己的父母，孝敬他们。24年来，我们都做到了，尤其是你做得最好，你是我们大家公认的表率！

　　子曰："今之孝者，是谓能养。至于犬马，皆能有养；不敬，何以别乎?""色难。有事弟子服其劳，有酒食先生馔，曾是以为孝乎?"真正的孝，是对父母发自内心的敬爱。只有对父母有深切笃定的孝心，才会由衷地表现出愉悦和婉的神色，这些你都做到了。24年来，我从未见你对父母表现出不耐烦，就算在自己情绪不好的时候，你也尽量以轻松和悦的神情出现在父母面前，因此两边的父母都很喜欢你和依赖你。我体弱多病的父亲，非要等着你周末回去帮他剪指甲。你比我们任何一个子女都有爱心和耐心。你对于父母所尽的孝道，让我动容。这些也潜移默化地感染和影响着我们两家众多的兄弟姐妹，让我们的父母度过了幸福的晚年。而且你还把这样的一份爱敬之心推而广之，你对亲戚朋友、左邻右舍也是极其尊重和热心，对于留守的老人，只要没有工作冲突，你都能有求必应。你深得大家的喜爱和赞扬，爸爸、妈妈以你为荣，我也以你为傲！

　　由于工作变动，我到郊区的中学执教，8个月的女儿留在家里，你又当爹又当妈，有时候照顾女儿一夜没合眼，你也没有一句怨言，第二天依旧工作。不管多么辛苦，你都不会向女儿和我发脾气，总是用最好的心态对待我们，你是那棵为我们遮风挡雨的大树。正是因为你的担当、善解人意和大力支持，我才能毫无后顾之忧地一心扑在工作上，不断进取，取得多项荣誉，我们家也被评为市级"五好文明家庭"。你真是上天赐予我的天使，来为我的下半辈子保驾护航！

老公，你是个有担当、责任心极强的人，不仅对父母妻女如此，对其他亲戚也是如此，但有时也会出现"出钱、出力不讨好"的局面。亲爱的，让自己不再那么身心疲惫，好吗？

老公，我知道你是个内敛的人，你不懂得浪漫，不会说甜言蜜语，但对我你从不吝啬。有时因为你的木讷我会生气，说些伤你的话，但那都是因为我在乎你。其实我们这个家可以没有流于形式的高雅时尚，也不需要甜言蜜语的修饰，只要我们一家人健健康康、平平安安就好。我还有一个小小的请求：请你多多保重身体！

老公，走过红尘岁月，不过是淡然最美；看尽人世繁华，不过是平淡最真。摊开掌心，幸福其实就掌握在我们的手中。

爱你的妻子

2020 年 3 月 8 日

（广西壮族自治区河池市宜州区教育局　黄佳）

74. 经典让我们重拾久违的美好

福：

你好！

从相识到今天，我们已经一起走过 22 个年头。在那通信并不很发达的年月，我们仅凭彼此的一张照片，就先通过鸿雁传书"谈"了整整 10 个月的恋爱，及至最后见面定下终身，居然也成就了一段美好的姻缘。

那时候，信是我们幸福的代名词。每天早上 10 点，我会找各种借口去传达室等你的来信。在信里，我们从最初拘谨地满纸谈工作，到憧憬我们的未来，从新婚离别时诉说相思，到宝宝出生后分享宝宝的日常，常常是一封信还在路上，新的一封又被我们塞进了邮筒里。

2007 年 3 月，我们终于结束了 6 年的两地分居，可以在一起生活了。带到北京的行李箱里，有一半的地方放的是我们写给对方的信。布置好新家的那天晚上，我们兴奋得睡不着觉。于是，我们干脆把所有的信又从箱子里拿了出来，一封封地打开看。那么多鲜活的记忆，一下子就从信里涌出来：今天，我买回来一盆栀子花，花开的时候，满屋子都很香；今天是我的生日，我很想你；宝宝今天长牙了；宝宝会走路啦……看着看着，我们都流泪了。你说，这些信是咱俩的宝贝，每年我们都要拿出来读一读。如果有一天我们老了，不得不离别，这些信，就是我们下辈子还要在一起的承诺。

在一起的日子，你每天一下班就回家给我们做饭，陪我们聊天。那两年，我们心照不宣地把所有能挤出来的时间都放在彼此的身上，认真地过着每一天。

最近这些年，我们一路走一路忙，一不留神就忽略了那些曾经视若珍宝的美好。我们有多久没有好好地聊过天，踏踏实实地看一场电影了？随着儿子一天天长大，家里的一切开始进入快节奏，我们三个人只是一味地奔跑，却忘记了奔跑的初衷。儿子如今上高一了，我们和他一天的交流，仅止于早晨催促他起床，开车送到学校门口时的一句"放学早点儿回家"。我们的生活不应该仅限于此，我们的小家需要重新找到一份力量，让我们都能以一种更积极、更乐观的状态认真地过好每一天。

在北京师范大学《论语》百日线上学习的第六天，早晨醒来，我把手机打开，在耳边播放《论语》诵读和辛意云先生的讲解，你也在认真地听着。屋里很安静，我俩谁都没说话，内心却充盈着久违的温暖和感动。有一天，你下班回家跟我说，今天一天你都在琢磨辛先生关于"君子的争与不争"的讲解，真是说到心坎里了。每天一大早起床，本来神清气爽，可是一进单位，一遇到事，就不由自主地给自己套上很多枷锁，什么都要争，什么都想要，不获得几句肯定、表扬，似乎工作就白干了。这样的人生，真累啊！

曾经的彼此呵护、彼此牵挂，在这一刻都被唤醒，我们的生活是时候改变一下了。我俩利用儿子外出研学的时间，把家里重新布置了一下。买回大盆的鲜花，在窗前挂上紫色的贝壳风铃，在阳台放上一张玻璃小圆桌，摆上两把小椅子……四天下来，家里彻底变了样。那天儿子回家，一进门，就不住地夸赞，我们三个人围坐在一起，促膝长谈，幸福而满足。

从那以后，我们一家人的生活，每天都是从《论语》开始的。在一句一句的教诲中，我们仿佛又回到从前。静静地凝视，默契地握一握对方的手，彼此相伴的日子仍如初恋般美好。

福，我们已经很多年没有动笔写信了，今天，在这封家书里，我想对你说："人这一辈子，重要的不是活过了多少日子，而是记住了多少日子，每一个记住的日子，都将成为生命里不可复制的一天。"

你的知心爱人：玮

2019 年 6 月 1 日

（北京市八一学校　陈玮）

75. 爱与被爱，皆是幸福^①

亲爱的明：

你好！你知道吗？作为你的妻子，我越来越深切地感受到，和你在一起是我今生最大的幸福，过去是，现在是，将来更会是！13 年的朝夕相处，我很满足，也乐在其中，你永远都是我心中最爱的人，也是最懂我的人。

其实我能感觉到，最近几天你的心情不太好。尽管谈笑如常，但总抹不去额头上那层淡淡的阴云。明，你是我的依靠，你不快乐我也很难开心，就让我们用这种特殊的方式聊一聊，好吗？

在你的影响下，我也开始读《论语》了。我记得《学而》篇第一则就是："学而时习之，不亦说乎？有朋自远方来，不亦乐乎？人不知而不愠，不亦君子乎？"这是我最喜欢的一则，每次读到它，我都会受启迪。明，我知道你是一个上进的人，无论学习还是工作皆是如此。记得前几个月，你总会开心地为我讲你班级里的那些趣事，有一开口就是"王老西（师）"的小宇，有一上课就抹眼泪喊妈妈的晶晶，还有把"王老师出去办事了"简称为"王老师去事了"的兰兰……那时的你，简单而快乐，充实而满足。但是今早，我从镜子里都能看到你微锁的愁眉。老公，何必呢？不用太在意别人的看法，更不用忧虑和恼怒，贫贱富贵，有我陪你。

"此心安处是吾乡"，明，想想你的快乐，叩问一下为师者的初心，你会发现生活是快乐的，工作也是快乐的，用微笑面对生活，不好吗？最近你的班级里又发生了哪些有趣的事？你的"每日关怀"练习得怎样了呢？你的同事又发生了怎样的变化？其实我也会有不开心的时候，我觉得那也是一种生活的体验，各种滋味交织才是生活，你说呢？

对了，昨天妈告诉我家里的冰箱坏掉了，老人家手脚也麻利，从冰箱里"抢救"出了很多存货，有带鱼、牛肉，还有你最爱吃的野菜。妈说让咱

---

① 这封家书是王立明老师模仿妻子的口吻给自己写的一封家书。

们最近几天回去吃饭，我想也正好多陪陪他们，再规划规划空间，顺便买一个新冰箱。这个星期儿子也正好回家，把这个"吃货"带上，妈和爸肯定高兴。不过，我可要提醒你，别把这种忧愁脸色带回家，二老看了会担心的。你呀，赶紧抛开头脑中那些纷繁的思绪，一家人围坐在一起，才是人生最大的满足呀！

儿子已经上初中了，听说有篮球课了，你有什么想法？我觉得我们一家可以到篮球场上来一场友谊赛，输掉球的晚上请客怎么样？别说没时间。儿子今年长得特别快，去年买的运动裤已经小了，这周我们要带着他去趟商场，给他买一条新的，也给你买双运动鞋。

亲爱的，在这个家里，你是非常重要的人，我们都爱你，就像你爱着我们一样。子曰："仁者安仁，知者利仁。"我相信，只要我们秉承一颗仁爱之心，天地自会宽广！只要我们积极地对待工作，以谦恭之心对待他人，也定能收获快乐。

最后，我想用曾爽老师的一句话与你共勉：以仁爱之心看这个世界，这个世界就少了风雨，我以仁爱之心待这个世界，这个世界就会花开遍地！

明，期待着你的微笑，期待着听你讲班级趣事，期待着那缕阳光！贫贱富贵，我永远陪你到底！

妻

2020 年 12 月 8 日

（北京市房山区佛子庄乡中心小学 王立明）

76. 相濡以沫　携手共度

亲爱的延龙：

　　你好！

　　时光荏苒，岁月如梭，转眼我们的婚姻已进入第 18 个年头，一起经历的风风雨雨仿佛还在眼前晃动，竟也已变成过眼烟云，不能不感慨岁月无情。第一次用家书的方式和你交流，未及成字，思绪万千，提笔只为记录，感恩过往，奔赴向前。

　　还记得我们刚刚成立小家庭的时候吗？那时的你是一名警察，警服是你的挚爱，永远熨烫得不见一丝褶皱，一如工作中的你不掺杂一点儿马虎。职业的特殊性决定了你为人正直、做事踏实求真，从不接受工作中的吃请，从不接受他人无端馈赠。你告诉我："君子爱财，取之有道，这是原则问题，是做人的底线。"你是这样做的，要求我也必须达到，这也算是我们小家庭的第一条家规吧。这么多年来，我们不羡慕、不攀比，我们彼此信守、共同奋斗。如今，凭借自己的吃苦耐劳、求知上进，换得事业稳固、生活有声有色。心中的那份坦荡，永远让我们觉得生活如此美好。

　　还记得你无数次加班不分白昼和节假日的那些岁月吗？曾经作为警嫂的我早已习惯了你的手机 24 小时待机状态和说走就走的节奏，哪怕回老家探亲的遥远路途，抑或是寒冬深夜三四点，从无例外。你总是告诉我："工作特殊，单位的事再小都是大事，耽误不得！"越是佳节亲人团聚时光，定然是见不到你的，值班、执勤、安保总也少不了你的身影，疲惫归来你却总会喜滋滋地说："有国才有家，以一人辛苦保得万家平安，值了！"

　　因为你的敬业上进和娴熟的业务技能被选调纪委任职的那一天，我原以为终于可以摆脱这种毫无规律的生活，殊不知转战新的职场，更加激起了你的昂扬斗志。你不分昼夜，加班加点，错过了陪伴儿子中考，只为还原事件真相。看你两鬓泛白穿着磨破的衣服归家，我哭笑不得："干吗不重新买一件啊？"你不好意思地笑笑："没时间！""不累吗？""累！但为了正义的事情而累是人生价值的一种体现。"是啊，我虽偶有抱怨，但不得不承认，正是有了千万个"你"的正义付出，才有了社会的安定与繁荣。感谢一路同行，你带给我们这个小家足足的安全感和满满的正能量。

还记得那年我们经历过的最大的生死考验吗？2015 年，我在单位的普通体检中查出胰腺病变，一如晴天霹雳，惊扰了我们平淡而幸福的生活。当时的我并没有意识到它的危险性，想着有病治疗就好了。而你却坚定地要立刻启程，带我赴千里之外的上海求医。没有告诉我的是：一年前，你的一位同事就是因为此病，从查出病灶到让年轻的生命画上句号仅仅用了3 个月的时间。

从排队挂号、排队检查、排队等病床再到排队等手术，外地求医治病的过程是漫长而又坎坷的，无法想象你是如何扛着心理与现实的双重压力，用你那浓重的方言在偌大的医院东奔西跑，与医生、护士艰难沟通的，只记得在我面前你总是装着一副若无其事的样子，轻描淡写地告诉我："没关系，有我呢！"后来，你告诉我，得知手术成功后，你一人坐在医院花坛边沿，不顾众人异样的目光，号啕大哭了一场，宣泄了一个多月以来无法向人诉说的恐惧和压力。只有我知道，那种滋味是无法用言语描述的。因为医治及时，因为医生医术精湛，也因为你的全力以赴……总之，我如此幸运重获新生。经历了这些的我们，在后来的人生道路上改变了很多很多，变得更豁达、更包容，也更懂得感恩。

还记得我说过的嫁给你的原因吗？是因为你的孝顺，这一点我俩相似度很高。了解你的人都知道你对父母的关爱与体贴是无微不至的。当我们的生活日渐稳定后，你决定把老人接到我们身边，由我们照顾生活起居，安享晚年。于是这两年，我们省吃俭用，相继为四位老人贷款购买了两套小户型的房子。这使我们承受了巨大的压力。你却总是信心满满地告诉我："没关系，老人们辛苦了一辈子，拉扯我们长大不容易，理应享受几年幸福时光。我们还年轻，苦就苦点吧，照顾老人，及时行孝，不要让我们留有'子欲养而亲不待'的遗憾也是一种幸福。"在压力与忙碌之中，能随时看到彼此的父母老有所依、病有所靠，这份生活的踏实给了我们奋斗的底气与动力。

还记得儿子从初一就许下的愿望吗？考入国防科技大学。这个愿望伴随着他的成长已经有5年之久，从没有动摇过。我不知道他的这个决定是不是受你一身正气感染的，但他在学校团结互助的品质是老师、同学时常夸赞的；他在家里挑灯夜读的勤奋上进是我们每天见证的；他对待长辈的关心体贴是爷爷、奶奶时常欣慰的。这种生命的延续和家风的继承给了我们骄傲与自豪，也让我们充满了希望与憧憬。

18年走过的路有风雨，有阳光，有坎坷，有幸福，愿今后的一日三餐四季，带着我们的原则、我们的感恩，带着我们的淳朴、我们的善良，相濡以沫携手共度。过去你我从未畏惧，未来我们依旧向阳。

丽娟

2023 年 2 月 3 日

（甘肃省酒泉师范学校附属小学　何丽娟）

77. 执子之手 与子偕老 不改其乐

小超超：

轻轻地问一声：你醒了吗？如果没醒，那就接着睡吧。我不想打扰你，昨天又是在医院一宿，你还是多睡会儿吧。婆婆刚完成化疗和放疗，还好基本稳定，公公因心脏手术又住院了，都需要有人跑前跑后地忙活。哎，从今年二月到现在，家里人往医院跑就从没断过。为了照顾家人，你辞去了工作，说"辛苦"你了，这个词未免太轻了。我正在学习《论语》，就感觉在你身上默默体现着最大的孝。全家幸亏有你，感恩有你在。

我总"埋怨"你从来不懂浪漫，什么送花啊，什么送巧克力啊，什么拉着我的手啊，什么说点儿海誓山盟的话啊，你从来没有，巧克力还是我送你的，你才知道有个情人节。

但你很有安全感，和你在一起很踏实。我还有别的词夸你吗？你等等，我到词典里找找去。回想 1997 年相识，那时你已经是近 30 岁的人了，比我大 7 岁。1999 年结婚，2003 年 35 岁的你终于见到了儿子。我觉得我这辈子做得最对的一件事就是留下了咱们唯一的儿子。

2002 年 10 月我怀孕了，学校安排我任教高三数学还做班主任，我当时没有想很多，只是觉得上天既然让孩子选择了咱俩做父母，那不管怎样就留下吧。第一次产检医生告诉我：子宫后位症，胎盘前置。当时只知道不用考虑自己生了，直接剖宫吧。直到 2013 年我才明白，子宫后位症是不易怀孕的类型。从 2002 年到 2013 年，我再没有怀孕过。2013 年的 2 月，我因子宫严重腺肌症和宫颈癌前病变，做了全子宫切除手术。术后出院不到一个星期，还是大年初三的晚上，我伤口崩裂大出血，被你一路闯红灯送到医院时，我已是休克状态。接下来的半个多月，你白天上班，晚上到医院陪我，非常辛苦。我除了庆幸自己还活着，10 岁的儿子还有妈妈外，最大的感触就是我工作 15 年才评上的一级职称和咱俩唯一的儿子比较起来，已经不算什么了。从 2013 年到现在，咱俩再也没有为谁刷碗吵过架，好像经历了生死，我更刻骨铭心地知道了什么是没有血缘的亲情。

你也是很优秀的，不然，咱俩也成不了对不对？想当年，你从一个酒店的六级员工，做到电脑部总监，很是棒呢。记得我的第一台电脑，是你去东大桥电子市场买好零件回家帮我攒出来的。家里啥东西坏了，你都可以修好。咱俩买房装修，你首先拿出5张图纸，装修工长后来都说："您可不可以把图纸留给我们？"

今年10月16日是咱俩结婚24年吧，24周年被称为萨丁婚。听说萨丁是一种非常珍贵的宝石，爱情早已转化为了浓浓的亲情，用这种不可多得的石头来形容24年岁月打磨沉淀的婚姻，一定再合适不过了！

好吧，接下来是银婚，咱俩继续呗，执子之手，与子偕老。一箪食、一瓢饮，在陋巷不堪其忧，不改其乐。愿家人、愿你我、愿孩子、愿朋友，一切安康，一切顺利！

你如果已经起来了，别忘了把桌上的鸡蛋吃了。

你的爱人：张燕霞

2022年9月10日

（北京市华中师范大学第一附属中学朝阳学校　张燕霞）

结语

古人将夫妻关系作为五伦之首，是因为夫妻上承祖宗之德业，下开后嗣之文明，所起的是承上启下、继往开来的作用。所以《幼学琼林·夫妇》讲："夫妇和而后家道成。"夫妻和谐是家业兴盛之本，而好的夫妻关系需要我们用心营造与维护。从本章的这一封封家书中，我们感受到撰写家书的过程，也是对自我、对夫妻关系不断进行观照与体察的过程，更是悟道行道和生命境界不断提升的过程。捧读这样的文字，不禁让人心中暖流涌动，感慨万千。

感慨之一，以道相交者天荒而地老。同道者同心，同心者同行，相濡以沫、相敬如宾的基础是心灵的同频共振。正如辜鸿铭所说的："中国人之所以有这种力量、这种强大的同情心力量，是因为他们完全或几乎完全过着一种心灵生活。"[①]这种超越一切外在条件规约的、源自心灵深处的真情实感的流露，是一封封家书之所以动人的关键。在重视心灵生活的同时，中国人过着成人之美、有礼有节的生活。"礼之用，和为贵"，礼的作用，就在于使人的关系变得更加和谐。礼的本质是体谅和照顾他人的情绪，懂得将心比心，以己及人，相互理解，相互包容，相互尊重。夫妻之间无论经历什么样的艰难困苦或思想上的分歧，一般都会选择"执子之手，与子偕老"，时代的变幻，动摇不了夫妻之间的真爱。

感慨之二，以德相交者地久而天长。本章家书的作者，均是在各自岗位上有着突出贡献的优秀教师，他们在讲述他们的爱情故事时，很多都谈到，从心底里感谢北京师范大学《论语》百日线上学习活动，使他们再一次回忆起夫妻共同走过的岁月，还有他们对道德理想的坚守、对自我成长的渴望。《亲爱的，我要暂缓脚步，与你同行》说："以前那个有点儿任性的我，正在国学经典的浸润下，慢慢地做着改变与调整；你也看到了，我不仅是一个上得厅堂的女校长，还是一个下得厨房的小女子呢。"当看到老师

---

① 辜鸿铭：《中国人的精神》，田率译，13 页，哈尔滨，哈尔滨出版社，2012。

们借着给另一半写家书的机会，表达自己立德修身、修己达人的志向时，不止一次被这生命努力拔节生长的姿态所感动，也让我们在这个时代里感受到中华文化经典跨越时空的恒久魅力和价值。

感慨之三，"各自责，天清地宁；各相责，天翻地覆"。孔子的学生曾子就是一个善于自省的人，"吾日三省吾身"，反省自己为他人做事是不是尽心竭力，与朋友交往是不是诚实守信。正是不断反躬自省，曾子的修养不断提高，终成一代宗圣。唐太宗李世民以贤臣魏徵为镜，反思自己对百姓是否尽心尽力，对国家是不是无私奉献，对官员是不是以身作则，这样的自省使他心清目明，亲贤远佞，终成一代明君，开创了贞观盛世。当夫妻之间发生了矛盾和摩擦时，如果我们不是互相指责，而是反求诸己，积极改过，那么我们就能和睦相处了，也就天清地宁了。"各自责，天清地宁"，结果自然吉祥安泰。如果要求对方、指责对方、挑剔对方，这就是"各相责，天翻地覆"。本章家书中所分享的很多故事，都体现了"行有不得，反求诸己"的相处智慧。

夫妻关系的和谐关系着社会的安定与世界的安宁。《周易·序卦》说道："有天地然后有万物，有万物然后有男女，有男女然后有夫妇，有夫妇然后有父子，有父子然后有君臣，有君臣然后有上下，有上下然后礼义有所错。夫妇之道不可以不久也，故受之以《恒》。"夫妻和睦，家庭关系才能稳固。"和"的教育，即构建生命共同体，因为只有"一体"才能"和"。从家书的心灵告白和真情讲述中，我们越发体会到，好的婚姻、好的家庭都具备内在的完整与统一，能够同心同德缔造和谐。而这样的"和谐"一旦扩充到教育生活与社会生活中，就能够在更大的层面发挥力量，增进人类的福祉，谋求世界大同。我们也很欣慰地看到，一批优秀的教育者们，已经行走、奔跑在这条通往幸福的大道上。

第三章 舐犊之情

导语

《诗经》云："哀哀父母，生我劬劳。"天下的父母都一样，疼爱、关心孩子，无休无止、无怨无悔。孩子从出生到上幼儿园、小学、中学、大学，再到参加工作的每一个成长阶段，那些发生在父母与孩子之间的点点滴滴，都成为为人父母者抹不去的记忆。那一阵阵爽朗的笑声、一串串幸福的脚印，以及一个又一个共同渡过的难关背后，都包含着教子之方和养育之道。

那么，在孩子人格塑造的关键时期，父母该如何帮助孩子养成好习惯、树立正确的人生观呢？在父母与孩子之间产生误会或出现问题时，父母应如何妥善地打开孩子的心锁，与他们展开真诚的沟通呢？当孩子处在选择的十字路口时，父母又该如何智慧地引领，将他们引向阳关大道呢？本章家书中两代人的心灵对话，是父母给孩子留下的人间最美的礼物，这些文字不仅仅关乎孩子的成长，也关乎这些肩负着更大教育使命的父母，对于"爱与成长"的真切、深入的思考。所谓"蒙以养正，圣功也"（《易经》）。教师之圣功，首先在于教育好自己的孩子，舐犊之情正是教师亲子关系的重要表征。

本章家书的主题是"舐犊之情"，但本章家书除了有父母对孩子的爱，还有姑姑对侄儿、小姨对外甥女的关爱与呵护，是一种广义的"舐犊之情"。

78. 有你真好

亲爱的女儿：

　　这是妈妈第一次给你写信，是不是感觉很意外？这要感谢北京师范大学《论语》百日线上学习活动，让妈妈有机会按下暂停键，思考你这 10 年成长带给妈妈的喜悦和收获。

　　人家都说，看别人的宝宝都长得快，自己的宝宝却长得慢。可是，这 10 年，在妈妈眼中，却如白驹过隙，一忽儿就溜走了。妈妈唯恐时光逝去得匆匆，陪伴女儿成长的时间又减少了。还清楚地记得，10 年前，哥哥对着刚出生的你看了又看，无比爱怜地说"妹妹好小啊"，伸出手想抱又不敢抱的情景。一转眼，你就长成一个大姑娘了！

　　还记得你读幼儿园的时候，有一天，妈妈带你到小区的水池边玩耍，玩着玩着，一不小心，你摔进了水里，我把你从水里捞起来，带回家换上干净的衣服。从此，你再不敢靠近水池边玩耍，还会提醒妈妈："不能靠近水池，会掉进水里。"但是，每次从水池边经过，你总要向我"炫耀"你掉进水里的故事，尽管每次回忆的版本略有不同，但我们都会一起哈哈大笑起来。那一次"失足"，对于你来说，是多么"宝贵"的经历啊！

　　小学入学前的暑假里，爸爸、妈妈带你到张家界游玩，我们在山里走了整整三天，小小的你表现出了超乎同龄人的坚韧与毅力。走累了，在老狼抓兔子游戏中，你一颠一颠地向前奔跑，忘记了疲乏；走渴了，啃一段黄瓜，你就精力十足，忘却了困顿，山路上，留下的是你银铃般的笑声。到乌龙寨有一段山路地势险要，你不要我们牵，更不要我们背，手脚并用向上爬。回来后，这段经历也让你数次津津乐道。

　　当然，你也有成长的烦恼，你也会为自己不尽人意的成绩而苦恼。你说："妈妈，我觉得我已经很努力了，可是为什么我的成绩还这么差？"有时，你会可怜巴巴地问我："妈妈，我没考好，你会骂我吗？"最近五年来，妈妈看到你在读书这条路上走得磕磕绊绊，但你一直在努力前行。你发现了吗？其实你的阅读能力、记忆能力和解题能力都已经默默地提升了。有时，妈妈担心你背不熟课文，你告诉我，晚上躺在床上，你会默背当天要记忆的内容，第二天早上起床，你也会默默地背诵。而且，你发现早上是记忆力最好的时候，前一天晚上睡觉前背不熟的内容，到了第二天早上一起床就记住了。你知道妈妈听你这么说，是多么惊喜吗？这就是适合你自己的学习方法啊！

你知道吗？作为老师，妈妈以前一直认为学生读书成绩不好，是因为不够努力。是你，真真切切地让妈妈感受到每个孩子的成长期是不同的；是你，让妈妈懂得了呵护一个孩子的内心，比单纯向他要分数重要得多。因为一个内心丰盈、懂得自尊自爱的孩子是会努力向上生长的。现在妈妈懂得了特别关爱暂时不够优秀的学生，发现他们的闪光点，能静下心来，不断地鼓励他们。女儿，你就像一盏明灯，帮助妈妈照亮前进的方向啊！

女儿，你未来的人生还有很长很长的路要走，妈妈希望你以后的生活过得简单、快乐，不需要有多优秀，能够自食其力地生活，这就足够了。而妈妈，能够在你成长的路上陪伴你一程，也已经心满意足了，有你真好！

爱你的妈妈

2021 年 11 月 28 日

（广东省惠州市李瑞麟小学　陈莉）

79. 你的到来，让我真正走向成熟

亲爱的女儿：

此刻的你正静静地睡在我的身边，睡得那样香甜。而就在刚才，你还是那样兴奋，又唱又跳怎么都不肯睡。时间过得真快，转眼间你就要5岁了，已经是一个幼儿园中班的小朋友了。看到你健康快乐地成长我真的非常高兴，感谢你来到我的身边，感谢今生能和你遇见。

最近妈妈在学《论语》，每天和众多优秀同行一起学习交流，让我越来越感觉到内心觉醒对人生的重要，也看到了自己的不足，深知只有努力不断完善自己，才能让人生变得更加充盈而有意义。也正是在这次学习中，妈妈接到了书写家书的任务，这才静下心来和你诉说我的心里话。

你不知道，在你平安降生之前我曾一度生活晦暗，在痛苦中煎熬。我和你爸爸婚后多年没有孩子，随着年龄的增长和亲朋好友的催促，我的心里充满了对未来的迷茫和焦虑，不知度过了多少不眠之夜。这时你终于来了，是你的到来照亮了我的人生之路，也给我带来了无穷的力量。我给你取名"茗阳"，一方面觉得你就是我的小太阳，另一方面也希望你这棵小苗能在阳光下苗壮成长。

虽然你出生时我已年近不惑，但我觉得是你的到来，让我真正走向成熟。当初，我喜爱教师这份工作是因为能看到那么多孩子的成长，并且参与其中，这是很有意义的。现在，因为你的到来，我更加敬畏生命，我知道，每一个孩子都是一个家庭的希望，承载着许多人的梦想，我深感作为一名教师的使命和责任。在工作中，我会像呵护你一样去关心、爱护每一个学生，努力去为他们的幸福人生奠基，希望每一朵生命之花都能幸福绽放。

今年，因为各种原因，本就繁忙的学校工作变得更加复杂，加上你奶奶瘫痪在床已经一年多了，家里家外的事情压得我有些喘不过气，也是你每天带给我快乐，给我前行的力量。"此心安处是吾乡"，再次感谢你让我的心找到了栖息之处。

历尽艰辛才把你盼来，虽然我能接受你任何的不完美，但我特别希望你能拥有精彩的人生。今天妈妈带你去小卖店，小卖店的服务员很热情地和我们打招呼，看到可爱的你，问我是你的奶奶还是姥姥。这已经不是第一次有人这样问了，确实，我已经不再年轻，可能这两年的操劳也让我有些显老吧。也正是这样，我才清楚地意识到，将来等你长大的时候我可能已经帮不上你什么了，因此，现在我能做的就是努力帮助你养成良好的学习习惯、形成良好的道德品质，希望你敏而好学、不断进步，练就一身本领。这样，当我和你爸爸老了，你独自面对世界时也能无所畏惧、阳光自信。

在你成长的路上，我会努力做你的良师益友。我不会放松对你的要求，也会严格要求自己。我们一起携手同行、见贤思齐、修己达人，永远向阳而生，努力成为更好的自己，无愧天地、无愧本心。亲爱的宝贝，祝你一生健康快乐、平安顺遂！

永远爱你的妈妈

2020 年 12 月 13 日

（北京市房山区良乡第六中学　刘亚静）

好老师家书：中华经典涵养师德新探索

80. 女儿，妈妈为你点赞

亲爱的女儿：

此时，你是不是刚刚送走最后一个学生，走在月色溶溶的校园里？

二十多年来，这算得上是我写给你的第一封真正意义上的信吧。其实，妈妈早就想写一封信给你，给今年刚刚踏上教师工作岗位、成为我的同行的你。

你小的时候，我一直忙于自己的学生、自己的工作。三岁时，你本该进入幼儿园接受学前教育，因为我图省事，不用每天接送，便答应了你不去幼儿园的要求。因此，你错过了儿童时期的启蒙教育，也养成了偏执的性格。你上了小学，我正带毕业班，每天拖着疲惫的身体回到家，我的笑容、耐心早已消耗在工作上，面对你的好奇、亲近，已经没有多余的心情去接纳，因此，简单粗暴对待你成了家常便饭。"妈妈，你对我一点儿都不好，从来都不夸我"，你总是这样埋怨我。高中毕业，你仅仅考取了本省的三本学校，我因对你付出得太少而深深自责。虽然高考失利，但是四年后，你通过自己的努力考上了研究生，而且是在你喜欢的城市。看着你拿着通知书骄傲的神情，我是多么为你自豪啊！然而，研究生毕业后你开始迷茫，找不到自己的方向，不清楚自己将来的出路在哪里。起初，对于教师这样一份工作你是排斥的，直到有一天，你看遍了外面的世界，尝试了不同的职业，最终选择成为一名教师，成为妈妈的同行。

记得你刚去学校报到时，是那么不情愿，那么不开心。但仅仅过了一个星期，你就像是变了一个人。每天我接到你的电话，内容从来都离不开你的学生。一个学生因没有竞选上班干部闹情绪，你焦虑不安，向我讨教安慰他的方法；班级里有几个学生迟到，影响了班级荣誉，你狠狠批评了他们，过后又懊悔不已，怕伤了他们的自尊心；在开学一个月的时间里，你一直没有休息，很多时候忙得焦头烂额，你便在电话中抱怨。而当你终于有了假期回到家，才过了一天，你就惶惶不安起来："妈，我想我们班的娃娃了"，"他们真单纯，都叫我'姐姐'"，"他们都把我当成他们的家长了"，"我们班有个小男孩特别懂事"……你嘴里念叨的都是你的学生，以前对生活琐事从不操心的你变得婆婆妈妈的。"妈妈，我现在觉得自己是他们的妈妈了！"你这样评价自己。我知道你爱上了你的工作，爱上了你的学生，我为你骄傲，也为你祝福。

女儿，希望你保持心中的爱，作为一名老教师，妈妈永远信任你，永远支持你！

爱你的妈妈

2018 年 10 月 24 日

（安徽省阜阳市实验小学　刘梅）

81. 宝贝，妈妈和你一起加油

沐沐吾儿：

今夜注定无眠。一晚上你都在哭，从医院回来，你终于安然入睡，妈妈心里也终于踏实了些。打开电脑，妈妈写这封家书给你。听着你均匀的呼吸声，看着你可爱的脸庞，妈妈心中无比宽慰。此刻，妈妈想和你说说心里话，虽然你现在还不懂，但妈妈希望未来有一天，这封家书能带给你成长的回忆与力量。

沐沐吾儿，妈妈要跟你说声："对不起！"

妈妈自以为身体很棒，在怀胎十月，确切地说是七月时，没对你有特别的照顾，而是一如既往地忙碌：不仅当班主任、教两个班的课，还担任年级组长。在那段时间里，妈妈承担了区教委与北京师范大学的教学改进项目，奔跑于北京师范大学与学校之间，研究教学设计并授课，一做就是一个学期。那段时间真是太忙了，忙到忽视了对你的照顾。现在想来，真是对不起你，宝贝！终于，你开始反抗了，妈妈熬不住了，住进医院保胎。在医院里，妈妈每天忍着痛苦和你说着悄悄话，而你似乎也特别懂我，每当妈妈说"宝宝加油，妈妈加油"的时候，你就格外乖，似乎真的能听懂我说的话一般，静静地不再折腾。然而，正当妈妈感觉身体好转时，你再次给妈妈发来了信号。2017 年 8 月 13 日，你迫不及待地要看看外边的世界，可你在妈妈肚子里刚刚 29 周啊！记得你艰难出生的那一刻，"哇，哇，哇……"几声啼哭酥化了在产房的我，我的眼泪奔涌而出。因为你太小了，还没来得及和爸爸、妈妈、姐姐见面，就被医院的叔叔、阿姨抱走了。从此，爸妈在家这头，你在医院那头，一周只能探视两次，我们隔窗相望，那种煎熬也就咱娘俩懂得。宝贝，对不起！

沐沐吾儿，妈妈要跟你说声："谢谢你！"

随着时光流逝，你渐渐地长大。每天到了妈妈下班的时候，你都会站在门口等妈妈，不断地喊着："妈妈，妈妈……"我的整颗心都软了，一天的疲惫烟消云散。宝贝，谢谢你！当你不断蹦出一个又一个字时，当你吃奶愿意躺在床上耐心等待时，当你发出银铃般的笑声时……你给我带来了无尽的快乐，让我见证了生命的成长，宝贝，谢谢你！

沐沐吾儿，妈妈要跟你说声："期待你！"

妈妈正在参加北京师范大学《论语》百日线上学习活动，每天早上聆听老师诵读经典、解读经典，下班回家自己还会再诵读、写感想，有时，一学习就到了好晚。但无论多晚，妈妈都会坚持，因为这时候妈妈的心是平静的，因为这条路的方向是对的，只要明确了前方的路，我们就不要怕路途遥远。

"人而无信，不知其可也。大车无輗，小车无軏，其何以行之哉？"孩子，妈妈希望你要"信"，于内信自己，于外使人信、信他人。以诚待人，用信处之！

"见贤思齐焉，见不贤而内自省也。"三人行，必有我师。孩子，妈妈希望你能取长补短，不断完善自己，让优秀成为一种习惯，让自己的生命精彩绽放！

"道之以德，齐之以礼，有耻且格。"孩子，妈妈希望你做一个有德之人，堂堂正正做人，明明白白做事。妈妈希望我的沐沐心胸宽广、谦恭为人，做一个坦荡荡的君子。

"吾十有五而志于学。"孩子，妈妈还希望你做一个爱读书、爱学习的人。书中自有黄金屋，书中自有颜如玉，只要我们用心品读，就能开辟出生命的一片净土，让心灵得以安宁。

沐沐吾儿，你现在还不到两岁，在你的眼睛里，妈妈读到的都是天真和纯洁，希望你长大后还能保持这份纯真。我常常感慨，我们沐沐是幸运的、幸福的。你出生在一个温暖的家庭，生长在一个有着悠久历史和灿烂文化的国家，又赶上了这样一个民族复兴的大时代！在这里，妈妈再一次深情地祝福你，愿沐沐吾儿和妈妈一起加油，一起成长！

永远爱你的妈妈

2019 年 6 月 16 日深夜

（北京市房山中学　王慧英）

82. 亲爱的宝贝

亲爱的宝贝：

　　你好！

　　虽然咱们还没有见面，但是已经认识有五个多月了，在这五个多月里，有惊喜，有担忧，有焦虑，有不安，但更多的是幸福的期待和满溢的爱意。宝贝，我有好多话要和你说。

与君初相识

　　现在还清晰地记得刚知道你到来时候的心情，看着两道确切的红杠，心里翻涌似海，惊喜、讶异、激动裹挟着要成为母亲的责任感汹涌而来，让我愣在原地良久才想起来告诉你的爸爸。他看到之后的第一反应是"你生病啦？"在当时的大环境下，我们两个谁也没有想到你会这个时候来。虽然已经准备、期待了很久，但真得知你到来的时候我俩还是有点儿慌乱。我要当妈妈了，他要当爸爸了，我们能胜任这个天底下最神圣、崇高的"职业"吗？我们要怎么做才能把最好的都给你？

　　思绪纷乱复杂，但摆在我们面前的一关是抗击病毒。宝贝，这三年全世界的人类都在共同抵御一种病毒，对你来说好消息是它即将过去，坏消息是它还没有过去。我虽尽全力防护，但还是中招了，你的姥姥昼夜不歇地为我擦拭身体、针灸刮痧，把所有物理降温的方法全都用上了，只为了能够不用药。我一边心疼你姥姥一边担心你。你姥姥说："这就是当妈呀！从怀上开始就要操一辈子的心。"

　　成功战胜病毒之后，我们两个又经历了见红、甲流，每一次都心惊胆战，但好在每一次都有惊无险。其中的心情，不忍回忆，那几个月我无暇想其他的，心里只有一件事，你要平平安安地出生。

不学无以为人母

　　宝贝，虽然还不知道你是男孩儿还是女孩儿，但我不止一次地想过你以后的样子和你的性格，我希望你开朗、大方、善良、勇敢、专注、热情、敏捷、坚强、正直、勤劳、谦逊、节俭……恨不得把所有美好都加诸你身。自己也知道这不现实，那么诸多品质中，什么是最重要的，我又该给予你怎样的教育呢？

我依照从小的习惯，从书里找答案，从各类怀孕宝典开始，到作家们的育儿经验，再到专业书籍。这些书在一定程度上缓解了我的焦虑，让我对你未来的教育有了一点儿信心和理论支撑，但好像又都没有找到最核心的东西，就像是走进了百花园，采摘了满捧的各色鲜花，却没有找到一个承载的容器，把它们汇聚到一起。

"我们不如去寻找那些源头，喝最清的那口泉水，才能明白，最后纳百川的大海，是怎样澎湃而来。"蓦地想起暑假京师好老师"种大树"计划培训中杜霞教授的这句话，我猛拍大腿，宝贝，我怎么忘了这么重要的好东西。于是从那天起，每天早上我都会诵读《弟子规》《大学》《论语》等经典，不光是读给你听，也读给自己听。

缘分妙不可言

时光静静流淌，你在一点点长大。

那些妙不可言的缘分，正在悄悄降临。

过完年之后，我承担了一项光荣而重要的工作，就是每天早上8点向全园的教职工发"家风家训经典解读节目"——《郭文斌解读〈朱柏庐治家格言〉》的学习链接。早在去年暑假京师好老师"种大树"计划培训活动中，我就对郭文斌先生印象深刻，对他所坚持从事的"寻找安详小课堂"公益活动由衷敬佩，认真阅读了郭先生的赠书《中国之中》之后，又认真学习了他关于《弟子规》的解读，而这次专门针对家庭教育的专题解读对于作为新手妈妈的我来说，无疑是春雨甘霖。

"对于一个孩子来说，什么教育是最重要的？""如何家庭和睦，亲子和谐？""为什么要勤俭节约？"这些原本模糊的概念，在郭文斌先生幽默风趣的讲解中逐渐清晰，我找到了教育罗盘的准星——成才先成人。成人要从生存教育、心性教育、道德教育和审美教育开始，最后才是知识教育。

第 11 期北京师范大学《论语》百日线上学习活动，从雨水那天开始，到明天的谷雨，你陪着我和《论语》即将走过整整 60 天的生命觉醒之路。每天早上，我在来自全国各地优秀教师的心得分享和专家点评中开启学习；上午在李修平和辛意云两位老师的解读中感受经典，书写心得；晚上和同人互学互鉴，总结提升。

我时常感慨你的好福气，能有这样的胎教资源。于是总是不由得对你抱有更多的期许，希望你可以成君子，可以为人孝悌，可以君子不器，可以学而时习、学而不厌，可以……

我也更加珍惜自己的好运气，能够与全国这么多优秀的同人一起学习经典，修己达人，能够在正式遇到你之前把自己变成一个更好的人。虽然开始学习的时候有懈怠、有拖沓、有自卑，但是一路走来，心境越来越澄明，心量越来越宽广，对工作，对为人师、为人女、为人母都有了更加不一样的体会，何其有幸，能够在经典的学习中找到一个不一样的自己。

宝贝，感谢你让我成为一名母亲，体验生命诞生的神奇。未来的日子，我愿成为你最好的朋友，共同面对人生的困难，体验所有的精彩，希望我们两个能携手在修己达人的道路上共同前行。如果足够幸运，希望也能体验一把"随心所欲不逾矩"的生命至高形态，不负在人间成长，常葆内心的清净与安宁。

爱你的妈妈

2023 年 4 月 19 日

（河北省张家口市第二幼儿园　苏春晖）

83. 儿子，让我们用爱拥抱生活

亲爱的儿子：

这是我第一次以书信的形式与你交流。你年前就去了外地的外婆家，我们有一个多月没能在一起生活了。在一起的时候，总觉得你太调皮了，但是这么久没有看到你，心里又感觉空荡荡的。

10年前，你的到来，为我们这个家庭带来了很多欢声笑语，而初为人父的我，更深刻地理解了责任与担当。曾经的我，睡觉很沉，睡着了往往连雷声都震不醒，可是自你出生以后，每当有你在身边，我晚上总是会醒来几次，为你盖好被子。记得有一次你半夜生病发烧，我和你妈妈深夜带着你去医院看病，那种紧张的感觉，现在还记忆犹新。你第一次叫爸爸、妈妈、爷爷、奶奶时，我们全家那种激动的心情，难以用言语表达。我们一起享受着幸福的时光，转眼间，你已经10岁了。这个阶段，是你人生的启蒙时期，爸爸有很多话想对你说，希望你能够走好未来的每一步。

首先，我们要学会善待我们身边的人。爸爸希望你一直像现在一样对长辈有礼貌，尊敬老师，和同学开心相处。我们身边还有很多陌生人，他们也在为了我们能过上幸福的生活而默默奉献，都是值得我们尊敬的，当发现他们需要帮助时，我们也要及时伸出援手。做一个阳光的孩子，是爸爸、妈妈对你最大的期望。

其次，爸爸也希望你能够认真去做自己感兴趣的事情。你认真画画的样子很美，每年我的生日，都能够收到你亲手画的礼物，你知道吗，那时候，爸爸觉得自己是世界上最幸福的人。你对很多体育活动都非常有兴趣，喜欢踢足球、跑步和跳高，看到你活跃的身影，爸爸就忍不住为你点赞！

最后，爸爸、妈妈希望你慢慢学会管理自己的学习。我们知道，你是一个有主见的小男孩，不希望总是在爸爸、妈妈的唠叨和监督下学习，那么，我们希望你每天放学以后，自己安排好时间，我们相信你一定能行！

给你提了这么多要求之后，爸爸也该好好反思一下自己了。爸爸因为工作原因陪伴你的时间太少，以后我会更好地处理工作和生活的关系，提高效率，抽出更多时间来陪伴你。我也发现，你对阅读不是很感兴趣，爸爸想，这也许是因为我没有做出好榜样。以前爸爸也很喜欢阅读，可是现在，却常常以没有空余时间为借口不再读书。我希望以后我们两个一起读书，读到有趣的故事我们互相分享，让书籍陪伴着你长大，也帮助爸爸不断进步。还有，爸爸有时候比较急躁，记得你曾经非常郑重地向我提出建议，说对小朋友要有耐心。爸爸接受你的建议，毕竟你还只是个10岁的孩子，毕竟抱怨和责怪解决不了任何问题，爸爸在以后的日子里，会像对自己的学生一样，耐心、宽容地对待你。

　　亲爱的儿子，生活中还有很多有趣的事情等待我们去经历，还有很多美好的情感等待我们去体验，让我们一起拥抱新生活，愿你永远开心、快乐、平安！

爱你的爸爸

2020 年 2 月 19 日

（湖南省浏阳市普迹镇初级中学　黄强）

84. 女儿，我会努力做一个好老师、好妈妈

月月小闺蜜：

你好啊，很高兴能用书信的方式和你聊聊天！妈妈常常想，自己该有多么幸运，才有今生与你成为母女的缘分。

谢谢宝贝，能拥有你的呵护，是一件很幸福的事情。无论是妇女节、母亲节，还是生日时你年年准备的不重样的礼物；无论是我每次生病时你端水送药的温馨，还是我熟睡时被你紧紧抱着的温暖，都让妈妈沉浸在"有女万事足"的幸福中。

谢谢宝贝，能有你这样一个小闺蜜，是一件很棒的事情。下班途中我们肆意跑调的歌声，闲暇时穿梭在北街小店的欢悦，一起边做甜品边聊天的轻松，还有为衣服如何搭配争论不休的时光……都让妈妈渐渐习惯性地依赖着你。

谢谢宝贝，能有你这样的榜样，是一件很幸运的事情。你自控力极强，日复一日地练舞、弹琴，承受着身体的疼痛、学业的压力，即使流下眼泪，也不言放弃。这份执着，让妈妈也养成了做事持之以恒的习惯。你对人友善，是同学们眼中的乐天派。在你的叮嘱下，妈妈学会了面带微笑和学生们相处。

宝贝，有件事情在妈妈心里压了许久，如今你即将12岁，是个大孩子了，妈妈觉得可以和你聊聊了。你曾一次次给妈妈分享学霸的妈妈们是如何陪伴孩子的，你许下的生日、新年愿望都是妈妈能够更多地陪伴你。上次妈妈批评你练功退步时，你流着眼泪说的话——"别人都有妈妈陪着练，你陪过我吗？"至今还在妈妈耳畔回响。宝贝，对不起，在你的成长岁月中，妈妈的确陪伴的时间太少！因为妈妈工作忙，年仅2岁的你就被送进幼儿园，看着你因害怕而蜷缩在角落里哭泣时，妈妈心如刀割；你8岁就开始自己上下学，望着你背着书包在车流中穿梭的小小身影，妈妈泪眼模糊；你的一日三餐无法保证，看着你因胃病而痛苦不堪时，妈妈愧疚不

已。你不止一次地问妈妈，为什么妈妈的世界里只有工作，我该如何回答呢？妈妈也曾无数次地追问自己，这样的付出到底值不值得？可每当看到我的学生从自卑到自信，从不知所措到奋起直追，找到了他们的人生目标时，妈妈又会很欣慰。妈妈虽然只是一个普通的老师，没做过什么惊天动地的大事，但妈妈身上肩负着帮助学生追寻美好未来的使命，妈妈的一句话、一个拥抱，就可能为他们带来前行的力量。妈妈爱你，妈妈也爱他们，妈妈一直在寻找一种两全其美的方法，既能照顾好学生，又能争取更多的时间陪伴你，相信妈妈一定会找到的，好吗？

宝贝，今天是妈妈参加北京师范大学《论语》百日线上学习活动的第63天。还记得妈妈当初报名时，你和爸爸的担心吗？现在妈妈可以骄傲地告诉你，妈妈坚持了下来！在这63天里，妈妈经历过疾病的疼痛、工作的调整等诸多事情，但在《论语》的润泽下，妈妈的心静了下来，对人和事更加豁达与淡定。今后，希望宝贝你也能与妈妈共学《论语》，从经典中汲取更多的智慧！

宝贝，妈妈会努力做一个好老师，做一个好妈妈，也请你为妈妈加油吧！

爱你的妈妈

2019 年 3 月 13 日

（湖北省襄阳市第三十六中学　刘海玲）

85. 女儿，愿你早日归来

亲爱的女儿：

今天，你感觉怎么样？这是我们视频聊天时我经常会说的第一句话。你说，每次听到这句话，就感觉很放松。

现在，我写一封家书给你，你一定不会感觉到奇怪，因为，这些年来我写给你的家书已经超过15万字了。很多时候，我们母女就像闺蜜一样谈古论今、就事说理，聊个不停。我希望把一些谈话和想法整理、保存下来，以留作美好的回忆。

因为从小有志向，所以你从来不会因为玩耍而耽误学业，从来都能把学习和生活安排妥当。孔子说："吾十有五而志于学。"实际上你还不到15岁就已经开始"志于学"了。但是，从你进入初中，我跟你的矛盾突然间就多起来了。虽然知道这是青春期的逆反现象，可是知道和懂得怎么处理并不一样。幸好，那时候我开始不断地反思、觉察自己，不断地改变我对你的态度，主动去学习心理学知识，理解你的想法和需求，并且利用"对话本"与你沟通，在摩擦中和你一起成长。

因为成绩优秀，你有机会到省城重点中学上高中。那段时间是我最牵挂你的时候，虽然每次生病你都很懂事地让我不用赶去看你，但是我的心总是揪着，一直到你参加完高考。

高考时你表现出的良好心态，尤其让我感到欣慰。但由于填报志愿的疏忽，你对录取的学校不太满意，不过你的"志于学"在此时又起了作用。为了实现自己的理想，你不断地调整自己的心态。可以说，大学四年，我看到了你更快地成长。很多时候，你的思想甚至比我更成熟，思维比我更灵活，很多事情我也愿意跟你讨论、商量，和你像闺蜜一样交流。所以，当你离开家出国求学的时候，妈妈有太多的不舍！你知道吗？前年中秋，去年国庆，当你转身背对我走向白云机场安检门的时候，我的眼泪早已经盈眶！

写到这里，妈妈想说，多么希望你回家！你说你想读博，想在那边工作两三年，这都没有问题，但最终，我认为你还是回到祖国工作更好。因为，中国不仅越来越发达，而且也越来越让国人感到温暖和幸福。还因为，近段时间我参加了北京师范大学"京师好老师生命成长营"和《论语》百日线上学习活动，我了解到中国博大精深的传统文化，也明白了为什么中华民族能战胜艰难险阻一直走到今天！而且，这里有你的父母，有你的亲朋好友，你在这里将更好地发挥你的才干！

　　现在，我每天学习一则《论语》，深入了解其中的内涵，越来越感觉到《论语》的博大精深。在阅读别的老师写的家书时，印象深刻的是有位母亲在家书中对儿子说："我们觉得很亏欠你，在你出国之前，没能把老祖宗留下的珍贵的经典好好传给你。"这句话也正好说中了我的内心。我希望你和我一起学习经典。你要相信，学习经典，任何时候都不算晚。

　　今年春节，因为新冠疫情，我宅在家里，我会时常把国内近期抗疫的新闻和故事讲给你听，听完后你不由得感慨："我们中国是好样的！"作为母亲，我也特别欣慰，你时时不忘自己是一个中国学子，所以我相信你，不管在哪里，都能够不辜负一个中国人的使命，不会忘记为国效劳。

　　近几天，国外新冠疫情情况不容乐观。所以，我希望你回来。可是你不太愿意回来，一方面你希望在那里实习，另一方面你说不想在这个时候给国家添麻烦。是的，回与不回，有点儿两难。只是，我希望你明白，不管你身处哪里，祖国都不会不管你。如果你回来，祖国肯定会给予你温暖和安全，正如你的妈妈一样。

　　愿女儿保护好自己，身体健康！早日学成归国效力！

永远爱你的妈妈
2020 年 3 月 20 日

（广东省阳江市职业技术学院附属实验学校　周雪燕）

86. 写给女儿的一封信

亲爱的女儿：

见字如面。一晃你离家已近一年时间。从你出生至今二十余载，我们从没有分开过这么长时间。去年大学毕业前夕，你积极响应团中央号召毅然决定去新疆支教，我和你爸尊重你的选择。四年大学生活，锻炼出了你独立、坚强的性格，阳光、自信的心态。我们看到，如今你真的长大了，有了自己远大的理想和追求，并朝着目标在不断努力。

去支教之前，你虽然已做好了充足的心理准备，但祖国西部广袤的土地和恶劣的气候也着实让你这个涉世未深的北京青年吃了些苦头。

从首都机场历经 4 小时飞抵乌鲁木齐，再转坐火车北上数小时到达伊犁哈萨克自治州的奎屯，最后坐汽车到达胡杨河市，离家数千公里之遥。

那时刚进入十月，你发来信息说，那里的冬季已经到来。每晚十一点半晚自习之后，老师们还需要轮流在室外值班，外面已经是零下三十多摄氏度的极寒天气，你发朋友圈还笑称：战天斗地！亲爱的女儿，妈妈为你担心，同时又为你骄傲！够乐观！

一周六天工作，你乐在其中。在朋友圈中分享与西部孩子们的点点滴滴，你告诉我，他们的朴实与善良深深感染着你，他们对知识的渴望激励着你下定决心要不虚此行！数月后，一起支教的同伴病倒了，需要回北京治疗。你毅然接过他的担子，面对繁重的教学任务，你乐观地说："这都不叫事儿！"亲爱的女儿，妈妈为你担心，同时又为你骄傲！敢担当！

寒去暑来，转眼到了酷夏，室外四十多摄氏度的高温，教室好似大蒸笼一般，衣服瞬间湿透。面对这样难熬的天气，你把提前冻好的瓶装水放到教室，让孩子们燥热的心慢慢平静下来。

走过半百人生路，我终于体会到了什么是"儿行千里母担忧"。那天有种莫名的感觉，清晨醒来习惯性地浏览朋友圈，目光立刻停留在你发的一张照片上：一只正在输液的手臂。我心里随即咯噔一下，怎么了？病啦？

打通电话才得知，原来你得了急性肠炎，失水过多晕倒被送进了医院，一晚上连输了四瓶液。真不知那晚你自己在医院是怎么熬过来的。你还跟没事人似的说："明天依然是条汉子！"亲爱的女儿，妈妈为你担心，同时又为你骄傲！够坚强！

亲爱的女儿，你在祖国的大西北支教，以"为学生扣好人生第一粒扣子"为目标，经历雨雪风霜的磨炼，不断成长。记得习近平总书记说过："前进的道路从不会一帆风顺，实现中华民族伟大复兴的中国梦需要一代一代青年矢志奋斗。"①今年正值中国共产党百年华诞，当看到千千万万的青年在天安门广场上振臂高呼"请党放心，强国有我"的时候，我仿佛看到了你，我亲爱的女儿——一个党龄只有两年的年轻党员。

心中有火，眼里有光，是年轻的你应有的奋斗姿态。你生逢其时、重任在肩，更应努力成长为理想信念坚定、热爱伟大祖国的强国一代，扎根人民，奉献国家。亲爱的女儿，妈妈挺你！全家人都挺你！期待你早日凯旋！

爱你的妈妈

2021 年 7 月 17 日于家中

（北京市房山区长阳中心小学　王海波）

---

① 习近平：《把个人的理想追求融入党和国家事业之中　为党为祖国为人民多作贡献》，载《人民日报》，2020-07-09。

87. 孩子，妈妈会守好边界

小刘同学：

　　你好！

　　这可不是我第一次给你写信，你还在襁褓中时，我看着睡梦中的你，给你写过一封信，希望你像春天的小苗一样，沐浴阳光雨露，茁壮成长；你上幼儿园时，我看着背着藕荷色的书包牵着爸爸的手上学的你，给你写过一封信，希望你越来越懂事，少疾病多快乐；你在青春期略有叛逆时，我也给你写过一封信，希望通过文字和你心平气和地沟通。

　　今天我还要给你写一封信，跟你说说我的心里话。

　　前一段时间，你给我打电话说你要改系。说实话，当时我觉得你放弃现在的专业很可惜，人力资源专业就业前景好，而且你还有两年就毕业了，你想改的"古典文学"并不是个热门专业，将来的就业面可能会窄一些，而且还要晚一年毕业。当时我会答应你，其实是存在一些侥幸心理的，认为你不一定会通过笔试和面试。3月31日，你告诉我你改系成功了，我并没有像你考上大学时那么高兴，只是和你说了一声"加油"。而你爸爸得知了这个消息，却在微信里热情地鼓励道："祝贺儿子，踏征程义无反顾，勤刻苦再创佳绩！"看到他的话，我突然心里一紧，改系对你来说是一件大事，是人生的另一种选择，我为什么没有真诚地祝贺你呢？我为什么没有发自内心地高兴呢？这几天我一直在反思，现在终于想明白了，作为妈妈，我还是缺乏清晰的"边界感"！

　　从小到大，我给你设置了太多的"框框"，对你有太多的要求：我让你学画画，我让你学葫芦丝，我让你在小学二年级时就去学英语……可我却从来没问过你愿不愿意。我不让你看球赛，不让你和同学去玩，不让你和学习成绩不理想的同学交朋友……我也从来没问过你愿不愿意。我以"为你好"之名，过多地介入了你的生活，所以你小时候无论做什么事，都要征得我的同意。然而很多事，只有经历了，你才能成长；有些路，是你成长的必经之途，再艰难，也要走过去！

2014年年初，我调动了岗位，工作上不那么忙碌了，我开始审视自己的生活。我发现我是自私的，总以好学生的标准要求你，却没有以好妈妈的标准要求自己。我第一次认识到我是你的妈妈而不是你的老师，你是我的儿子而不是我的学生。我开始改变自己，做好一个妈妈该做的事，照顾你的衣食住行，遇到什么事情开始征求你的意见，不再强行干涉你的生活。所以，上高中时你选择文科我是支持的，虽然周围人都说文科专业少，但我并未动摇。三年后，你以县高考文科状元的好成绩被中国人民大学录取，我是骄傲的，我觉得当初尊重你的选择是对的！

现在你改系成功，我没能由衷地祝贺你，其实是又犯了以前的毛病，想让你按我的"框框"去走，我又开始越界了！《论语》中有句话说"事君数，斯辱矣，朋友数，斯疏矣"，意思是君臣、朋友之间交往不要过于亲密，要保持一段距离，我想我们母子之间也应如此！

今天借着这封家书，我要和你说，儿子，祝贺你！我尊重你的选择。你自己的路要自己走，你自己的人生要自己过，妈妈会守好边界，由衷地祝福你！

爱你的妈妈：张海英

2019 年 4 月 8 日

（吉林省松原市前郭县哈萨尔路小学　张海英）

88. 致 18 岁的你

雨辰大宝贝：

你已经 18 岁，高中就要毕业了。

时间过得真的好快，仿佛前几日你还在牙牙学语，但现在你已经能和妈妈谈古论今了。18 岁，人生中一个很有意义、值得纪念的年纪。因为在这一年，你是法律意义上的成年人了。从这一年起，你可以也必须为自己的人生负责了。你的人生你做主！这种感觉一定让你充满了激情与喜悦。但女儿，这仅仅是你独立人生的开始，你即将开始你人生的远航！

这 18 年来，妈妈要由衷地感谢你，我的好女儿！感谢你带给我们的小家庭许多的快乐与美好的记忆！感谢你这么多年来对妈妈无微不至的关心与照顾！从你上幼儿园起，妈妈手中就没拿过重物，到现在只要和你外出妈妈的手中永远是空的，所有的物品都是你在拿。现在放假了，你更是主动地和爸爸学做饭，妈妈每天都能吃到你做的可口饭菜。

雨辰，你长大了，你眼里多了许多的淡定与从容；你长大了，你的神情多了许多的睿智与成熟。

大宝，你的开朗、有担当、善良、宽容，一直是妈妈的骄傲。妈妈希望你一直坚持下去，永远不要丢掉自己身上那些美好的品德，并且不断地完善自己。妈妈一直教导你"成人先成才，做事先做人"。有些东西不论走到哪里，不论环境如何，不论经历什么，都永远不要放弃和改变，一定要有独立的人格。

亲爱的女儿，在未来这个充满诱惑的世界里，妈妈希望你要做到不卑不亢、宠辱不惊，学会低调做人、高调做事；学会尊重别人、体谅别人，记人之善，忘人之过，记人之长，忘人之短；学会善待他人，施人勿念，受恩勿忘。

妈妈想告诉你：人生总有些缺陷，只要尽力了就无遗憾！考卷不过是一张纸，分数不过是几个数。你的努力已经收获了很多知识，只要你静下心来，以阳光平和的心态去面对一切，妈妈相信你在大学中，乃至步入社会，都会取得成功！孩子，加油！

在大学校园里，爱情会不期而遇，你将经历浪漫美好又充满艰辛的恋爱之旅。当爱情降临的时候，你要好好把握、慎重地考虑，它关系到你一生的幸福。从现在起就开始不断地修炼自己，让自己变得足够优秀，并且要自爱、自尊、自强、自立。只有自爱，才能得到爱；只有自尊，才能得到真爱；只有自强，才能拥有长久的爱；只有自立，才能让爱永存！

人生一世并非你期望的那么一帆风顺，但也并非你想象的那么一筹莫展，你不可能一劳永逸，更不可能尽善皆美。任何时候都不要放弃人生的目标，要以一颗平常心，做好人生事。努力，一切都有可能，只要你不曾懈怠，你就定能走向美好的前程。

妈妈为你的成长而自豪，为你的成人而骄傲！祝福你的一生健康、平安、顺利、幸福、如意、快乐！

永远爱你的妈妈

2022 年 6 月 24 日

（北京市陈经纶中学　杨振伟）

89. 爸爸的反思

儿子：

很久没有给你写信了，今天提起笔才意识到，虽然不出差的日子每天都可以看到你，但和你的交流是单向和粗浅的。要么是简单地询问："今天琴练得怎样？"要么是着急地督促："你能不能快一点儿，提高效率？"要么是生硬地命令："快起床了，马上要迟到了！"还有愤怒地质问："怎么还没有写完作业？"

因为爸爸没有更多的耐心倾听你的想法，加上期望过高，所以只盯着你的缺点和不足。这几年，你可能越来越感受到爸爸的无理和武断，看到的是爸爸面对你的眉头紧锁。

今天腾出一点儿时间，翻看你小时候可爱的照片，突然，我的心头一紧，想起一件事来。

那一年，你五岁，在幼儿园里淘气是出了名的，也不知是从哪里学的，时不时会说脏话，甚至向人吐口水。

有一天晚上，我带你去理发。一进理发馆，你就围着凳子上蹿下跳，任凭我怎样劝说都无济于事，甚至变本加厉给我做鬼脸。理发馆人很多，这分明是在挑战我忍耐的极限。我黑着脸制止，你像听不到一样更加"猖狂"，还对着我连吐口水。我万没想到你会这样，何况是众目睽睽之下唾向做教师的爸爸。自尊心严重受创的我被激怒了，一把将你拽出了理发馆，就立刻发动摩托车，把你丢在了那里。听到你猛追摩托车的脚步声，怒气未减的我一轰油门，把你远远地甩在了身后。到了家门口，我放慢了速度，你气喘吁吁地跑到摩托车跟前，低头不语，一副虚心接受批评的样子。我说："回家！"话音刚落，你就像逃过一劫一样，一溜烟跑向家里。看着你瘦瘦小小的背影，我的心竟咯噔一下，缓缓启动摩托车，也随之陷入了深深的自责当中。

那一天你确实错了，错得叫人难以理解和原谅。但是想想爸爸自己做得如何呢？错得一塌糊涂！当时的你应该是孤独无助的，甚至是惶恐绝望的。那天晚上的我辗转难眠：教育需要等待，需要给孩子时间。而我并没有给自己和你足够的时间，只是做了简单粗暴的处理。也许这件事你已经记不得了，但我永远忘不了那个漆黑的夜晚，路灯下穿着黑马甲、拼命追赶爸爸摩托车的调皮小子。写下来，算是认错，也算是爸爸反思教育的开始。

孩子，原谅爸爸那次的不冷静，也原谅爸爸有时对你的简单粗暴。让我们约定：把反思作为成长中的必修课，发现自己的不足，努力改正，让自己越来越优秀。记得你小时候跟幼儿园的老师说过，你长大会用爸爸的教育方式教育自己的孩子，我希望通过自己的努力，让你梦想成真。一起加油，孩子！

爱你的爸爸

2018 年 9 月 9 日晚

（陕西省咸阳市西藏民族学院附属中学　岳海江）

90. 一位老师父亲与老师女儿的对话

张洁：

听闻你要写封家书，爸爸正好也想写封信给你，因为我有很多话想对你说。

你从小就是个乐观热情且具有个性的孩子。记得你读小学时的一个早晨，要出门时，下起了雨，你背着书包冲出家门，我追着把伞递给你，你却满不在乎地说："我最喜欢小雨了，不用打伞！"你从小就这样，在雨中边走边张开小手接雨滴玩，每迈出一步，脚下就会溅起水花。你说，你喜欢雨水流过脸庞的感觉，清凉凉，神清气爽！

可随着你逐渐长大，我对此有了另一些感悟。

那是你读初中的时候，市里举行运动会，学校推选你担任旗手。妈妈不同意，觉得当旗手太累，你的年龄太小了。你却对我们说："没事儿，从明天起，我每天锻炼，增强臂力，一定能撑好这面大旗。"果然，此后你每天见什么举什么，经常在院子里一圈一圈地走，我暗暗佩服你这丫头不怕吃苦的精神。运动会的早晨，当我看着你撑起那面十多斤重的校旗，迈着矫健的步伐接受检阅时，我不由得就想起你冲进风雨中的无惧和惬意，你这孩子，就是视奋斗为享受啊！

1989 年，你走上工作岗位后，凭着踏实努力，取得了一个又一个成绩，尤其看到你担任校长后，带领全校教职工拼搏努力，不断改变学校办学条件时，我的感悟更深了。

有一次，爸爸去一位朋友家做客，巧的是，他家就在你担任校长的小学对面。那天，他一边领我上楼一边念叨："我在这儿住了二十多年了，这两年这个学校变化可真大，前年新来一个女校长，可能干了，你看操场都铺上了沥青，原来可都是用泥沙铺的。"他老伴儿接着说："听说都是这个校长在为学校争取资金、改善条件，这学校里走出来的学生也都挺懂礼貌！"也许是太高兴了，我告诉他们："你们说的校长就是我的小女儿，她也没有你们夸得那么好啊!"老两口一听，更高兴了："你女儿呀？老张你太幸福了，有这么好一个女儿!"后来，每每想起你的所作所为连学校附近的邻居都被感动了，我就从心里为你骄傲。

今年，你也快五十了，我想我真的懂得了你："迎接风雨、迎接挑战，并享受风雨洗礼后的恬淡与幸福!"我不再担心你行走于风雨间，因为你骨子里的坚强，已为你铸成了一件铁布衫，任风雨剥蚀，信念依旧，快乐依然!

爸爸

2018 年 9 月 28 日晚

接下来，是女儿张洁的回信。

亲爱的爸爸:

女儿是含着泪读完您的信的，仿佛看到您坐在电脑桌前，用对女儿满心的疼爱，敲下这些充满浓浓父爱的文字。

爸爸，我真的没想到，那么多的往事您依然记忆清晰；我更没想到，您是如此理解女儿。

爸爸您性格耿直、为人正派，以自己的热情和忠诚成了一名优秀的教育人。记得小时候，偶尔会有老师来找您办事，您常说的一句话是："一切会按要求和原则办，好好工作吧!"所以在您退休以后，市教育局局长看到我时说："你就是老张的女儿啊，你父亲可是一个好书记啊，为人正派!"还很感慨地说："人哪，还得是正派无私，像你父亲那样，虽然不是位高权重，但是平安一生，让人敬佩一生，这比什么都强啊!"这种评价我觉得是对人最高的奖赏。爸爸，您也为我日后选择教育事业、坚定地做一位正派的教育人树立了好榜样。所以，爸爸，我要对您说："谢谢您，您不仅给了我生命，更给了我成长的营养和阳光!"

如今，您年龄大了，应该好好享受幸福的生活了。女儿会不断成长，用殷殷深情、满满师爱来诠释教育的真谛，让您的教育初心在我身上得以延续，继续成为照亮万千学子的力量。

爸爸，女儿爱您！祝您永远健康！

女儿

2018 年 9 月 28 日晚

（吉林省辽源市龙山区多寿路小学 张洁）

91. 儿子，修己达人，感谢有你

亲爱的儿子一夫：

晚上好！

有几天没有看到你在"我们仨"微信群中露脸了，你爸老是念叨你，我也很想你。

今年妈妈参加了北京师范大学《论语》百日线上学习活动，每天和同伴们读经典，静观思己。今天妈妈的成长，有你的一份功劳。

2002 年的教师节，你来了，当医生抱着你凑近我时，我的眼睛湿润了，心中注满了柔情，决心要学会好好爱你。

我休完产假，接手了初二年级一个让科任老师人人头疼的班级。也许是做了母亲，我改变了以往雷厉风行的状态，每天早早到教室陪伴学生学习，有空就跟他们一起跑步，经常把他们带到户外开展班级活动。渐渐地，我和学生的心更近了，成了他们的知心姐姐。当年只有半岁的你经常早上六点多就趴在我的背上跟我来到教室，竟然不哭也不闹；听着哥哥、姐姐们读书，你还会咿咿呀呀地跟着哼哼。谢谢你，儿子，是你让我学会了如何爱学生。

随着你一天天长大，我的教学也小有成就，在你读小学六年级那年，我调到了镇上规模最大的一所小学担任校长。新学校管理上的压力很大，我全身心地投入学校工作，和你之间的交流少了，对你的耐心也少了。小学毕业时，你通过自己的努力考入了省城中学，刚进入省城读书的你因为年龄小不适应，总闹小情绪，而我对你的期望越来越高，没有了母亲的柔情，只有呵斥和埋怨。一次家长会上，同桌的妈妈轻轻地对我说："你家一夫真不错，小小年纪在外寄宿，自理能力强，学习自觉，还是我家孩子的学习小帮手呢！但是我感觉他很怕你，你对他是不是太严了？下次回家，你要抱抱他！"一语点醒局中人，回家后，我给你写了一封长长的道歉信。好在你原谅了老妈，我们和解了。谢谢你，儿子，是你让我明白了如何与人沟通。

那一年你读高一，我因劳累过度突发颈椎病，上半身不能动弹，你爸爸因在外地出差没能及时赶回来，学校同事把我送到了市医院。中午你打来电话，说学校放假，你很想让我到长沙接你回家。但听到我在医院住院时，你在那头满是担心地说："老妈，你现在怎么样？我这就坐车回来照顾你！"从未一个人搭乘过长途车的你，竟然在天黑时来到了医院。一周的假期你就这样在医院一边照顾我一边在学习中度过，平常大大咧咧的你照顾我时却是那么细致入微。谢谢你，儿子，是你让我懂得了爱和孝。

不知不觉你离开爸妈上大学已有半年了。依稀记得，半年前独立的你一个人背起背包，拖着行李箱走进长沙火车站。"老爸、老妈，再见，你们回去吧！路上注意安全！"我和你爸望着你远去的背影，久久没有离开，我的眼泪都快掉下来了，心里空落落的。谢谢你，儿子，是你让我懂得了成长需要放手。

此后，我和你爸每天就在微信群中等候你的消息。那天，"我们仨"微信群收到了你发来的一张图片，是入党积极分子的网上培训课程，我和你爸看了兴奋得一晚上都没睡着。儿子，18岁的你已经有了自己的目标和信仰，老爸、老妈为你自豪。

儿子，谢谢你包容了老妈的臭脾气，陪伴老妈一路走来；也感谢北京师范大学《论语》百日线上学习活动给予了我学习的机会，让我敞开心扉写下这封家书。寒假即将来临，我和你爸期待你带着满满的收获回家！

爱你的老妈

2020 年 12 月 22 日

（湖南省浏阳市乌龙中学　肖志红）

92. 儿子，谢谢你帮助妈妈成长

亲爱的儿子：

前几天，你爸在你公司公众号里，看到了你荣获公司"拓荒牛奖"，并看到了你发表获奖感言时大方帅气的照片。你爸嘴上抱怨着"这小子，春节回家时只字未提这事"，脸上却露出了满意的笑容。儿子，妈妈也真心为你高兴！今天借一封家书，静下心来好好跟你说说话。

儿子，工作三年多了，你没有辜负爸妈的叮嘱和希望，越来越有担当，也越来越稳重成熟，我们感到非常欣慰。其实，我们能有今天的和谐关系，都是你帮助妈妈改变的结果。曾经，从幼儿园到小学、初中、高中，都是妈妈按照自己的理想标准要求你、安排你，从未考虑过你自己的需要和感受。妈妈一直好学要强，从不允许自己的孩子落后，而所谓"落后"就是唯分数论，如果你考试分数低就认为你贪玩、不用功、不努力。那时候的妈妈，一心扑在工作上，平时带班、上课、做管理，把耐心和爱心都给了学生，回到家对待你时就只有简单粗暴；那时候的妈妈常对你说的话要么是比较，"你看看人家谁谁谁"，要么是埋怨，"你怎么就不能怎样怎样"。初中的时候，你还能勉强忍着，到了高中一下子就爆发、逆反了！那时候的妈妈，还是不思己过，还是以"为你好"的名义，对你实行"管、卡、压"；那时候的妈妈，眼里看到的都是你的错，脸上没有笑容，嘴里没有温柔的话语。难怪你常常偷偷跑到游戏厅逃避一切，是妈妈用自以为是的爱把无助的你推得越来越远。此时此刻，妈妈的心好酸，虽然在教学中对学生和蔼可亲，却不懂得爱自己的孩子！亲爱的儿子，妈妈真的对不起你！

感谢上天的眷顾，有两件事重重敲醒了严重偏执的妈妈。一件事是2011年夏天，你刚刚接到大学录取通知书那天，姥姥突发大面积脑梗病危入院，妈妈和家里的亲属衣不解带护理姥姥二十多天，没想到你也要求加入。看到你按时细心地给姥姥喂药、喂流食，小心地翻身、叩背、按摩，亲友们和医护人员都对你竖起了大拇指，夸你是懂事孝顺的好孩子。直到这个时候，妈妈才发现原来你有这么多的优点啊！另一件事是2012年，妈妈负责教师培训工作，开始学习传统文化课程，没想到自身先受益，一下子警醒了，第一次认识到自己的问题：对待孩子，要多看优点少挑毛病，换位思考，理解包容。

妈妈真的改变了。你大学毕业时，虽然妈妈希望你能考研，但是你选择就业时，妈妈尊重了你的选择，希望你做自己感兴趣的事，希望你做最好的自己，成为自食其力且有益于社会的合格公民。

儿子，谢谢你原谅了妈妈，谢谢你帮助妈妈改变和成长！妈妈爱你！祝福你一切安好！

爱你的妈妈

2019 年 2 月 26 日

（辽宁省鞍山市教师进修学院　杨秋惠）

93. 亲爱的孩子，往者不可谏，来者犹可追

儿子：

你好！

今天终于鼓起勇气给你写这封信，其实我的内心非常忐忑，希望这封信对你的成长有所裨益，也能帮助我解开郁积已久的心结。

我和你虽然是亲生父子，却暌违已久。在你刚满一周岁的时候，我与你的母亲因为性格不合而选择了离婚，你随母亲生活。这些年来，每逢节日和你的生日，我都在煎熬中度过，和你共同生活的一幕幕场景成为缓解伤痛的麻醉剂，借此可以暂时获得一点点心理上的慰藉。去年，我谨慎地通过你母亲提出了想与你见面的请求，反馈回来的信息却让我的心直接跌入了谷底，你说："你只给予了我生命，却没有伴随我成长，我为什么要见你？"

在绝望与愁苦的双重折磨下，我一度万念俱灰，对所有的事情都失去了信心和希望。幸运的是，今年春天，我参加了北京师范大学《论语》百日线上学习活动。在经典的浸润下，我浮躁的心逐渐沉淀下来，终于可以理智地看待生活。这次学习犹如茫茫大海中的一盏明灯，照亮了我人生前进的道路，也把我从低谷中拉了回来，就像辛意云教授说的，如同"生命的一次伟大觉醒"。

通过每天诵读经典，我感受到了儒家文化反思的力量。曾子曰："吾日三省吾身：为人谋而不忠乎？与朋友交而不信乎？传不习乎？"以往我总是以自我为中心，总是认为自己做事情仁至义尽，问心无愧，从来没有进行过深刻的反思，也从来没有设身处地站在他人的立场上去感同身受。在你年幼的时候，如果我懂得反省，和你母亲的关系也就不会越来越僵，也就不会造成你现在的缺憾。回想这些年来，我没有陪伴在你的身边，让你的生命变得不完整，这完全归咎于我当年的年轻气盛和不理智。如果我们可以见面，我会郑重向你道歉。你正处在青春叛逆期，拒绝与我见面，是

很正常的情绪反应，我不应该勉强。

通过每天诵读经典，我也改变了对生活和生命的看法。到今年你已经十五岁了，正处在成长的阶段，要学会控制自己的情绪。听你母亲说，你的性格几乎是我的翻版。我性格中的一大缺点是勇猛有余而沉稳不足，平日做事，即便出于公心，也难免对家人、对同事造成不必要的伤害，反思以往，于此失之太多。我希望你能够吸取我在这方面的教训，克服性格中的弱点，学会遇事三思而后行，不要盲目做出一些伤害他人的事情。

在没有我的日子里，有一个人填补了你在父爱方面的缺失，给予你无私的庇护，这个人就是你的继父。以往我对他还有颇多成见，现在想来，这是多么愚蠢和浅薄！如果有与你见面的机会，我会诚挚地邀请他参与，并真诚地向他说一声"谢谢"。我也希望，在今后的日子里，你要听从这个与你朝夕相伴、给过你呵护的父亲的教导，学会做人，强健体魄，多读好书，提升技能，走好人生的每一步。

"往者不可谏，来者犹可追。"人生的每一天都是美好的，昨天已经过去，为什么要用昨天的过失惩罚今天的自己？

通过每天诵读经典，我对于你拒绝与我见面而给我造成的不快已经完全释怀。你要记住，无论什么时候，无论你身处何地，有一个人在世界的某个角落为你默默地加油、鼓劲。只要有利于你成长的事，我都会义无反顾地予以支持，以弥补这么多年来造成的缺憾。

　　祝

健康成长，学业有成！

永远爱你的父亲

2019 年 8 月 12 日

（山东省莱州市虎头崖镇寅祥路小学　孙磊）

94. 我用余生陪伴你

亲爱的女儿：

　　昨夜妈妈失眠了。在接到写一封家书的任务时，我首先想到了你。脑子里一直散不去的是对你的亏欠，而我却没说过一声"对不起"。

　　因为工作关系，在你还牙牙学语的时候，就跟着保姆奶奶住到了她家；幼儿园时你一直是邻居阿姨接送；小学二年级，你开始自己坐公交车上、下学……一想到那个瘦小的你要独立面对过往的车辆，我就愧疚不已。

　　直到有一天，我的学生来家里玩，他们亲切地喊我"郝妈妈"，一直在一边玩的你突然冲过来，拦在我和学生中间，大声喊道："这是我妈妈，不是你们的妈妈！"我轻轻把你推开，让你去一边玩的时候，你满眼泪水地重复着："这是我妈妈，不是你们的妈妈……"

　　当我把学生送到门口，你站在我身后悄悄地问我："妈妈，他们真的是您的孩子吗？那我是谁的孩子？"我心里一紧，说："你是妈妈的孩子呀。""可为什么您对他们那么好，却很少关心我？"我不知道该怎么回答。

　　是呀，为什么？

　　我一直觉得你还小，我能有很多时间陪你。

　　你病了，是爸爸带你去看医生；开家长会了，是爸爸坐在你的座位上，而我到现在都不清楚你的班主任到底是什么模样；你写作业时来问我问题，我总会严厉地追问你上课做什么了，教育你上课必须认真听讲，而忽略了小小的你也许只是为了让我能在你身边多待一会儿，或者陪你多说几句话而找的借口而已。直到多年后，你才告诉我这一层深意。

　　上了初三，你的课业越来越重，为了减少对你的打扰，我尽量不在家与家长和学生联系，也尽可能不把工作带回家，试着学习做几样可口的饭菜，让你在紧张的学习之后能感受到妈妈的温度。你说这是你最幸福的一年。

说实话，直到那个时候我才意识到，你这只小鸟就要飞向远方了，而我能参与你成长的时间实在少得可怜。

　　虽然意识到了这一点，但生活并没有按照我们的意愿继续。你上高中了，周末才能回家，可是因为姥姥、姥爷身体不佳，周末我要去照顾他们，又不得不放下对你的照顾。

　　好在你是个非常自立的孩子，即便在你的成长过程中我一再缺席，你依旧长成了我期待的样子——平和善良、自立自信、开朗乐观……

　　你长大了，可以带着父母远行了。每次出行，你都会细心地照顾我和你爸，我在感受幸福之余，又常常多了几分羞愧。这是上天对我的眷顾，而我却一直没有对你说声"对不起"。

　　孩子，对不起！

　　现在你也要做妈妈了，我会将我于你的亏欠弥补在你的孩子身上，但我希望你不要像我一样缺席孩子的成长。

你的不称职的妈妈

2020 年 12 月 7 日

（北京市房山区周口店中心小学　郝翠娟）

95. 高考倒计时

亲爱的珈懿：

你好！

不知不觉间你三年的高中生活进入了倒计时。在高考即将来临之际，我想借着这封家书，记录下我们共同成长的这段经历。

从你进入高中起，我们一家就陷入了焦虑之中。初中成绩优异的你，到了高中，成绩一落千丈，于是，埋怨成了家庭对话的主题，沉默是你对抗我们的方式。青春期对上更年期，碰撞出四溅的火花，家不再是你温暖的避风港。

无解吗？在你又一次摔上房门的瞬间，我无助地想，还要这样继续下去吗？我这样一次一次发脾气有用吗？从你上高中起，因为成绩下降，我不断埋怨你学习不努力，不断把自己的怨愤转移发泄到你的身上，只一味强调着自己的付出，期望获得相应的回报，从没有冷静、客观地去分析、解决问题，从没有问过你需要什么帮助，心理压力怎么排解。这样的恶性循环把你的心越推越远，以前的那个优秀、善良、自信的男孩，去哪儿啦？

要想改变他人，只能从改变自己开始！为什么自己可以对待同事如春风般温暖，对待自己的孩子却如寒风般凛冽呢？不就是期望过高嘛，降低自己的预期，说不定可以走出一条大道呢！母慈子孝，母亲慈祥，孩子才会孝顺啊！

于是，那一天，你回到家，我问你，你现在最需要一个什么样的妈妈。你也第一次打开心扉，说起了这段时间你的迷茫和无助，我们母子抱头痛哭一场之后，都做好了为对方改变的准备。

我不再纠结于你的每一次成绩，关注点放在你的情绪上，低落了，给你打气，励志的故事说起来，有趣的笑话讲起来；高兴了，和你一起分享喜悦。你也在积极乐观地面对学习，根据自己的状态，制订了合理的学习计划，还让我当上了监督员。看着你现在对自己、对未来充满希望的样子，我知道了，一家人永远开开心心、和和气气，才是最大的幸福！

此刻的你，正在房间认真复习，准备迎接你人生路上的一次巨大挑战，我知道你正承受着巨大的压力！

此时此刻，我们在和你一起默默承受着那种说不出来的煎熬。可怜天下父母心！天下的父母都是一样的，都是孩子最大的精神支柱。你在前面走，我们在后面默默地为你祝福，为你鼓劲，为你做好一切。哪怕我们能够为你做的只是微不足道的小事，只要能够稍稍为你减轻一点儿负担，我们都是乐此不疲的，都会万分欣喜。

珈懿，你现在已经进入了最后的冲刺阶段，也是最艰苦、最难度过的阶段。你不要有任何的心理负担，只要你努力了，只要你付出了，无论你取得什么样的成绩，我们都为你鼓掌，为你喝彩！

珈懿，我们只希望你健康成长，我们只希望你能够轻松上阵，在考试中发挥出你的实力。无论结果如何，我们都会欣然接受。

珈懿，望你带着自信的笑容，一步步走向胜利，走向你的人生目标，实现你的人生理想。

我们永远支持你！

爱你的妈妈

2021 年 8 月 23 日

（湖南省长沙市雨花区树木岭小学　魏薇）

96. 谢谢你，我的小高老师

亲爱的小高老师：

你好！

很久了，有许多心里话想对你说，但两个男人之间有一些话面对面是开不了口的。我参加了北京师范大学《论语》百日线上学习活动，学员需要轮流写家书上传和大家分享，快轮到我上传家书了，正好借这个机会和你说说心里话。

昨天早上，我要到邯郸学院参加校长培训，原打算拼个"顺风车"到车站的，你说不太方便，执意要开车送我，我有些莫名的小感动。你一边开车，一边和我聊天。我侧身细看你的脸颊，棱角分明，胡子刮得干干净净，瘦瘦的，白白的，一副擦得锃亮的眼镜架在鼻梁上，衬托出几分文化人的斯文来，看起来和你的职业很相称。我们两个男人坐在一起，离得这样近，这种时刻想起来不是很多，但每一次都令我猝不及防。

第一次是你的突然降临。那是 1992 年中秋节的午后，外面飘着细细的小雨丝。刚刚满九个月的你就迫不及待地赶来和我们团圆。我还没来得及做好当父亲的准备，还没有为我们一家三口准备一张大床。你来的第一天晚上，姥姥陪你妈睡床上，我们两个男人只能睡沙发了。我们头挨头，离得那样近，我一遍一遍地抚摸着你。那时，我真怕你翻身掉到地上去，第一次为人父的我竟忘了你哪会翻身。

半夜月亮出来了。月光如水，洒满房间，月光下我一次次爬起身来瞅你——你那么小，那么小！你因难产小脑袋严重变形，闭着眼，不知是睡着了还是醒着，黑红色皱巴巴的小脸，小小的鼻子，不断吮动着小小的嘴唇，发出细微的声响，你丑陋得像个小怪物，身上还散发着一种无法形容的"臭臭"的味道——现在回想起来那应该是一种最温暖、最美好的味道，最幸福也是最香甜的味道。面对一轮皓月，我心中默念，"惟愿孩儿愚且鲁，无灾无难到公卿"。

给你起名我们费了不少脑筋，我和你妈有了争议，你妈说叫"圆圆"

吧，中秋团圆之意。我觉得好是好，但偏女性化，翻了半天字典，我为你选了名字"琛"。琛，从玉，石中之宝。但又显得有些张扬，便取大名为"亚琛"，希望你温润如玉，凡而不俗，贵而不骄。从此，我们多了你这样一个宝贝。

谢谢你，我的宝贝，你让我们的人生从此有了新的寄托与希望。

你是姥姥带大的，自小瘦弱。我有时抽空去看你，姥姥把你送到我怀中，你扭动着、挣扎着又扑回到姥姥的怀里，我看到的是姥姥对我责怪的眼神，我也为自己不能常常陪你而自责。

后来，你长大了，可你的学习成绩一直处于中游，更令我们焦虑的是你的身高，简直成了我和你妈的心病。上初中时，你和同龄女生站在一起也比人家矮半头。但你机灵好动，乐观热情，很有运动天赋，尤其喜欢篮球，一直是班干部或班长。

记得你读初一的时候，学校召开运动会，你参加了百米赛。你以小组第一的成绩进入了决赛，当你和比你高半截的同学在决赛中一起冲向终点时，全场都在为你呐喊加油，你第二个冲过终点线，激动地哭着扑入我的怀中，抽泣不止。我为你擦去眼泪，紧紧地抱着你。我们抱得那样紧，我感到你离我那么近，那么近！

谢谢你，我的小高，你让我看到了拼搏的力量和超越的激情。

从初三到高中的几年里，你的人生实现了蜕变，由贪玩变得爱学习了，但篮球仍然是你的最爱。你给自己取网名"小麦迪"，篮球场上你是核心组织后卫，下课后同学们喜欢围在你周围听你讲关于球星和篮球的故事。

不知从哪天起突然发现你长高了，长得和我一样高了，可能由于快速地生长而没能及时补钙，你的小腿"罗圈"了，你的脊柱也有些侧弯，这是我们无法弥补的缺憾。

对不起，小高，请原谅我们没能及时关注你的成长，这成了我们永远的愧疚。但，这些都没能影响你开朗活泼的性格，没能影响你对美好生活的热情。

你的内心也有清冷、孤单的时候。记得你去大学报到，我和你妈到郑州送你，告别时，你对我们说，你真的不想让我们走。车开了，渐行渐远，看着你孤单的身影，我俩在车上哭了好久，我闭着眼，任眼泪流淌，想着你的以前和以后。

小高啊，可能你不知道，虽然你不在我们身边，但你一直都在我们的心里，你的一举一动都牵动着我们的心。

上大学后，你增加了新的爱好，玩起了吉他，弹唱也越来越像那么回事了。考研后，你玩起了摇滚，组建了乐队。学习、篮球、音乐成了你生活中不可或缺的三个内容。

记得你研二时，我到你就读的城市开会，顺便去看看你。你激动地搂着我的肩，请我吃了好吃的火锅。我对吃食一直不讲究，只是喜欢和你坐在一起的感觉，两个男人亲密无间，聊摇滚，谈未来，说人生。

看着你帅气的模样，青春的喜悦洋溢在你的脸上，我感觉你长大了。从你上初中后，我和你这种近距离的交流就少之又少了。虽然上初中你和我同在一所学校，但记忆中好像你就没有登过我办公室的门。我总是忙啊忙，对你的关心真是少之又少。

昨日看了一篇文章——《再忙也不影响当一名好父亲》，我深感惭愧。在一个陌生的城市，我周围全是陌生人，只有我俩坐得这样近，谈得如此投机。

谢谢你，我的小高，你让我看到了青春勃发的生机和人生无限的美好。

天有不测风云，人生总有阴晴。（这是一个我一直不愿提起的话题，提起来有些沉重，但我想既然我们已经面对了，也应该敢于去正视、敢于回首了。）

2018年夏天，你发现了淋巴结肿大，起先以为是牙龈发炎引发的，我们都没有当回事，后来越来越大，吃药也无济于事，在医生的建议下，我们相约到北京医院做病理鉴定。

在北京车站我们碰面时，我看到连转头看我们都有些困难的你时，一种不祥的预感在我心中升起，我的心中掠过几分痛楚。

病理专家让我们留下联系方式，说一周后等病理出了结果通知我们。

我留了我的手机号，不知道什么时候你却和医生换成了你的号码。等待的日子让人心焦，无法安宁。

一周后没有结果，问你，你说和医生联系过了，说活检的细胞需要在培养皿中继续培养观察。你安慰我们说，放心吧，医生说应该没什么问题的。我们阴暗的心里透进一丝侥幸的光亮。

那是第11天的午后，你打来了电话，说中午前接到了医院电话，怕影响我们午休没及时告诉我们，说较为严重，并说中午上网查了一下，治愈率很高，需要尽快联系住院，让我们冷静面对。

小高，我的儿，我不知道当时该怎样安慰你，我感觉我的天塌了。"幸福家庭的幸福是相似的，不幸家庭的不幸各有不同"，但这种不同是让人无法接受并且无法体会的。

接下来联系医院。没床位，让我们等。

这样的日子度日如年，你妈妈几天便瘦了十多斤，你是她的心头肉啊！

我心里又急又疼，坐卧不宁，我不敢正视你的眼睛。倒是你冷静地一次又一次安慰着我们。

终于入院了，做了进一步检查，准备用药。第一次用药便效果明显，你的头可以随意扭动了，肿大的淋巴结也变小了。回家前，医生又给你做了脊柱穿刺。

第二次去用药时，进入医院后你急匆匆地去了检验科，不一会儿手里举着"脊髓检测报告"跑了过来，你紧紧地抱住我俩，兴奋地说你不是基因病变，只是细胞问题，你的病可治。我们三人紧紧相拥，眼泪淌满每个人的面颊，一家人抱得那样紧，离得那样近。

小高，谢谢你，你让我看到了一种超越生命的淡然。但，这种淡然背后你承受了什么，唯有你自己知道。

去年你在网上看到张家口市大专院校硕博人才引进计划，你想报名参加。你辞去了原来的工作，放弃了大城市和高薪工资。我让你先报名参加考试，考上了再辞职，因为报名的人太多了，招聘名额只有一两个。你却以你的方式背水一战，从一百多名考生中脱颖而出。所幸，你被录取了。

你知道我和你妈妈当时有多担心吗？

入职后，学院的老师都亲切地称你"小高老师"，你也自称"小高老师"了，连网名也由"小高"变成了"小高老师"，可见你对新职业的热爱。

一年多了，你一丝不苟地教课，兢兢业业地工作，我问你后悔当初的选择吗？你说，这才是你想要的工作。但我得提醒你，教师可不是一般的工作，需要你全身心的付出，需要付出全部的爱。这也是我和你妈一直不愿意让你和我俩一样当教师的原因。

不知道你是否仔细想过，由"小高"到"小高老师"意味着什么？这不仅仅是人生的进阶，还是新的人生的开始，是责任。意味着许多孩子的未来交给了你，许多家庭的命运交给了你，你体会到了吗？你准备好了吗？你负得起这个责任吗？

但不管怎样，我还是想说谢谢你，小高老师，你让我看到了一种超越金钱的生活，看到了一种为理想而义无反顾的精神。

去年，你带回了你的高中女同学，敏。她聪颖、漂亮、贤惠。你说你一直都非常喜欢她，我们也十分欢喜。祝贺你找到了真爱！可贵的是敏也深爱着你，她理解你，支持你。小高老师，你是幸福的，更是幸运的。但惭愧的是因为种种原因，我们没能为你俩筹办一场像样的婚礼。一个红包，一对"喜"字，两把椅子，几句祝福的话，十来个亲戚朋友。婚礼简单得让我们心中不安。你俩却说这是独一无二的婚礼，更有意义，终生难忘。你携你最爱的人一起跪在我们的膝下，从此我们一家又多了一个牵肠挂肚之人。我们全家紧紧依偎在一起，一张"全家福"定格了我们美好的瞬间。

谢谢你，小高老师，你让我看到了一种超越了仪式感的豁达与洒脱。

小高老师，你长大了，已到而立之年，你有了热爱的工作，你有了心仪的爱人。你经常询问我对待特殊学生的教育方法。你说我一直是你人生的榜样，不知真假，但我心里感觉很美。

你还是经常打球、弹琴，你的兴趣一直没变。

最近，我们聊得更多的是国学，因为我参加了北京师范大学《论语》百日线上学习活动，你让我把你拉入群中"潜水"跟着学。

其实从去年暑假开始，我参加"张家口市教育种大树计划培训"回来后，就习惯了每日读《论语》，你因为相对事少一些，便同我一起开始了国学学习。你在我的建议下把《大学》《道德经》读了多遍，现在和我一起学习《论语》，你对国学也产生了浓厚的兴趣，很高兴你又有了一项新的爱好，我们又有了新的话题。更令我欣慰的是你性格的改变，面对妈妈的唠叨，你不再关上房门，学会了用风趣的语言应对，然后用会意的眼神冲我调皮地笑笑。

　　我知道，你生命的长河中汇入了一股清流，国学的养分已经融入了你精神的血脉。记得我们讨论"人之道"时，你说"为而不争"其实就是"认认真真做事，简简单单做人，快快乐乐生活"。谢谢你，小高老师，你对生命和人生已经理解得这样通透、明白。

　　到了车站，下车时你叮嘱我："时间很充足，不急，慢点！"

　　我回身叮嘱你："放心！开车回家注意些，慢点！！"

　　小高老师，你让我慢点，我让你慢点。真愿时光慢点，愿生活慢点。

　　"唯愿真情可回首，且与岁月共长久"，真愿我们在一起的时间更长、更久一些。

　　打开电脑写信还是昨晚，现在，窗外已经透进古城晨曦的微光。邯郸是一座有着悠久历史文化的名城。我知道，一会儿我们在不同的地方将一起开始诵读国学经典，《论语》将陪伴我们开启新的一天。小高老师，我们都是幸福的！谢谢你，有你真好！

　　我们已经陪你长大，你将陪我们慢慢变老。

爱你的老爸

2023 年 4 月 24 日凌晨于邯郸学院

　　　　（河北省张家口市怀安县左卫中学　高崇）

97. 孩子，我们欠你一部经典

亲爱的孩子：

见信好！收到这封信，或许会让你有些惊讶吧，这是 23 年来我正式给你写的第二封信。

去年秋天，妈妈有幸参加了北京师范大学"京师好老师生命成长营"。培训的第一天，全场数百人齐诵经典，当铿锵洪亮的经典诵读之声充满整个会场的那一刻，我被深深感动和震撼了。从那天起，我坚持每天诵读《大学》《论语》和《道德经》，每天至少读半小时，哪怕再忙，未曾间断。我也在上课前带领孩子们诵读经典。现在我已经把诵读经典当成了生活的一部分，连你爸也受到了感染，和我一起诵读经典。

随着每日的诵读，我发现自己发生了许多改变，遇事没那么急躁了，更能换位思考了，心态更平和了，原先因年龄因素逐渐倦怠的心也似乎被重新点燃了。我越来越多地感受到经典的无穷魅力与博大精深，越来越多地感觉到自己的局限与浅薄，也因从小对你的教育中欠缺了中华经典的熏陶而愧疚。但我想，为时不晚。

爸妈都是 20 世纪 70 年代初出生在农村的孩子，识字、计算基本就是我们小学的全部课程，到中学和师范学校才从课本上接触了一点儿古代文学，对于中华经典的学习几乎没有。而你上小学那会儿，我们也没有重视，等开始意识到时，你已经离开我们去省城上中学了，随后就去了国外。我们觉得很亏欠你，在你出国之前，没能把老祖宗留下的珍贵的经典好好传给你。有一次微信聊天，我说起自己在读《论语》，并与你探讨"君子不器"。我把北京师范大学教授对"不器"的诠释说给你听时，你说上中学时竟然没明白这层意思。不久之后，你告诉我你申请了用课余时间去上几位外专业学科教授的课，你说，你要抓住时机再多学些东西，让自己的知识更广博，一专多技，力求"不器"。真没有想到，"君子不器"这四个字，竟能激起你更高的追求。

这段时间以来，我们全家每天抽出一点儿时间诵读经典。为了方便学习，我已将《大学》全文和《论语》部分节选内容制作成 PPT，我们仨的手机上都存了一份，这样就可以随时打开来读。读着，读着，我们慢慢地发现，小时候老人常唠叨的那些话语、那些规矩都来自这些宝贵的经典。那，又是什么时候经典被我们弄丢了呢？

　　孩子，对不起，我们欠你一部经典。

　　这封信，是写给你的，其实也是写给我自己的。愿我们仨一起共读经典。

爱你的妈妈

2020 年 2 月 26 日

　　（浙江省衢州市龙游县阳光小学　王开宇）

98. 女儿，愿你亲近经典，走向幸福人生

思琦：

我亲爱的女儿，你好！

你刚刚走进大学，漫漫人生路，要靠自己去求索。我今天给你写信，是希望你在今后的日子里亲近经典，让自己的人生之路越走越宽，一生幸福快乐。

你上小学后，我曾让你和表弟背诵《弟子规》和《论语》等经典。上了初中，怕增加你们的学习负担，就没有坚持。读高中之后，晚上经常看见你读那些经典，你知道我心中是多么高兴，又多么遗憾吗！高兴的是，你愿意亲近经典，通过长时间熏陶，总有一天会从中受益。遗憾的是，由于自己并不十分了解这些经典，怕误导了你，无法为你深入讲解，帮助你更好地学习。

我在读小学和中学时，只读过语文课本上的一点儿文言文，师专时我学的是英语专业，对于中华经典的学习几乎是空白的。直到我参加工作后，一次偶然的机会，才开始接触经典，但始终没有深入学习。感谢北京师范大学《论语》百日线上学习活动，让我有机会重新认识和学习经典。例如，《论语》中的"学而时习之，不亦说乎"，以前的课本和老师都解释为"学习后要经常复习，一定是很快乐的"。我就很疑惑："小学一年级就知道了1+1=2，如果一直到高三时还复习它，又有什么快乐可言？"通过此次学习，我对这个句子有了新的认识："习"不仅仅是简单的重复复习，而是用学到的知识来指导实践，在实践中再验证、再认识。虽是寥寥几句，却内涵丰富，古圣先贤的智慧呼之欲出。

从现在开始，希望我们父女在经典学习上再出发，共同成长。爸爸想和你一起努力做到：

一起学经典。参加北京师范大学《论语》百日线上学习活动后，我就在思考如何学习经典，决定从头开始，从《三字经》《论语》和《道德经》等经典

开始，学习一句，理解一句，实践一句，不说谎、不抱怨、尽己责，从点滴做起。

一起培仁德。要有敬畏之心，敬畏天地、敬畏生命、敬畏先贤。要热爱自然，仁爱万物，乐善好施。能善待自己喜欢的人和物，这很平常；要是能善待自己不喜欢的人和物，甚至是对手，就需要不断提高自己的修养和能力了。

一起强体魄。《黄帝内经》也是我们应该深入学习的，努力体悟"恬淡虚无"的境界。任何人都会经历生、老、病、死，而我们可以通过自己的努力，做到少病或者不病。

我的宝贝女儿，你总嫌我唠叨，但这一次，我真心希望你能坐下来，平心静气地听我唠叨唠叨。

当然，这许许多多，不可能通过一封信、一次交流就完成。所有的一切，需要你自己去判断、去思考、去实证，希望爸爸的话能够点亮你的心灯，照亮你前行的路。

思琦，让我们一起亲近经典，走向幸福的人生。

祝

平安、快乐、幸福！

爸爸

2020 年 3 月 5 日

（湖北省神农架林区教育局 韩裕龙）

99. 儿子，让我们用家书续上爱与理解

我亲爱的阿宝：

北来南去几时休，人在光阴似箭流。时光总是太匆匆，还记得上次给你写信是 2017 年的 1 月。须臾之间，便到了 2019 年。

阿宝，从你十岁那年开始，妈妈就一年给你写一封信，你知道为什么吗？因为十岁，是你人生路上一个重要的里程碑。十岁以后，你变得越来越有思想，大概是爱读书的缘故吧，你看待事情、剖析问题的准度和深度远远超过同龄的孩子。你也越来越独立，小时候那个不敢独自出门，老缠着爸爸接送的你，已经不喜欢凡事都有我们的参与，同学聚会也会选择独自前去。你开始尝试着做这样或那样的选择，懂得了取舍，学会了转换角度思考问题。

那又是什么原因，让我们的家书断了呢？这里面隐藏着太多的遗憾。2017 年的下半年，我的工作发生了变动，新学校、新起点、新任务，我每天都早出晚归，于是接送你的任务全交给了你爸爸。渐渐地，我发现那个回家就缠着我说个不停的你不见了，即便给你准备了可口的饭菜，你也没有以前那么好的胃口了。升入初二后，你的学习压力倍增，天生好强的你为此十分焦虑，可这时候，以前那个总是陪伴着你的妈妈，却忙于工作，没有和你做更多的交流。你虽然嘴上没说什么，表面上风轻云淡，可内心深处却难免波澜起伏。你开始抵触和我交流，开始在家里宣泄情绪，你的叛逆期就这么来了，来得令人猝不及防。2018 年 1 月，本该是我们家书延续的日子，却因为这些而中断了。

静下心来想想，妈妈很是内疚和自责。因为你从小懂事，妈妈习惯了你的隐忍，有时甚至忘了你还是个孩子，还需要妈妈的怀抱和关注，也需要彼此分享和支持。有次体育训练后，你腰部受伤，在带你检查治疗的途中，你还乐观地安慰我。看到苍白羸弱的你故作坚强，妈妈既伤感又欣慰。

生活中遭遇的苦难，其实也是馈赠于我们的巨大财富。幸好，你没有因此一蹶不振，反而更加坚定地前行。就这样，2018 年留下的遗憾，在拥抱和安慰中，在畅谈未来中，在我们的相互理解和信任中，烟消云散。所谓父母子女一场，就是这样一种相互陪伴、彼此理解、共同成长的缘分。感谢你，阿宝，在陪伴你成长的路上，我也不断成长着。家人之间最好的状态，莫过于此吧！

　　亲爱的阿宝，还有三个多月，你就将迎来人生中的第一次重大挑战——中考！不管结果如何，妈妈都是你最坚实的后盾。请你相信，只要拥有坚定的信念、豁达的心态、持久的努力，你就会成为更好的自己，离自己的梦想越来越近！

爱你的妈妈

2019 年 2 月 21 日

　　　　（重庆市渝北区空港新城人和街小学　郑治）

100. 成长始于感恩

音奇：

展信好！今天是你中考100天冲刺的日子，爸爸和你一样，心情激动，对未来充满了期待。今天，爸爸不和你聊这次月考，只想回顾你，还有爸爸的成长过程。

你刚出生的时候，爸爸因为工作原因，与家人两地分居，是妈妈一手把你带大的。妈妈除了抚育你，还要开店赚钱，补贴家用。当时爸爸的工资很低，无力偿还房贷，好多年的房贷都是妈妈去还的。那些年爸爸囊中十分羞涩，为了省钱，常坐到株洲车费仅为4.5元的绿皮火车。然而，即使在我最穷困潦倒的时候，你们都没有嫌弃我，妈妈用她柔弱的肩膀撑起了这个家，度过了最为艰难的岁月！

但妈妈再怎么忙、再怎么苦，也没有忽视对你的呵护与教育。你读幼儿园的时候，妈妈骑着小电车，风里来雨里去每天按时接送你，早上变着花样为你做好吃的，晚上回来又教你读书识字，其实妈妈白天已经辛苦一整天了。你现在良好的道德品行大多源于妈妈的言传身教，你良好的阅读习惯与学习品质也是妈妈启蒙的。妈妈为这个家做了多大的贡献，我最清楚，我想你也要清楚，妈妈是这个世界上我们最为感恩与敬佩的人！

爸爸读书时不是很努力、很自律，还记得某个晚上寝室熄灯后，我们开始"卧谈"，滔滔不绝，我还是"活跃分子"，居然不晓得班主任就睡在我上铺。等说够之后，老师突然现身，我们都接受了相应的惩罚，至今记忆深刻。多年后回母校参加校庆，大家说起这个糗事，都十分感谢老师。经过那次整顿后，大家都静下心，埋头苦读，携手共进，最终寝室的6人全都考上了大学！爸爸就读的高中偏远，围墙外就是农田与猪圈。感谢学校不断教育我们做人成长，激励我们努力改变命运。

你现在就读的稻田中学，不是名校，有点儿小，还有点儿旧，但老师们十分敬业用心，富有爱心。稻田中学其实也是三湘历史名校之一，肩负着求存图强救国的教育使命，一大批名人志士曾在此求学任教。虽被文夕大火毁于一旦，但于 1995 年又顽强地复活。如今，在集团化办学的大潮中，稻田中学在艰难中求生存，在狭缝中求发展。一个小小的区属中学，办学质量连连上升，社会口碑不断提升。靠的是什么？靠的就是一股气：一股不肯服输的倔气，一股团结奋进的朝气，一股从不气馁的血气！

今日你以稻田中学为荣，明日稻田中学以你为傲！我想如果你今后有所成就，你要记得你是从这里走出的一名稻田学子，是老师教会你知识，更教会你做人。母校是值得你尊敬与感谢的，陈老师、石老师等都是你一生要感恩的人。

你心地善良，尊敬老人，关爱妹妹，恪守社会公德，品行端正，学习认真。当然，金无足赤，人无完人，你也有不足的地方。比如，心态还不够稳重、知识还存在盲区、粗枝大叶的老毛病还会常犯等。但这些不足爸爸相信你一定能慢慢弥补。不轻视、不放弃，任何时候都可以笑傲人生！

亮出你的理想，抓住升学时机；拼出你的实力，品尝成功喜悦。预祝儿子中考大捷！

爸爸

2022 年 3 月 19 日

（湖南省长沙市稻田中学　叶春光）

101. 生命质感的提升

亲爱的儿子：

你好呀，妈妈参加了北京师范大学《论语》百日线上学习活动，到撰写家书的时候，我想得好好给你写封信，更正式地表达一下妈妈对你的喜爱和感激之情。因为你，妈妈如此真切地感受到生命的温暖光亮、柔软美好。是你呀，儿子，是你提升了妈妈整个生命的质感！

在你来到妈妈生命里以前，在切切实实感受到你阳光灿烂的笑容之前，妈妈是一个偏理性的、习惯于首先明理辨物的人，关注是非、对错多，感性、同理心不足，虽有爱心，但欠柔和。但你是一个如此独特的存在，你少有哭闹，阳光灿烂，笑声朗朗。你的阳光温暖了妈妈的心，但凡有你的地方，妈妈都能瞬间微微一笑。二十多年来，一直受到你的感染，妈妈内心就像有了个小太阳，温暖光亮，柔和包容，自此花草别样美好，人们别样可爱。

记得几年前，你出国留学没多久，有一次，奶奶说想你了，谈起你，特别说到你的性情，说从小到大，陪你长大，你对她总是笑容满面、和颜悦色，说你感情纯朴，对长辈有耐心、有敬爱，很是孝顺。听到这里，妈妈很是惭愧，确实，"色难"对于儿子你来说，似乎真不是很难，但对妈妈来说，还是有点儿难，有时候真没有足够的耐心，尤其在"亲有过，谏使更"时，"谏"着"谏"着，就再难"怡吾色，柔吾声"了。回想过往，对比儿子你，妈妈真该好好反省了，妈妈知道的理肯定比你多，知道"色难"远比你要早，但为什么"色难"就是比你还要难呢？躬身自省，可能是因为妈妈对长辈尚不够深爱，不够有敬。自此，妈妈开始了人生中的另一个重要课题：知行合一，知道行道。这几年修习下来，妈妈感觉自己变得更加柔和了，生命渐渐觉醒。

你总是那么热爱生活，对人和事物充满感激之情。小学在寄宿学校，每周回家，你总能带回许多好事趣闻，你说十分喜欢英语老师欧阳老师的有趣，你说感激生活老师刘老师的精神引领……高考结束，你和同学骑行到厦门，你说你们受到了很多人的帮助，遇见了很多有趣的人：奶茶店知道你们在毕业骑行，特别加送你们每人一大杯；晚上已经打烊的餐馆的老板，知道你们是学生，马上起火开餐，饭后，老板还泡了他最好的茶，一边跟你们品茶一边谈老茶树的故事……你留学在外，依然简单明净，你感激实验室师兄、师姐们的关照，说喜欢他们的专注坦诚，感激那些在生活、学业上给予你帮助的人……你走过比妈妈更远的路，看过比妈妈更广阔的天地，然后把美好的风景和温暖的人性映照到妈妈的生命里，妈妈的生命由此更加温暖、美好。

　　你热爱阅读，关心国家大事，关注国际形势，有了深层次的感悟和思考就会与妈妈探讨。你也会向妈妈推荐一些好的书籍、好的影视作品、好的学习平台。慢慢地，我发现，我在跟着你的脚步成长。有一次，你向妈妈推荐了一个"人体器官捐献"的内容，然后，跟妈妈讲你的感动，说器官捐献，为生命接力，用生命点亮生命。我听懂了，儿子，我们的生命终将逝去，我们无能为力，但最起码，生命消逝后，躯体可以继续点亮他人的生命，妈妈决定了，要成为"中国人体器官捐献志愿者"。

　　亲爱的儿子，感谢你来到妈妈的生命里，因为你，妈妈感受到了这人世间更多的美好；因为你，妈妈希望离开人世间时依然可以继续这一份美好。

爱你的妈妈

2022 年 8 月 10 日星期三

（广东省中山市中山纪念中学　李开秀）

102. 内心安定，心有所归

妈妈的宝贝女儿：

你知道吗？最让妈妈开心的是我们母女俩平日里这样的对话：

"妈妈，你还在电脑前做事啊，我来做饭哦，今天想吃什么？"

"妈妈什么都可以吃，只要是宝贝做的，我都爱吃。"

"那吃肉炒土豆丝好吗？"

"好咧，妈妈可以依赖你啦。"

······ ······

我们母女俩就这样你一句我一句地说着普通的家常话，妈妈心里甜滋滋的，有女儿真是幸福啊！还记得你小时候在白云山上照的那张穿着红衣服的照片吗？不知不觉你已是大学三年级的学生了，从一个"小胖胖"长成现在亭亭玉立的大姑娘了。你不知道，妈妈每次看着你穿着礼服在舞台上演奏钢琴的时候，心里是多么激动啊！妈妈的小宝贝终于长大了，长成了一个美丽而自信的大姑娘！

想着你长这么大，妈妈还从没给你写过家书呢，妈妈想借着这次北京师范大学《论语》百日线上学习活动的机会，跟你说一说心里话。你从小就很可爱、乖巧，是爸爸、妈妈的心肝宝贝。可在你十岁那年，我们家失去了最重要的亲人，你幸福的童年戛然而止，妈妈自己也在生与死的边缘挣扎徘徊，我们母女俩在无尽的痛苦中相依为命。你不知道妈妈曾经多少次对生活失去信心，但每次想到你，我的宝贝女儿，妈妈又重新燃起了对生活的希望。我是你的妈妈，既然生了你，就要对你负责到底，是你让妈妈重新振作精神。因为有你，妈妈在寂寞中得到了安慰；因为有你，妈妈变得越来越坚强；因为有你，妈妈的内心变得安定，享受着和女儿一起成长的幸福过程。妈妈感谢你！看着你不断努力、不断进步，妈妈也一步步地走出了阴影，开始积极、乐观地生活，我们一起不断找回生活的自信和快乐。

妈妈不禁回想这两天学习的《论语》中颜回"一箪食，一瓢饮"的淡泊自守，"在陋巷，人不堪其忧，回也不改其乐"的安贫乐道。妈妈相信只要安定内心，心必有所归。人生不如意之事十有八九，将来的日子不论自己身处顺境还是逆境，都要记住：身处顺境时，不以物喜，不忘初心；身处逆境时，要以乐观心态战胜一切，困难和挫折都是在考验我们的决心和毅力，使我们变得更坚强。保持一颗平常心，越是简单的生活就越容易找到快乐。

我的宝贝女儿，妈妈很开心你一直有自己的艺术追求，当一名音乐教师是你的理想。妈妈也知道你一直很努力、很努力地让妈妈开心！女儿的心妈妈都理解！现在的你在不断努力学习，妈妈知道你付出了很多很多，你是那样有韧劲、有耐力，坚持不懈。妈妈希望你懂得"君子不器"的道理，安定内心，胸怀梦想，笃定前行。有志者事竟成！祝愿我的宝贝女儿早日实现心愿！

最后，摘录一段话与宝贝女儿共勉："用思想导航人生，用执着追求梦想，用快乐带动心情，用平淡对待磨难，用努力追求幸福！"

爱你的妈妈

2021 年 7 月 22 日

（广东省广州市荔湾区合兴苑小学 卢婉玲）

103. 祖父的远见和行动

儿子和侄儿：

当社会的滚滚浪潮将我们送上物质富裕的彼岸时，猛然间回头，却发现我们精神追求的步伐远远未跟上我们物质追求的脚步，我们的灵魂像失根的浮萍，漂泊无依，踽踽独行。让我们回到生活的原点，问问自己从哪里来，要到哪里去。

你们三兄弟现今已经成人，两个已经走上工作岗位，一个也将毕业踏上职业征途。在你们的人生展开或即将展开之际，我想跟你们聊聊我们这个家、聊聊你们的祖父。

你们祖父十三岁时，曾祖父去世。祖父只得外出谋生，独立支撑这个家。修铁路、学厨师，辗转无数次，他最后落在一个小煤窑，从不到一米高的窑洞里爬进爬出了整整二十余年。煤窑工人生活的苦，只有亲身体验过的人才会理解。为了几个儿子，为了这一家子的生活，你们祖父终日默默下井，从未在我们面前说过工作的苦，我们看到的，只是一年又一年你们祖父拿回家的"先进工作者"奖状。正是你们祖父那一张张鲜红的奖状，奠定了我们对工作的态度：工作就要踏踏实实，不挑不拣。

我们生活在山区，少田少土，儿大成人，娶媳妇就是最大难题。我们家三兄弟，要娶三个媳妇，困难可想而知。在残酷现实面前，你们祖父的规划是，尽量让几个儿子通过读书改变命运。于是，初一结束，你们祖父就想办法把我转去重点中学读初二。我那时基础甚差，初二期中考试英语只考了 9 分，数学考了 20 分。你们祖父又想办法让我降级重读初二，最终，1983 年中考我以学校第一名的身份考入师范学校。1988 年最小的弟弟初中毕业未考上中专，你们祖父毫不犹豫借钱让他复读，1989 年他终于考上一所针灸学校，毕业后分配到县中医院工作。你们祖父一辈子辛辛苦苦，到最后离开我们时，都没有好好享到一天福，我们亏欠他老人家实在太多太多。

你们祖父用他无声的行动告诉我们，不上进就没有前途。对比原来家境和我们一样甚至比我们好的家庭，因为暂时的困难，放弃了孩子求学进取的机会。我庆幸自己有一位看得更远的父亲，是他的坚定、执着，改变了我们家族的命运。他的这些人生经验也启示我们，生活要看长远一点，要积极上进。我师范毕业后毅然决然选择了自考。大学梦完成后，我又一路努力，考进了现在的中学。2015 年，我被评为重庆市特级教师。弟弟也因他的高超技术，成为家乡医学专科领域的佼佼者，2017 年被评为主任医师。

　　我想，如果没有你们祖父的远见和行动，我绝没有今天的成长和进步。

　　谨以这一封书信，怀念你们有远见的祖父！

李永红

2018 年 9 月 18 日

（重庆市渝中区教师进修学院　李永红）

104. 愿你如花尽情绽放

亲爱的女儿：

感恩上天，让你来到我的生命中，还有一个半月你就要满 4 岁了，回忆起和你相处的点点滴滴，妈妈忍不住写下了这封信。记得你出生的那天，有点儿突然，妈妈没想到你提前半个月来到了人世，急着和我们见面。大家都说你是为了给外婆庆祝生日，外婆说你是为了让妈妈少受疹子带来的折磨，所以才提早和大家见面。不管怎样，你的出生是大家所期待和高兴的。

你是如此善良、纯真、外向和美好，你是妈妈的开心果，你给了我无数欣喜、快乐、感动，当然也有你感冒发烧时我的焦虑、紧张和心疼。记得你刚出生两天，就查出黄疸偏高，必须住院，那时我真的很伤心，觉得是你提前出世才导致的。幸好，三天后，你没事出院了，我才安心。小小的你就要在医院度过，对妈妈来说，是件难忘的事，尽管你并不会记得这个事。

妈妈作为一名老师，工作上的确很忙，因为妈妈觉得要对自己的学生负责任。学生也像是妈妈的孩子，妈妈希望把他们教好，同时也因为自己是个母亲，所以也明白父母的苦心与担忧。因此很多时候，妈妈把时间放在了学生身上，放在了自己的事业上。但你都很听妈妈的话，理解妈妈的辛苦，从来没有因为妈妈工作而哭闹，甚至知道妈妈要工作了，就乖乖地自己玩耍，不打扰妈妈。每次妈妈下班回家晚了，你也只是高兴地在门口迎接，抱着我喊"妈妈、妈妈"。当看到你那兴奋开心的样子，妈妈觉得一天的疲累都消失不见了，是你让妈妈觉得再苦再累都是值得的。

在陪伴上，有时我觉得很愧疚，因为工作的关系，没办法总是在你的身边。你是在快三岁的时候去上幼儿园的，每每听说你去幼儿园的路上哭了，我就很想能在你身边鼓励你，但我无法做到，只能每晚和你聊天，告诉你，妈妈很爱你，你是妈妈的大宝贝。很庆幸，你适应了幼儿园的生活，并且表现不错，老师们都喜欢你，你也交上了好朋友。你也慢慢喜欢上跟妈妈聊你的学校生活，还会在家里扮演老师，把学到的东西告诉妈妈。我也尽量抽时间去了解你在学校的生活，与老师沟通。你是个好孩子，老师每次跟我聊起你，都是表扬的话，甚至你生病无法去幼儿园，老师也会念叨你。妈妈知道这些，真的想落泪，因为你是如此优秀，是妈妈的骄傲。

上周你因为肺炎住院了，我却因为脚受伤了，无法陪你入院，你没有闹情绪，而是乖乖跟着外婆住院一周。听外婆说，由于你的血管细又沉，不显，被好几个护士扎了好几针才最终搞好，但你也只是扎针时哭，很快就停，护士们都说你棒棒哒。听到这些，妈妈真的好心酸。妈妈知道，你也有想妈妈的时候，想得都哭了，但是跟妈妈视频的时候，你没有说一句要妈妈去医院的话，只是关心妈妈的脚怎么样了，好点儿了没有，让妈妈多休息，不要动来动去。我好感动，尽管在妈妈看来，你还很小，却很为妈妈着想，能有这样一个乖巧、可爱的女儿，我真的觉得太幸福了。

看到你茁壮成长，渐渐开出属于你自己的花，妈妈很欣慰。感谢有宝贝你，妈妈会一直陪着你，尽我所能去教导你。妈妈希望你能做到孔子说的"君子不器"，期待你能成为一个善良正直的人，一个自食其力的人，一个志存高远的人，一个有余力去帮助他人的人，一个内心真正幸福的人。

你最宝贝的妈妈

2022 年 8 月 10 日

（广东省广州市荔湾区林凤娥小学　陈思敏）

105．一家人，一辈子

亲爱的孩子：

你好！

今天是 2022 年 8 月 16 日，首先祝贺你高中毕业，考上了大学！再过几天，你就要去上大学了，去到一个陌生的环境，开始全新的生活，去放飞自己的梦想。但是，那里和家里不一样，和中学不一样，没有亲人的照顾，你需要独自面对很多很多的"第一次"，困难可想而知。"儿行千里母担忧"，有太多的不放心，有太多的话想对你说。

12 年前，你上小学一年级时，我第一次给你写信，希望你健康、纯真、开心、快乐、热爱学习。你做到了，你考上了重点初中，我们很骄傲！

6 年前，你上七年级时，我第二次给你写信，希望你健康、善良、开心、快乐、品学兼优。你做到了，你考上了重点高中，我们很骄傲！

3 年前，你上高中一年级时，我第三次给你写信，希望你健康、正直、开心、快乐、全面发展。现在的结果是，你考上了重点大学，但不是你心仪的大学。你不开心、不快乐，这样的不开心、不快乐，让这个暑假变得特别漫长、难熬。这样的你，让我感觉到自己的无能和痛心。

我反思自己的言行和教育，可以称之为"三四五"：小学阶段有关思想品性的"三章约法"，初中阶段有关学习能力的"四项规定"，高中阶段有关成人社会的"五个指标"。难道这些一开始就让你感觉到了前行的压力，束缚了你个性的发展？想你通过回信的方式，真实、坦诚、大胆、毫无保留地表达你的观点和态度，说出你的真实想法和情感，以便我们能更好地沟通和交流。

孩子，我和你妈都非常爱你，无论什么时候、什么事情、什么问题，我们都会和你站在一起，同向而行，一起面对现实，一起分担风雨，竭尽全力做你坚强的后盾、温馨的港湾、续航的加油站。你就放心、大胆、勇敢地去飞，去拼，去追梦！

你痴爱篮球，非常熟悉 NBA 球员的各种技能值是怎么来的并且意味着什么。他们以篮球作为职业，职业就要讲职业精神，即强身精技，剑指巅峰。你即将成为大学生，学习也就是学生的职业，学生的职业精神就是勤学知识、苦练本领、立志成才。现在多吃些苦，将来就会少受些累；现在多流些汗，将来就会少流些泪。"功崇惟志，业广惟勤"，一分付出，一分收获，伟大的功业成就来自勤奋努力，这是万古不变的规律、四海皆准的真理。

人生无坦途，想要不苦一辈子，就得苦一阵子。破茧成蝶，浴火重生，没有谁可以随随便便成功，生命是在磕磕碰碰中走向成熟、坚强和辉煌的。鸡蛋从外打破是食物，从内打破是生命。人同此理，要自己给自己压力，成为茁壮的生命。有幸生活在盛世今日之中国，最美的青春，最美的遇见，定要不负光阴、不负卿。

努力吧，成才吧，孩子！祖国高于一切，才华贡献社会。做一个正直善良、富有爱心、诚实守信、主动自律、勤勉踏实、积极上进、有理想、有文化、阳光快乐的男孩。

好吧，啰啰唆唆这么多，总之，你是爸妈唯一、最亲、最爱的人，永远是！反过来也一样，爸妈是你唯一、最亲、最爱的人！我们永远是一家人，相亲相爱的一家人！

一家人，一辈子！

就此搁笔。

愿你健康平安、快乐幸福！

今生永远爱你的老爸

2022 年 8 月 16 日

（广东省中山市小榄中学　李页发）

106. 不负青春　不负韶华

嘉晨：

　　转眼间，你进入大学校园已经一年了，看到你加入"马克思主义研究会"社团后，不时发出的动态和感想，妈妈由衷感到高兴。你已经完成了从懵懂的少年到意气风发的大学生的转变，开始对世界、对历史、对人生有了自己的思考。大学不仅仅是知识拓展的过程，更是构建起稳定的价值观、世界观、人生观的过程。在这个关键时期，形形色色的人和思想会像潮水一样冲击着你的头脑和心灵。妈妈希望你能保持清醒，明白自己应该做什么、怎样做，这样才能不负青春，不负韶华。

　　7月1日那天，你和妈妈一起观看了中国共产党成立100周年纪念大会的实况直播。虽然相隔两地，但我们的激动与自豪是相同的。聆听习近平总书记坚定有力、满怀深情的讲话，我们看到百年来中国共产党波澜壮阔的奋斗史，看到无数革命先辈筚路蓝缕、艰苦奋斗的伟岸身影，更看到我们伟大祖国美好光明的未来。

　　历史是一面镜子，把经过时间沉淀的真理清晰地展现在我们面前。曾经，多少有志之士在黑暗中摸索前进，他们怀疑过、迷茫过，甚至逃避、动摇过。幸而，他们坚持了下来，作为中国共产党的一员，和这个伟大、正确、光荣的政党一起，与人民血肉相连，和国家命运与共，带领中国改天换地，使中国人民成为生活幸福的人民，使中国成为美丽、安全的国家。

　　每当听到"此生有幸入华夏"这句话时，我都感同身受。我们生活在当代中国，人民安居乐业、衣食无忧，是何其幸福！我们享受着先辈们用鲜血和生命换来的美好生活时，不能忘记他们的牺牲和付出，还要努力思考，怎样让自己和他们一样，活得更有价值。还记得在七一庆祝大会上，少先队员和青年团员呼喊出的那句口号吗？"请祖国放心！强国有我！"我想，这句话应该也表达出了你的心声。作为青年人，你们像初升的太阳，不仅承载着家庭的未来，更肩负着国家和民族的希望。习近平总书记勉励青年人说："新时代的中国青年要以实现中华民族伟大复兴为己任，增强做中国人的志气、骨气、底气。"①作为中国人，我们对祖国的悠久历史、灿烂文明有源自血脉的自信。没有哪个文明能像中华文明这样历经风霜依然焕发着强大的生命力，没有哪个国家像中国这样从苦难中一次次涅槃重生。我们生在这样一个伟大的时代，见证着中华民族的再次腾飞，不能只有志气和骨气，还要有底气，具备为国家和人民奉献力量的实力。当年周总理在少年时曾立志："为中华之崛起而读书。"而今，妈妈希望你"为实现中国梦而读书"，成为这个伟大时代的参与者和贡献者。

儿子，得知你已经递交了入党申请书，爸爸、妈妈都很高兴。我想，你已经找到了自己奋斗的方向，找到了正确的道路，相信你会用汗水在新的征程上留下坚实的脚印。

祝

学习进步，健康开心！

妈妈：陈湘慧

2021 年 7 月 22 日

（甘肃省酒泉市第五幼儿园　陈湘慧）

---

① 习近平：《在庆祝中国共产党成立 100 周年大会上的讲话》，载《人民日报》，2021-07-02。

107. 月斜寒露白，此夕去留心

阳：

　　你好！

　　时维九月，序属三秋。在这寒露之夜，我坐在窗前仰望一轮明月，想起家乡，想起明天就要启程去成都报到的你。首先祝贺你迈出了人生重要一步，跨入大学校门，开启了高校求学的征途，即将在你人生底色上书写锦绣华章。祝贺你，祝福你！

　　露从今夜白，月是故乡明。此刻的岭南依旧高温炎热，而此时节，家乡关中平原应该已是寒露如玉，夜凉似水，可以想到草木之间那莹莹一地的露水，想到火红的柿子表皮上那闪闪的"珍珠"。家乡于游子而言永远是温暖在心的，是在岁月的甬道上留下的滚烫的印记。

从哪里来

　　你应该听爷爷、奶奶说过多次，我暑假一直在参加北京师范大学《论语》百日线上学习活动。辛意云老师从"找寻自我"的角度解读《论语》，反复强调人在自我生命觉醒后的自我确立。你大学入学后一定会有心理学课程，你会了解到弗洛伊德的人格理论。弗洛伊德认为初生婴儿只有"本我"而无"自我"，只有当他"物品确权"探寻"我"的时候，他才开始真正地成为一个"人"，也就是辛老师说的从"生物性的人"转为"社会性的人"。此时我们都会思考"我是谁？从哪里来？到哪里去？"这些终极哲学问题。

　　《论语》有云："慎终追远，民德归厚矣。"讲的是对长辈及祖先的恭敬之心，一个心中有根的人，也一定是一个懂得感恩之人，心怀感恩，必是善良之人，其心自然就淳厚。仁者爱人，也就有了真正的爱、生命自觉的爱。那么作为大学生的你，从关中平原到成都平原求学的你，生于周原、长于周原的你，是否知道自己从哪里来？我们的根在哪里？

　　好好读读《诗经》吧，其中就有我们先祖的渊源：由《生民》后稷的邰地迁到《公刘》的豳地，《绵》记诵古公亶父将都城由豳再迁至岐山，定都周原。文王正是在这块土地上励精图治的。周公庙、凤鸣、京当、召公、钓鱼台、八卦台、练兵台等，这些地名你一定很熟悉吧！文王仰观天象，俯察地理，推行教化；太公指点江山，坐镇挥戈，操兵习武；武王在此偕八百诸侯会师盟誓，祭天伐纣。这些故事你从小就听，也许都听厌了，每年家族的各种祭奠、节礼仪式你也许会觉得烦琐。从我的阅历来看，伴随着与家乡的远离和自己的年岁渐长，你终有一天会理解"礼仪"、理解"慎终追远"、理解"不忘初心"，会思考先祖为我们留下过什么，我们来这世上走一遭的价值到底在哪里。如果你能常常这样去思考，那真是文武圣王给予的启发和唤醒，一旦生命觉醒后，你一定会感受到生命高度自觉者的那份喜悦。

到哪里去

"一诗二表三分鼎，万古千秋五丈原"，"三顾许驰驱三分天下隆中对，六军彰讨伐六出祁山纲目书"。阳，这两副对联你应该很熟悉吧？这就是老家附近你常常去游玩的五丈原庙的对联。秋风五丈原，我至今还记得小时候去五丈原武侯祠秋游，沿着古盘拾级而上，原上风声阵阵，树叶婆娑，秋日的私语或许是在讲述一千七百年前的三国硝烟。如今的五丈原庙应该扩建得更加恢宏了吧？

巧的是，你要去成都读大学，成都南郊就有武侯祠，我参观过三次。"三顾频繁天下计，一番晤对古今情。""丞相祠堂何处寻，锦官城外柏森森。"这里的武侯祠历史久远，千年来，历代文人墨客、迁客骚人来此寻幽探古、凭吊先贤、托物寄情、以古鉴今，其中尤以百年前赵藩撰书的30字"攻心联"为胜："能攻心则反侧自消，从古知兵非好战；不审势即宽严皆误，后来治蜀要深思。"赵藩用大家熟知的诸葛亮的两件事，写出了发人深省的论史联。"省"在何处，这个值得你日后细细学习参悟。

《论语》开篇首章曰："学而时习之，不亦说乎？有朋自远方来，不亦乐乎？人不知而不愠，不亦君子乎？"你应该耳熟能详吧？这虽是初一的语文内容，但是值得一生去学习体味。我如今已过不惑之年，但是仍然困于"学"中而未能觉，因此常有"不悦"和"愠怒"难以排遣。辛老师言"学者觉也"，强调的是自我生命的觉醒。此处"学"有"学习"的意思，但不仅仅是学习。家人问你为什么要选择四川师范大学去学习？毕竟我们家族已经有二十多位教师了，毕竟男孩子大多不愿意读师范学校，毕竟在西安你也可以选择相对更好的非师范学校和专业。如果你知道自己要在师范学校学什么，如你所说计划将来继续读研，这些在我看来就是"觉"，也就是心理学所说的自我意识的开展，也是《论语》所强调的开展自我生命的自觉。

"学"即"觉"，"习"则要实践。《说文解字》解"习"为"鸟数飞也"。当幼鸟自我生命开展后就想要展翅高飞。如同家人多么希望你能留在西安读大学，毕业后在西安就业，毕竟在本地读书、就业有诸多方便，而你却坚决选择西安以外的地方求学就业一样。我和爷爷、奶奶、你的父母在遗憾之余，其实也为你高兴，这是你自我意识觉醒后自信、担当、勇敢的体现。你独自一人由陕入川，进入真正意义上的社会群体之中，你会在自我建立中拥有新的舍友、学友。大学生活与高中不同，你是真正意义的"社会人"了，相处相交与人为善，学以为己，推己及人，即使"人不知"咱也"不愠"，万不可因血气方刚而争强好胜，要知道真正优秀的人，心无杂念，目标明确，有所为而有所不为，有所争而有所不争。想想六出祁山的诸葛亮为了白帝一诺，面对那么多"人不知"而"不愠"，一生都在为北伐而努力，流芳千古为世人称颂。

当然，作为大学生的你一定会有"不乐""不悦""愠怒"，这个时候你可以调整情绪和心态，心理学上叫"离开现场"，电视剧中叫"我要静一静"，其实就是"省"，就是自我觉察。所谓"吾日三省吾身""君子坦荡荡"，说的就是在跟同学相处一起学习、做事时，反省自己有没有全力以赴，看自己是不是还受制于生物性的自存冲动，未能脱离从利益出发的争夺，还停留在生物性生存的基础上。"敏于事而慎于言"的君子是完全的生命觉察者，心胸平坦宽阔则"坦荡荡"。大学四年甚至以后你幸福与否，关键就在于"省"，此"省"极难，且知不易行更难，我自知不足，愿与你共勉。

清夜无尘，月色如银。阳，你还记得我们前年暑假游三峡石宝寨时的"必自卑"牌坊吗？"君子之道，辟如行远必自迩，辟如登高必自卑"，意喻做人做事没有捷径，告诫我们无论何时何地都要谦虚谨慎，不要自高自大。你初入大学，学校社团活动众多，专业科目众多，你还有读研深造的目标，但是你要切记万事总宜循序渐进，不可操之过急，一切从自己做起，从自己身边切近的地方做起。

　　月斜寒露白，此夕去留心。清风相携，明月相照。明月映照着此刻岭南的我，也映照着此刻在老家的你的梦，明晚一定会映照身在锦官城的你。秋寒叶落，天高云阔，且共岁月从容。愿你，此生此夜长好，明月明年还看。

爱你的姑姑：李亚利

壬寅年庚戌月甲午日寒露月夜

　　　　（广东省中山市南区街道教育和体育事务中心　李亚利）

108. 心宽一寸，路宽一丈

亲爱的萌萌：

近来一切可安好？听到你被乌鲁木齐市文博实验中学聘用，而且还当了一名语文老师，我非常高兴，也很自豪。你能女承父业，这是家庭的幸事，更是教育的幸事。

今天给你写这封信，是想用我28年的教育教学经验告诉你，作为语文老师，你该如何去点亮孩子们的心灯。

你知道《论语》是记录儒家思想的书。这部语录体散文，语言质朴却不失文采，简约而不失隽永。那些影响深远的成语典故，那些辞采飞扬的语句篇章，那些个性鲜活的人物场景，那些微言大义的思辨哲理，影响着一代又一代中华儿女。不同的人读《论语》会有不同的心得感悟，作为语文老师的你更应该从语文教育的角度和学生一起读《论语》，活出真我，活出全新的自己。久而久之，你不但可以洒脱地面对曲折的命运，而且可以坦然地应对坎坷的红尘。

"知之为知之，不知为不知"，这是为学者应有的诚信态度；"敏而好学，不耻下问"，"三人行，必有我师焉"，这是为学者应有的谦恭态度。作为语文老师，关注学生的学习品质，培养他们的好学精神，应是你当仁不让的责任。"温故而知新，可以为师矣"，"学而时习之，不亦说乎"，唯有在旧知的温习感悟中才能不断地发现新知，唯有在实践运用中，才能享有创造的快乐，这也正是学养提升的前提。"学而不思则罔，思而不学则殆"，则点明了学与思的关系，唯有学思结合，才能学以致用，思有所成。

"学而不厌，诲人不倦"，这是教育者应具备的自我发展的素养。学生是教师的影子，教师不断学习而不满足，学生才能终身学习而有所成就；教师耐心教诲而不厌烦，学生才能让教师走进自己的心灵。"其身正，不令而行"，这是教育者应具备的师德素养，更是必须具备的师表风范。"有教无类""循循善诱"，这是教育者应有的育人态度。"后生可畏，焉知来者之不如今也"，萌萌，只有你时刻关注学情，因材施教，谆谆教诲，学生才能如沐春风，在你博大的关爱中实现自我的成长。人海之中，人潮汹涌，让圣贤智慧点亮心灯，你这一路才会越走越灿烂。

"人而无信，不知其可也"，在孔子看来，对人不讲信义，又怎能被人所信呢！你要尽己之力带领孩子们看到那盏在千年时空中始终闪耀着的并指引我们前行的明灯。"见贤思齐焉，见不贤而内自省也"，人要想求得内心的安宁，就要在内心为自己竖起一根立身的标杆，这样才能做到"知者不惑，仁者不忧，勇者不惧"，形成强大的内在力量，培养浩然正气。

萌萌，诵读《论语》充满睿智的语句，你定能获取道德的启迪与心灵的慰藉，圣贤思想会让你在追求外物的同时关注心灵，从而寻得一片属于自我的平静天空，过上纯正、坦然而快乐的生活。

萌萌，带领孩子们品读《论语》，走近圣贤，聆听千年不倦的教诲，孩子们不但能提升语文素养，更能开启心智。

最后，祝福走上教书育人之路的你越来越好！

爱你的小姨

2022 年 8 月 16 日

（甘肃省张掖市第二中学　李爱玲）

109. 我们的家风

亲爱的小娃：

展信欢颜！展信开怀！

刚开学不久，各种工作繁忙，但很庆幸，我们总是能挤点儿时间说说话、聊聊天。写这封信的时候，时不时想起你灿烂的笑容、天真的言语、可爱的举动，觉得生活很美好，充满了阳光的味道、活力的气息、灵动的风姿。我们的家庭关系十分和谐，不管大人、小孩，都相处得十分融洽，都能懂得互相体谅，这得益于我们良好的家风。妈妈想跟你讲一些关于家、关于成长的话，也希望你能在这样虽平淡但温馨的家庭中，继续开心、健康地成长。

在爸爸、妈妈的童年记忆中，彼此的家庭并不富有，我们的父母却在有限的物质条件中，为我们创造了充实而美好的生活。我们的父母用具体行动告诉我们，要脚踏实地、与人为善，这些使我们在成长中少走了很多弯路。

当我们组建幸福的小家庭时，你这个可爱的小生命的诞生，为幸福小家庭增添了色彩，赋予了"家"更深厚的含义，也使年轻的我们有了更多的责任与担当。在柴米油盐酱醋茶的碰撞间，工作与生活的轮转里，习惯与不习惯的磨合中，我们都渐渐明白，家需要用理解来呵护。我们要通过沟通来达到契合，要用宽容来创造和谐，才能使家中的每个人心心相印、相爱相依。

你一天天长大，我们也渐渐发现，你的爷爷、奶奶、外公、外婆已青丝不再。我们也不忍心将养育你的责任再推到他们身上。于是，你满月之后，我们就自己承担起属于我们的育儿重任。虽任重而道远，需上下求索，需耗费心血，却也甘之如饴。小家庭与大家庭，在理解、沟通、包容中，走向更深切的契合。

对你的教育，我们始终注重言传身教，注重陪伴式成长。我们和你共同体会生活的酸甜苦辣，共同感受生活的阳光雨露，共同创造生活的无限可能。生活有阳光和煦，也有风雨浪涛。但不管生活如何，我们总要用心去调整，用智慧去维护。你在成长中，也渐渐知道，事物没有十全十美，总有些瑕疵与缺憾，要学会用心去感受与包容。你逐渐懂得"知者不惑，仁者不忧，勇者不惧"，也逐渐学会"见贤思齐焉，见不贤而内自省也"。如今的你，已是可爱善良、有责任感、有独立思想的小小生命个体。

　　小娃啊，小娃，妈妈希望你一直记得：家是力量的源泉，家是情感的寄托，家是生命的延续，家是灵魂的传承。愿你，健康、平安、喜乐！

一直与你相爱相依的妈妈：许纯丽

2022 年 9 月 8 日

（广东省中山市杨仙逸中学　许纯丽）

110. 读书正当时，吾儿当自强

亲爱的儿子：

时间的车轮转得好快呀！十年前的一个深夜，你来到了我身边。随着你的出生，你的一举一动牵引着全家人的目光。还未把你在掌心捧够，就捧不下了；还未把你在怀里抱够，就抱不动了。记忆中你牙牙学语、蹒跚学步的样子还那么清晰，转瞬间，你都十岁了！

十岁的你，169cm 的身高，75kg 的体重，已经是一个比妈妈还高还壮的、会思考有主见的小小男子汉了！十年的岁月，因为有了你，我们享受了太多的欢乐和幸福；十年的岁月，因为有了你，也给我们带来了不少的烦恼和困惑。

儿子，能和你做母子，那是妈妈的福气，妈妈十分珍爱；但妈妈更想做你的朋友，做你最亲密、最要好的朋友。看着你一天天长大、成熟、懂事，一天天了解世界，爸爸、妈妈知道总有一天你要真正踏入社会。爸爸、妈妈不能永远守护在你身边，我们必须学会放手，让你独自去面对这个世界。所以，亲爱的儿子，妈妈有几句嘱托的话想说给你听。

妈妈期望你做一个爱国的人。"有国才有家"，"国家好，民族好，家庭才能好"。神舟飞船飞天，建设世界最大的射电望远镜，建设"北斗三号"系统……这些看似离你很远的国之重器，却给了我们和平繁荣的时代，给了我们尊严！让我们可以抬头挺胸走路！现在我们生活在和平年代，祖国并不需要我们上战场。我们应该如何来爱国呢？作为学生的你，请珍惜时间，刻苦学习，努力拼搏，将来为祖国贡献自己的一份力量。妈妈给你说的这些，也许你还懵懵懂懂，但妈妈必须告诉你，在你的人生坐标轴上，爱国是你不变的航向。

妈妈期望你是一个热爱学习的人。如果你不想虚度一生，那就要学习一辈子。周恩来在少年时就立下了"为中华之崛起而读书"的雄心壮志；鲁迅上学时在课桌刻上"早"字自勉，成了举世闻名的文学家。他们都是在和你一样的年龄时，就有着读书学习的好习惯，这样的例子不胜枚举。读书可以获得知识，增长智慧，但更重要的是为了丰富自己，从而获得尊重，也学会去尊重别人。现在很流行的一句话——"身体和灵魂，总有一个要在路上"，说的就是读书和旅行。我觉得我们去读书或是旅行是为了更好地了解这个世界，了解这个世界上生活的人，从而也更加了解我们自己。毕竟人生有限，我们不可能走过所有地方，和每个人交谈。所以我们读书，去了解那些我们未曾经历的事情。有的人说我读了很多书，最后都忘了，那么读书有什么用？我想说我们一生也吃了很多饭，大都消化了，但有一部分变成了我们的血肉骨骼，改变了我们。

儿子，妈妈想对你说的话很多很多，千言万语，也说不尽我对你的爱和关切。因为你不认真学习，妈妈骂过你；因为你不听话，妈妈吼过你；因为你吃得太多、长得太胖，妈妈挖苦过你，讽刺过你。而这一切只因为妈妈总拿你和别人家的孩子做对比，放大了你的缺点，对你严苛挑剔有余，耐心细致不足。让你幼小的心灵受到伤害，在这里，妈妈请你原谅，以后，妈妈一定注意和你交流的方式和方法。妈妈希望你遇到难题不要再期待地望着爸爸，遇到难事也不要再可怜兮兮地看着妈妈，要靠你自己的智慧，用你自己的双手，撑起你自己的一切！将来能成为一个堂堂正正、有担当的男子汉！

读书正当时，吾儿当自强。

爱你的妈妈

2023 年 2 月 10 日

（甘肃省酒泉师范学校附属小学　李娟）

111. 愿笑容坦荡，所视之处皆有阳光

亲爱的又又：

今天的你七个月零十七天，这七个多月，真像一个电影长镜头，让我总也忍不住回味。此刻，提笔之间才恍然意识到，你的降临让妈妈生命的质感变得如此清晰。

今早，窗外阳光明媚，一缕阳光透过窗户，落在了你柔软的脸蛋上，看着你睡得如此香甜，我的嘴角不禁微微上扬。有了你之后，总会有这样宁静温馨的时刻，借你的纯洁与澄明，妈妈也慢慢看清了自己的内心。妈妈想写下你降临后生活中诸多的闪光片段，记录下你成长路上的桩桩件件。当下或许看不出意义，但等你长大，我们共同回忆的时候，这些文字会为我们走过的光阴留下最美好的凭证。

2022年6月16日，天很蓝、云很白，艳阳普照，仿佛在迎接这特别的一天。从未做过手术的妈妈，被医生推进冰冷的手术室，心中莫名地害怕与紧张，最终还是没能忍住，流下了眼泪。在麻药的作用下，我虽然已经感受不到疼痛，但内心的情绪是那么微妙与复杂。突然，一声啼哭瞬间驱走了我所有的恐惧和紧张。十个月了，我终于第一次如此清晰地听到了你的声音，似雨落窗棂的微响、似花蕊在风中绽放、似冰层在水面融化……霎时，激动的泪水夺眶而出，一股暖流涌遍全身。我们第一次对视，那一个瞬间，你停止了啼哭，安安静静地看着我，我们对望的那一刻，我真的感受到了前所未有的幸福与甜蜜。医生把你抱来我身边，我才知道原来你是一个小姑娘呀，我再也顾不上疼痛，成为那天唯一一个始终微笑着被推出手术室的妈妈。是啊，你的降临，让我在一个炽热的夏天体会到了春暖花开般的平静与自在，让我觉得我拥有了整个世界。

你在2022年夏天最热的时节降临，爸爸给你取名"盛夏"，小名"又又"。"又又"来自妈妈的"凤"字，因为，妈妈始终会将你放在心尖上。每

每看着躺在身边软软糯糯的你，妈妈的心都会被融化。看着你从翻身、爬行，到现在满床打滚，带给我太多无法复制的快乐和无与伦比的惊喜，也让我从父母眼中的孩子蜕变成能够独当一面的母亲。朝夕相处的时光里，小小的你赋予了妈妈巨大的能量，你是上天赐予我最好的礼物。

自从有了你，妈妈失去了少女时候的青春与自由，身材慢慢走样，傲娇的脾气也一去不复返；爸爸白天努力工作，晚上拿出全部时间陪伴你、照顾你。我们开始努力学习如何成为称职的父母，从各种渠道学习让你茁壮成长的妙招。从 50cm 到 70cm，从六斤一两到十九斤一两，从 52 码的包屁衣到现在 80 码的碎花裙，你成长的每一个细节，爸爸、妈妈都害怕缺席。这七个多月，我们记录你成长中每一次或大或小的改变，为你解锁每一项新技能而欣喜若狂。比如，你第一次抬头、第一次翻身、第一次会爬……你的每一个动作、表情都会治愈妈妈所有的疲惫、焦虑、崩溃。你的到来，让我拥有了妈妈的新身份，让我不再是我，让我有勇气承担起作为母亲的责任。

这几个月你的记忆是空白的，但对于爸爸、妈妈来说是此生最为珍贵、无法复刻的记忆。时间过得太快，快到想把时间暂停，想让你快快长大，又舍不得你长大。谢谢你选择让我们成为你的爸爸、妈妈，谢谢你加入这个家庭，让这个家庭如此幸福圆满。

妈妈希望你健康、平安、快乐地感受生命中的每一天。妈妈不会强求你做一个多么完美的孩子，但妈妈希望你成为一个有责任心、有同理心、阳光、乐观的女孩；妈妈也希望你多读书，让书本成为你窥探生活的眼睛，有勇气去体验世界的多彩与斑斓；妈妈还希望你以后的生活可以慷慨以歌，一步一向荣，一念一欢喜。

在《愿你慢慢长大》中，刘瑜老师给女儿写了一段话：愿你有好运气，如果没有，愿你在不幸中学会慈悲。愿你被很多人爱，如果没有，愿你在寂寞中学会宽容。愿你一生一世每天都可以睡到自然醒……妈妈将这段深深触动自己内心的文字送给我亲爱的宝贝。

星河滚烫，人间值得。你只管长大，爸爸、妈妈定会护你周全、许你安康，我们会竭尽所能地爱护你，永远做你坚强的后盾！快八个月啦，我的宝贝，你不必光芒四射，你只需要做你自己！

爱你的妈妈

2023 年 2 月 3 日

（甘肃省酒泉师范学校附属小学　张凤）

112. 无奋斗，不青春

亲爱的儿子：

你好！我很高兴以这样的方式祝贺你十八岁的成人礼，欢迎你来到成年人的世界，我将以平等的姿态和你对话。

在接到学校老师布置的任务，整理你小时候照片做成人礼视频时，我不禁有些惶恐，有些着急了。你这么快就长大了，成人了，我还来不及好好地照顾你，呵护你，你却早已离开了我的视线，奋斗在千里之外的学府。妈妈既为你感到骄傲和自豪，又为未能在身边时常照顾你感到深深的遗憾和不舍。

小时候的你体弱多病，我和你爸爸时常带着你奔波在医院和家之间。你的生日是在夏天，农历六月二十日，那是一年之中最热的时候，由于我初为人母，缺乏照顾你的经验，你刚出生几天就得了湿疹。我们访遍附近所有能治皮肤病的医生都根治不了你的顽疾，只能在你稚嫩的皮肤上一次又一次地试用各种药，我害怕抹坏你的皮肤，但是更看不下去你流黄脓水的脸和因为发痒不断想挠脸的手。有一段时间，迫于无奈，我不得不把你的手包起来，但是又有人提醒我这样会影响你手的发育和灵活度，我既心疼又难过，不知道悄悄流了多少次眼泪。后来你长大了些，湿疹也慢慢变轻了。可是你又添了新的毛病，上幼儿园的时候你经常咳嗽、高烧，反反复复，每次都要输好几天液。曾经有好几个夜晚，都因为你高烧不退，我和你爸爸睡不着觉。再后来，你上学前班了，我们发现你的视力不好，带你去北京看眼睛，说是弱视，穿针，做弱视训练，不断地复查，配眼镜，又是几年的看病之路。上初中了，你渐渐长大了，身体也结实了，但是又到了离开我们的时候了。

记得那次去学校开家长会，我从后门的窗户望去，一眼看见了你瘦削的双肩和浓浓眉峰，不错，那是我的儿子，你正在聚精会神地听老师讲课，没有注意到我。又是瞭望，突然鼻子有点儿酸，刚来学校时在这样的瞭望中，我泪流满面地离开了你，把你丢在了千里之外的地方。天下最狠心的母亲也不过如此，此生欠你太多。在照顾你的路上我总是跌跌撞撞的，却又庆幸无比。我宁愿在烟尘里滚打，也不愿在静穆的时光里瞭望。此心之下，泪已无言！

好在你很坚强，在外读书，你从来没有让爸爸、妈妈操心，没有因为不想住校而诉过苦，也没有因为难受而要求过回家，更没有因为成绩的跌落而放弃学习，你是好样的。虽然我们也走过十八岁，显然没有你更有意义，你赶上了社会发展的好时期，赶上了一所好学校，赶上了好多好老师，所以你一定要珍惜这来之不易的机会。可能我们会因为一时的疏忽暂时落后，但只要我们坚持不放弃，就有接近梦想的机会。

十八岁成人，意味着你有了担当和责任，首先要对自己负责，无论学习和生活都要有目标，然后为了实现目标而要不懈努力，起点不管在哪里，都不算晚。今天，我来到了你乡下姥姥家，看她装饰新的房子，感觉生活是那么美好！在她六十七岁的年纪还在想着怎么把房子装饰得更好，怎么让我们住得更舒适，她对未来永远充满希望，这是一个人最好的生活状态。

十八岁成人，意味着你懂得了欣赏与包容。在我们成长的路上，社会的要求、老师的期望、同学的相处，我们一定要学会认识世界，接受和欣赏来自不同方面所有值得我们学习的地方，包容我们暂时欣赏不了的方面，保持着对世界的好奇和求知欲，永远不要给自己设限，博学于文，约之以礼。

十八岁成人，意味着你懂得了惜时和奋斗。青春是用来奋斗的。虽然我们已经很努力了，但是我们还要和昨天的自己比，争取比昨天多做一道题，多记一个单词，多读一篇文章。知识重在积累，集腋成裘、聚沙成塔是非常有道理的。我们要通过不厌其烦的量的积累，实现质的飞跃。

儿子，两个多月没和你见面了，从你打来的电话中，我听得出来你是想让我去，可是妈妈每次不是去培训，就是在培训的路上，学校工作又多，每次都没有时间。你很理解我，还打电话安慰我。不知不觉中，你是

真的长大了。

最后，还是要祝贺你成人快乐！希望你永远乐观，勇往直前！

爱你的妈妈

2023 年 3 月 1 日

（河北省张家口市阳原县第五实验小学　王建华）

113. 致爱笑的你

亲爱的孩子：

你还在妈妈肚子里的时候，我每天都带着你走，去感受这个世界。我幻想过很多次你到来后的生活，幻想着你的小模样和奶气的童音。出生以后，你比一般的孩子要乖，好带。在你一岁半的时候，突然发现你不爱说话了，妈妈叫你，你也不回应了。你从这个时候开始，喜欢循环往复地做同一件事情，即使是上下台阶，都能来来回回走无数遍。你仿佛做每一件事都要比其他的孩子更艰难一些，爬行难、走路难、说话难、用筷子难……妈妈有一次回家，在楼下花园遇到了你，你看到妈妈时丝毫没有欣喜，反倒把脸扭到一旁。我们也曾经多次怀疑，你是不是听力出了问题，但又很快打消了疑惑，我们的脑子里，仿佛就压根没有"孤独症"这三个字。

家里人说等你大一些就好了，可我担心，于是带你去了医院检查，一个晴天霹雳，让我们整个家庭瞬间崩塌了。检查结果显示是疑似孤独症，发育迟缓，需要进行康复治疗。当爸爸仔细地了解这种疾病有多可怕后，我生平第一次知道茶饭不思是什么感觉。你刚确诊时是夏日，每个死寂般的深夜，望着身边熟睡如天使般的你，那种绝望、冰冷的感觉，我一辈子都忘不了。

接下来，你开始进行康复训练，从一开始的号啕大哭，到后来的乐呵呵走进教室，这期间你给妈妈带来了很多惊喜。你会在老师的提醒下，说老师好，跟妈妈说再见；会在老师的帮助下，在母亲节那天，给妈妈录制节日祝福……妈妈相信你是能听懂"喜欢"和"爱"的，你只是无法用语言和眼神表达出来，我和你之间只是隔着一堵看不见的墙，把我们牢牢地分隔在两个世界中。或许，这堵墙太厚，把你的爱和痛都深深地藏在了墙的后面，我知道你很想告诉我，想表现出来，只是不知道怎么穿过这堵墙。

你总会因为一些微不足道的事情就变得很开心，然后可以玩很长时间，远远比一般的小朋友容易满足。所以在你的脸上，常常挂着微笑。在你的价值观里，没有规则，没有美与丑、穷与富，没有对比与炫耀、骄傲与虚浮。但你也会因此显得很特殊。但这其实没什么大不了的，每个人都有自己的人生道路，你只不过要走出属于自己的那一条罢了。既来之，则安之。

但我们不能因此就让你做个小懒虫、淘气包，你要跟得上妈妈和爸爸的步伐，甚至还要再努力一点儿。自打你被确诊，我们就开始培养你的生活自理能力，你吃过的餐盘要自己送到厨房，衣服要自己穿好，换好的衣服和鞋子要自己放回到正确的位置。我们看待你如普通孩子一样，甚至比普通孩子还严格，不是妈妈、爸爸狠心，因为你的病注定意味着，你每学会一件事，都要比普通的小朋友多付出千百倍的努力。虽然你和同龄人还有很大的差距，但是看着你每天都在进步，让妈妈觉得无比欣慰和感动。这一路我们走得也许慢一点儿，但是只要还在前进，妈妈就不会放弃！在陪你慢慢长大的过程中，妈妈也成长了许多，你让我懂得了陪伴、坚持与不放弃。谢谢你，我的微笑王子！

到现在，你已经做康复训练五年了，未来的路不知还有多远，但在心底，我们坚信，你会慢慢好起来的。今天是 4 月 2 日，世界孤独症关注日，妈妈在这一天写下这封信，是希望你去认识这个世界的美好与光明。

爱你的妈妈

2023 年 4 月 2 日

（北京市大兴区采育镇第二中心小学　胡赛）

114. 青春无悔，奋斗正当时

亲爱的女儿：

你好！

这是妈妈给你写的第二封信，也是写在你 22 岁生日、即将结束大学生活的前夕。记得写给你的第一封信是在你 18 岁成人礼上，那时的你身穿汇文中学的校服，周身洋溢着青春的气息。面临高考的你，脸上写满快乐与阳光。历历往事，犹在昨天。

幼儿园时的你是那样可爱。你会学着老师的样子给我们讲龟兔赛跑的故事；你会兴致勃勃地为我们跳上一段舞蹈；你会在妈妈晚上备课时，拿本自己喜欢的书在旁边煞有介事地"学习"；你会在爸爸腰疼的时候伸出小拳头用劲地捶打……

小学时的你是那样多才多艺。你的爱好可真广泛，游泳、跳舞、摄影、书法、绘画……记忆最深的一次是你三年级时代表咱们区参加北京市的演讲比赛，第一次登上市级的舞台，小小的你有一些紧张，不过很快就一扫而空，凭借还不成熟的演讲经验，你获得了二等奖的好成绩！妈妈真为你骄傲！后来，你有幸当选了学校少先大队的大队长，肩上又多了一份责任。勤奋的你在课余时间从没落下大队部的工作，经常参与主持活动的你得到了多方面的锻炼。六年级毕业时，妈妈粗粗帮你统计了一下获奖证书，足足有一百多张！最耀眼的当数你凭借自己的实力获得的北京市"读书小状元"、北京市三好学生荣誉称号和北京市"红领巾奖章"。

中学时的你勤奋好学，心中有目标。依然热爱学习的你，初中时期担任班长工作，哪怕是在最累的初三阶段也没因此耽误学习，反而培养了你的韧劲和时间规划能力。三年的寄宿生活，让你的独立性和适应性越来越强。美好如期而至，初中三年，你同样被评为市级三好学生，以优秀的成绩顺利从文汇中学考入汇文中学读高中。

进入高中，也是紧张而忙碌的开始。有过迷茫，有过至暗时刻，但更多的是你为了实现理想而苦读的日日夜夜。如愿，2019 年 9 月，你进入了自己理想的大学读自己喜欢的专业——首都经济贸易大学经济学专业。

你成为一名大学生了！我想象着大学生活你终于可以松口气了，没想到你更忙碌了。你积极参与学生会工作，组织同学们开展各种各样的活动，组织能力和协调能力不断提高。学习上也从没松懈，无论是每个学期的期末考试还是大学英语四、六级考试，你都认真对待。功夫不负有心人，在其他同学还在忙着备战考研时你已经以优异的学业成绩获得了保研资格，被北京工业大学录取。那一刻，你离梦想又近了一步！妈妈知道，这个宝贵的保研名额是你用自己的努力奋斗得来的，世界上哪有什么随随便便的成功！

当你井井有条地向同学们分享保研经验的时候，当你为了面试充分准备的时候，当你在评委面前流利地用英文做着专业介绍的时候，当你为了完成研究课题通宵达旦的时候……你知道吗，妈妈看到了你青春的样子，看到了你奋斗的样子。我亲爱的女儿，你真的长大了！

亲爱的女儿，4 月 9 日就是你 22 岁的生日了，提前祝你生日快乐！希望这封信为你带去妈妈最美的祝福，愿我的女儿在未来的日子里心怀感恩，与人为善，以梦为马，不负韶华！

爱你的妈妈

2023 年 4 月 4 日

（北京市怀柔区第二小学　鲁跃颖）

115. 写给小闺蜜的信

畅畅：

这是妈妈第三次给你写信，前两次都是去开家长会时写给你的。这也是唯一一次直呼你的名字，尽管嘴上还一下子难改"闺女""女女"这样的昵称。这大概是天下所有母亲的通病——不知道用什么样的称谓才足以表达对孩子的爱。

畅畅，再过 4 天就是你 15 岁生日了，生日依然只能在学校过，爸爸、妈妈提前祝你生日快乐！

畅畅，你从小就那么善解人意，凡事都能讲明白，且敢担当，从来没有号啕大哭过，更没有撒泼打滚过，只要爸妈能给讲明白的事情，你就能理解，并欣然接受。由于你的担当能力，你从幼儿园到小学，一直都被老师任命为班长。

想想你的幼儿园、小学阶段，曾是多么让人骄傲！我是那个能写书法、会画国画、演讲震撼全校师生的郭畅妈妈，是那个能协助班主任管理好班级日常、帮助同学公平化解矛盾的大班长的妈妈。记得你的舅舅半开玩笑地说过一句话："你家的孩子哪里还是个孩子呀——太懂事了！"正是这句话触动了我的神经，从那时起，妈妈有时会为你的懂事而心痛，甚至当面跟你说过："闺女，有什么心事一定要跟妈妈说，不痛快了，想哭就大声哭出来，千万别憋着。"

好在，这些年你一直都能和妈妈倾诉你心中所想，咱俩也算是多年母女成闺蜜了。可以向对方说说身边的趣事，讲讲心里的烦恼，甚至会相互吐槽一下对方的穿着打扮。在外人看来，可能还有点儿没正形，妈妈却自我感觉良好，你应该也没有嫌弃之意吧！

畅畅，再过 40 多天，你就要升入高中了。小学毕业时，你凭借自己的努力给自己争取到了六年一贯制的中学学位，你不必备战中考，却面临着升级后马上选科的困惑。

自从升入初中后，你的数学思维之弱势越发显现出来，这门拉分的大学科让咱们全家心累。妈妈知道，你一向是个要强的孩子，怕初中和小学的成绩落差击垮你，曾多次找班主任和任课老师讨论你的学习情况。孩子，你真是太幸运了！遇到了一位那么有爱的班主任——马老师。她从没因为你的成绩低而忽视你、看轻你，总是说你自尊心强、懂事，甚至还反过来安慰我这个有点儿焦虑的家长。孩子，你一定要心存感恩，永远记住在你成长道路上拉你一把的人。

　　其实，你的选科已经关系到了未来的职业规划。选择偏文科的历史方向，应该没有什么争议。你还想发挥一下自己的美术特长，想考虑学习美术。你说你咨询过了，学艺术就得去分校区，你不愿意离开现在的环境。

　　从小妈妈就没有强迫过你必须做什么，这次也一样尊重你的选择。今天，妈妈只是建议你再慎重考虑一下，毕竟还有时间。再说，你的理想不是中央美术学院吗？如果此时这颗种子还在，你大可不必考虑美术生很"烧钱"。咱们家虽然只是普通家庭，但是供你正常学个艺术，还是可以承担的。毕竟你也不是爱慕虚荣的孩子，咱也从不与人攀比。但是有一点你必须有足够清醒的认识：选择学美术，就意味着你将付出更多的努力学习专业课，而文化课也需要牢抓不放，可不要以为学习艺术就可以放弃文化课的学习哟。孩子，如果你做好了为自己的理想而努力奋斗的准备，就毫不犹豫地做出选择吧！你也不必顾虑分校区的环境会给你带来负面影响，你要学会发现别人身上的闪光点，要相信"三人行，必有我师焉"。环境是会影响人，但不是决定性因素。只要你能学而不厌，坚持不懈，就一定能到达梦想的彼岸。

　　当然，如果随着年龄的增长，你发现自己不是那么热爱美术，仅仅是喜欢、是消遣，就不必选了。咱就直接选文科方向，专攻文化课吧！妈妈只是想提醒你：要慎重考虑，做到无怨无悔。

　　畅畅，今天妈妈又聊了不少，主要还是升高中选科的事。无论你做出什么选择，爸爸、妈妈都支持你。无论你做出什么选择，都需谨记以梦为马，不负韶华。务必要做到以下几点：第一，必达目标的信心；第二，全

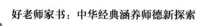

力以赴的状态；第三，精益求精的态度。

最后，祝你天天快乐！

永远爱你的老闺蜜：妈妈

2023 年 5 月 4 日

（河北省张家口市沽源县第一小学　宋利花）

116. 让坚毅的品质，助圆科技强国梦

亲爱的小邓子：

在给你写这封信的时候，我的内心是有万千感慨的。你的每一步成长都让我感到骄傲和自豪，同时又让我对你有着深深的愧疚。

你说，在你的记忆里，父母总是在忙工作，很少陪伴你。事实的确如此。于是，书籍成了你最好的朋友，篮球成了你最好的伙伴。很庆幸你拥有最好的它们。在与它们朝夕相伴的过程中，你学会了独处、学会了坚毅，更让我惊喜的是，在你身上，我看到了善良友爱与责任担当。你不服输地一个劲儿向上生长！不记得是哪天，你神秘地打来电话问："今年是中国共产党建党多少周年？"对于这么简单的一个问题，你根本没有给我回答的时间。紧接着说："我已经是一名光荣的中——国——共——产——党——党——员了！"自豪之情，隔着手机我都能感觉到。你不知道的是，我在电话这头，为你使劲地竖了一个大拇指！也正是在今年，你通过自己的努力，实现了中国科学技术大学的保研梦！身边的朋友戏称："小邓子是一个自己就会长大的孩子"，"她天生就是会读书的"……可是，只有作为父母的我们才知道成功背后的故事，这是你历经千辛万苦，才收获到的人间值得。

不记得多少次的寒暑假，当别的孩子都在父母的陪伴下，游览祖国大好河山时，你却在埋头苦读，笑称要"弯道超车"。看着你终日勤奋学习的背影，作为母亲的我，不止一次劝你要注意休息。而你每一次都回头一笑，摇着食指对我说："不要打断我的科学精神！"我由衷地佩服你，小邓子，好样的！为了实现自己的科技强国梦，你辛苦了！

大学期间，你积极参加科技竞赛，获得了"中国大学生数学建模竞赛"一等奖、"中国机器人技能大赛"二等奖、"全国大学生电子设计竞赛"三等奖，看着你一直在为实现自己的科技强国梦不断奔跑，妈妈既欣慰又心疼。

亲爱的小邓子，你可能不知道，是你的追梦过程让我真正看到、体会到：有梦想的人才能跑得快、走得远！也让我看到"少年志则国志，少年富则国富，少年强则国强"这句话，是怎样被当代的新青年践行着、演绎着。在这里，我想对你说："在你追梦的背后，你的父母会鼎力相助，请你，全力以赴！"

　　向善尚美的小邓子，请你谨记奋斗的青春最美丽！希望你心中有梦想，脚下有力量，坚定地为自己想成为的那个样子，不忘初心，努力奋斗！

爱你的妈妈
2021 年 8 月 1 日

　　　　（湖南省长沙市雨花区五一小学　　胡虹霞）

结语

随着时代的发展，家庭教育也面临着新的挑战。可以说，望子成龙、望女成凤是天下父母的共同心愿，而时下的环境却让这心愿显得更紧迫、更焦灼。我们不断地思考：理想的家庭教育该有着怎样的价值归依？我们该如何给孩子创造一个温馨的、适合成长的家庭环境？我们该如何成为孩子喜欢的、信赖的、值得模仿的人？这些问题的答案，都可以从这一封封给孩子的家书中找到。

在人格养成的关键时期，重要的是引导孩子育德养正，而不是督促孩子学知识，这也是一封封家书留给我们的最深刻的印象。例如，家书《成长始于感恩》是爸爸写给儿子的一封信，在信中，他非常智慧地讲述了妈妈对儿子的爱。他告诉儿子："你读幼儿园的时候，妈妈骑着小电车，风里来雨里去每天按时接送你，早上变着花样为你做好吃的，晚上回来又教你读书识字"，"妈妈是这个世界上我们最为感恩与敬佩的人"。他还很巧妙地给儿子讲了自己高中时老师教导、鼓励学生的故事，借此告诫儿子，除了要感恩母亲以外，还要感恩自己的老师，做一个尊敬老人、关爱妹妹、恪守社会公德、品行端正、学习认真的人。在家书《祖父的远见和行动》中，作者给儿子和侄儿讲述祖父含辛茹苦在煤窑勤奋工作的故事，这位可敬的祖父不仅自己被评为"先进工作者"，还努力培养自己的孩子，使孩子成长、成才。

给孩子创造一个温馨、快乐的家庭环境是父母与孩子和谐相处的基础。父母首先要学会欣赏和尊重孩子，不仅要善于发现孩子的优点，还要学会及时地反躬自省，自己在教育孩子方面是否有固执己见、好为人师、自高自大的习气，发现了就要勇于纠偏、努力改正。在《儿子，修己达人，感谢有你》《我用余生陪伴你》《高考倒计时》等家书中，作者能够真诚地与孩子沟通，及时向孩子说声对不起，这样的真诚与勇气令人动容！相信孩子若能够看到这些家书，一定会原谅父母一时的疏忽或武断，理解他们，而父母也能在这样的真诚告白中得以重新审视自己的爱子之道，增进养育的经验与智慧。

做智慧的父母，育优秀的孩子。这是许多老师通过《论语》学习后的感悟。例如，《孩子，我们欠你一部经典》的作者深有感触地对孩子说："随着每日的诵读，我发现自己发生了许多改变，遇事没那么急躁了，更能换位思考了，心态更平和了，原先因年龄因素逐渐倦怠的心也似乎被重新点燃了。我越来越多地感受到经典的无穷魅力与博大精深，越来越多地感觉到自己的局限与浅薄，也因从小对你的教育中欠缺了中华经典的熏陶而愧疚"，"小时候老人常唠叨的那些话语、那些规矩都来自这些宝贵的经典"，"孩子，对不起，我们欠你一部经典"。《女儿，愿你亲近经典，走向幸福人生》的作者，则对女儿谆谆寄语："你刚刚走进大学，漫漫人生路，要靠自己去求索。我今天给你写信，是希望你在今后的日子里亲近经典，让自己的人生之路越走越宽，一生幸福快乐。"

人要成为脱离动物习性的人，成为具备君子人格的人，最简单、有效的方法就是让孩子接受中华经典文化的教育。从一封封家书中，我们体悟到了《论语》的智慧，感受到了中华经典深沉的力量和永久的魅力。我们也衷心地希望这些珍贵的家书能够让更多的父母和孩子看到，为他们架起沟通的桥梁，让真情与爱不断传递，让家庭成为温暖的港湾。

回顾上编家书，主要聚焦好老师的家庭生活，从孝悌之道、相敬如宾、舐犊之情三个方面呈现了好老师的家庭文明建设。健康的家庭生活可以滋养教师身心，激励教师努力成为党和人民满意的"四有"好老师。反过来，教师的精神境界和一言一行又直接影响着家庭其他成员，在很大程度上决定着自己的家风家貌。我们相信，每位好老师家庭前进的脚步，一定能叠加成国家进步的步伐；每位好老师家庭创造的价值，一定能汇聚成中华民族伟大复兴的力量。好老师"修身齐家"，其本意在此！

立德树人

第四章　师道坚守

导语

当我们怀抱着教育的理想与青春的激情，带着对未来生活的憧憬，走上三尺讲台的时候，我们的内心一定都有过澎湃与激动，那纷至沓来的崭新的日子，会展开一幅怎样的画卷呢？

在经历了几年、十几年、几十年的教育工作之后，再次回望那个初次站上讲台的自己，心中又有怎样的感慨呢？

教育意味着什么，教师的职业意味着什么？教育何为，教师何为？

师者，所以传道授业解惑也。走上三尺讲台，也就承担了一种责任和使命。中国有着悠久的尊师重道的传统，教师不断被赋予社会责任感和使命感，自觉充任思想与道德文化的传承者、示范者和践行者。

新时代赋予了悠久的师道新的内涵。《中共中央　国务院关于全面深化新时代教师队伍建设改革的意见》指出："教师承担着传播知识、传播思想、传播真理的历史使命，肩负着塑造灵魂、塑造生命、塑造人的时代重任，是教育发展的第一资源，是国家富强、民族振兴、人民幸福的重要基石。"教师，是教育发展的第一资源。这一意义深远的定位，也在启示我们，作为一个教育者，我们应该如何寻找到自己的源头活水，让我们的教育激情永不枯竭、教育生命永葆鲜活呢？

新时代的教师是在学为示范、使命担当中成长起来的。教育者的忠诚、热情与坚守，必将与时代的召唤、民族的使命、历史的重托紧紧联结在一起，那些初心不改、梦想不变的优秀教师，也必将让中华师道在新时代发出动人的回响。

117. 守土育苗　共爱祖国

最爱的马先生:

佳期如梦,见字如面。

转眼间,你已经驻港快满三年了。时间过得真的很快,儿子也快满三岁了。今天早晨我陪着他在树下玩水枪,看着他开心的笑脸,突然很想你。要是你在的话,肯定可以和他一起奔跑,还可以把他举起来,让他更开心。不过没关系,以后还有时间,现在祖国更需要你。"舍小家,为大家",咱俩都懂。

前几天浏览网页时,我看到了这样一个问题:"现在的年轻人,还有不计生死的血性吗?"看到这里,我想到了很多年轻人,还想到了你和我。我坚定地回复:"有,当然有! 而且毫不逊色!"

"00后"戍边烈士陈祥榕用他无畏的青春回答了这个问题,他把炽热的爱奉献给了祖国,在日记本里写下:"清澈的爱,只为中国。""90后"消防烈士曹群用他逆行的身影回答了这个问题,他把无悔的青春奉献给了祖国,在无情的火海里完成了他的使命。在驰援湖北抗击新冠疫情的医护人员中,有许多"90后""95后"甚至"00后",他们用无私奉献诠释了这个问题,用热血汗水书写着青春答卷。越来越多的青年人奋斗在祖国的各行各业,他们的爱国情怀与时代担当毫不逊色。

驻守在香江的你就是我身边最好的例子! 你把热血与汗水奉献给了祖国,虽然常年不能回家,遗憾于缺席孩子的成长,遗憾于不能陪伴父母和我,但是你很少抱怨,说得最多的就是"我不干谁干"。这样的你,让我感动。

当国旗飘扬时,当国歌响起时,我总是能想到保卫着祖国的你,想到和你一样千千万万的解放军,想到我们这个团结伟大的民族,想到伟大的中国共产党。想到这些,我总会有些激动。我希望把这份爱国情传递给学生,让他们也爱我们的祖国,爱我们的民族,爱我们的大好山河。

所以，我经常给学生讲述爱国故事，儿童英雄小萝卜头、奋不顾身的黄继光、宁死不屈的赵一曼……我希望学生从一个个爱国故事中，生发出自己的爱国情，激起奋发向上的学习动力。这学期我在讲授《丰碑》时，一个叫李安的小男孩，在课堂上突然控制不住地哽咽了。他是个比较调皮的孩子，我万万没有想到，一个革命故事竟让他如此激动。他一遍一遍地重复着："老师，我就是感觉……很难过"，"我觉得……那些革命军人太艰难了。天那么冷……他们太苦了，太不容易了"。对于一个五年级的孩子来说，他的表达并不优秀，声音也不洪亮，但与他坦诚流露的恻隐之心比起来，与他对革命军人的感情比起来，与他从心底迸发出的爱国之情比起来，这些都不重要了。因为我知道，从这一刻开始，他一定会好好爱这个养育他的祖国，爱这个给了他无限感动的祖国。这一幕也让我对教师这个职业感到自豪，我意识到自己虽仅仅站在三尺讲台上，但脚下是祖国的万里江河，是祖国蓬勃血脉的延续，是其道大光的缕缕，是燎原之火的点点，是生命与希望。马先生，爱国，我也不输给你！

你说过，你为祖国守土，我给祖国育苗，咱俩本来就是在一片土地上干活，离得不远。所以，不用惦记家里。我、儿子还有爸妈都很好，也希望你一切安好。

爱你的妻子
2021 年 7 月 15 日

（河北省张家口市桥东区东风小学　马静璇）

118. 今生有幸，得遇良师

敬爱的闫老师：

见字如面！

老师，我又做梦了，梦中，您一身庄重的藏蓝色中山装，头戴藏蓝色的布鸭舌帽，在办公室前那株枝叶苍翠的老柳树下，挥舞手臂，有力且有节奏地敲打着那吊在柳树的臂弯里的半截炉盘圈，而在校园里无比欢畅的我们，在铃声的召唤下，则如一群归巢的鸟儿，一转身，嘴里的"马兰开花二十一，二八二五六，二八二五七，二八二九三十一"突然就成了高八度的"ɑ、o、e、i、u、ü"。

梦有些凌乱，无法定格，忽而坐在洁净的教室里听您讲课，讲台上您一丝不苟地为我们范写；忽而您在滔滔不绝地给我们讲《西游记》《水浒传》中的故事；忽而您不见了，在洒满阳光的校园里，我们绕着校园里的粗壮的大杨树准备接力赛，我怎么也追不上前边的小伙伴，心里急死了，急得要哭了。一着急，我醒了，却再也睡不着了，记忆的画面一帧一帧铺展开来：村边金黄的杨树林，无垠的蓝天雪野，绿窗红瓦的校园，纯真快乐的伙伴，还有威仪的您。

小时候，常听大人们说您是"民办教师""赤脚老师"，时时听到大人们谈论着您什么时候能转正，淳朴的话语中饱含着对您深切的祝福。但我的心里充满了疑惑：您是全村最有文化的人，怎么会"赤脚"呢？长大后我才明白，在那个年代，就是因为有像您一样千千万万的"赤脚老师"撑起了中国的农村教育，点亮了无数农村孩子理想的天空，改变了他们的命运，而我就是这些孩子当中的一个。老师，谢谢您！

老师，小时候记得您特别劳累，利用周末和假期，耕种着自家的几亩薄田；上班期间，一人一校，您身兼数职——校长、老师、图书管理员、门卫等。那时候在我们农村小学实行的教学班叫"复式班"，同一间教室，好几个年级，大孩子、小孩子，但您每节课都安排得井井有条。因为年级多，一节课往往要上一个半小时，常常听到您咳嗽，直到现在，想起您，您咳嗽的声音会清晰地在我耳边响起。在这种教学环境中，我在一年级即将结束时听遍了小学四年的课程，后来的学习轻松自如，现在想起，对这种特殊的教学模式，就像对您一样，我打心底里充满感激。

记忆中，您与所有的"严"联系在一起：严肃、严格、严厉、严谨等。记得一年级时，我写字信笔涂鸦，歪歪扭扭，春蚓秋蛇，不堪入目。在多次批评指正无效后，您用戒尺狠狠打了我的手心，我疼得眼泪簌簌地掉落，自此，我的字一日胜似一日，直到今天频频受到别人的称赞。每每这时，我心中都会升起无限感激，我知道这都得益于您当年对我的严格要求啊！

您爱读书，在那样一个小小的山村小学，您有几千本藏书。您是一个有教育情怀的老师，在自由的沃野中，您自在挥洒，为我们开设各种课程，如"看书课""美工课""讲故事课""唱歌课"等，哪一样不是与现在的全面提高学生的核心素养相吻合？我爱读书的种子，就是您播撒在我心田上的。

老师，受您潜移默化的影响，中考我填报了师范志愿。三年后，我怀揣着对教育的美好憧憬，开始了平凡而平实的教学生涯。然而，工作并没有想象中那么轻松。刚刚踏上工作岗位，学校给我安排的是六年级语文课兼班主任和社会课，一天六节课，有三节课是我的课，外加一周一个早自习、两个晚自习，有时从早到晚，就像串糖葫芦。初出茅庐的我也不会安排，更不用说教学的艺术了，一天的课程结束，嗓子就有些吃不消了。一个星期下来，我病倒了。想过放弃，也有过"当一天和尚撞一天钟"混日子的想法，但是，一想到您，想到您的坚持、您的默默耕耘、您无怨无悔的付出，我便心生惭愧，这些荒唐的想法就烟消云散了。于是，我潜心研究教材，分析学情，钻研教学，积极探索。现在，我也成了像您一样勤奋耕耘、孜孜不倦、默默无闻、乐于奉献的老师。

老师，我和学生谈到理想时，总有一些学生眼睛里闪着星星，对我说："老师，我长大了想当一名语文老师，当一名像您一样的语文老师。"

我的内心被感动充盈着，您也感到很欣慰吧！

　　老师，上周我又回到了我们的小山村，彼时，满山的杏花绽放，漫山的雪白是那么耀眼，小小的村庄浸在了沁人心脾的花香中，引得一群群的蜂儿、蝶儿在花间蹁跹，那美丽的花瓣像极了女孩子的脸，细嫩、柔美。

　　站在现在已是村委会的校园里，望着满山纷纷飘落的杏花，我静默回溯，儿时的一幕幕总浮现在眼前，而您就伫立在中央。

　　老师，四十年如一日，您一边辛苦生计，一边潜心育人，守望着农村孩子的一片希望。您教会了我很多书本上没有的东西，成为我今生最可贵的财富，我受益一生！

　　老师，我想对您说，今生何其有幸，遇到您这样的良师！

　　祝

身体健康，安乐幸福！

您的学生：刘晓娟

2023 年 4 月 15 日

　　（河北省张家口市崇礼区西湾子小学　刘晓娟）

119. 在教育中成就学生，更成就自己

亲爱的同事们：

还记得我与班里的学生是在 2021 年 7 月的学生家长联席会上认识的，每个学生都特别可爱。但是，I 型糖尿病这个词出现在耳边，这对我来说是极为陌生的，我不知道该病的病症，更不清楚应该如何应对突发情况。没错，我们班就有这样一个学生。虽然在开学前多次与该生家长进行了沟通、交流，但是在开学后仍有多次让我一身冷汗。因为这名小 A 同学具有这样几个特点：一是身体内有留置针，需要使用它调节血糖；二是不定时需要换针、加药、换电池；三是小 A 介意被身边同学知道自身体质情况；四是最让我头疼的一点，小 A 自己血糖很高的时候不和老师说，经常是有调节血糖的条件也不调节，他妈妈给他发消息督促他调节血糖，他却不回复，也不调节。

让我记忆最为深刻的有两次。第一次是在开学前几天的校表彰大会上，当我正在认真听台上分享的时候，小 A 同学的妈妈给我打来了电话，说小 A 的血糖已经高到她那边监测不到他的血糖了，给他发了消息也不回。我立马去班里找小 A，单独叫他出来后询问他的血糖是多少，他告诉我他已经有些不舒服了，当时我又惊又怕，第一反应是和年级组长一起将他送到校医务室那里，但是正巧年级组长在台上发言，我见附近有其他老师，就立马请其他老师陪同我送小 A 去校医务室。到了校医务室以后，按照小 A 妈妈说的我们给他喝了点水（这样做有利于降低血糖），又给他用血糖仪测了血糖，此时校长也急匆匆跑了过来，我们几人陪着小 A 并观察着他血糖的变化。大约过了一小时，小 A 的血糖逐渐地降了下来，我这才放心。

第二次是在本部老师来讲座的时候，所有人都在排队等候时，小 A 的妈妈给我打电话说小 A 的血糖太高了，但是当时我在楼上办公室办公，不在他身边，年级组长离他近。年级组长得知后立马找到他，但是不巧的是他自身的药没有了，我立马联系他妈妈来给他送药，当时我、年级组长和

他妈妈帮助他换药降低血糖，好在平安无事。

后来，还有好几次他并不会主动调节自己的血糖，也不和我说，每次血糖偏高、偏低的时候他妈妈都会联系我，而我作为班主任兼数学老师，有时可能在上课，有时可能在开会，有时可能在判作业，实在难以保证每次都能及时收到小A妈妈给我发的消息。于是，我多次和小A进行交心的谈话，他说他担心给老师添麻烦、担心其他同学知道、担心影响班级或学校正常秩序，所以当他不舒服的时候或者需要调节血糖的时候不会和我说。我同他讲，如果你每次不主动调节自己的血糖、不好好照顾自己、不和老师说明你的情况，那才是真的给老师添麻烦呢。人最宝贵的就是生命，任何事情在生命面前都是微不足道的。后来，我教他出现情况必须来找我，我会带着他去相应的地方换药、换针、换电池、测血糖。再后来，慢慢地我让他学会独立和自理，学会自己处理好自己的事情。现在，当他出现情况的时候，他就会主动和上课的老师请假出来到办公室找我，然后拿上他自己的物品去相应地点进行处理，并且还会很礼貌地说一声"谢谢老师"。

通过我多次对他进行心理疏导，同时也尽量营造一个和谐友爱的班级环境，他慢慢地接受了同学们知道他的情况，因为这是瞒不住的，而更重要的是让他自己接受自己、悦纳自己。现在，班级里每个学生都知道他的身体情况，他也会在同学们面前坦然地面对自己的身体状态，并且成绩优异，在音乐方面也展现出了卓越的天赋。我认为，通过一次次的谈心、关爱、鼓励和指导，能让学生具备独立自理的能力、热爱生活的激情、悦纳自己的境界和展现自己的信心，这对教师来说是一种成长，对学生来说更是一生的收获。

胡雪山

2023 年 5 月 27 日

（北京市第四中学房山分校　胡雪山）

120. 梦想的正确打开方式

亲爱的女儿：

恭喜你，今天，你拥有了选举权！孩子，你成人了！也恭喜你，辛苦的付出终有回报，考上了自己心仪的大学，即将张开翅膀腾飞。

孩子，你还记得吗？一年暑假，你跟妈妈回到太姥爷家，扎着两个小辫的你用稚嫩的声音一遍遍唱着《我爱北京天安门》，太姥爷鼓着掌，欢欣地笑着。你的太姥爷是一位老八路战士，少年时怀着解放全中国的理想，参军成为第四野战军的战士。他参加了解放东北的战役，又随着大军一路南下，参加淮海战役，乘坐木船，渡过长江，渡过琼州海峡，解放了海南岛。1988年，他被中央军委授予独立勋章。2015年又荣获中央军委颁发的抗战胜利70周年纪念章。

你的爷爷也是一名老兵。爷爷从小立志成为一名军人，他从一名轮机兵干起。爷爷指挥着六二型护卫艇，在南海上，履行着保家卫国的神圣使命。你还记得咱们家里珍藏的爷爷的委任状吧：授予黄翔松同志海军上校军衔。爷爷经常说，每当看见西方国家的军舰在我们南海耀武扬威时，他就想：中国一定要拥有自己的航空母舰！

现在，爷爷的梦已经不再只是一个梦。我们的辽宁舰已经让世界为之侧目，国产航母正在加速发展。最终我们会拥有核动力、电磁弹射的海上巨无霸！

从太姥爷乘坐的木船，到爷爷驾驶的护卫艇，到辽宁舰，再到国产航母；从太姥爷的步枪，到爷爷的手摇火炮，再到现在的导弹、舰载机，我们看到了强军梦的正确打开方式。从"北斗三号"组网成功，"嫦娥五号"揽月归来，到天宫、天眼、神舟、蛟龙一大批国之重器牢牢掌握在中国人手中，我们看到了中国梦的正确打开方式。

今年火到"破圈"的《觉醒年代》我们含着泪看完。那些以救国为己任的年轻人，为追求真理，为改变中国命运而甘洒满腔热血。正是先辈们铁肩

担道义的奉献，才有了当下太平的日子。孩子，同为青年，欣逢盛世，你是多么幸运！这也是大有可为的时代，汝辈乃祖国之栋梁，望你立可为之志，心存梦想，无畏向前；也望你勇于担当，做有所作为的青年。李大钊先生言："青年者，人生之王，人生之春，人生之华也。"正因为你们有青春，才更有力量；正因为你们有青春，才更有信仰。"广大青年应该在奋斗中释放青春激情、追逐青春理想，以青春之我、奋斗之我，为民族复兴铺路架桥，为祖国建设添砖加瓦。"①

九月，你就要跨上人生的新台阶，愿你谨记爸爸、妈妈给你的生日赠言：独立之精神、求真之勇气，好奇之本色、健康之体魄，吃苦之决心、坦然之态度，规矩之举止、礼貌之言行。

孩子，路上春色正好，天上太阳正晴。目光放长，心怀大志，承先辈之励，乘理想之马，挥鞭从此启程，为民族之复兴勇往直前！

祝女儿成人快乐！

永远爱你的妈妈

2021 年 7 月 25 日

（广东省惠州市富民小学　袁卫平）

---

① 习近平：《抓住培养社会主义建设者和接班人根本任务　努力建设中国特色世界一流大学》，载《人民日报》，2018-05-03。

121. 家书无处寄，党史砺初心

敬爱的父亲：

您在那边还好吗？

小时候，我们生活的偏僻小城没有什么娱乐活动，到文化会堂看露天电影是孩子们最大的快乐。我至今还记得，您下班后匆匆忙忙吃过饭，就领着我们兄妹，搬着小板凳去候场。每当看到八一电影制片厂极具标志性的闪耀的五角星时，每个观众都振奋不已。我们跟着您，看了《林海雪原》《渡江侦察记》《上甘岭》《英雄儿女》《闪闪的红星》《铁道游击队》等，其中有些片子看了不止一遍。您细心给我们讲解着电影中我们没有看懂的地方，话语间是作为中国共产党党员满满的骄傲和自豪。小伙伴们会对电影的故事情节津津乐道，精准地模仿英雄人物。我现在想来，这就是红色基因的传承！

敬爱的父亲，作为一名老党员，您用对红色江山的热爱、对本职工作的坚守，将一颗信仰的种子播撒在我心田。参加工作后，在您的鼓励下，我勤勤恳恳教书，兢兢业业育人。由于教学业绩突出，我成功入党。

敬爱的父亲，2021年是中国共产党成立100周年，全国上下开展党史学习，我们再次走进那段激情燃烧的岁月。百年征程波澜壮阔，百年初心历久弥坚。在这风雨兼程的百年间，中国共产党把马克思主义的普遍原理同中国革命的具体实践相结合，探索救国救民真理，开辟民族振兴道路，把一个灾难深重的旧中国建设成了富强民主、文明和谐的社会主义新中国，带领中华民族实现了从站起来、富起来到强起来的伟大飞跃，用实际行动书写下了彪炳千秋的光辉篇章，开创了亘古未有的宏图伟业。

转眼间，我已是一名有着30年教龄的老教师、23年党龄的老党员了。怕您担心牵挂，祭奠时我一直不敢告诉您，这几年，我先后查出卵巢癌、甲状腺癌，接连做了3次大手术，数次在鬼门关挣扎。但在承受了常人难以忍受的疼痛，经历了极度绝望、几番生死磨难后，我依旧坚强乐观。10

年的学生心理健康教育工作，让我学会了自助，完成了自我救赎；更重要的是在党 20 多年，磨炼了我的钢铁意志，让我能坚定不移地从党的光辉历程中感悟初心使命、汲取智慧力量，在新时代"赶考"路上无惧风雨，勇敢前行！

　　百年大党恰是风华正茂，千秋伟业仍需砥砺前行。此生无悔入华夏，我庆幸自己生在国家经济繁荣、科技发达、文化昌盛的年代，势不可当的中国速度、中国力量、中国精神、中国担当令世界惊艳，令国人自豪。您生前期待的蒸蒸日上、国富民强的盛世，我替您看到了；您生前憧憬的繁荣昌盛、天下大治的愿景，我正在替您见证着。

女儿敬拜

2021 年 7 月 22 日

（甘肃省酒泉市第五中学　桑姬云）

122. 在您的故事里读懂坚守

敬爱的父亲：

那日，您将一沓厚厚的《光荣在党50年，不忘初心担使命》手稿递到我手中，忐忑地说："很久不写字了，提笔忘字，语句也不通顺，你帮我修改修改。"

展读您的手稿，岁月恍如一部老电影在眼前一幕幕上演，我何其有幸，以这样的方式偶遇您的青春！在生命交汇的瞬间静静地体会，与您一起温柔地回望过去、炽热地爱着当下，这感觉真好！

1971年3月9日经公社党委批准，您加入了中国共产党：一面党旗的指引，一个蓄势待发青年的信念，一段朴实无华的铮铮誓言，让您激动兴奋得一宿没睡。您一人承担起了公社卫生院的工作，每天接诊各类病人，白天顾不上吃饭，晚上接着出诊，只是想努力争取为伤病人员服务好、治好病。

同年，您被公社党委推荐到兰州医学院医疗系学习，您格外珍惜这次机会，夜以继日补齐欠下的功课。3年后您以优异的成绩毕业，婉拒了校党委留校的建议，放弃了去城市工作的机会，毅然返回乡村回报乡亲，因为您深知：乡村医疗设备落后，医疗专业人员更是紧缺，那里是最需要您的地方，那是您的心之所向。

1984年，您积极响应组织号召，选调至玉门市向阳湖农场工作。在最初的几个月中，您住在破砖窑里，每日被沙尘刮得睁不开眼，您克服重重困难，最终完成了卫生所的筹建工作。

50年，您从青丝少年到白发老翁；50年，您从意气风发到初心不改；50年，您见证了中国共产党领导的新中国的艰辛探索之路；50年，您亲历了崛起的新时代东方强国普通老百姓的幸福生活。

您说：做一个心中有光，沿着正确方向前行的人。能够成为千万党员中的一员您备感光荣，在50年中坚定不移地忠诚于党、跟党走，在医生岗位上履职尽责，始终牢记"为人民服务"的宗旨。在您的感召下，21岁的我怀揣最热切的渴望加入了中国共产党，党员身份带给我的是一种终其一生自觉觉己、自觉觉人的生命力量。

您说：医生医治的是肉体，教师塑造的是灵魂，我们的职业都很伟大！在您的教诲下，在22年教师生涯中我始终坚持认真做好普通、平凡的事：备好每堂课、批阅好每次作业、不放弃每个学生，立足学生未来成长，做真实的、有温度的、有灵魂的教育，为家庭、国家育好才。

曾以为您是个工作狂，不在意家人的悲喜，现在才知道，您有一颗最温柔的心，藏着对家人最多的依恋与关爱，只是这份爱沉默而深厚。亲爱的父亲，请原谅女儿的后知后觉，不惑之年的我将追随您的脚步，惜取寸阴，修己达人！

恭祝您身体安康！

女儿：晓贤

2021年7月25日

（甘肃省酒泉市育才学校 谢晓贤）

123. 致知力行，继往开来

亲爱的孩子：

　　明天就是你25岁生日了。这是你长这么大，妈妈第一次给你写信。25岁，是人生多么美好的年龄啊，也是作为一个男人，该担当责任与使命的最佳年龄。今天妈妈写下这封信，是把你当作一个真正的男子汉，写下对你的期望与嘱托！

　　前不久，你在全公司《庆祝中国共产党成立100周年座谈会、表彰会暨专题党课》专题片中作为青年职工代表出镜发言，虽然你的发言只有50秒，但爸爸、妈妈反反复复看了好多遍，还和亲戚、朋友一起分享这份喜悦，这是多么荣耀的事啊！

　　你出生在中国石油工业的"摇篮"——玉门。3年前，刚踏出校门的你满怀憧憬回到故乡，投身于石油行业。清楚地记得，第一天去采油现场上班的你好像一只羽翼丰满、终于离巢的雄鹰，是那样兴奋和激动。一周后回家，你像一个霜打的茄子，了无生机。你说，看到采油现场喧嚣的狂风卷起一地黄沙，染黄了原本蔚蓝的天空，荒芜的戈壁滩上除了埋头工作的抽油机，再无半点生机。一想到自己的青春、自己的人生将在这样的环境中度过，哪里还有梦想与希望？听着你的喟叹，爸爸、妈妈心里这个难受呀！作为石油人，我们的老一辈不都是在这样的环境中奋斗过来的吗？爸爸耐心地给你讲了他刚参加工作的情况，还给你讲了王进喜、孙建初等石油先驱的故事，讲了玉门石油的发展史和玉门精神，也讲了玉门油田现在面临的困境和机遇，你听完后心绪平复了许多，最后决定留在油田。时隔不久，你告诉我们，你向组织递交了入党申请书，你想成为一名光荣的中国共产党党员，那一刻我知道，你终于有了信仰和努力目标！

　　是啊，沧海桑田，岁月如歌。今年七一是中国共产党的百年华诞，在这特殊的日子里，组织选定你作为入党积极分子代表发言，这是组织向你张开了臂膀，允许你投入她温暖的怀抱了。孩子，虽然你没能赶在这神圣的时刻加入党组织，但相信不久的将来，你一定会成为这个大家庭中的一员，妈妈为你加油！

记得去年夏天一连下了几天雨，你在现场一连加班了好几天，回家后，看着你憔悴、疲惫的脸庞，妈妈心疼不已。可你却说，你们厂无论是领导还是工人师傅都是这样干的，在工作中从不计较个人得失，面对急难险重的任务，人人迎难而上，战斗在工作最前线！你说，作为入党积极分子，你要学习老师傅们的扎实苦干、老党员们的无私奉献，发扬玉门精神，为建设基业长青的百年油田燃烧自己的青春！

孩子，妈妈希望看到，作为新一代石油人，你能早日接过老一辈石油人手中的接力棒，致知力行，继往开来，成为玉门石油长河中一朵晶莹的石油花！

爱你的妈妈

2021 年 7 月 23 日

（甘肃省酒泉市玉门油田小学　张雪莲）

124. 初心易得，始终难守

亲爱的女儿：

你好！这是妈妈在你生日前写给你的一封信。今年是具有伟大意义的一年，因为是伟大的中国共产党成立一百周年。

"没有共产党，就没有新中国"，繁荣富强的新中国，正是由无数党员同志默默耕耘努力铸就的。中国共产党一经诞生，就把为中国人民谋幸福、为中华民族谋复兴确立为自己的初心使命。党的优良作风是党的建设成功的保证，而优良家风同样也是一个家建设成功的保证。说到家风，妈妈想起了你的外公。

你外公是一位朴实、勤俭、宁愿自己吃亏也不占别人便宜的普通农民。在那个连温饱都没解决的年代，上学读书就成了一种可望而不可即的奢望。所以你外公没读过什么书，可以说没有文化，不懂得跟我们讲大道理。但是，他身上有着你们这一代所欠缺的优良品德。记得小时候，当妈妈用力关门发出响声时，你外公听到就会"骂"我："这么用力关门，门很容易坏掉的。"当进出房间没有关灯时，你外公也会"骂"我："出入要记得关灯，不要浪费电。"这一件又一件的小事，即使到了现在，妈妈依然记忆犹新；这些小事，看似不起眼，却最珍贵。你外公作为大哥在日常生活中不怎么说关怀的话语，却默默地帮助自己的弟弟。你外公的这些言行，不仅仅是因为怕浪费电、怕浪费钱，更重要的是一种家风、一种家教：做事情从小要养成一种好习惯、好品格；人与人之间的相处与交往要真诚、以礼相待，勿以善小而不为，勿以恶小而为之！

最令妈妈印象深刻的是：好几年前，街坊邻居建议你外公把一间小平房拆了重建，说日后如果拆迁的话补偿可能会多一些。你外公听了后只说了一句话：我对党没做过什么贡献，不占党和国家的便宜！从你外公这句普普通通的话语中，可以看出你的外公、我的父亲是一位多么正直、多么善良的人！这普通的话语也锤炼成我们的优良的家风。

一百年来，在中国共产党的旗帜下，一代代中国青年把青春奋斗融入党和人民事业，成为实现中华民族伟大复兴的先锋力量。未来属于青年，希望寄予青年。亲爱的女儿，你作为一名新时代的青年要以实现中华民族伟大复兴为己任，增强做一名中国人的志气和底气，不负时代，不负韶华！

初心易得，始终难守。从中国共产党的百年奋斗中看清楚过去我们为什么能够成功，弄明白未来我们怎样才能继续成功。女儿，你外公虽然永远地离我们而去了，但是他的言行、他身上的优良品德一直在影响、教育着我们。作为母亲，希望你健健康康、快快乐乐成长的同时，更要做一名讲诚信、正直、不怕吃亏的好青年！把我们的好品德、好习惯、好家风一代又一代地传承和发扬下去，更加自觉地牢记自己的初心和使命，开创更美好的未来。

你的妈妈

2021 年 8 月 21 日

（广东省广州市荔湾区南漖小学　黎瑞琼）

125. 时刻准备着

亲爱的女儿：

　　七岁的你已经认得不少字了，但妈妈还不曾以这种方式跟你说过悄悄话，你一定觉得新奇吧？此刻你已在房中安然入睡，甜甜地进入梦乡。在这寂静美好的夜，我还舍不得睡，回想着我们共同度过的暑假，甚至更多。

　　这个暑假过得真是充实啊！我们一起捧着《红色家书》，一遍又一遍地阅读，感受革命先烈对亲人和祖国深深的爱。小小的你耐心地倾听，并试图理解："他真的再也没有回到自己的家，回到爸爸、妈妈身边吗？""他为什么会被关起来？""她是女孩子，不害怕吗？"恽代英、邓中夏、赵一曼……一个个沉甸甸、响当当的名字随着一封封红色家书印入你的脑海，也许未来你不能一一记起，但你知道他们有个共同的名字。

　　你问："妈妈，究竟什么是共产党啊？"刚好，学校在组织观看"广州市中小学党史融入思政课电视课堂"并开展主题征文活动。课堂上老师分享资料、故事，你总是听得津津有味。是啊，谁不为这带着传奇色彩的伟大历史着迷呢？通过这个活动，你的长进可真不少。记得那天你学习完这一课——《中国有了共产党》，就跟我分享队旗、党旗的含义，还告诉我中国共产党是在一艘红船上诞生的，而且过程很惊险呢！当然，接着就是更多的疑问：这就是马克思吗？他是哪里人？什么是马克思主义？五四运动又是什么？一个问题还没理解透彻，结果又带出了更多的问题，看你挠着小脑袋，我突然醒悟：一直觉得你只是个小学生，国家和历史对你而言过于宏大和复杂；但事实是，你不仅能通过自己的方式找到入口，还带动了身边的人一起学习呢！李同学，好样的！

　　有一天，林老师发来文件，邀请你在开学典礼上向全校同学进行广州市著名红色革命景点的介绍。你像发现了新大陆似的拿着稿跑来问我："妈妈，这些英雄都来过广州呀？"听着这话我忍不住笑了，同时也意识到幼年走过的地方，我们可以再回去看看。似乎咱俩的想法一致，你一边读着稿一边说："妈妈，你去过黄花岗烈士陵园吗？我想去看看！妈妈，你去过广州起义纪念馆吗？我好像都还没去过，好想去看看啊！"就这样，你把英雄的名字和这些地方念了一遍又一遍，迫不及待地要拉着我出门。

宝贝，能和你一起在平常得不能再平常的日子里仰望历史的星空，一一去铭记那一颗颗为我们的过去、现在和将来照亮的明星，妈妈感受到了特殊的幸福，许多画面突然浮现眼前：你上幼儿园时任护旗手，小手拉着红旗一角，步伐坚定，腰杆笔直，表情庄重，这是你把人生的第一份严肃认真献给了国旗；祖国 70 岁生日，你在车上挥着国旗，用稚嫩的声音唱起"我和我的祖国，一刻也不能分割，无论我走到哪里，都流出一首赞歌"；东京奥运会，你和弟弟握紧了拳头，对着电视大喊"中国队加油！中国队加油！"妈妈相信，未来无论你们在哪里，做着什么样的工作，说起祖国，一定会和我一样幸福得热泪盈眶。

恰逢开学，把下面这段充满力量的文字送给你，成长路上，与君共勉。中国少年先锋队队员入队誓词——我热爱中国共产党，热爱祖国，热爱人民，好好学习，好好锻炼，准备着：为共产主义事业贡献力量！时刻准备着！

爱你的妈妈

2021 年 8 月 28 日

（广东省广州市荔湾区流花路小学　张肖雅）

126. 你守"大家"，我守"小家"

金诚：

近来在部队还好吗？胃的老毛病没有再犯吧？我很是挂念！

从来没有以这种方式来和你谈心，现在心中有千言万语想对你说，却一时不知从何说起。

你我从相识到相知到相爱再到现在的相守，已有七年之久。在这七年当中，我们在一起的日子却屈指可数。记得最长的一次分别是你去南苏丹执行国际维和任务，我们由异地恋变成了异国恋。那一年，正好又赶上了新冠疫情肆虐，我们竟有将近 18 个月没有见面。南苏丹与祖国相隔千山万水，那里的医疗条件远不及国内，在这 18 个月中，你的安全日日夜夜都牵动着我的心。那时你和我说得最多的就是："相信祖国，祖国一定会全力保护我们的安全！"

我还清晰地记得我怀孕后的事情。十月怀胎，本是女人最需要照顾的时候，可你忙于部队工作，不能回家，我忍受孕期的各种"折磨"，孕吐、脚肿、腰疼，每晚睡觉总是垫着靠枕才能入眠。我只能自己一个人拖着笨重的身体去产检。我看到的都是丈夫陪同着妻子，无微不至地呵护着妻子，可我只能自己一个人。直到宝宝快要出生时，你才匆匆回家待了几天，宝宝还没有满月，你又赶回部队了。

有了孩子，本以为我对你的思念终于有了可以寄托的地方，但夜深人静的时候，对你的思念还是不自觉地涌上心头。都说"女本柔弱，为母则刚"，自从有了宝宝，我觉得自己什么都会了，小到家里的东西坏了，我可以撸起袖子自己修；大到老人、孩子病了，我也可以一个人照顾。几年的军嫂生活仿佛让我从一个"十指不沾阳春水"的娇娇女变成了一个无所不能的超人"女汉子"。

其实跟你说这些不是怪罪你，我选择了你，就是选择了理解，选择了支持。理解你、支持你全身心保家卫国！没有国，哪有家？先有国之大家

平安稳定，后有你我之小家幸福安康。为了国家的安全，总要有人去付出、去奉献！你就是当代最可爱的人，是我最爱最爱的人！

对了，忘了告诉你，我最近也在积极学习党史，学习革命前辈们的英雄事迹。我递交了入党申请书，因为我也想像你一样，成为一名光荣的中国共产党党员。你能帮助我，让我克服不足，更快实现我的心愿吗？

盼着亲爱的你来信！

爱你的妻：国坤

2021 年 7 月 16 日

（山东省青州市谭坊镇赵坡小学　黄国坤）

127. 能活着　能工作　就是幸福

敬爱的父亲：

您好！

尽管每周末都去家里看望您和母亲，我还是想郑重地给您写一封家书，恭喜您荣获"光荣在党50年"纪念章！

您一定记得那天居委会来家给您颁发纪念章的情形吧！您说那是您这辈子最光荣的时刻，我记得您说着说着就热泪盈眶了。我妹拿着您的纪念章，爱不释手，一个劲儿地说："太让我羡慕了！我这个18年党龄的年轻党员，要向咱爸这样的老党员学习，砥砺前行！"家里的晚辈们也都拿着纪念章，左看看右看看，您的小外孙女嚷着说："我长大了也要入党，像姥爷一样当好党员，获纪念章。"那天，因为您是一名老党员，我们全家热情澎湃、备感荣耀。

父亲，您一辈子都在做着平凡的工作，从村干部到公安局夜间巡逻执勤，您一直勤勤恳恳，任劳任怨，从不喊累。您曾多次讲到您牺牲的战友，您总是说："能活着，能工作，就是幸福。累点儿算啥！我替战友们过着好日子呢。"您当骑兵期间，在高寒地带接连夜训，患类风湿多年，常年服药。每逢关节疼得厉害，您总会拿出战友们的合影相册，静静地看着。您常安慰忧心忡忡的母亲："和牺牲生命相比，带着病痛活着，就是胜利！我们要知足！"

父亲，您知道我最钦佩您的是什么吗？是乐观与坚韧。

四年前您得了淋巴瘤，得知病理结果的那一刻我们几个晚辈都慌了。我们商量该不该告诉您真实的病情，商量了很久，我们一致认为，您是乐观的人，您一定有承受能力，您也应该对自己的病情有知情权。我记得您当时听了病情，沉默了一会儿，很冷静地说："得了病，我们就治。不要怕，当年红军怕过啥？爬雪山、过草地，小米加步枪还打胜仗，现在医学发达，我去看病，一定会好的，你们别担心！"母亲当时红了眼，我们几个都松了一口气，抱着满怀信心和希望分头去联系医院治疗事宜。

父亲，谢谢您！在您身体状况不好的时刻，依旧用革命精神鼓励着家人，让我们有信心团结一致抗击病痛。事实又一次证明，您胜利了！

从春寒料峭的春天到满院青葱的盛夏，您经历了四个疗程的化疗，愈后效果理想，终于迎来了新生。化疗期间，脱发、消瘦、肠胃不适、贫血等不适状况频频出现，您每一天都过得很痛苦。陪伴在您身边，您步履蹒跚，却努力挺直腰板，倔强的您坚持不坐轮椅，执意自己慢走锻炼。陪伴您的那段日子，我终于明白了，您是把战士的战斗精神融入了血液，用自己一生的言行去践行这种战斗到底、永不放弃的精神。

父亲，我是一名语文老师，经常鼓励我的学生要对父母说"我爱您"，可我自己却从未对您说过。今天借着这封家书，我想对您说："爸爸，我钦佩您，我爱您！"

祝您晚年安适，身体健康！愿您继续发扬您的战士精神！

爱您的女儿

2021 年 7 月 1 日

（河北省张家口市第一中学　白红霞）

128. 撷一句《论语》送与你

亲爱的五年级语文青年组的老师们：

大家好！我是你们的组长，也是你们信任的大姐姐。在五年级语文教研组基础上，我们自发组建的这个五年级语文青年组是一个温暖的大家庭。我平日没少给你们安排任务，让大家干活，今天不布置工作，只想和你们说说心里话。

这个学期，你们经常看到我手捧一本《好老师学〈论语〉：走向生命觉醒》沉醉其中，恐怕也观察到了我对待周围人与事的变化。是的，今天就和大家聊聊《论语》。我迫不及待地想要撷一句《论语》送与你。

明，送与你"学而时习之，不亦说乎"，别觉得它简单哦！

你经常问我怎样才能成为一名好老师，我的回答是："就像你现在这样求知若渴，源源不断地学习，向经典学，向圣贤学，向身边一切的美好学，你终将成为一名好老师。"学，是生命的完全打开。在生活、工作中，我们要通过学而成就自己，通过成就自己而成就生活、成就事业。习，是一种更为切身的学习，就像小鸟在晨间练习飞行，这确实是一幅迷人的图景。慢慢地，你就会成为更好的自己，成为学生真心喜欢的好老师。

迪，为你"道之以德，齐之以礼，有耻且格"的班级管理理念点赞！

你是我的徒弟，我不仅关注你的语文教学，也特别留意你做班主任的表现。看到这部分内容，你一定想到了我们的校训"求真、感恩、知耻、砺行"。治理国家是这样：若是统治者以德和礼治国，就能得到百姓的认同和亲近，整个国家的凝聚力也会提升不少；倘若利用刑罚和政令治理国家，虽然也能相安无事，但是百姓对国家的感情很淡，缺少相应的凝聚力。治理国家如此，管理班级依然适用。而我高兴地看到你正努力地用情感化学生，用德引领学生，使整个班级场域具有家的氛围、情的融合，然后通过全体学生共同制定的礼来评价和约束每个学生的行为，引导学生自我审视，自我修正。以前，我只是以经验来判断这样带班是对的，现在学习了这部分内容后，我找到了理论依据。迪，我们以后要更加坚定地用德和礼营造班级生活，引领学生"知耻而砺行"。

媛，从你身上，我看到了"知之为知之，不知为不知"的新解。

通常，我们认为孔子"知之为知之，不知为不知"的命题仅是一个道德标准，是对"诚信"概念的延伸，对吗？其实，"知之"与"不知"是相互联系、超越的认知过程，孔子的"是知也"注重突出对"知之"的超越和对"不知"的认可，故此命题也应是孔子的求知标准。是的，未知的事物是无穷无尽的，知识的拓展和生命的成长连为一体。媛，每每看到你字迹工整的备课本、用各色笔批注的语文书，以及用心制作的单元备课资料册，都让我真切地感到你对课堂的敬畏之心，对学生负责的师德，还有那让"知之"拓展和丰富、让"不知"努力而知的冲劲和韧劲。我要向你学习。

培，温润的你"不迁怒，不贰过"。

我一直认为教师首先具备的修养就是"不迁怒"，尤其是班主任老师。当科任老师向班主任"投诉"班级整体问题时，可能有的老师无法克制自己，进班和学生一顿"发火"，一番质问，而你则会冷静地想想自己的带班工作中有什么漏洞，平心静气地和科任老师商量相应的调整方案。面对个别学生也是，出了问题，你尽量私下调查、解决、教育，避免占用其他学生的时间，不让负面情绪迁怒于集体，影响课堂氛围。你也努力做到"不贰过"。你说，每天开车回通州的家时，遇到等红灯时间长，往往会想想这一天的工作，还有哪些地方没有做好，哪些地方需要弥补，或者第二天怎样改进。有了这样日日梳理的习惯，相信你明天一定会创造更加美好的教育生活。

竹，"君子不器"的你让我看到了教师应有的蓬勃生机。

"器"，原本指的是器皿，引申做"局限"解。"不器"，是说一个生命觉醒的君子，能够突破自我，创造出各种可能。竹，谢谢你从六年级下来后，来到咱们组，从此，我们这个"家"有了更多的欢乐、更多的智慧。你是咱们组数学最好的语文老师；你是信息技术高手，处理组里各种电子表格，不在话下；你有着对特需生帮扶的理论知识，经常为大家解决难题。

你的"不器"让我意识到：教师个体的成长不应该有固定的模式和路径。当然，你不仅要求自己"不器"，对待学生也是如此，因此每每路过你的班级，我感受到每个生命都在蓬勃向上地发展自己。

军，这句"己欲立而立人，己欲达而达人"，你当之无愧。

在自我实现的路上，所获得的生命的美好，所享有的成功的喜悦，推己及人，也让别人去获得、去感受、去享有。这是一种多么美好的境界！军，由于你自身努力，虽年纪尚轻，但已积累了丰富的教育教学经验，在专业上颇有建树。我为你的成绩骄傲，更让我感动的是你不遗余力地帮助新上岗的教师。前不久，你援助四年级语文教研组备战西城"风采杯"，为了帮助小潘老师做好单元整体设计，你连续几天加班备课到深夜。看着你熬红的双眼，我懂得你，你想助力新上岗的教师通过努力把握住机遇，获得成功，从而增强自信，不断攀升。我们的教育之路正是这样一步步传承下来的啊！

静，这是我自己的名字，我最后要郑重地问问自己"为人谋而不忠乎"？

曾子在"忠"这件事上的修身，还是很给我震撼的。忠，心上用中，中道。尽己之谓"忠"。做事能够尽心尽力，无私，这叫"忠"。我要每日静思：对待如此可爱的青年老师们，能否做到"忠"？是否对每一位老师真诚相待，高度尊重，全面关怀？答应了青年老师要关注他（她）的课堂教学，有没有每节课尽力去指导？承诺了青年老师晚上回家给他（她）看看教案，有没有逐字认真对待？接受学校领导指导徒弟的工作安排，有没有尽心竭力去完成？在做年级组每日细碎的工作时，是否存有私心——对自己专业有发展的事情，就乐意付出百分百的努力，而对自己没有直接帮助的工作潜意识地不付出全力呢？忠，实为难能可贵的君子修行，也是我努力修身的方向。

亲爱的老师们，可爱的青年人，你们看，我们和《论语》走得多近呀！我们就是《论语》中的你和我呀！不必带着审视、研究、评价的心去读《论语》，就怀着一颗平常心与它对话，从而成为更优秀的自己。

对了，答应了大家要将《好老师学〈论语〉：走向生命觉醒》这本书在组

里传阅，一起分享阅读感受，我们就从今天开始吧！让我们从经典中汲取生命的力量，一起向着心中的教育理想携手迈进！

你们信任的马老师

2023 年 5 月 8 日

（北京市第一实验小学　马静）

129. 我们拥有相同的精神尺码

亲爱的名师工作室团队的伙伴们：

大家好！

近月来看书写字，眼睛异常不适，头昏脑涨。检查眼睛，调整了近视镜的度数，配了一副老花镜，又可以正常工作了，心中无限感慨，不知不觉已是知天命之年，老眼昏花了。

上月申报省级课题盖章时，同事笑问，都评上正高了，还申报课题啊？不禁想起参加北京师范大学"京师好老师生命成长营"时也有人说，她都评上正高了，还要学，到底想干什么？听到这个问题我内心也是一激灵，还真忘了思考这个问题，我还想干什么呢？

子曰："君子无所争，必也射乎！揖让而升，下而饮，其争也君子。"君子不与人争，他是与自己争，如果要争就选择射箭。不是比力气，而是比专心的程度，比尽力的程度，比心之定力。一个生命高度自觉者，他是在这个过程当中专心致志地向内求，不断反思、不断调整，进而达到更高的水平。听辛意云先生的讲解、学友们的分享、专家们的点评，我明白了我们做老师不就是这样吗？我们不争什么，不为什么，探寻教育本质，追求教育艺术臻于完善，感受生命觉醒的快乐，同时也唤醒别人，而共同的生命觉醒，就能产生新的智慧。成为智者，顺天理积极进取，不断完善自己；践履仁道，终成仁者，超越生物性，完成生命的圆满，达致厚重沉静的境界。如同蚕蛹化蝶的蜕变，这一过程充满艰辛和曲折，虽然痛苦却也幸福。这样充盈而饱满的生命状态，不正是最美好的人生吗？

"己欲立而立人，己欲达而达人"，成为省级名师工作室主持人以来，我尽力帮助名师工作室团队成员实现对教育的更高追求，鼓励他们成为卓越的教师。大家在这个过程中互帮互助，共同达成生命的再认识，彼此成就的同时也成就了地方的语文教育，这是多么美好的事情呀！现在想来也是满满的感动！三年来，我们工作室走出来一大批优秀的骨干教师，我们拥有相同的精神尺码，同频共振，互相感染，互相激励，携手抵抗懈怠，互相见证美好。这就是生命自觉后的互相砥砺吧，遇到你们真好！

研究教学，踏上学习之路，不为别的，只希望内心的道越来越明，意志越来越坚定。以事应心，在事上磨炼自己，修身悟道，炼出一颗仁爱之心。顺遂的时候依仗仁爱而成功，失败了依仗仁爱而安稳。具有这样智慧的人生是圆满的，可以化苦难为快乐！

岁月飞逝，容颜老去，而我们，却依然沉浸在不断学习追求的快乐之中不知老之将至——这是怎样飞扬的人生！

　　顺颂

秋安！

你们永远的学友：台桂莲

2018 年 8 月 23 日

　　　　　　（贵州省安顺市平坝区第二中学　台桂莲）

130. 家校协同"心"理念，百丈攀登"情"未来

作为中途接班的一名班主任，面对的第一个问题就是如何取得孩子和家长们的信任，顺利开展各项工作。结合学校的"协同教育"理念以及我自己作为语文教师的专业身份，我想到了写家书这样的方式。下面的两封信是这两年我有感而发的内容，今天在这里分享，聊以表达我作为一个沙面人的教育情怀。

第一封信：与孩子们初次相遇的那个月

尊敬的各位家长朋友：

大家国庆节好！

转眼间，秋意更加浓厚了。孩子们早上起来，从学校一楼爬上四楼教室已经没有之前那么满头大汗了。

孩子们的脸上总是洋溢着笑容。这笑脸，有时是因为跟同学课间嬉戏的欢愉，有时是因为老师的表扬，有时是因为自己学习的收获，有时是因为作业的优秀，有时是因为孩子们本身就是爱笑的……

但，时而也能看到孩子们板着脸甚至滴下眼泪的表情。这表情，有时是因为跟同学嬉戏闹矛盾了又互不相让，有时是调皮了、犯错了被老师批评，有时是因为自己没做好而没有得到想得到的荣誉和奖励……

因为孩子们这些表情，我们四(4)班的教室，时而洋溢着喜悦的乐音，时而弥漫着紧张的硝烟。就这样，老师们和孩子们飞快地度过了一个月的时光。尤其是作为班主任的我，开始品味和享受这幅生动的学习、生活画面。

总体来说，孩子们是活跃的、可爱的、爱学的、有礼的。于是每天早上能看到孩子们热情打招呼，打卡视频里能听到孩子们真挚的问候，练字的时候能好好欣赏孩子们认真的面庞，课堂上能欣赏孩子们一个个踊跃举手，犯错了单独沟通的时候能看到孩子们的紧张与羞愧……

刚开学时，大家互相都不熟悉。孩子们担心跟老师们不适应，老师们也尽量加快跟孩子们熟悉的脚步。从一开始我们相处得干巴巴，到现在下课孩子们的簇拥，我们感受到了彼此距离的拉近。

班级的规矩，也慢慢在老师们、家委会、各位家长和孩子们的支持下，逐渐树立了权威。孩子们开始意识到规则的重要性，开始向形成自我、自理、自立的发展观而努力。一切都朝着美好的方向在发展着，在努力着！

这是一群多么阳光的孩子啊！感恩能够就这样相遇，也希望能这样陪伴着孩子们走向更美好的青春！让孩子们更加懂得什么是爱的力量，什么是自我的真正成长！

当然，这条路还很长，我们（4）班才刚刚开始走。老师们和孩子们走得还不是很自然。我们还需要各位家长搀扶一把，推动一把，拉动一把，点赞和鼓励一把……

无论如何，九月是收获满满的，而金秋还在深入，相信丰收是肯定的！愿我们一起携手，为了孩子们的全面发展，撸起袖子加油干！

再次祝福各位家长朋友节日快乐！

第二封信：双节同至，盛世共欢

尊敬的各位家长朋友：

我与孩子们相处已经一年有余。在这一年中，我认识了28个可爱、活泼、聪明又有些任性和调皮的孩子。在这一年中，我结识了50多位负责、配合、有想法、真诚坦率的家长。我深深地热爱着（4）班这个集体，享受着与孩子们和家长们相处的美好时光。

过去的一年，我们班从嘈杂、散漫、漫无目标的原生状态一步一步走到了现在欢乐、有序、目标清晰的高年级学习状态。这里面的进步，大家是有目共睹的。甚至，学校的其他老师以及保洁阿姨、保安叔叔都感受到了（4）班孩子们的成长，都夸我们班的进步很大，变化很大。

在这一年之中，我们班的孩子们没有出现重大的安全问题；孩子们的生活和学习能力越来越强；在各类比赛和活动中能看到孩子们获得的荣誉越来越多；同学们之间的交往越来越和谐，班级越来越团结，我们获得五星中队的次数越来越多；孩子们的班集体荣辱感越来越强！与此同时，我看到我们的家长与老师的沟通在逐渐增加；家长越来越信任我们的老师；家长与老师的共鸣越来越多、越来越深；家校之间的团结协同越来越顺畅，战斗力越来越强！

如今五年级开学了，孩子们顺利升上高年级啦！这是一个新的开始，老师们已经准备好为了孩子们小升初的顺利而全力付出！相信家长们也开始转变思想观念，准备帮助孩子们在老师的指引下遵循高年级孩子的发展、成长规律获得更美好的未来！那么，高年级啦，我们应该怎么做呢？

在这里我想借用五年级必读经典《论语》中的一则来阐述。"有子曰：'其为人也孝弟，而好犯上者，鲜矣；不好犯上，而好作乱者，未之有也。君子务本，本立而道生。孝弟也者，其为仁之本与!'"这段话的意思是："一个人孝顺父母，敬爱兄长，却喜欢触犯在上位的人，这种人是很少见的；不喜欢犯上却喜欢作乱，这种人是不会有的。君子行事致力于根本，确立了根本，道也就产生了。孝悌就是仁道的根本吧!"我想借用这段话来表达一个思想：希望家长们不要徒增焦虑和烦恼，要坚守家长的角色，建设良好家风，从孩子成长的根本上做好引领；多关注孩子在家庭角色中的行为和表现，自然而然地引导孩子树立良好、正确的人生观、价值观和世界观。孩子的这个根本立起来了，那么在学校里的一切就都不会是问题。至于学习，希望各位家长能一如既往地相信我们的教师团队，相信在新课标的指引下老师们的付出，努力理解并积极配合老师们的工作即可。不建议大家做越俎代庖的事。这样大家职责分明、相互促进的关系才是真正的协同。

最后，想跟各位家长分享的是：如今的盛世，是孩子们最幸运的礼物，我们不必担心孩子们的未来，更不必用当下的眼光和标准来评价或者预测孩子们的未来甚至一生的幸福。这样的操心是无效的，是徒增烦恼，对孩子而言是有害无益的。这么多年的教书育人经历，让我看到的是，不管孩子在学生时代如何，孩子只要根是正的、本是善的，那孩子的未来一定是充满意义和希望的。这就是这个时代给孩子们的最好的礼物！

就让我们继续努力吧！让我们继续携手同行吧！让孩子们在我们共同撑起的时代的蓝天下茁壮成长！

非常感恩，在这样的岁月里，有如此刻骨铭心的际遇，让几十个孩子、家长和我的感情有这样的升华。让我们继续在"协同教育"理念的新征程中，更努力构建和谐、高效的家校协同体，守护孩子们健康成长。

吴磊

2022 年 9 月 10 日

（广东省广州市荔湾区沙面小学　吴磊）

131. 老师，好

老师：

　　您好！

　　又一年高考季匆匆而过，我毕业 14 年了。那天微博上发起了新的话题，请大家分享自己高考超常发挥的经历，我写下了我当年高考数学的故事，从 40 分到 125 分的逆袭。有些孩子留言点赞，说希望"蹭蹭好运"，而对于我，每每回忆起这段经历，内心总有无比复杂的情绪，这些情绪，也总是让我想起您。

　　读中学时，我是一个非常偏科的孩子，天生只对文字和语言敏感，对数字完全没有概念。作为我的班主任和数学老师，我想您应该挺头疼吧。而我也一直认为，您和我是站在对立面的。也许是因为我只能在 150 分满分的数学考试中拿到 40 分；也许是因为我在"学霸"同学们都认真学习的时候，看闲书、追明星；也许是因为我无法正确告诉您，我是真的不会解题，而非故意跟您作对……很遗憾，18 岁的我，还在认识自我的道路上茫然无措，也确实不会正确认识和处理师生关系。很多年后，我还一直在思考，当时，我为什么会有那样的一些想法和做法。

　　多年后，无论走到哪里，无论是求学还是工作，当我感到有压力的时候，我都会一遍遍做着相同的噩梦，就是我高中参加数学考试的场景，不会做的题，40 分的大红分数，以及您对我说过的话。然后我就会惊醒，不知道该庆幸，还是该难过。我必须坦诚地说，在很长一段时间里，我仍旧会把您放在我的对立面。我承认我不是个好学生，而这段经历也确实很难让我释怀。回想起您，回想起我的高中生活，心中总泛起一种难言的情绪。这段经历，被我放在了一个不愿丢弃，也不敢碰触的地方。

　　人生的确很奇妙，后来，我进入了教育行业，从事着教师教育工作，与许许多多的老师相遇、交流。不管是出于我的选择，还是出于工作的需求，我开始尝试着走近他们、理解他们，思考什么样的老师是好老师几乎成了我每天工作的必修课。在某些时刻，我很容易想起您，我才发现，好或不好，这样的界定难免简单和偏狭。我是个好学生吗？您是个不好的老师吗？有时，看着面前几百位老师，我都会想，这些老师，他们好吗？他们自己好吗？他们的学生好吗？他们的学生又是如何看待他们的呢？

前一段时间，我看了《老师，好》这部电影。在看之前，我还在惯性地猜测，这部电影是塑造了位好老师，还是个不好的老师呢？看过之后，更觉得真实的人生是无法简单去评判的。终于，我开始有了一点进步，那就是学习理解与接受，带着比从前柔软的心和具有弹性的思考，尽量看到事情的全貌，不臆测、不偏执。我也会想象，如果有一天，我再遇到您，也能微笑着向您问声好，不管您是否还记得我。

大家常说，要感谢自己生命中遇到的人，因为他们或多或少都教会你一些东西。我想，未来我可以慢慢带着感恩的心回想起我的高中生活，回想起您。希望您安好，一切顺利！

您的学生：陈沫

2020 年 7 月 8 日

（北京师范大学中华文明传播中心 陈沫）

132. 接过您手里的伞

敬爱的易老师：

展信安好！跟您许久不见，很是想念您！今天来信想跟您分享我的近况。

在没有跟您联系的这很长一段时间里，我成了一名教师。在准备教师公招考试的那几个月里，我每天睁开眼睛就是学习，很充实、很快乐，但同时由于脱产备考，我也背负着很多压力。每当自己压力大到无法排解时，总会忍不住想起小学时，您拉着我和小伙伴们在操场玩，或是放学后您带我坐公交还要分我半边耳机的场景。这些场景给了备考的我无限大的力量，总让我对自己的教师生涯充满了期待。怀揣着这一份对教师职业的向往和期待，我如愿考入了目前我所任职的这所小学。

前年九月，当进入学校，站上讲台成为一名教师、一位班主任时，我才真正理解了您的辛劳与不易。

虽说对教师职业有向往、有期待，但当我真正来到学校，第一次面对着一群孩子的时候，我还是有太多的不知所措。开学第一周，我看到网上说，新老师刚开始到新的班级一定要严厉，要树立自己威严的形象。但我不知道该怎么严厉，总觉得批评就是严厉，带着这样的想法，每天我从进学校到离开学校，总不停地在批评孩子们。可是，我发现孩子们越被批评越显得没有力量、不想改正，那些被提醒了无数次的做得不好的地方依然还是会出现。被批评的孩子们垂头丧气，批评孩子们的我心里也并不好受。该怎么办呢？

恰逢学校举办了一次演讲比赛，看着不同年级的孩子在台上自信地展示，我猛地想起了二年级时我也参加过一次演讲比赛，至今我还记得那次演讲比赛的主题是有关生态环保的。当时，您让我背稿子，我背了好多天都背不下来，您也不怪我，只是放学后留下我亲自辅导，一句一句指导我，表扬我说我声音很好听，告诉我要相信自己，这次比赛对我来说完全没有问题。听到您的表扬和鼓励，我信心满满，动力十足！就在那天，那么长的稿子好像突然变得简单起来，没过一会儿我就背了下来！后来还在那次比赛中拿到了一等奖！想到这些，我突然意识到，哦，原来这就是表扬和鼓励的力量！如果当时您因为我没有背下来而批评我，是不是我就没有那么快，或者没有那么有信心背下来那篇稿子并在后来拿奖呢？

那天晚上我思考了很久，我究竟应该如何对待我的这些孩子，是一味地批评打压呢，还是有针对性地表扬和鼓励呢？从年幼的我身上，从感受到被老师给予温暖的我的角度，我想试试看表扬和鼓励的效果。第二天到学校，我调整好自己的心态，微笑看待孩子们做的每一件事，给予他们肯定、鼓励。结果孩子们在学校的状态一下子好了许多，课堂上举手的孩子也变多了，还能看到他们脸上一直挂着的笑容！直到现在，每当孩子们情绪不高的时候，我也习惯用这样的方法对待他们，表扬做得好的孩子，树好榜样，其他孩子也想要获得表扬，自然就会学着榜样认真做；鼓励还有待加油的孩子，给予他们信心，效果非常好！

易老师，感谢您让我明白了：表扬和鼓励往往比批评更有力量！往后的日子里，我会和孩子们一起加油进步，不会让您失望！易老师，从前您为我打过伞，遮过风雨和太阳。如今，我想接过您手里的这把伞，把心底的明媚与温暖传递给更多的孩子。

　　祝
身体健康，工作顺利！

　　　　　　　　　　　　　　　　　　　　　您永远的学生：何倩
　　　　　　　　　　　　　　　　　　　　　2022 年 12 月 4 日

　　　　　　　　　　　（重庆市沙坪坝区树人景瑞小学　　何倩）

133. 做好老师，您是我的标杆

敬爱的宁老师：

您好！

您知道吗？在我的心目中，您是对我影响最深的恩师。如果说，我成为老师，在懵懂之时是受了姑姑的影响，那么，让我坚定地想成为一名老师的人就是您。每当我唱起那句"长大后，我就成了你"时，脑海中浮现的都是您的身影。

记得我上三年级的时候，刚毕业的您就分到了我们学校，成了我们的班主任。那时候的您年轻帅气，充满活力。您渊博的知识、幽默的谈吐、对学生循循善诱的耐心深深地吸引了我。我特别喜欢上您的语文课，您的朗读声情并茂，常常能够带领我们走进文本，走近作者，走进那个丰富多彩的文学世界。因此，我喜欢上了朗读。您给了我很多鼓励，也给了我很多指导，让我能够自信地展示。记得有一次您让我朗读诗歌《小草》，到现在我还记得当时的情景，记得那句"在人民面前我就是一棵小草"。现在想起来，那不仅仅是朗读，更对我价值观的形成有着深远的影响。

还记得您给我们读的《大林和小林》吗？您的朗读特别有感染力，我们听着听着都入迷了，仿佛我们就是大林和小林，跟着他们一起高兴，一起伤心，一起焦急，一起难过……慢慢地，我们等不及每周听您朗读了，开始主动读起书来，《小丫踢球记》《绿野仙踪》《稻草人》等，到现在我都记得书里面的情节。我们也从每周听您讲故事变成了推荐自己读过的书，分享自己的读书心得。是您让我们这些农村孩子爱上了读书！

还记得您给我们推荐的《作文周刊》报纸吗？当时，每天早上都有一两个同学到教室前面朗读报纸中自己喜欢的文章。为了能在早上好好展示，我们都会在头天晚上认真准备，把文章读通读顺，不认识的字查好字典。我们还会跟大家分享自己的一些阅读心得，一起讨论文章哪里写得好。后来，您又推荐了一本叫《跟我学》的书，书里的故事很精彩，但是每个故事写到一半就戛然而止了，给读者留下很大的思考空间。于是，您就鼓励我们续写故事，选出优秀作品，为我们声情并茂地朗诵，并进行一番点评和表扬，这就更激发了我们主动写作的兴趣。真是庆幸遇到了您这样一位有心的好老师，您用自己的方式潜移默化地影响着我们，引领我们爱上了朗读，爱上了阅读，学会了写作。

在您的影响下，长大后的我也成了一名人民教师，回到了我的母校任教，还与您成了同事。但是在我的心目中，您是永远的老师，就像我的父亲一样，默默地关注我，总在关键时刻给予我帮助。记得我为参加师德演讲比赛发愁的时候，是您主动提出要听听我的演讲稿，并对我进行指导。后来您调走了，我们的联系少了，但您一直占据着我心里那个重要的位置。没想到的是，一个偶然的机会，我来到了您所在的学校做公开课。当时，尽管是借班上课，还有那么多老师和专家听课，我都不感觉紧张，但当我看到人群中也有您的身影时，忽然紧张起来，生怕在自己最尊敬的老师面前表现得不够出色。直到看到您鼓励的眼神，我才放下紧张，全身心投入授课中。课后，我的表现得到了您的夸奖，您说看到我成长得这么快、这么好，感到很欣慰。这也让我如释重负——作为您的学生，我没有给您丢脸。

如今，我也像您一样每天充满激情地投入工作，把自己的爱无私地献给学生，用自己的行为潜移默化地影响学生，希望自己也能够成为像您一样让学生受益一生的好老师！

祝您身体健康，万事如意！

您的学生：商艳华
2021 年 1 月 1 日

（北京市房山区交道中心校　商艳华）

134. 感恩您，我的"老师爸爸"

尊敬的郝老师：

您老一向可好？很是想您哦。

每每想起我的老师，您总是最先打开记忆的闸门，和蔼可亲地来到我想象的画面里。您就像亲人一般！受您的影响，我也把教师作为终生的事业，如今，已从教整整 30 年。这次，当我要写下这封家书时，我一下子就想到了您，几十年没见，忽然就特别想给您写一封信。

打开尘封的记忆，时间退至 40 年前。记得，那是我小学四年级，开学不到一个月，教我们的班主任就去休产假了，大胡子王校长有些神秘地对我们说："明天会给你们派来一位新老师，包你们喜欢。"他会是怎样的老师呢？我们心里充满期待。第二天，大家都来得很早，想赶快一睹老师的芳容。上课铃声终于响了，只听咚咚咚响亮有力的脚步声传来，没想到竟是一位男老师！个子高高大大，一身半旧的蓝衣蓝裤，脚下踩着有些发白的绿色运动鞋。圆圆的脸上，眼睛不大不小，但很有神采。您的头发格外引人注意，属于"地方包围中央"式样，您在讲话过程中，会时不时用手捋一捋松散下来的不太听话的头发，每当这时候，都会惹得我们偷偷嬉笑。

您语言幽默风趣，板书潇洒漂亮，简笔画格外传神，您像一本百科全书，同学们向您提出各种稀奇古怪的问题都能得到您的解答。课堂上，您还特别擅长鼓励我们，让每个孩子如沐春风、自信满满。课间，您跟我们"疯"玩在一起，教会了我们许多新鲜有趣的游戏，一点儿不考虑所谓老师的形象。时间不长，您已然成了我们无比爱戴的好老师、大朋友。

还记得那次我叫您"老师爸爸"的场景吗？那是六月中旬，学校组织我们帮农一周。一天，我带着午餐，扛着铁锹，兴冲冲往村东头走去。谁知途经一户人家时，里面忽然蹿出一条凶猛的大黑狗，直冲我扑过来。我吓得撒腿就跑，由于慌不择路，整个人一下子扑倒在地，胳膊、腿都划伤流出了血。郝老师，当您看到我这个样子时，一边帮我掸着尘土宽慰我，一边神奇地从挎包里掏出一小瓶酒精和几个棉球，小心翼翼地为我擦拭伤口，并用纱布包扎起来。那一刻的您，一改平时的粗犷，就像一个慈爱的父亲，我心里立时暖暖的。随后您劝我回家休息，我坚决说不，您摸了一下我的头，说："好样的!"于是将我的书包斜挎在您身上，并迅速扛起我的铁锹，招呼道："闺女，出发!""是，老师爸爸!"我随口就这样应答着，我们"父女俩"就这么哈哈笑着向目的地进发。

幸福的时光总是短暂的。来年寒假开学，郝老师您却再也没有出现。听校长说，您为照顾年迈的母亲调到朝阳区去了。不少同学哭了，我哭得尤其伤心，再也见不到我的老师爸爸了!

时隔这么多年，算起来您现在已经八十几岁了，不知您在哪里，是否安好? 不管时光如何流逝，每当想起我的恩师，您的样子就会出现在我面前，依旧是那么可亲，那么风趣! 多年以后，我终于体会到，您就是我从教的引路人，您的言传身教，永远鼓励我努力前行。

感恩您，我的老师爸爸!

您的学生：张淑君

2019 年 11 月 25 日

（北京市通州区运河小学　张淑君）

135. 长大后，我就成了您

常老师：

您近来身体可好？

时至今日，您40年前用杭州版的数学教材给我们上课的情景依然历历在目，在钦佩您的教学智慧的同时，更敬佩的是您敢于改革的勇气。正是在您的鼓励和帮助下，当时四年级的我才能够毫不费力地跳级升入重点初中；也是因为您对我的影响，长大后我就成了您，成了一名光荣的人民教师。

今年我正好从教30年。子曰："三十而立。"30年，我都"立"了什么？借这个机会，我就向您汇报一下吧。

从1988年大学毕业、站上讲台的第一天起，我就立志做一名像您一样让学生喜欢、家长满意、领导放心的好老师，30年从未改变过。我所在的学校学生英语基础薄弱，对这些学生，必须付出更多的时间、精力和耐心。

从教30年以来，我经常对我的学生说："你只要在课堂上跟住老师，有问题随时找我，你的英语学习肯定没问题。"曾经有一个学生，刚上高中时，26个字母都写不全，对英语毫无兴趣。家长已经对他的英语学习不抱任何希望了，但我不能眼睁睁地看着这个刚上高中的孩子就这样放弃。我想找时间给他补课，开始时他总躲着我。我就从他喜欢的历史学科入手，找一些历史方面的英语阅读材料，激发他的学习兴趣。在我的帮助下，他对英语学习不再抵触，渐渐有了点儿兴趣，后来居然主动学英语了。经过我们师生三年的共同努力，他在高考中取得了98分的成绩，顺利升入高等院校。

在我儿子两岁时，我开始当班主任，从此他就像影子一样和我一起起早贪黑，从托儿所直到高中毕业。他感受到，妈妈不仅是他一个人的妈妈，还是那么多孩子的妈妈，而且对其他孩子比对他还要耐心、细致。他看到了因为学生的进步而欣喜若狂的妈妈，伏在爷爷、奶奶病床前给学生写期末评语的妈妈，收到毕业多年的学生发来的祝福短信而幸福得不得了的妈妈。就这样，班主任工作我干了 18 年，学生对我的称呼也从"慧儿姐"变成了"慧儿姨"，现在又变成了"慧儿妈"。平凡的坚守和积累，让我对教育教学的理解更加深刻，对专业发展的规划更加清晰，对教育理想的追求更加坚定。

常老师，我能有今天的成长，最应该感谢的人就是您，是您的影响让我选对了职业，让我一直为成为您那样热爱学生、爱岗敬业、甘于奉献的老师而努力奋斗。能做您的学生真是一种幸运，也希望自己能做一名让您引以为豪的学生。

衷心祝老师身体健康！

您的学生：张慧

2018 年 9 月 15 日

（吉林省吉林市第二中学　张慧）

136. 有缘复得沐春风　三生有幸拜师门

亲爱的师傅：

　　这是一段想写很久却不知怎么写给您的文字。总觉得在成年人的相处中，太多直白的感情表达过于矫情和做作。还好遇见北京师范大学，在传承经典，做"四有"好老师的学习过程中获得写家书的小任务，让我有机会吐露一下内心的感恩与感动。

　　世界上有很多种遇见，最美的莫过于我在最好的时光里与敬业、善良、叫我小名的您相遇。

　　初次相见是在 2019 的冬天。早就听说您是位对专业极其认真和负责的老师，拜访您的路上，我脑补了各种您的形象：严厉、不苟言笑……

　　初见您时，我紧张到手心冒汗。而您，微笑着拉起我的手向办公室走去。您一个不经意的动作，让我意识到能成为您这样的老师，是人生无比幸福的事情。

　　以前想当老师，除了喜欢之外更多的是想有份安稳的工作。看见您的那一瞬间，我突然真的体会到教师是个让人无比幸福的职业。而我也在您的引导和鼓励下，终于拥有了属于我的一群小葵娃。

　　还记得当我第一时间把消息告知您的时候，您言语和声音里都是开心的，那是一种只有家人才能表达出来的由衷祝福。随后您以严谨的专业态度告知我作为一名教师的责任和重要性。到现在我依旧在每册书前面写下您告知我的一句话——用心去爱每一个孩子，给教室里每一个层次的孩子搭建支架，并一直努力用行动践行着。

　　在两年的相处中，您变成了我无可替代的家人。我经常会悄悄想一想您在干什么，却不忍打扰，哪怕一个电话我都怕耽误您的时间，所以我给您发消息后总是加一句"不用回复"。可是，您却对我从不吝啬时间，每次都耐心回复、细心指导。作为团队中年龄最小、教龄最短的我是不自信的，您总是鼓励我，说我很优秀。

无论什么情况，您的电话我一定会马上接。可是那天因为一些事情，我的心态坏到几乎崩溃。我第一次拒接了您的电话！等我后来找地方努力让自己安静下来、平复心情后才给您回电。听着您激情澎湃地和我说着工作上的事情，我却一个字也听不进去。我终于鼓起勇气打断您，因为那一刻我再也没办法在电话这头装着若无其事。我说："师傅，您等等，我状态不好，需要缓一缓，我过两天给您回信息。"听出我的声音变了，您赶紧询问。整整一小时，我们没谈工作，没谈教学，只有您的耐心倾听和开导。在您的开导下，我终于鼓起勇气主动去化解误会。当我开心地告知您结果时，您说，以后有事不要自己扛着，说出来我们一起解决。

　　一日为师终身为父。于我而言，您已经是我生命中不能缺少的家人。总想尽自己的所能为您多做些，最后却总是您为我做得更多。有缘复得沐春风，三生有幸拜师门。感恩您从未嫌弃过我的愚钝，感谢您一直的鼓励和培养。我知道，我不够优秀，但是我一定会践行您的教导，在成为像您这样的好老师路上努力前行！

　　"谢"字太轻，却还是不得不说："我亲爱的师傅，谢谢您！"

徒弟：莹莹

2021 年 8 月 12 日

（甘肃省兰州市第三十六中学　张莹）

137. 致敬，我生命中的严师

合金：

　　今天，我想把这封家书写给你，虽然我们不是亲人，但胜似亲人。

　　你比我小两岁，但我从不叫你"妹妹"，你也从不叫我"姐"，我们彼此直呼其名而毫无距离。我们是师范同学，毕业后一前一后分到了同一所小学。那会儿我们一起在傍晚聊天，一起骑车 200 多里从延庆去海淀看望生病的老师，我们还彼此分享恋爱的苦乐和生活的烦恼。

　　我虽然比你年长两岁，但在生活与工作中更多的是你在照顾我、提醒我。想起有好多次，我口无遮拦伤了同事。你毫不留情，说得我眼泪哗哗往下掉，心服口服地去跟同事赔礼道歉。记得我们一起参加在职自考，有一次考当代文学，你得了 82 分，而我居然只考了 42 分，你着急地反复问我："咋弄的啊，嗯，咋弄的？"虚长两岁的我就像遇到了严师一样，心里十分愧疚。等到读本科，又是你先报了名，我怕花钱没有报名。你特意骑着自行车跑来我家劝我说："先跟班学着吧，可以明年再进行入学考试！"在你的不断督促下，我没有放弃努力，后来，我们俩还一起读了研究生的课程。

　　我庆幸，在学习上、工作上得遇你这样一位良师益友！我除了读书面广一点儿以外，似乎不能给你什么帮助，而你对我却总是有求必应。上公开课前，我总愿意先来问问你的意见。不是"我要做一节小学四年级的数学课，你帮我听听"，就是"我要讲一节二年级的语文课，你看行不行"。在你的帮助下，每次课堂的效果还挺不错，教研员一猜就知道，你是我背后的那个导师。后来听说你在帮我准备公开课期间，其实自己也正在筹备一节市级评优课，同时还在帮助两位同事备课。想到这里，我非常惭愧，而你却说："能帮助你我很开心。有些人，你想帮助他，他还不乐意呢。"说话的时候，你脸上总是洋溢着满满的幸福。

　　每次看到学生对你的亲、老师对你的爱与敬，我的心里都是暖暖的。

最赞同你的一句话就是："孩子听咱讲语文课，得让他成文，更得成人。"你总是在春风化雨间就把语文的知识浸润到学生的心坎里。你带的一届届宏志班的孩子学有所成，遍布大江南北，可你一回也没跟我自夸过。你自己的闺女、外甥女、侄子以优异的成绩考上了北京师范大学、中国人民大学或出国留学，你从不说有你的功劳。

每当学校教研工作遇到难题，总有人说："听合金的！"为什么呢？因为你有智慧，你舍得下功夫。

"学而不厌，诲人不倦""己欲立而立人，己欲达而达人"，你一直身体力行着这些儒家的人生箴言！你是我生命中的严师。

我俩的微信名，你是"行者"，我是"书虫"，似乎也正是我们的人生描画。34 年来，我们就这样相伴相携，成为姊妹，成为战友！

"人生得一知己足矣！"借此机会，让我真诚地对你说一句："合金，有你真好！"

夏惠芬

2020 年 3 月 7 日

（北京市延庆区第五中学　夏惠芬）

好老师家书：中华经典涵养师德新探索

138. 被"看见"的力量

我亲爱的同事们：

你们好啊！

我参加的北京师范大学《论语》百日线上学习活动要求每人写一封家书，连日忙碌，一直没顾得上完成这个作业。今天是开学后的第一个周五，在办公室加班到晚上9点多，临出校门时，不经意回头一看，行政办公室的灯还亮着，我知道那是我的好搭档蒋主任还在工作中。突然间，我有了写家书的冲动——就写给你们，我的好同事们！

借着写家书的机会，我正好可以把心里想说、平日里又不太好表达的话跟你们唠唠。

我是1996年调入市桥中心小学的，那时的我妥妥的是一个"青春靓妹"。据说，我第一天到学校面试的时候，好多学生都扒着窗户往里偷看，有的学生还奔走相告，说学校来了个"美女"老师。那年，我23岁。

接下来的五六年，教书、结婚、生娃，日子过得有点儿稀里糊涂，直到2002年。这一年，我以非主科老师的身份在年度考核中被评定为"优秀"！新来的同事肯定觉得奇怪，不就评个"优秀"吗？在我们学校，有刚入职1年的老师不仅考核"优秀"，还被评为"区优秀教师"，有什么大惊小怪的？亲爱的新同事，你们有所不知，20年前，当时学校重视的是语、数、英学科，能够被"看见"的都是语文、数学和英语这些主科老师，我们音、体、美老师被叫作次科老师。我是次科老师中第一个被考核"优秀"的老师！那一次的被"看见"，给了我莫大的进步动力。次年，我又一次被考核"优秀"。这两次的被"看见"，除了欣喜，更多的是不安：自己何德何能，让同事和领导如此厚爱？底气不足的我，唯有努力、努力、再努力。

我全身心投入工作中。2004年时任少先队辅导员的崔老师被提任为总务主任，我被她推荐担任少先队辅导员，理由是她交给我的"小主持人"训练任务我总能完成得很好。这一年，我32岁。早已过了担任少先队辅导员

322

的最佳年龄，可是当时在领导看来，还是要找个靠谱的、愿意吃苦的人带少先队。就这样我走上了辅导员工作岗位，这一干就是10年。这10年里，我校被评为省红领巾示范校，成为番禺区少先队工作的标杆。其间我也先后被评为省市优秀辅导员、十佳辅导员等。回想这10年来每天披星戴月，如陀螺般连轴转，累不累？累！苦不苦？苦！但是每当我想抱怨苦累的时候，看看同一办公室的同事们，她们都在默默地埋头苦干，我到嘴边的抱怨就都咽了回去。

刻苦耐劳、爱岗敬业是市桥中心小学教师团队的标签，在一批优秀同事的影响下，我努力学习、努力工作。2014年，我再一次被"看见"，被提拔为学校德育副校长。从来没有想过当元帅的士兵，面对同事和领导的厚爱，我诚惶诚恐，再一次问自己何德何能。无以为报，唯有努力！

一次又一次地被"看见"，我被推动着不断前行，挑战了自己一个又一个的不可能。25年来的一路同行，我亲爱的同事们早已住进了我的心里，我们如家人一般互相鼓励、互相扶持、彼此温暖。今天，借此家书让我说一声："谢谢你们，我亲爱的好同事，是你们让每一段携手走过的日子成了最美好的回忆，遇见你们真好！"

你们的同事：雪梅

2021年9月3日晚

（广东省广州市番禺区市桥中心小学　龚雪梅）

139. 亲爱的家长，请接受我最诚挚的谢意

尊敬的家长朋友们：

你们好！

清晰地记得，在 2017 年 8 月 27 日这个美好的日子里，您的孩子成了酒泉市东苑学校一（2）班的一名小学生，从此，我们有缘成了"一家人"。这一年，我们之间留下了许多美好的记忆，令人备感幸福，无比留恋。但在假期中我接到了组织的调令，我将不得不离开这个学校，离开这个班级、离开这些小可爱，离开纯朴善良的家长朋友们。在这个时刻，小可爱们纯真的形象、家长们信任的目光、共同经历的愉悦过往和取得的骄人成绩都历历在目，令人久久不能忘怀。现在，我怀着一份诚挚的心情给家长朋友们写这封家书，以表达对你们的感激，慰藉我的离别之情，记录下我们共同奋进的足迹。

还记得"十月歌咏比赛"，我们班选唱《学做解放军》《只怕不抵抗》两首歌曲，时间紧、任务重，你们纷纷主动投入节目演出筹备工作，有的带着孩子们一起制作红缨枪，有的帮助孩子们分配不同尺寸的小军装，有的与孩子们一起设计演出队形……大家你说我做，相互配合。演出那天，全班 58 个孩子人人手中有道具，个个精神抖擞，在一片喝彩声中雄赳赳、气昂昂地走上舞台，唱出了红军的气概和威武。红军的形象赫然屹立在观众眼前，爱国之音久久地回荡在校园里。

还记得我在班级开展"为你诵读经典"活动，带领孩子们每天朗诵一首诗或一段经典美文。你们也积极行动起来，帮助孩子们收集朗诵内容，教孩子们使用录音软件。每日，琅琅书声在班级群响起，受到孩子们的感染，渐渐地，你们也加入了诵读经典的队伍。听着孩子们稚嫩的声音，我仿佛看到了一颗颗小种子正破土而出；听到你们抑扬顿挫的诵读，我仿佛看到了一棵棵大树正在庇护着幼苗，更看到了一个个书香家庭正在茁壮成长。

感谢家长朋友们从忙碌的工作中抽出时间，亲自担负起教育孩子的责任。运动会前陪孩子训练运动项目，广播操比赛前为孩子录制练习视频，假期里帮助孩子制订学习计划……这无数个陪伴让我看在眼里，感动在心里。

亲爱的家长朋友们，感恩你们在工作上给予我无私的帮助，伴我度过每一个清晨与黄昏；感恩你们给予孩子最好的陪伴、最好的教育。因为你们，我一路成长，一路收获，点点滴滴，铭记在心！

在我要离别的时候，宋老师给全体小可爱们一个亲切的拥抱，也对每位家长致以诚挚的谢意：谢谢你们，家长们，我亲爱的朋友们！请记住，无论何时，我的祝福都将伴随左右！

你们永远的朋友：宋玉玲

2018 年 8 月 25 日

（甘肃省酒泉市第七中学 宋玉玲）

140. 你们的陪伴与分担，给了我幸福的力量

我最亲爱的老师们：

你们好！

早已步入知天命之年的我，想对你们说的话太多太多，无论从"思诚明善"，还是到学校的年度关键词"行走的课堂"，咱们都可以聊上很多青海师范大学附属中学的好故事。但此刻的沉淀，唯有感恩！感恩你们！青海师范大学附属中学每一位可亲可敬的老师！你们的执着与创造、信任与包容，让并不完美甚至可以说缺点很多的我，常常充满感动与骄傲。在那些百忧劳心的日子里，是你们的陪伴与分担给了我幸福的力量！

回望和老师们在一起的日子，尽管我努力创造机会跟你们交流，关心青年老师的成长，但精力实在有限。我没能亲眼见证每一位老师的每一次努力和进步，没能亲耳倾听与解答每一位老师内心深处的困惑，更没能解决每一位老师的需求与问题。

我心里清楚，咱们青海师范大学附属中学的老师不好当，咱们有着足够长的建校历史，有着前辈学人树立的标杆，有着"省级示范校"等各种名誉，家长的需求那么多、要求那么高，学生的差异那么大。教师的职业信念常常让你们模糊了时间概念，不少中青年老师八小时之外仍在无私地奉献。但是，谁让咱们选择了教师这份立德树人的职业呢？谁让咱们一起聚到了这所有着六十余年历史的名校呢？谁又让咱们以生命相伴一个个朝气蓬勃的少年，肩负培养未来国家栋梁的使命呢？

没有文化认同的单位只能叫单位，有了共同价值观追求的学校才叫家园。弘扬好学校这个大家庭的"家风"，我们每个人都在努力中。你们在工作中坚持做到不当评论家，不当事后诸葛亮，努力做为聪慧与高尚的人生奠基之人。即使遇到不解或委屈时，也会站在大局的高度，除掉心中的杂草，种上包容、向善、求美的好庄稼。这样的你们，常常让我心存骄傲！

最后，我还想说，因为有你们，让我常怀感恩之心、愧疚之情，眼中

充满正能量的光芒，生活过得愉快、充实、有意义。

祝各位老师工作顺利、生活愉快、幸福吉祥！

张建国

2018 年 8 月 14 日

（青海省西宁市青海师范大学附属中学　张建国）

141. 感恩您，我的启蒙师傅

敬爱的窦老师：

好久不见，您还好吗？很久没有去看望您了，给您写一封信吧！

我清晰地记得，30年前的那个金秋，我走进学校听到的第一节课，是您为我们上的语文引路课。在课上您亲切和蔼的教态，巧妙的教学设计，恰当、富有指向性的评价语，以学定教、顺学而导的教师机智深深地吸引了我，使我一下子就有了上好语文课的冲动。于是，下课后我便拿起三年级的语文书，认真地研读起教材来，不知不觉已经是深夜了。第二天一大早我就满怀信心地敲开您宿舍的门，邀请您去听我的语文课。您高兴地答应了。

那天，当我第一次站上讲台时，看到您悄悄地坐在了教室后面的一个角落，我激动不已，信心百倍。只见我眉飞色舞地从第一自然段开始，哪个词是什么意思，哪句话是什么句式等，滔滔不绝。不到20分钟一课内容就这样被我讲完了。接下来我却没话说了。这时我才意识到自己犯了一个多么大的错误。我站在讲台上束手无策，茫然地望着后面的您，我的启蒙师傅。这时您微笑着冲我点了点头，从容地走到讲台边，问学生看谁记住刚才老师讲了什么内容。在孩子们纷纷举起小手时，下课铃终于响了。

我垂头丧气地跟着您来到了办公室，等着挨批评。谁知您却为我搬来一把椅子，倒了一杯水，跟我聊起您自己刚当老师的情景。让我的紧张情绪一下子烟消云散。接着您跟我聊起了我的这节课，夸奖我的个人素质好，教态亲切，语言严谨，说话干净利索……您的一番话重新点燃了我的信心。随后您又和我讲起怎么备教材，怎么确定教学目标、重难点，怎样设计教案，哪些知识应该讲给学生，哪些应该引导学生自读自悟。最后您和我约定：还是这篇课文，我们两个分别去备课，第二天我先上，您再上，在对比中摸索上课的门道。

就这样，前一个单元的4节课，我们都是先一起研究教材，然后独立备课，再共同上课，课后进行对比反思。这让我能查找到自身的不足。在那一个月里，您陪我度过了我教学生涯中最关键的日子，使我一下子就迈进了语文教学的门槛，不用像有的老师那样久久在门外徘徊了。

随着时间的推移，在您多次的指导和帮助下，我发现，随着教学经验的增加，在我的眼前好像打开了一扇大门，我真正地领略到了教学之美。备课变得容易了，课讲得生动了，学生的学习兴趣也变得浓厚了。在以后的语文教学中，您又给我搭建了更为广阔的平台——上校级课、上区级课、上市级课，使我在教学方面进步更快，成长更快。记得您曾告诉我，人不可能只活在过去，需要成长，需要完成一种蜕变，要完成这种蜕变需要虚心学习，学会尊重、理解、宽容、沟通、赏识孩子。30 年来，我一直按照您的教诲，努力学习着、研究着、实践着……

敬爱的窦老师，我的启蒙师傅，我的恩师，也许我说的这些事您从未放在心上，也许早已不记得了。但于我，是挥不去的美好记忆。感谢您，我的启蒙师傅，无论您身在何处，您都是我终生的恩师！

祝您身体安康，万事顺遂！

您永远的徒弟：齐晓菊

2022 年 1 月 6 日

（北京市朝阳区芳草地国际学校东洲校区　齐晓菊）

142. 心中的月光

敬爱的刘老师：

　　您好！

　　1990 年，您走进了我们的教室，第一次见到您，生性胆小的我很紧张，以为您是一位很严厉的老师。但是，您并不像想象中的那样，您幽默风趣、和蔼可亲，把我们都当成了您的孩子。小学毕业已经 30 年了，每次看望您，仍然心怀感激，往事历历在目。

　　在那个生活还不富裕的年代，您为我们准备了许多学具作为奖品，那是我们在商店里驻足许久也舍不得买的学具，这让我们在学习上有了更大的动力。冬天，我们坐在生着火炉的教室里，趴在冰冷的桌子上写作业，您担心我们手冷，又买了一匹匹的棉布，每天晚上回到家为我们做桌套，每天坚持做 3 个。半个月后，我们教室里变成了"温暖"的蓝色，犹如冬日里钻进来的缕缕阳光，暖了我们的手，更暖了我们的心。我的桌套至今还在我的衣柜里，褪去了颜色，但挥之不去的是您对我们的爱。

　　为了让我们的成绩有更大的提升，您还利用课外活动时间为我们讲知识，解开一道又一道难题。终于，您的嗓子向您提出了抗议，它罢工了，看着您不停地咳嗽，发不出一点儿声音，这时我们多想您能休息几天，可您又怕您不在，我们又会退回到起点。第二天，您依旧站在了讲台上，这时，您俨然成了一名指挥家，靠各种手势和我们交流。此时的我们，只有安静、用心、努力地倾听，似乎只有这样，才能回报您。那一次的月考，我们班的成绩进步很大，兴奋之余，您让我们懂得了"书山有路勤为径，学海无涯苦作舟"。小学毕业时，看到我们的成绩时，您笑了，我们也笑了，因为您的辛劳终于有了回报。

　　多么幸运啊！在漫漫求学路上我们遇到了您——一位让我受益终身的恩师。"饮其流者怀其源，学其成时念吾师。"如今，我也成了一名人民教师，您的谆谆教导我会始终牢记在心中。"亲其师，信其道"，我将以仁爱

之心对待每一个学生。

默默地祝福您——我最敬爱的刘老师。

您的学生

2022 年 10 月 23 日

（北京市朝阳区垂杨柳中心小学劲松分校　张贵金）

143. 给咏茵的一封信

咏茵：

你好！9月是一个美好的月份，因为在这个月有一个专属我们教师的节日，是我们幸福感满满的一天。当你收到孩子们的节日祝福时，你会感到自己的一切付出都是值得的，也让我们深感责任的重大。在这个学期，我们有幸成了同事，更令人意外的是，昨天我们还成了师徒结队的对子。这让我深有感触，因为我多了一个身份，成了你的师傅，要帮助你在教学的路上迅速成长起来，肩上多了一份责任。其实，我也是一名在师傅帮助下成长起来的徒弟。大学毕业后，我就加入了中宏学校这个大家庭，在中宏学校15年，我是幸运的，更是幸福的，因为在我的教学生涯中，在我的教学成长路上，我遇到了好老师、好同事。还记得刚刚上班的我，面对教育教学工作，时常有困惑的时候，有时甚至会感到束手无策，幸而身边有很多热情的老师，给了我无私的帮助和关怀，把自己的经验传授给我，促我成长。中宏学校老师严谨的治学态度，高度的工作热情，一如既往的敬业精神，与学生亦师亦友的情怀，都在潜移默化地影响着我。今天，我能荣幸地成为一名指导老师，这是学校领导和各位同事对我的信任与肯定，也将是我不断进取的动力。

一直以来，学校都非常重视青年教师的培养，为青年教师搭建平台，与经验丰富的"老"教师结对子，开展"传、帮、带"活动，帮助青年教师迅速成长，提高青年教师教学基本素质和教学基本技能。作为师傅的我，也会传承前辈老师对我的关怀，认真履行我的职责，在教育教学中，我会把自己的工作经验，毫不保留地与你分享，与你在各个教学环节进行研讨，工作上、生活上有什么问题，你不妨多跟我沟通，我们一起进行探讨。在帮助你成长的同时，其实也是我学习的过程，也是促使我进步的一个很好的机会。我想，我一定会很珍惜这个教学相长的机会，让我们共同进步。

近段时间，我在参加北京师范大学《论语》百日线上学习活动，其中有一句，非常适合我们，我想跟你一起共勉。子曰："德之不修，学之不讲，闻义不能徙，不善不能改，是吾忧也。"孔子说："不去培养品德，不去讲习学问，听到义在那里却不能去追随，有缺点而不能改正，这些都是我所忧虑的。"当时，孔子提出了自己的四大忧虑，即道德不修、学问不讲、知善不从、有过不改。如果我们来个反向思考，就可以说孔子对我们的个人修养提出了四条建议：一是加强道德培养；二是勤奋为学；三是择善而从，多行义举；四是有了错误及时改正。这是自身内涵修养、专业素养提升的重要途径。

修养德性是每个人生命成长的毕生追求，立德树人是我们教育的根本任务。作为教师，身处教育的第一线，要加强自身道德修养，有仁爱之心，爱每一个学生，注意自己的言行，以身作则，为学生树立榜样。要勤奋为学，专注于自己专业的发展，积极参加教育教学的研讨学习，并将自己所学应用到实际中，学以致用。我们要做个学习的有心人，在我们学校里，其实很多老师都可以作为我们的师傅，有的老师教学经验丰富，有的老师是班级管理的能手，有的老师是心理沟通的行家，他们每一个人身上都有闪光点，我们一定要有一双发现美的眼睛，善于取他人之长，补己之短。我们要用心地完成每一项工作而不是为完成任务而工作。听到正确的意见，我们应该牢记在心，并立即把它付诸实践。有了错误，我们要能够及时地认识到自己的错误并加以改正。在教育教学中要不断地总结、反思，把理论与教学实践结合起来不断提升自己。切实做好以上每一点，我想，一定能促使我们不断进步，实现自我的完善。

成长的历程没有捷径，成绩的取得唯有辛勤地付出、无私地投入。相信经过努力，你一定能青出于蓝而胜于蓝，成为有理想信念、有道德情操、有扎实学识、有仁爱之心的"四有"好老师。我们一起努力吧！

祝

身体健康、工作顺利！

你的朋友：易小敏

2022 年 9 月 22 日

（广东省广州市荔湾区中宏学校　易小敏）

144. 何其有幸遇到您

亲爱的师傅：

　　时常在朋友圈看到您发的退休生活，您还是没有改变，总能发现平常生活的美。虽然以前师徒结对的时候，每学期要写总结，但其实，有很多话，一直想说，却没有说出口，也是自己嘴笨，只会用"感谢"。借此写家书的机会，让我好好说出我的爱。

　　我最喜欢师傅来听我的课了。记得每一次上公开课，教室的后排整整齐齐地坐着听课老师，大家拿着听课本，一本正经地盯着我，站在讲台上的我，很容易被这样严肃的阵容威慑到。喊了"上课"之后，舌头就开始打结。但只要我看到您坐在后面对我微笑，对我点点头，我就立刻忘了这是在上公开课，眼睛不会再关注后面那些面无表情的听课老师，而是只看到孩子们，投入只有我和孩子们的课堂当中。因为您跟我说过："后面听课的老师不是你关注的，老师在讲台上要眼里有孩子，心里装着孩子，这样的课才会成功。如果你只顾着背教案、走流程，孩子的反应没有关注到，这样的课仅仅只能是上完了，是不会上好的。"您总是那么温柔，给我鼓励，给我信心，让初为人师的我，有了立足讲台的勇气。

　　我觉得成为您的徒弟是幸福的。记得我当时刚接手的班级，学生的成绩和基础能力等各方面都比较差。整个班落后太多了，这个班历任班主任在我接班前，已经轮番来跟我做心理建设。尽管有了大家的心理建设，但在带班过程中，我还是很受挫。在一次武术操比赛结束后，我们班又成了垫底的。虽然我跟孩子们都很努力了，但结果仍没有任何改变，我的情绪终于崩溃了。回到教室后，送完孩子们放学，您把我叫到田径场散步。我一看到您，眼泪就滴答落下："师傅，我的班总是最后。"您轻轻帮我把眼泪抹掉，捧着我的脸颊说："小柯，学校的活动、比赛是常有的，没什么，不要过于紧张。"我哭得更委屈了，说："一次是这样，两次也是这样，我看到孩子们总是被打击，我也很难过啊！""小柯，别哭了，师傅相信你会是一个好班主任的。你想的不是自己，而是担心你的学生。这个班的孩子比较特别，别人给不了他们肯定，你可以给他们啊！他们心里比你更难过，如果你都埋怨，他们只会更加觉得自己不行。不要去跟别的班比，我们自己跟自己比，慢慢帮孩子们找回信心，你也要有信心。没事的，可以的。"我决堤的垃圾情绪在您的抚慰下渐渐清零了。晚上，我坐在电脑前，敲打键盘，给我班的孩子们写了一封信，信中安慰了心情难过的孩子们，也肯定了孩子们在备赛时点点滴滴进步的表现，表扬了比赛时身体不舒服仍坚持上场、喊口号喊到喉咙嘶哑的孩子们。那封信起到了神奇的效果，我跟孩子们的心越来越近了。

师傅，不知您还记不记得，您帮我处理班级偷窃的那件事。那是班主任工作中，非常常见的一关。但那时没经验的我，难以断案。我至今记得那个中午在走廊，您是怎么跟那个孩子说话的。您双手拉着那个孩子，蹲下来看着孩子的眼睛，用您那标志性的温柔声音说："孩子，你叫什么名字呀？能告诉李老师吗？"我第一次感受到温柔是这么有力量，春风化雨感化人的力量，太让我震撼了。我也学着摒弃狂风暴雨的模式，学习师傅那和风细雨的风格。师傅，感谢您教给我这些。现在，我的孩子们、我的家长们因为班主任是我而感到特别幸运，我也觉得当班主任是一件很幸福的事。

师傅，您除了教给我很多，还对我特别好，我跟家人常常分享这样一件事。那是我生完第一个孩子休产假回来，新接手一个班做班主任。在新学期创建特色班级布置环境时，热心的家委们来帮忙。一个家长就对我说："柯老师，以后班级有什么需要我们帮忙的，就尽管说，我们一定会全力配合支持。李老师都跟我们说了，您刚生完宝宝回来，先生还不在中山工作。李老师说您虽年轻，但是很优秀的，叮嘱我们一定要帮您。"师傅，您从来没跟我提过这些。您在背后，究竟默默帮我扫除了多少障碍啊？当时我就暗暗告诉自己：师傅的恩情，要一辈子记在心里，要像师傅那样，当一名好老师。师傅，您退休后，我也成了新进老师的师傅，我也像您当初带我一样，竭尽所能帮助新老师。

时间太短，指缝太宽，一个不经意，我已工作 8 年了。您永远是我的师傅。师傅之情难以为报，让我把所有的祝福送给您，祝您健康快乐！

您的徒弟：柯婉婷

2022 年 9 月 21 日

（广东省中山市板芙镇教体中心　柯婉婷）

145. 朗诵见证成长
——写给枫树山大桥小学老师们的一封信

亲爱的老师们：

　　五月的暖风刚刚吹过，六月的蝉鸣便已响起，在外支教的时光，我的脑海里常常浮现你们的欢声笑语，耳畔也常常回响起枫树山大桥小学孩子们的琅琅书声。于是常常情不自禁地翻阅学校的微信公众号，关注学校动态，听听《枫桥之声》栏目孩子们的诵读，我感觉自己与你们仍在一起。

　　2021年9月，我从枫树山大桥小学来到喜雨村的砂子塘万境第三小学支教。刚到这里，我就在思考，我要给这里的孩子带来什么，才会让我的支教更有意义？我想起枫树山大桥小学的孩子们在领略诵读之美的同时重温经典，潜移默化地受到了中华优秀传统文化的浸润。我何不将咱们的特色课程带到这所农村学校?！这所学校重视学生的素质教育，我申报开设朗诵社团时，学校领导高度重视，优先让我在全校挑选好的苗子。家长们也很支持，枫树山大桥小学的朗诵文化之风就这样吹进了砂子塘万境第三小学。令人欣喜的是，2021年12月长沙市人艺朗诵团团长、中国青爱工程爱心大使吕铭老师来到全校师生身边，为我们带来公益讲座，让师生感受到了朗诵的魅力。吕老师的鼓励，为孩子们打开了一扇通往语言艺术殿堂的大门。

　　孩子们跃跃欲试，信心满满。在学习朗诵《风吹过稻田》这一篇文章时，孩子们认真地观看袁隆平爷爷的纪录片。袁爷爷把让所有人远离饥饿当作毕生追求的理想，并为之不懈努力。孩子们被这种朴素而又高贵的精神打动了。再进行练习时，就能做到以情带声了。情绪对了，表情和动作稍加指点就水到渠成了。为了做到发音更标准，语调更自然，感情更真挚，孩子们一遍又一遍地练习。经过孩子们的勤学苦练，在2022年6月，他们代表全校同学第一次登上市级活动舞台。当稚嫩的孩子们在长沙市的端午诗文朗诵会上朗诵《风吹过稻田》时，呈现了"风吹过稻田"的轻快与绵长、"满世界橙黄"的富足与希望，更再现了在稻花香满溢之际，斯人远去的思念与哀伤，继而，他们用铿锵的语气，承诺了少年的责任和担当。观众潸然泪下，雷鸣般的掌声久久回荡。诗会结束后，孩子们说："能得到观众们的鼓励，太兴奋了！希望以后能经常登台，把经典作品传递给观众。"用声音传递精神与力量，让孩子们看到了一束光，在这束光的照耀下，孩子们对朗诵的爱的种子已悄然发芽。

让我印象最深的是在雨花区中小学艺术展演决赛前期的训练课上，有一名学生没有按时赶到，就在我们配乐排练时，我隐隐约约听到有声音从外面传来，我朝外边看了看，发现这名学生正躲在门外跟着练习。寒风呼啸，穿着单薄的她是那么投入，那么认真，当她发现我时，脸更红了，我分不清是被寒风吹红的，还是因为迟到羞红的。她不想打扰同学们排练，担心进来会打乱同学们的节奏，但她自己又是那么喜爱朗诵，所以就在外头跟着小声练。她在寒风中专注朗诵的模样我永远忘不了。我示意她进来。那一刻，我是愧疚的，因为我对孩子们要求很严格，很少表扬他们，更多的是提意见，我总觉得跟他们在一起的时间有限，所以尽可能把鼓励和表扬省去，而把时间花在指导上。我后悔自己对他们那么苛刻。我含泪跟孩子们道歉，有的孩子用微笑告诉我没关系，有的孩子理解我的苦心，跟着我一起流下了泪。

事后我陷入了深深的思考：是什么点燃了孩子们的热情？是什么给了他们坚持的动力？是什么让他们面对考验百折不挠？一段经典的文字，总是可以触碰到心底最柔软的部分。它如同一泓清泉，滋润孩子们的心灵；它似一缕清风，吹散成长中的阴霾。袁爷爷的八字箴言——知识、汗水、灵感、机遇，给了孩子们坚持刻苦训练的力量。而我应该多多鼓励他们，多多肯定他们，让他们从朗诵上获取更多的自信，获取更多的美好体验。

临近决赛前，一个偶然的机会，我遇到了湖南卫视主持人李兵老师，当我提出希望他能为乡村孩子加油打气时，他很乐意录制视频鼓励孩子们。孩子们看到李兵老师发过来的视频时，备受鼓舞。虽然他们才起步一年，但在李兵老师的鼓励下，他们明白了成长比成绩更重要。他们不再焦虑，不再彷徨。在决赛中，孩子们不负期望，赛出了自己的风采。当我得知他们取得了头等奖的好成绩时，我不禁想起保罗·柯艾略说的"当一个人真正渴望某样东西时，整个宇宙都会努力来帮他实现梦想"。

2023年5月，孩子们朗诵的《九月，为你而诗》入围雨花区"传承经典筑梦未来"朗诵比赛。看着孩子们越发认真、更加投入的样子，我脑海里浮现了枫树山大桥小学孩子们朗诵的画面。眼前的景象和脑海里的画面交织在一起，恍惚间有些分不清这些孩子是枫树山大桥小学的孩子还是砂子塘万境第三小学的孩子，我只觉得自己很幸运，作为支教的老师，作为朗诵文化的传递者，我的内心越来越丰盈，越来越坚定，孩子们的成长给了我坚持的力量。时光如白驹过隙，两年的支教就要结束了，虽然我即将离开这里，但我已将我们枫树山大桥小学的朗诵文化播种在这里，我会经常回到这里，也邀请你们到这来看看，让我们共同架起两校交流学习的友谊之桥，让我们一起把砂子塘万境第三小学的孩子们对朗诵文化渴求的精神带到枫树山大桥小学，让我们一起助力朗诵文化的积淀。麓山苍苍，湘水泱泱，枫树山下，我们共载诵读文化之舟，扬帆起航。

熊利君

2023年6月6日

（湖南省长沙市雨花区枫树山大桥小学　熊利君）

146. 一声老师，一生老师

亲爱的璐璐：

最近还好吗？见字如面。一直以来，我们都是微信、电话联系，或者见面谈心。今天，用书信的方式，还真是第一次呢！

璐璐，此生我们能够成为师生，就是一场来之不易的缘分。一声老师，成就一生师缘；一生师缘，缔造无数师生情缘。"我没去过很多地方，但我很喜欢咱们班小小的教室；我没见过那么多人，但我知道我有最棒的老师和同学；我没有活过比岁月还长的时间，但我知道我遇见过最美的时光。亲爱的高妈咪，祝您教师节快乐，您永远的学生向您致敬问好！永远爱您。"亲爱的璐璐，这是你上高一时的那个教师节写给我的，这么动听而又令人感动的话语让我珍藏至今。每每想起你，我都会发自内心地愉悦。

从你踏进校门的那一刻起，我们之间就有了无法阻断的联系和无法驱散的情感。你是一个善良、仁义、明辨是非的孩子。你有一颗善良包容的心，能时时为别人着想，体贴和关心身边的每一个人，你的热情大方，让人感到春天般温暖。

初中的那三年，你努力学习，勤于思考，大胆质疑；班干部工作，你主动大胆，在同学中有一定的威信，为老师分担了不少的工作，深得老师和同学的好评；作为学习小组的组长，你尽心尽力地帮助每一个组员，毫无保留，也因此你们组综合评价总是第一名。你所有的努力与付出，赢得了老师的赞许、同学的敬佩，你是我们心中最美的学生。因此，看着你的学弟、学妹们，我总是会想起你，忘不了我们在一起的点点滴滴。

忘不了你灵动的眼睛，专注的神情；忘不了课堂上你清晰响亮的回答；忘不了你令人心悦诚服的见解；忘不了你精彩到位的节目主持；忘不了你声情并茂的朗读；忘不了你越来越漂亮的书写；忘不了你让人舒心的试卷；忘不了体育竞赛场上，你用汗水和拼搏精神为我班取得的许多荣誉……经历艰苦的磨砺时，你不失奋斗的勇气；面对荣誉和赞美时，你不沾沾自喜。你在班里从不张扬，总是默默无闻，这便是你的本色。那时的你星光闪耀，现在的你依然璀璨夺目。

如今，你已是首都师范大学的一名研究生了，你已振翅高飞，飞向了属于你的那一片广阔天空！你跟我说："我会努力以您为榜样，将来做一个好老师！"我想说，你会比我更出色。因为我相信，你那优秀的品质会化为你的气质，你的宽容和大度、你的善良和爱心，会让你的学生如沐春风。

虽然我们已分别八年，但是我们又从没分别过，因为，上了高中，你在学习上的困惑，会第一时间跟我倾诉；考上了首都师范大学，我们一起探讨教学的问题；你去实习，你会和我分享作为实习班主任的困惑与快乐……

你总是会对我说一些感谢的话，实际上，我想发自内心地向你表示感谢！感谢你带给我的许多快乐和美好的记忆，也感谢在教育你的过程中我所获得的许多人生的启示，从这个意义上说，你也在带领我不断成长，这些都会成为我一生中最宝贵的精神财富。

每一段师生情，都是我的一份财富。一生师缘，让我成了最富有的人！最后，祝一切都好！

高晓伶

2023 年 5 月

（北京市房山第四中学　高晓伶）

结语

　　"师也者，教之以事而喻诸德也。"教师自古以来都承担着建国君民、教化人伦的责任。师道的本质是促进人的发展与圆满，引导人求真向善。教师之所以为世人所尊重，正是因为真正的师者传承"道"，而"德"作为"道"的体现，也内在规定着教师的职业风范和道德操守。

　　修身齐家治国平天下——经由对传统文化经典的深入研读和体会，老师们重新思考个体命运与国家民族的关系，重新探索自身生命抉择与教育理想的意义。在对过往人生的回溯中，在对党史的学习活动中，他们更真切地感受到中华民族在风雨沧桑中所凝聚的伟大力量，更清晰地把握到历史的抉择与未来的航向，进而将自身教育者的使命融入更广阔的国家与民族的宏大主题中。

　　收入本章的一封封家书，是情感的表达，更是心志的抒发，无论是对父母亲人的追忆、对儿女的牵挂，还是对爱人的思念、对朋友的祝福，无不蕴含着对家国天下的责任与思考，对自身教育实践的审视和梳理，对身边榜样的感悟与学习，体现出了鲜明的爱党爱国、爱岗敬业意识，彰显出了新时代对师道的新的理解、诠释、继承和发扬。

　　"当国旗飘扬时，当国歌响起时，我总是能想到保卫着祖国的你，想到和你一样千千万万的解放军，想到我们这个团结伟大的民族，想到伟大的中国共产党。想到这些，我总会有些激动。我希望把这份爱国情传递给学生，让他们也爱我们的祖国，爱我们的民族，爱我们的大好山河。"这是马静璇老师写给驻守香江的爱人的家书。当我们将内心的爱与激情，与无穷的人们、无穷的远方联结在一起时，这份爱里就有了更深沉的底色、更厚重的内涵。也正是这样一份深沉的情愫，感染了马老师班上的学生，进而让她对教师这份职业感到自豪，意识到"自己虽仅仅站在三尺讲台上，但脚下是祖国的万里江河，是祖国蓬勃血脉的延续，是其道大光的缕缕，是燎原之火的点点，是生命与希望"。

"听辛意云先生的讲解、学友们的分享、专家们的点评,我明白了我们做老师不就是这样吗?我们不争什么,不为什么,探寻教育本质,追求教育艺术臻于完善,感受生命觉醒的快乐,同时也唤醒别人,而共同的生命觉醒,就能产生新的智慧。"这是台桂莲老师写给工作室团队的伙伴的话。正是对教育本质的共同探索、对师道的共同依持与践行、对一种更好的教育愿景的笃定与期待,将这群人紧紧地连在一起,让他们结成了心灵的共同体、教育的同心圆。

"世界上有很多种遇见,最美的莫过于我在最好的时光里与敬业、善良、叫我小名的您相遇。"这是张莹老师写给师傅的话。"己欲立而立人,己欲达而达人",那些依道而行的好老师们,同样也将修己达人的大道传递了下去。张老师的家书相信也传达了很多老师的心声,正是因为有了榜样的召唤、引领,有了先行者的开路架桥,有了严师们的春风化雨,心怀梦想的年轻一代才能在成长路上走得更加稳健而笃定。

"我既为师,以德为先;兢兢忘己,业业育贤。我既为师,以仁为范;为人师表,天下在肩。"师道的继承与发扬,需要每一位教师以身示范、躬身实践,在对社会责任的勇敢承担中,在对教育理想的执着坚守中,在对教育终极价值的不断追问中,去成就教育更光明的未来。

第五章 师心闪亮

导语

师者仁心，师者匠心，让师心永远保持闪亮的，源于那份时时觉察、刻刻清明的内省之力。

曾子曰："吾日三省吾身：为人谋而不忠乎？与朋友交而不信乎？传不习乎？"圣贤的自省之语之所以穿越千古，让我们深深震撼，正是因为他们对自我生命的高度自觉。他们对内在世界所葆有的清醒与觉察，不断昭示我们：要不断审视自己的人生。

而对于教育者，自省与自觉有着更加特殊而重要的意义，关乎我们要成为什么样的教育者，我们要为这个时代培养什么样的新人。

传统文化经典的重要价值，不在于给我们现成的人生答案，而是引导我们不断地对自我生命展开追问与探寻。经由经典的学习，老师们得以重新走回自己的内心。于是，有了这样一个个安静的夜晚，有了这样一封封写给自己的信，有了这样一次次深入内心的真切剖白，让我们看到了自我审视的冷静、自我探求的热情、自我更新的勇气。

追寻自我和理想的道路难免有迷雾、有坎坷、有荆棘，但也正是在黑暗中、泥泞中所找寻的方向、所探索出来的道路，才显露出更可贵的价值。就像罗曼·罗兰所说："世上只有一种英雄主义，就是在认清生活真相之后依然热爱生活。"

　　苟日新，日日新，又日新。在时时的觉察中，在冷静的反思中，在勇敢的自省中，教育者们得以重新回到生命的原点，让自己轻装上阵，在新的起点上，更奋力地奔跑。

147. 第一次，想了解自己

亲爱的自己：

你好！以这种方式与你交流还是第一次，其实不是不需要，而是总以时间不够、事情太多，或者这样做太矫情为借口而放弃。近期的北京师范大学《论语》百日线上学习活动对你有很大触动：你确实需要以这种方式自我剖析与自我关怀，认识真实的自己了。

年龄已过不惑，每天你过得忙碌而充实，但是一直缺少认真思考。

你长期熬夜、不按时睡觉，不认真吃饭，不做运动，这些都严重影响了你的身体！亲爱的自己，请善待身体，健康是你做一切事情的前提。

你有时控制不好自己的情绪，因为一些小事大发脾气，损伤自己，累及他人。亲爱的自己，请好好调整情绪，让自己遇事不急不乱，在愉悦中做事，远比发怒来得惬意。

你总是安心地享受着身边人的关爱与体贴，给他们的关心却太少太少。亲爱的自己，要好好对待陪伴你的人，要想想为什么他们对你这么好，从而加倍地回报。

你作为女儿，40多年来在父母面前似乎总是长不大。亲爱的自己，你可曾深思，其实父母已经老去，他们更需要你的照顾、陪伴与慰藉。生活、工作中的不如意应该尽量自己消解，大可不必让他们知道。他们应该永远只看到笑靥如花的你，老两口应该尽享天伦之乐。

你作为母亲，面对儿子每个阶段的成长都有些焦虑，给予的引导也往往是顺应自己的心意。殊不知，孩子已经长大，他再不是什么都不懂的"小东西"。他想独立思考、想展翅高飞、想徜徉在自由的海洋里。亲爱的自己，其实每个孩子都有自己的特点，发展不应墨守成规。我们认为的"最好"，可能只是代表我们这一代的标准。正确引领十分必要，但不用时刻紧绷丝线，总怕风筝消失在天空里。

你做事不够用心，缺乏耐心和恒心，遇事总嫌麻烦，常常因种种原因而放弃。亲爱的自己，让意志力变得更强大，发挥所长、克服所短，祛除那一点小小的自卑心理，不管事情有多艰难，相信坚持必定会胜利。

你热爱工作，喜欢教育，从教24年兢兢业业钻研业务，但创新能力需要加强，要争取机会多走出去，开阔眼界、锻炼能力，拓展知识、增强动力。亲爱的自己，"老骥伏枥，志在千里"，你，一定是不平凡的你。

亲爱的自己，在工作和生活中，有时我们会很无奈，但是太阳每天照常升起。经常自我剖析，学会关注那个隐藏在内心深处的自己，了解自己、善待自己、反思自己、鞭策自己，迎接你的将是更加美好的岁月！

此致
敬礼！

索艳梅

2020 年 12 月 16 日

（北京市房山区窦店中学　索艳梅）

148. 写给自己

过去的自己：

你好！

你 1998 年从师范学校毕业后，立志建设家乡，回到镇上中学工作。虽然是个镇上的学校，虽然每月只有 320 元的工资，你却很满足。

你用一腔热情同一群初中生做伴，从一个刚入职的年轻教师，成长为学校的骨干教师、家长们信任的"孩子王"，你很满足。

你用无畏的心态，找到了自己深深爱着的她，组建了自己幸福的小家，共同畅谈生活的美好，你很满足。

你的辛勤耕耘，努力工作，换来了全县第一名的中考成绩，有幸被调到县城工作，开启了你人生一个崭新的天地，你很满足。

你在新天地，继续你"孩子王"的快乐生活，一批批初中孩子们从你这里走向更高的学府，开启崭新的天地，你为你的工作成绩感到满足，甚至有点骄傲。

时光荏苒，岁月如梭。你 18 年的一线辛勤工作，使你调入自治州政府所在地进行德育教研工作，开始了崭新的旅程。

正是这段教研旅程，给你带来了思考，给你带来了反思。让你第一次对你 18 年的教学生涯重新进行了审视与思索：一直引以为傲的"强硬型班主任"到底给学生带来了什么？18 年的一线教学生涯育人几何？

你的这段教研旅程，让你对教育的本质有了更深的认识，让你感受到了你的身上缺少的不是犀利、严格，不是严肃、认真，而是一种内在的气质。这是什么呢？你想应该是知识底蕴呀！你开足马力，一边教研，一边读书，德育教研工作有了提升，但总感觉德育工作无法落地，自身还缺少点什么？这让你一度感觉迷茫，甚至对自己产生了怀疑，是不是自己不适合德育教研工作？几年来你一直处于迷茫和不解之中。

2019 年 10 月 21 日，你永远都不会忘记。

这是你参加北京师范大学"京师好老师生命成长营"培训的第一天。正是这次培训开启了你崭新的人生。你内心无数次在想：这是你从教 20 年来，参加过的最触动内心的一次培训。这次"京师好老师生命成长营"培训让你看到了曙光，找到了方向。特别是《论语》百日线上学习活动，你在四百多名学员当中毅然报名，很幸运地成了百人中的一员。在团队的指导下，你每天坚持朗诵，坚持写心得，风雨不误，坚持完成了 100 天的学习。你还多次在"大群"被推荐进行交流，第一次被推荐到"大群"交流时的情形，现在想想还会让你有些激动。没有想到这 100 天的坚持，彻底改变了你！

　　如今，你用领悟解决了困惑。虽然你在一线工作多年，但是一直没有认真地反思过，现在想想对于教师来讲，没有反思是一件多么可怕的事情！可是当不知不觉《论语》百日线上学习结束以后，你自己的心得体会竟然有 5 万字之多，你自己都惊讶！你从刚开始不知从何入手，到现在的有感而发，"随心所欲"，哪怕一个小小的"点"，都能让你文思如泉涌，虽然观点不一定深刻，文采不一定出众，但那是自己真正的体会与内省。

　　你领悟到："学思践悟"，就是生命觉醒的过程。这简简单单的四个字，恐怕穷己一生都未必达到，这就是所说的"朝闻道，夕死可矣"的精神内核吧！

　　你领悟到：常回家看看，不是供养生活的"犬马之养"，更重要的是陪伴之下的"爱心之孝"。"不器"与"成器"并不矛盾，只是作为自然的人理解错了。

　　你领悟到：当一个人真正突破生物本能的局限，也就是真正走上了高度自觉的君子之道，可能就在一瞬间。然而，这一瞬间的生命自由，有可能是用一生的悟道作为"量变"的，所以当这一生的"量变"，最终达成生命自由的"质变"的一瞬间，才是真正快乐的呢！

　　你领悟到：看来"讷"非笨也，而是大智表现出来的"愚"，难得表现出来"糊涂"，实则是让自己的思虑更周到些，照顾到周遭的一切。生命的自觉是自我积淀、自我修养的结果。

你领悟到：山水各有千秋，仁智是你我的追求，即使力不能及，也要心向往之，穷其一生追求生命的觉醒状态。

你反思你18年的教学生涯，更领悟到：今天的孩子，不缺少课堂和书籍，也不缺少电脑和网络，他们缺少的是生活的磨难和生命的磨砺；教师的重任在育人，推动其走上生命觉醒的道路，"教书"应是"育人"之后的"副产品"；"宁固"更能让自己通过"黑白"基调真切认识生命的本质，时刻提醒自己从起心动念处"修己"才是"不忘初心"的表现！

事实证明，事无大小，知行合一，就会不迷茫、少困惑。

如今，你在家庭践行，自我渐变，促进了家庭和谐。你一直是个性格急躁的人，做什么事情都缺乏耐性。通过百日的学习，你感受到就是个人的修为不够，说到底就是底蕴不足，缺乏传统文化的滋养。当你与王文静教授带领的北京师范大学团队一起学习时，她那种做学问的精神和对待每一位学员的态度，让你自叹不如。她本身就是一本书啊！你把在《论语》中学习的道理在小家庭践行，一段时间后，妻子说你变了一个人。你从学习《论语》到家庭践行，再一次证明了经典的力量、优秀文化的魅力。

如今，你懂得了读书的目的。正如荀子所言："君子之学也，入乎耳，著乎心，布乎四体，形乎动静……小人之学也，入乎耳，出乎口；口耳之间，则四寸耳，曷足以美七尺之躯哉！"怎么能使自己的七尺之躯具有良好的品德呢？可见君子求学问，是为了使自己具有美好的品德；小人求学问，是为了取悦于人，为了自己的面子。

我们今天读书到底是为了什么？成绩？金钱？没有学习《论语》之前，其实你就是"今人"，读书就是为了生活更好，在别人面前显得有知识、有水平，叫别人刮目相看。换句话讲，在对待读书这件事上，更多的是被周围的环境、周围的人所影响，随波逐流，也就没有深入思考过读书真正的意义。通过这百天的学习，你才真正体会到：读书、做学问是为了明事理，增进自己的智慧德行，提高自己的人生境界。更关键的是落实到日常生活当中，落实到自己的一言一行、起心动念处，真正都做到了，这才叫有学问了。张载说："为天地立心，为生民立命，为往圣继绝学，为万世开太平。"虽离古之贤者远矣，最起码也要行走在君子的道路上，保证一个正确、坚定的方向。如果读书的目的只是求得别人的肯定，或用来炫耀自己，则还处在一种自然人的状态。

如今，你感动于北京师范大学团队一直以来真诚的引领，感恩于全体学员老师们的坦诚交流、抵达心灵的沟通，感慨于所有志愿者的无私奉献、默默付出，感念于生命中每一位一起前行的同行者……

如今，你与经典为伴，与新时代同频共振，努力向内看，迈步向前走。

此致
敬礼！

现在的自己

2020 年 2 月 16 日

（吉林省延边州教育学院 宫殿华）

149. 你好，内心深处的自己

亲爱的隐藏在内心深处的另一个我：

非常感谢你陪我走过了人生的半个旅程和教育的大半生涯。

老实说，我们最合拍的时候，除了童年时期，就是参加工作的前 10 年。那时的我，似乎是本能地按照感知来决定我的教育行为的，我的感知就是你的存在，那时我无所畏惧、无所忧虑。我研究学生、研究课堂、研究教材……我撰写教学论文、改革课堂教学、探索研究性学习课程——因为我们对职业生涯有着美好的规划。那时的我们是那么和谐，那么自然。因为，一切行动皆是我的本心，是内在的、精神的你和外在的、行动中的我同频共振。但那时的我，似乎没有感知到你的存在！

当我终于感知到你的存在之时，却是我们开始产生分歧的时候。那是 2003 年，当我因为某些原因，发现我已经不可能将教管之路与教育理想统一的时候，我想顺应前者，然而本我的你却不愿意。我和你激烈地交锋着。最后，我们谁也没说服谁，拥有决定权的我采取逃避的策略——带着不甘离开了培养我考入师范学校、又贡献了 11 年青春的母校，来到了现在的学校。

一切清零，我又变回了曾经单纯的我，单纯是因为我和你又重逢了。我改进教学、研究学生、研究课题、参加研讨会议、写文章、写书、获奖……即使当选为学校负责教育教学研究的负责人，我和你也保持了高度的默契！那一段时间，我很享受，你也是一样！

世事难料，2007 年学校面临生源危机。当学校把我推上教学管理岗位时，已经把学校命运视为自己的教育生涯命运的我没有犹豫。虽然闲时独处、半夜醒来的入静时刻，你一再让我意识到处于校际竞争中的行政事务会强化我的功利思想，但你还是顺从了我的坚持。于是接下来的几年，奔走、宣传、改革、协调、争取、退让……为学校招生、高考成绩而奋战的我，获得了领导、老师和社会的赞许，却忽略了你的存在！我总是在内心深处的你与外部环境、需求和功利之间摇摆不定，让你受了很多委屈。

直到一次次试探和交谈，一次次失望，让那层包裹你的外皮变得脆弱，也彻底地让你不甘沉寂，你不再挣扎，而是愤怒、抗争，让我不得不做出选择。我用了整整 1 年来认清自己，我竟然发现近 8 年来，在纯粹的教育追求方面，我竟然一事无成，我天天在追逐，天天在失去。

幸好，有你的存在，我找到了一种回归。我第一次以放弃的方式选择了本心，顺从了你。我再一次醉心于研究学生、研究课堂、研究教材、研究富有生命力的教育。

是的，幸运的我又找到了一种回归。

那就是现在的我们！

郑勇

2018 年 9 月 6 日

（湖北省宜昌市第一中学　郑勇）

150. 亲爱的自己，加油

亲爱的自己：

　　时间如流水，匆匆华年，你已经43岁了，长这么大，听说要给自己写信，既新鲜又激动，一时间不知从何处下笔。

　　亲爱的自己，你从小就成长在一个良好的家庭环境中，老妈、老舅、二姨、表舅舅、干爷爷都是老师，所以你从小就受到他们的熏陶，自豪地对别人说："我们家有好多老师，我长大了也要当老师。"

　　亲爱的自己，不知不觉，你到了上小学的年龄。"学而时习之，不亦说乎？有朋自远方来，不亦乐乎？人不知而不愠，不亦君子乎？"印象最深的是老师给你们讲述的学习的乐趣、朋友相聚的快乐以及作为君子的一种品格，深深地在你幼小的心灵中扎根。二年级的时候，有一次老师不在，你便搬着木板凳到黑板前，站在上面，踮着脚尖，给同学们讲课。那时候都是复式班，逗得大家哈哈大笑。"哎哎哎，该给我们讲了，你会吗？"说着，有个淘气的大哥哥跑到前面吼你。你一点儿也不示弱，让他去墙角站着，叉着小腰，教育大家。老师来了，夸奖了你，更加鼓励你，长大后会成为一名好老师。在以后的日子里，你经常给同学讲题，在你的带动下，几个班干部在老师不在的时候也会讲题。慢慢地，你有了"哎（爱）"老师的称呼。

　　亲爱的自己，就要上班了，家里人轮流给你上课，传授经验。对待人要"谨而信，泛爱众，而亲仁""见贤思齐焉，见不贤而内自省也"；治理班级，就像管理一个小国家一样，要"为政以德，譬如北辰，居其所而众星共之"。任职第一天，校长让你当班主任。那时的孩子真的很顽皮，不好管理，人数又多。多次试过家人们的经验之后，效果不明显，一个月下来，你觉得特别疲惫，还偷偷地哭过，还想过放弃。就在这时，你的"白马王子"出现了，你们经常探讨怎么和孩子打成一片，怎么和家长沟通。记得吗？你第一次家访，走了两小时的山路，才到了一个爷孙俩相依为命的小女生家里，你帮老奶奶到井边去打水，老奶奶被你的真情感动，同意孩子继续学习，那个孩子现在也是一位优秀的老师。记不得你为几个孩子交过学费。收秋了，你借着家访，帮学生家剥玉米、择花生……慢慢地，家长越来越关注学生的情况，也开始重视教育。在工作中，你遇到了形形色色的学生和家长，逐渐学会了调节关系，家长甚至愿意把家庭琐事都跟你说说。你很会换位思考，劝解，帮忙解决，所以你和家长、学生的关系特别融洽。

亲爱的自己，现在该说说你的这位杨老师了，他勤勤恳恳，认真做事，踏实做人，是同事们眼中的好老师。他聪明，和气，任劳任怨，不论和谁搭档，都有非常好的口碑。还记得你们因为给学生判作文标准不统一而争论的事吗？还记得妈妈生病之后，老杨给妈妈洗衣服的事吗？还记得妈妈患癌之后，老杨每天给妈妈按摩、翻身、换药的事吗？老杨说让老人笑，就是孝顺；让老人犯难，就是不孝。

老杨不会浪漫，就会"哎"你，但他用实际行动成就你的完美事业，是不是觉得亏欠他有点多？家庭的琐事从来不用你插手，他家务全干，老人全管。老大从小到高中，你没有用过心，都是他在管。有了老二之后，他接着带老二。老杨有时会幽默地说："我要向你这样的先进个人、师德先锋学习。"你真的该反思一下自己了。这次北京师范大学《论语》百日线上学习活动，学经典，用经典，每天的分享、专家的点评，让你感受到了圣贤们的智慧，让你不断反思自己的行为。

期待美好的、即将到来的 2021 年，做好每天的角色转换，体己察人，立己达人，向幸福出发。

晓丽

2020 年 12 月 28 日

（北京市房山区五侯中心小学　李晓丽）

151. 愿你在修己的路上继续前行

亲爱的黎明：

北京师范大学《论语》百日线上学习活动本周就结束了，你心里是否有一种淡淡的忧伤：你会不会在早晨又打开学习看板呢？会不会在周末等待分享的家书呢？伤感、不舍，在心头萦绕。

记得半年前，你走进了北京师范大学"京师好老师生命成长营"。你的内心充满欣喜，真真切切感受到自己生命的成长。

之后，你报名了北京师范大学《论语》百日线上学习活动，每天坚持打卡、听诵读、听讲解、写学习心得、读同伴的家书故事、思考自己的人生。文化的影响，不是马上能看到的。但是，坚持 100 天学习之后，你在悄悄地变化，家"和"业"顺"了。

母亲胳膊摔伤两个多月，在你苦口婆心地劝说下才去住院。到了医院才知道，母亲因为怕给你添麻烦，一拖再拖，病情严重了，你心里憋着火，甚至不愿去医院陪她。在家书分享中，一位老师说："本来想听完今天的分享继续工作，但是我决定先给老爸打个电话，约他和老妈一起出去走走！工作我们可以挤时间完成，趁我们的父母还在身边，还可以走得动的时候多陪陪他们吧！"听了这位老师的话，你也不再赶写材料，而是开车赶往医院。当你给母亲剪指甲时，发现她年轻时肉嘟嘟的、软软的手，因为长期干农活，手掌裂开一道道黑色的口子，硬硬的。就是这双手养育了你和弟弟。顿时，你心里所有的怨恨都消失了。《论语》有这样一段："子夏问孝。子曰：'色难。有事弟子服其劳，有酒食先生馔，曾是以为孝乎？'"照顾父母最难的是和颜悦色，你从此必将引以为戒。

每天早晨，你与老公一起听《论语》诵读音频，每每听完，他都会说："音频下载下来了吗？一定要给我一份。"共学《论语》，对性格急躁的老公，你的抱怨少了；对不善做家务的你，老公的埋怨也少了。每次情绪有波动时，想到"人不知而不愠"，一切都平静下来了。好长时间不见面的朋友，听你说起家里一桩桩的事情，说没想到你竟然有如此平和的心态，说你境界提高了，对最亲近的人能够包容、理解了。

"君子有成人之美"，你是学校分管教学的副校长，不论哪个学科教师讲课，你都愿意去听，并毫无保留地帮助学校一位位教师打造一节节优质课，成就教师走上职业幸福之路，让更多的孩子享受到优质教育。

北京师范大学《论语》百日线上学习活动，助你开启了一种新的生命状态，向内看、拔钉子、去习气、不抱怨，己欲立而立人，己欲达而达人。感恩北京师范大学的教授们，感恩陪伴我们100天朝夕相伴的志愿者老师们，感恩同心同道的学友们，风吹雨淋皆是深情！虽近不惑之年，但愿你在这条修己的路上继续前行！

王黎明

2019 年 4 月 17 日

（山东省蓬莱市第二实验小学　王黎明）

152. 向着光明那方

亲爱的自己：

你好！

亲爱的自己，累了吧！知道你这一年多来，很是操劳，眼见着你的容貌一天天憔悴直至很快衰老，40多岁的人头发已是半白。只有我懂你，知道你是为学校的发展、为孩子们的成长、为老师们的自我价值实现而颇费心思。亲爱的自己，知道你是一个完美的理想主义者。

2019年11月18日，是个难忘的日子，那一天，你来到你的学校，开始了履新，担任学校校长。带着几分憧憬，更多的是敬意，你走马上任。但你在随后的日子，发现学校有很多工作还有很大提升空间，然而，学校里还有一些"硬伤"阻碍着学校发展。只有我了解你，很多个夜晚，你夜不能寐；很多个周末，你徘徊在校园；还有很多个日日夜夜，你都在思考着解决学校问题的良策。这么些年来，你从未如此认真、投入地工作。

亲爱的自己，不要太辛苦了。你还记得上一周双休日回家看望父母时的情形吗？你坐在院子里陪父母说着说着话，就在院子里睡着了。是母亲拿着毯子给你盖好，让你在阳光下睡了一个好觉。事后，母亲心疼地对你说："如果那么累，不要当这个校长也罢。"你轻轻地笑了笑，眼泪在眼眶里打转。你在母亲面前，永远就是她的孩子。你感动于母亲这份疼爱。但是，你更知道，作为一个校长、一个共产党员怎么能轻言放弃？不能放弃，就只能前行。

亲爱的自己，我知道你是一个不服输的人。完美的理想主义，加上不服输，造就了你的辛苦、操劳。所幸，一年多来，你的工作得到了学校老师、社会、上级的认可。我知道，你最开心的时候，就是走在校园里，孩子们一声声"校长妈妈"这样地叫着你，孩子们脆脆的童音，驱走了你所有的烦恼，带给你心底无尽的温柔。你来到这里后，每一周的升旗仪式上，给孩子们讲一个寓意深厚的短小的故事，孩子们都非常喜欢听。每次升旗完毕，总有孩子说："校长妈妈，下个星期，你的故事要讲长一点，我们喜欢听。"你总是笑着答应，天真的孩子怎么会知道在有限的时间里讲好一个故事，是你根据学校实际情况、孩子们的表现或学校每月德育主题精心挑选的故事，然后反反复复修改故事，才有了升旗仪式上的呈现。但你的内心依然满足。每当这些时刻，你总在心底无数次告诫自己：这是一个美丽的地方，这里有这么多可爱的孩子，他们现在需要你，你有责任将这里变得更加美好，让更多的美好在这里发生！

所以，亲爱的自己，大胆地朝前走，向着光明那方。

首先，不要焦躁，慢慢来，和大伙一起认真工作。亲爱的，你是一个中师生，你也不是出身书香门第，虽然你自小爱读一些书，但是所学终究很少。个人能力水平很一般怎么办？那就依靠大家的智慧。梅贻琦先生办学时，他遵循"吾从众"的原则，凡事和大家讨论，一样推动着清华的发展，被后人誉为"清华永远的校长"。你也应该这样，不要焦躁，慢慢来。你应该博采众长，广集大家的智慧，团结一切可以团结的力量，让学校稳步发展。

其次，永抱谦逊、学习之精神。时代在飞速发展，一个人不学习就会被时代淘汰。学校是培养人的地方，学校怎样才能培养出合格人才？为孩子们一生的学习、幸福奠基？校长要把握学校发展的大方向。

因此，亲爱的，你肩上担子尤其重大。务必要谦逊，永远抱着自己是一个学习者的态度，认真学习，让自己的格局更大，视野更开阔，专业更精深，你才可能把握住方向，才可能不辜负组织对你的信任，不辜负这所美丽的学校，不辜负这个美丽的地方。

亲爱的，你当有"以身示范"之姿态。"其身正，不令而行；其不正，虽令不从。"任何时候，都要以身示范，做好孩子们、老师们的示范和榜样。你自己就是学校的形象代言人，所以，事事、处处、时时都要对自己要求严格一些，做校园里那个最爱读书、最守规矩、最积极进取、最开朗幽默的人。

亲爱的自己，未来的路很长，坚定自己的脚步，在这样一个伟大的时代里，跟随着时代的脚步，踏踏实实，一步一个脚印，向着光明那方而行！

爱着你的双辉

2020 年 12 月 9 日

（湖南省浏阳市禧和小学　胡双辉）

153. 致更美好的自己

亲爱的"美好生活"：

你好！很开心我们能做一次心灵的对话！当初你把"美好生活"作为你的微信名时，朋友们认为这是你享有美好生活的真实写照，其实你自己心里清楚，这是你对未来美好生活的向往，抑或是你追求更加美好的自己的心愿和志向吧！

什么是更美好的自己呢？你能不能对自己的信念更加坚定呢？你能不能对你的朋友更加关爱呢？你能不能以更加昂扬向上的状态对待你的生活呢？如果能，你有没有定下目标、有没有行动呢？最重要的是，你有没有为成为更美好的自己全力以赴呢？

那个周末，你毅然放弃去看望孩子，决定留在单位为培训班上的经典领读做准备。老师们来参加培训，你带领他们一起诵读："学而时习之，不亦说乎？有朋自远方来，不亦乐乎？"你自己也同时体会到了这两种快乐。

两年前，你参加"国学经典远程教育研修班"的时候，接触到了国学与教师礼仪方面的课程，觉得这门课程对教师培训是很有价值的，正所谓"不学礼，无以立"，你希望为县里的教师上一堂这样的礼仪课，可惜一直没有机会。今年上半年，单位举办教学比武，你准备了这堂课，但是由于40分钟的时间限制，留下了一些遗憾。上周，单位举办全县新进教师转正培训，你终于有机会上这堂礼仪课了。在磨课的过程中，你听取同事的意见和建议，集思广益，反复修改，最终为新教师们呈现了一堂精彩的礼仪课，引领新教师们学习传统礼仪文化，修习当代教师礼仪，塑造良好的职业形象。为了上好这堂课，你做到了全力以赴，达到了你期望的效果，也算是实现了自己的一个小小的心愿吧。

"尽己之谓忠"，当一个人懂得为自己全力以赴的时候，自然具备了为他人全力以赴的志向和能力。作为教师培训者，你深知你们的宗旨是为教师的终身发展服务，最重要的使命是成就他人，而在成就他人的过程中，自己也得到了成长，感受到了快乐，这不就是"己欲立而立人，己欲达而达人"吗？

自省方能自知，当一个人开始懂得自我反省、对自己的生命有所关照的时候，一切便与众不同了。随着年龄的增长，你清楚地知道了自己的优点和缺点、自己想要和不想要的，也懂得了取舍。作为一个完美主义者，你每天都以最好的状态出现在工作岗位上，以友善的态度跟同事相处，努力在学员面前展示一个自信的你、一个美好的你，希望通过积极热情的工作状态，为学员提供帮助，不断传递正能量。

亲爱的，愿自省、自知、自信之花永远在你的生命中绽放，遇见更美好的自己！

曹菊芳

2020 年 12 月 16 日

（湖南省郴州市永兴县教师发展中心　曹菊芳）

154. 一玲，愿你开启生命成长的新旅程

亲爱的一玲：

你好！

此时，夜深人静，我用最平静的心面对自己、面对你。

当你决定写一封家书时，你想到了很多人：父母、公婆、老公、儿子、同事……可是最后，你发现，最需要收到家书的人就是你自己。

你想给父母写家书。你想用文字劝父亲戒酒。可作为女儿，这些年，你跟父亲倾心交谈过几次？每次他酒喝多了，除了生气，你有好好跟他分析酒对身体的伤害吗？你有问过他是不是因为生活不如意而借酒浇愁吗？你想用一封家书劝慰母亲要多体贴父亲，不要埋怨这个、埋怨那个。可是，你可曾体会，65 岁的母亲每天照顾上小学的侄儿、侄女，里里外外、琐琐碎碎地忙碌有多辛苦？母亲的苦不向女儿诉又向谁诉呢？

你又想给公婆写家书。结婚 16 年来，你总是得到他们的理解、支持与庇护。可是你忘了，他们已是古稀之龄，你是否应该常回家看看，和他们聊聊天？你是否应该经常给他们打电话，问问他们今天做了什么，有没有开心或不顺心的事？逢年过节，你们夫妻二人是否应该提前去给他们帮帮忙，而不是等他们把饭菜烧好了，你们一家三口去吃现成的，吃完饭就走人？

近几年来，你时常焦躁不安、喜怒无常、患得患失，特别是担任学校副校长的这 4 年。前两年，原单位的老校长退休后，你总感觉身边的同事没有上进心，自己没有遇到好的队友，你在抱怨和自暴自弃中浑浑噩噩过了两年。2017 年，你调到一所新建学校，近两年来，你可谓全力以赴。可你自己内心最清楚——每次辛苦、劳累之后，你时常会不自觉地问自己：这么辛苦为了什么？自己究竟想要什么？自从参加北京师范大学《论语》百日线上学习活动之后，你才渐渐发现所有的无知、困惑和迷茫，都是因为你自己的生命还没有觉醒，还没有达到生命自觉的高度。面对父母兄长，

你只知道"有酒食先生馔"，却不懂得"色难"；面对同事，你只想着"道不同，不相为谋"，却不知"人不知而不愠"；在工作上，你虽然能勉强做到"敏于行"，却一直做不到"讷于言"；在生活中，你只追求自以为是的"君子坦荡荡"，却不懂得"乐而不淫，哀而不伤"的中和之道……因为悟到了这些，你那颗浮躁、不安、迷惑的心，也慢慢变得平和、宁静、清晰了。

你欣喜地发现，4 月 22 日是《论语》百日线上学习结业的日子，而 4 月 23 日正是你 40 岁的生日。在多位专家、同人及志愿者老师们共同组成的《论语》学习大家庭里，你不断从经典中汲取生命成长的养分，开启生命成长的新旅程，迎接你的不惑之年。

祝愿今后的你能有大不同。

一玲，加油！

走在觉醒路上的我和你

2019 年 2 月 17 日

（安徽省宣城市第九小学　张一玲）

155. 带上温暖和力量，继续前行

亲爱的红侠：

你还好吗？我知道最近这几天你有些烦躁，繁重的教学任务、调皮的学生、收不上来的作业，再加上那些永远干不完的临时工作……可以说是一地鸡毛。

我知道，你的内心一定很痛苦。当初选择教师这个职业的时候，你是那么骄傲：教师是天底下最光辉的职业，是人类灵魂的工程师，多么伟大，多么美好！可是，为什么理想和现实的差距总是那么大呢？曾经，你也怀疑过自己的选择，甚至动摇过，但是，始终没有放弃。因为你知道，你依然热爱着自己的事业。虽然你也许做不到拯救一个灵魂，但是你的一句话、一个眼神也许能碰触一个灵魂，也许能改变孩子的一生。光阴如梭，正是由于对这份初心的坚守，你已经在这三尺讲台上走过了 17 个春秋，当初那个充满激情、无所畏惧的小姑娘也已经到了不惑之年。如今的你，少了一些青涩和莽撞，多了一份淡定与从容；少了一些骄傲和矫情，多了一份谦虚与宽容；少了一些自我，却有了更多的牵挂。

参加北京师范大学《论语》百日线上学习活动已经有 30 多天了，经过这一段时间的学习，你说自己获得了一种力量，这种力量与日俱增。每天的《论语》诵读，让你徜徉在优秀传统文化的长河中，感受着经典的魅力；辛意云教授的睿智解读，让你拓展了人生的宽度，读出了人生大智慧；每日的反思，让你做到了"吾日三省吾身"。

每天清晨，你都会在学习群中收到老师们发出的早安问候，听到专家对学员心得的点评。专家们的点评亲切自然，娓娓道来，如涓涓细流浸润心灵。听专家们的点评如同与智者交谈，每一次都收获满满。带着这份温暖和力量，你开启了新的一天。你说，要把这份温暖和力量传递出去，给你的爱人、孩子、父母、朋友、学生，给你生命中遇到的每一个人。

当你重新审视自己的时候，你会发现自己是那么幸运和幸福。当学生知道中考成绩的时候，第一时间告诉了你，你比自己的孩子得了一百分还高兴；当你每天披星戴月回到家里，女儿给你拿拖鞋，先生给你盛上热乎乎的饭菜，所有疲倦都在这一刻被爱驱走了；当你回到父母身边，做回他们的小女儿时，和他们聊聊天、吃顿饭，哪怕只有一小时，你也会很开心。我知道，父母是你最牵挂的人，不能每天陪在他们身边，你觉得很愧疚。只愿他们身体健康，被岁月温柔以待。

你说爱笑的女孩运气不会太差，虽然生活总是一地鸡毛，但是你的心中依然拥有诗和远方。而直到现在你才知道，诗和远方并不是抽象的、遥远的，它实际上就是一种幸福感，只要你真真切切地享受每一个当下，你就可以从那些焦躁不安的情绪中走出来，带着一颗感恩的心看世界，感恩生活中的每一天，感恩出现在你生命中的每一个人。正如北京师范大学教授所说："经典学习让我们深觉、深信、深省，步履轻盈，坦荡前行。"

亲爱的自己，不要迟疑，与经典为伴，带上温暖和力量，继续前行吧！

一个关爱你的老朋友

2020 年 12 月 9 日

（北京市房山区北潞园学校　侯红侠）

156. 做好老师，点亮乡村教育的未来

尹侠：

有幸成为教育部首期"国培计划"中小学名师名校长领航班学员，是你从未敢想的。你是来自贵州山村的一名教师，你希望尽自己所能去教书育人，同时努力带领一支致力于乡村教育的教师团队一起同行。

作为一名从农村走出来的教师，你最能体会一个农村家庭希望通过孩子读书去改变自己和家庭命运的期盼。你可以不去对城市教育"锦上添花"，但必须为乡村教育"雪中送炭"。在你的工作室里，你主要培养两部分教师：一部分是在乡村工作二十年以上的教师，他们将自己的青春都奉献给了乡村教育，因为没有平台或机遇，很难迈上更高台阶；另一部分是刚上岗的年轻教师，他们的学科视野较宽，有改变乡村教育的愿景，但缺乏一种专业引领。如果能让这两部分教师真心在乡村"扎下根"，通过他们去"育好苗"，乡村教育一定有更好的发展。

记得二十多年前，你在边远学校教书，一次去家访时，纯朴的家长听说是老师来看孩子了，马上用自己的衣袖将一条长凳擦了又擦；记得你教的孩子考上了学，有了工作，在你结婚前，孩子和他父亲背来两块柏木床方，说是结婚做床用得上；也记得一个孩子分数达到分数线却因其他原因无法去外地读书，在家不吃不喝睡了七天，你去看他时，他立刻抱着你失声痛哭。你才真正理解，原来，经典不是写在书上的，而是写在老百姓心里的。作为乡村教师，你们的工作不只是为自己。这些年来，你有多次选择去省城的机会，然而每到这时，你的脑海里便浮现出"衣袖""床方""失声痛哭"，你意识到，留在乡村对你来说才更有意义。

有幸参加了北京师范大学"京师好老师生命成长营"，听着北京师范大学教授们解读《论语》《大学》《传习录》等中华经典，深深体悟到传统文化中修己达人的家国情怀。"做'四有'好老师"的宣誓回响耳畔，从大家湿润的眼睛里，你读懂了，无论在城市还是在乡村，你们都要为国家的教育倾其

心力，无愧于国家对你们的信任与期盼。"你们是基础教育皇冠上的明珠！"这句话让你感动，同时也让你深深感到自己对于教育的一份使命与担当！你很幸运，出生在这伟大的时代：一个农家的孩子，成了一名教师；一个偏远乡村的教师，祖国没有忘记你，呼唤你去做一颗"明珠"，去点亮乡村教育的未来！

感恩祖国！感恩这个时代！在做一名好老师的道路上，你不会停下脚步！

尹侠

2018 年 5 月 3 日

（贵州省遵义市余庆县实验小学　尹侠）

157. 让教育生命焕然一新

亲爱的信老师：

参加北京师范大学"京师好老师生命成长营"的每一天，你都一直被一些东西震撼着，思想的潮水在纵情奔流。

儒学是生命的学问，教育是生命的唤醒。你不断地叩问自己：你具备唤醒的能力吗？需要唤醒的只是学生吗？作为生命的个体，教师自身也应该成为成长者。什么是好老师？好老师应是一部行动着的生命教材。国学大家辛意云教授，北京师范大学林崇德教授、郭齐家教授，乃至那群可亲可爱可敬的志愿者，他们都是用生命做教材开课的老师。

在培训最后的立志分享环节，你勇敢地走上台，大声地说出了自己的志向：做一辈子老师，坚定地行走在成为教育家的道路上。那一刻，你体会到了一种庄严和神圣！

曾经的你身上充满"戾气"，那是你当年级主任的那几年。2007 年，在一个全国德育研讨会上，你上了一堂名为"牵手"的公开课。当进行到"说说你的老师"这一环节时，一个男生主动站起来说："当我从网上看到我被分到信主任班里时，我吓坏了，其他同学都笑话我，表示分到信主任的班，可有你受的！"要知道，当时台下坐着 1400 余名来自全国各地的教育同人，这个学生每说一句，台下就是一阵哄堂大笑。虽然这个可爱的孩子想欲扬先抑，想说其实老师也很温柔。但你知道，他前面的"抑"是真实的。后来，还有一个女孩子对你说："老师，你知道吗，你的眼睛能'杀人'。"

曾经的你内心也充满"怨气"。那是妹妹突然离世的那一年，你怨恨上天不公，怨恨医院，尤其怨恨自己。处理完妹妹的后事回到学校的那天晚上，正好有班会课，你让学生们关掉灯，在黑暗中唱班歌《倔强》。当学生们认真地唱了一遍后，你没有让他们坐下，你说："同学们都知道老师近段时间遭遇了亲人的离世，我想请你们再唱一遍，老师需要你们的鼓励。"学生们于是又大声唱了一遍，很明显比第一次更用情。你还是没有让他们坐下，你说："我还想请大家再唱一遍，因为甭管是谁，都会在成长路上遇到这样或那样的不幸和坎坷，我们班近段时间也处于低迷状态，把这首歌献给我们的班级、献给我们自己，好不好？"唱到最后，教室里依稀能听到学生们的哭泣声。第二天，班上一个非常叛逆的女孩子给你写了一封信，信的最后写道："想安慰您，但不知道该说什么。如果全世界都在下雨，就让我们约好在心里放晴！"

是学生和亲人对你生命的滋养，让你慢慢消除了"戾气"和"怨气"，内心充满了"和气"。你特别感激你所从事的工作是一项生命的事业，在你遭遇寒冬时，有那么多的生命给你温暖、给你力量。如今，参加教育部"双名工程"的师德培训，你的内心又长出了"志气"。几天的课程让你对自己的教育生命不断反思，让你真正明白了你想要的是什么。很多朋友不止一次地劝你说："你早早地什么都有了，名师、特级教师、正高级教师、全国三八红旗手，你还这么辛苦干什么？你还想要什么？"

如果再有人问你，你会大声地说："我想要的是最好的教育，是师生生命的彼此成就。"为了做最好的教育，你会一直走下去；为了做最好的教育，你会让自己的生命日日常新！

信金焕

2018 年 8 月 7 日

（河北省衡水市衡水中学　信金焕）

158. 亲爱的，请继续做幸福的好老师

亲爱的管老师：

掐指算算，你已经是一个耕耘讲台 13 年的老教师了。默默工作这些年，你的日子始终风轻云淡：没有热烈的掌声，没有艳丽的鲜花，没有耀眼的光环。你身边的同事，有的由一线教师升上了领导岗位，有的拥有了名师、骨干教师、最美教师等骄人的荣誉，有的兼顾第二职业而身价倍增，好像唯独你被幸运之神遗忘在不起眼的角落里了，这么多年来一直默默无闻，独守普通和平凡。但是，你不必沮丧也不必自怨自艾，因为你也在收获着别样的精彩，赢得了别样的爱戴。

"老师，教师节快乐，祝您身体健康！"记得那是 2017 年的教师节，早上刚起床，你就在第一时间收到了小凡同学发来的微信消息。小凡说："老师，我今天休假，我想回学校看看您，还想再听听您的历史课，我最喜欢您的课了！"一时间你想起了这个已经中学毕业五六年的学生，如今他是环境监察战线上的一名新兵，当年可是妥妥的历史迷呀，课上、课下经常追着你讨论中华上下五千年的历史。那天，小凡同学真的再次回到了你的课堂上，那专注、认真的眼神还是和以前一样。课后，他说，喜欢听你讲课，思维严谨又娓娓道来，平淡如行云流水，细思又给人深刻启发。他还说，你送他的那套历史教科书他还一直留着，你们又一起聊历史、聊工作、聊生活。看到自己的学生如此阳光自信，听到那句"我最喜欢您的课了"，真的是那个教师节你收到的最好的礼物！那一刻你明白了，作为一名老师，还有什么比得到学生的认可更幸福的事？

其实，仔细想想，你每天都被学生的青春气息滋养着：每堂课上总有几十双渴求知识的眼睛在期盼着你，办公桌上孩子们亲手制作的小礼物总能带给你惊喜，学生取得一个个好成绩你和他们一样开心，一届一届被你送走的学生在教师节发来问候祝福，一拨一拨学生毕业后又时不时回来探望你……你应该快乐，你应该感动，因为这种发自内心的情感是任何荣

誉、奖金都无法比拟的，是纯真质朴的，也是让你欣慰幸福的。

还记得刚刚参加工作时，你曾经从心里问自己要成为一个什么样的老师。现如今，你能够有底气地说，自己是一个对每个学生都负责任的老师。十几年来，你做到了尽心尽力去对待每一个遇到的学生，不论碰到什么困难，都把学生的成长发展放在第一位。此刻，你应该为自己是一名教师而感到幸福、感到自豪！

如今，你在不惑之年有幸参加了北京师范大学《论语》百日线上学习活动。伴随着经典学习，你的心灵日日得到滋养，更清楚地看到了未来的方向。子曰："仁者安仁，知者利仁。"管老师，就让自己始终如一地以一颗仁爱之心对待学生，修己达人，继续享受属于自己的那一份小确幸吧！

管静

2021 年 1 月 3 日

（北京市房山区首都师范大学附属房山学校　管静）

159. 遇见崭新的自己

亲爱的自己：

你好！

再过几天就是你五十岁生日了，我知道，此时淡淡的伤感涌上了你的心头。年过五十，已是半生！此后去日甚多，来日渐少。

还记得，那年你三十岁，将要调到新学校担任教科室主任。你彻夜未眠，我给你写了第一封信："亲爱的自己，你已经踏上而立之年的快车，不能再似流云飘忽不定，迎难而上方能无悔人生！"那封信对你规划人生起到了很大的作用。流光容易把人抛，一转眼，曾经热力四射的你，如今已是两鬓染霜。这么多年，我一直想再和你说说心里话，却因工作繁忙一拖再拖，这一拖竟是二十年。

蓦然回首，过去的岁月，你虽然没有惊天动地的成就，但你每一天都在努力。

你一直坚持做好一名语文老师。你有自己的教学主张——安静、美丽、有情怀。你说，语文就是教学生安静阅读，安静写作；就是教学生感受美丽，创造美丽，落落大方地讲话，书写端正美观的汉字，撰写文从字顺的习作；就是教学生做一个有情怀的人。

这些年，你一直坚持组织"经典书写大赛"，评比"阅读之星"，评选"书香班级"，表彰"书香家庭"，引导学生不断积累，携手家长参与经典诵读。尤其是你主导推出的经典诵读考级制度，激励学生你追我赶，掀起了诵读经典的高潮。每一期，学生按照考级要求背诵古诗文片段，八首必背、两首选背，背诵得正确、熟练、有感情方可晋级。晋级了的学生总会自豪地在"经典考级证"上粘贴学校特制的晋级贴花。日积月累，集腋成裘，整个小学时光，学生们积累了近 300 首古诗和经典古文片段。也许学生们未必明白自己曾经历一段意义非凡的日子，但我深信，他们将带上经典的种子信心满满地拥抱明天。

惊风飘白日，光景驰西流。你从黑发如瀑的而立之年到勇往直前的不惑之年，再到如今的知天命之年，似水流年在你身上悄然留下痕迹，眼角的皱纹日渐加深，剧增的白发肆意在头顶舞蹈。工作中，有时老师们不理解你，管理工作纷繁复杂，班上学生淘气闯祸……一度，我明显感受到了你的灰心和焦虑。

　　直到今年，你参加了北京师范大学《论语》百日线上学习活动。此后的日子，你虽依然忙碌，但我看到了你澄澈的眼神和满心的愉悦。每天，你很早起床，第一件事就是点开学习群，听辛意云教授讲解《论语》，然后步行到学校和学生一起晨读《论语》。傍晚，你心心念念赶回家写心得、交作业。其实，刚开始学习时，你心有抱怨，颇想逃离。后来，你看到群里老师们的分享，朗读字字入心、自我剖析深刻彻底，各位专家用心用情地高质推动、专业引领，你被深深地感动了。渐渐地，你认识到这是一次前所未有的叩问心灵、唤醒生命的学习。学习经典时，"曲肱而枕之"的安贫乐道让你感动；"己欲立而立人，己欲达而达人"的仁爱精神让你叫绝；"奢则不孙"让你心生愧疚，学会了克制欲望，理性消费；"又敬不违，劳而不怨"让你学会了更好地理解父母、孝顺父母……

　　你每日观照内心，发现以前的自己生活幸福却不会感恩，工作能力强却太过苛责，为人真实却易于心随境转。而我特别喜欢现在的你——越来越成熟恬淡，明净而阳光！日本佛学大师松原泰道曾说："我的人生是从50岁开始的。"亲爱的自己，衷心祝贺你的人生重新启航！愿你在渐入佳境的经典学习中，悟出人生真谛，走向生命觉醒！

　　祝你生日快乐，健康幸福，常怀感恩之心！

永远爱你的慧玲
2021 年 1 月 15 日

（湖南省浏阳市人民路小学　刘慧玲）

160. 你有多久没好好说话了

亲爱的：

你有多久没好好说话了？面对学生你以高声呵斥作为严格要求学生的标准；面对家人你习惯性说话语气生硬、毫无亲和力；面对刚刚 6 岁的儿子，你早早就给他立了很多生活、学习的规矩，这些规矩就像一道道枷锁般束缚着孩子的天性。

在生活、工作中，你处处严格要求自己。在同事眼中你有积极进取心，工作 17 年了仍然紧跟课程改革的步伐，潜心研究教学；为人母后学习育儿知识，科学育儿；业余时间修身养德传承我国传统文化，每晚坚持练习书法；逢年过节给双方父母买礼物、发红包。在别人眼里你是一个十分优秀又自律的人。

可是别人看不到的是夫妻关系紧张，儿子见到你说话就结巴，你与家长、学生、家人即使是真心相待也无法走进彼此的内心。

在你的眼里，身边的人有各种各样的问题，抱怨爱人好吃懒做、不爱运动、不懂得陪伴孩子、对你关心过少；埋怨公婆自私，为你的小家庭付出太少；责备儿子不够自律，不能按照你的规划去学习、生活；指责学生学习态度不端正，不遵守班级纪律，总是给老师找麻烦。

你很少能看到身边人的优点，总是放大他们的缺点。以自己的生活标准去衡量别人，你希望所有的人都能够像你一样生活井井有条、自律、上进。亲爱的，以前那个乖巧、温柔、善解人意的你哪儿去了？到底是生活塑造了现在的你，还是你的愈加强势的性格无限次地否定、打击身边的人，从而让他们身心都离你越来越远了？你总是抱怨他人，可你又给他们带来了什么呢？

还记得儿子从 2 岁起就阶段性说话结巴，那时候你还以为孩子是因为语言发育增长期才导致的，直到一件事才让你意识到，孩子是因为见到你紧张才说话结巴。那年暑假里你回娘家半个月，刚回到家进家门的那一刻，儿子见到你立刻就说话磕磕巴巴了，奶奶进屋听到后十分诧异地说："你走的半个月孩子说话都好着呢，你刚回来孩子说话就结巴了。"我也惊呆了，原来孩子见到我才会说话结巴，是我的原因，后来我学习育儿知识，学习怎么和孩子说话交流，怎么与孩子相处，了解孩子在不同时期生长发育的特征，怎样科学育子。虽然儿子说话结巴的问题还是存在，但是我会努力改变自己，做一名好母亲。

前天看了李杰琼老师的分享，她今年带的班级特殊学生比较多，成绩也不是很好，但是她并没有因此焦躁，而是每天都用自己的智慧尽力帮助每个学生，用心守护学生。杰琼老师的教学心态很值得我去学习，我想每个学生都是独立的个体，作为老师我们就是要在学生原有的基础上帮助他们进步提高，而不是抱怨他们的起点是怎样的，更不能将学生进行对比。

子曰："见贤思齐焉，见不贤而内自省也。"取别人之长，补自己之短，同时又以别人的过失为鉴，不重蹈别人的旧辙。我要反思自己的不妥之处，提高自己的修养品德，使自己更加具有仁德。

张琳

2023 年 4 月 20 日

（北京市大兴区青云店镇第一中心小学　张琳）

161. 静心体验　点滴入心

亲爱的自己：

　　终日匆匆忙碌间，儒释道心忽结缘。在快要知天命的年龄，你才开始细学《论语》，才开始思考"自己到底是谁"。这个问题是在跟随项目组老师们学习后，你才渐渐找到了答案。

　　六十多天的《论语》学习，你仿佛找到了人生真实的意义，每天固定时间听诵读、讲解和写心得，完全沉浸在学习中，忽视了办公室其他人的影响，逐渐沉迷其中。"为人谋而不忠乎？与朋友交而不信乎？传不习乎？"也成为每日固定自省的功课。这样的学习对于教体育的你确实有点难度，但只要你抱定一个信念觉得自己肯定能完成，并坚持下去，你一定会有所获。

　　为了激发学员老师们每天学习《论语》的兴趣和热情，无论多晚，项目组老师们都给每个微信群里安排了专家老师进行点评。这些专家老师们结束自己一天繁忙的工作后，还要不辞辛苦、加班加点地进行及时反馈，他们是"喻于义"的君子，这些君子之行让你内心很受鼓舞，也是你每天坚持学习的动力。正是他们的行为让你意识到有道德的人是不会孤单的，一定有志同道合的人来和他相伴，正所谓："德不孤，必有邻。"

　　项目组老师们的教学，引导你反思自己的行为，逐渐养成君子之行——"君子欲讷于言而敏于行"。你应该说话谨慎，因为祸从口出，说话不谨慎，既伤害自己又伤害他人，给自己招来麻烦甚至招致灾祸。你应该以言行一致为美德，以言过其行为可耻，这也是孔子一贯提倡的做人准则。要么不说，说出就一定要做到。如果言之凿凿，却不能付诸实践，徒有华丽的言辞，那也只是假道学罢了。君子是行动胜过言语的。说大话容易，做成事困难。特别是你作为一名老师，更应该言必信，行必果。同时，许多事情，尤其是社会性事情，表面上看着简单，实际上却是千头万绪的。只有知道哪些该做，哪些不该做，才能兴利除弊，造福社会；只有知道先做什么，后做什么，才能提高自己办事的效率，事半功倍。

《论语》就像潺潺流水，逐渐浸满四肢百骸，缓缓而入，慢慢沁溢心脾脏腑。"知者乐水，仁者乐山；知者动，仁者静；知者乐，仁者寿。"你要不断地发现自己的过失，不断地改正自己的过失，天天反省，天天改过，日新又新，这就是提升。你虽不一定能够完全做到，但你可以尝试去学习，努力做一个仁者，就像《大学》里讲的"知止而后有定，定而后能静"。你要时时提醒自己：放下自私自利，放下名利，放下享受，你放下了，才静得下来，你的心定了、静了，才能积极地行动去追求教育的高境界。你要不追名逐利、不抱怨，尽己责做好本职工作。

作为一线教师，你要将古圣先贤的自我修养之道内化于心、外化于行，不断分析、探索它对当前教育的效用，在自我反省中获得幸福体验和生命成长。

亲爱的自己

2023 年 5 月 1 日

（北京市翠微小学大兴分校　何红梅）

162. 记忆有痕——记忆里那些老太太

亲爱的"自己"：

真快，一年又过去了，自己又长大了一岁，这年龄不知是否真的是衡量人成熟的标志，但近年来真的感觉自己老了，无论是从精神上还是从体力上，周遭的朋友都说我年轻，我知道，那是指我的心理年龄。也许是因为没有孩子的缘故，所以总把自己当孩子，换言之，总是干"老黄瓜刷绿漆"的事情。不是给自己买件粉嫩嫩的衣服，就是给自己买件有卡通形象的帽衫。一次看到学生的衣服很好看，竟然给自己买了和学生一模一样的衣服！所做之举令人瞠目结舌！但自己还傻乎乎、美滋滋的。

前些日子突然发现自己的白发越来越多了，对着镜子端详，是啊，怎能不老呢？同学的孩子都大学毕业了，自己的侄子都成家立业了，人老是自然规律啊！可我真的怕老去，那样，就没有年轻的激情、年轻的体力了，一切的一切，都会随着年老而衰退！我恐惧衰老这自然规律。

那日重读《那些有意思的老头儿：文化名家笔下的大名家》，我突然释怀了许多。我从这些老头儿身上学到了很多，受到了很多启迪。我也想写写我身边的那些老太太。

恩师老太

恩师是全国知名教师杨丽娜，我曾经为恩师写过悼念文章，那是因为恩师的离世给我的内心造成了巨大的打击，给我带来了无法忘怀的悲痛。今日想起恩师的点点滴滴，我心中还会酸楚。老太太是位慈祥、博学、充满爱心的老人。当初的我是个年轻气盛、充满孩子气的年轻人，因此也常常做出"非人类"的事情。每当我做错了事情，心中从没有怕过谁，但自从恩师出现后，我知道世上有"怕"这个字了！记得有一次我顶撞了主任，当时我还很生气，谁说都不听，当恩师知道后，只对我说了一句话："她比你岁数大，你应该学会尊重，去，道歉去！"就这样，我乖乖地去给主任道歉。后来，有一次恩师让她的老师听我的课，课后看到她对自己老师尊重的言行，我突然明晓了自己错在哪里！从此以后，我知道学会尊重他人了，我知道如何与人相处了。在多年的交往过程中，我目睹了恩师对他人的谦和、对他人的尊重。那个老太太不光教会了我教学方面的知识，更重要的是教会了我如何做人。恩师已走多年，可我从未忘怀她对我的教育。在送别恩师之时，我也告诫自己：以后要像恩师那样，善待他人、尊重他人。

阳光老太

说是老太太，有点为过！因为她刚56岁！她是退休后到我校当语文指导的一位老师，最初认识她是十几年前一起在区里阅卷。当初她给我的印象是，这位老师太有趣了！人家说："杨老师，您的头发真好，都没有白头发！"她笑呵呵地说："哪儿呀，我这头发是'混纺'的！"言谈举止中充满了乐观与豁达。就这样，仅见了三面的人就给我留下了深刻的印象。没想到去年这位老太太竟然到我校指导语文教学工作，有幸又与她学习。每次备课、听课、评课，她戴着老花镜的神情是那么专注、认真，语言中充满了对年轻人的殷殷教诲，而在谈天过程中，她不失幽默的本性，常常把大家逗得开怀大笑！她还是位很时尚的老太太，每天要发朋友圈记录一天的生活。老太太的时尚不仅体现在上网方面，更有意思的是她爱穿新衣服，总把自己打扮得很洋气，那修身的大衣下面还配上高筒长靴，那叫美啊！这位老太太身上的气息感染着我，使我懂得什么是生活、怎样对待生活。

胖胖老太

说她是老太太感觉更为过！因为她今年才退休，刚刚55岁！她就是我的校长，说起来校长的特点有很多，第一就是胖！记得有一次她不小心说出了自己的体重，哈哈，188斤！还补充说自己的体重很吉利！就是这样一位胖胖的校长十几年来看着我成长！每每想起自己成功的几步，都深深知道这与她的鼓励是分不开的！在我低谷时期，她总是安慰我，经常说的一句话就是："嗨……这算什么呀！没事！"她的这句普通得不能再普通的话使我有勇气面对困境，学会了坚强！在我经历的几次区级、市级的评优过程中，我总是不申报，而每次都是她找到我，问："为什么不申报?"我还是老生常谈："我不够资格，我不行……"然后就是她的话："怎么不行？我看你行，不试试不是更没有机会吗？试试吧，没问题！"听了她的话，我充满了信心，并顺利通过了每次评优。每每想起自己的点滴成功，我都会深刻记得：在我身后有一位知我、懂我的"忘年交"。1月份，她该退休了，我心中充满了留恋，充满了不舍，可这是不可避免的事情，于是，在离别会上，我给了她一个大大的"熊抱"！有一种爱叫不舍，有一种爱叫永恒。这位老太太永远是我生命中的"忘年交"！

　　想起这些老太太对我的关爱、对我的鼓励，我也明晓了年龄是什么了，年龄就是一个人成长的足迹，年龄就是一个人成熟的标志。现在的我不怕老去了，因为老去的我会汲取以上这些老太太的精华，做个充满爱心、充满宽容、充满阳光、充满时尚的"全优"老太太！等我老去，我还会穿着粉嫩嫩的外衣，我还会穿上帽衫，我还会臭美地穿上高跟鞋……

　　心中充满美好，心中充满爱，人老了也会快乐，就如同日落的暮色也是一道独特的风景。

此刻的"自己"

2023 年 5 月 1 日

（北京市东城区史家实验学校　孙鸿）

163. 愿美好与你不期而遇

亲爱的姑娘：

见信悦！

此刻是 2020 年 12 月 29 日。时光荏苒，转眼之间，2020 年仅剩最后两天了。在忙忙碌碌中一年又过去了，你想对自己说点儿什么呢？

嘿，亲爱的姑娘，现在的你已经不再有年少轻狂的叛逆与任性，开始感受世事无常，也许这正是时间最大的魔力吧！你是幸运的，因为在你的学生时代遇见了一位又一位好老师，使你树立了成为一名人民教师的梦想。

毕业后，你背井离乡来到了一个陌生而又温暖的小县城，在当地的一所乡村学校担任英语老师、班主任兼英语教研组组长。在乡下，没有灯红酒绿的诱惑，有的只是一个村庄，一棵古树，一所学校，你开始全身心地投入教育教学，每天简单地过着三点一线的生活，却乐在其中，因为你知道，你身上肩负着这一方水土的期望。幸运的是，你的第一届学生今年毕业，他们用优异的成绩回报了你，这对你来说是莫大的支持与鼓励。

我知道三年来你付出了多少，现在你又继续带初三，其中的酸甜苦辣，我更清楚。妈妈刚刚又给你发来视频说："孩子，忙着教别人，忙到自己都没有时间休息和学习，一味地消耗，身体吃不消，一定要早点儿睡觉！"挂完电话，依然晚睡的你，陷入了沉思。

我知道，你是一个有强迫症的女孩，对每一件事太过于精益求精，很多时候，你不是没有时间，而是不会合理利用时间。

我知道，你表面上看起来大大咧咧的，其实内心很容易焦躁，总会在不经意间把坏情绪转移到你最亲近的人身上。

我知道，你其实是自卑的，你认为自己太平凡、太渺小了。你很固执，经常听不进别人的劝告。你还有一颗玻璃心，会因为他人的一句话而怀疑自己。

2020年10月，你有幸作为学校代表赴京参加第22期"京师好老师生命成长营"，五天的培训让你重拾传统文化的美好，与经典重逢。你也因此学会了在忙碌工作的同时，挤出时间来品读经典，不断获取知识，提升自我修养。真心希望你在未来的日子里踏实工作，静心思考，做到"见贤思齐焉，见不贤而内自省也"。

《蒙田随笔集》里写道："生命本无好坏，是好是坏全在你自己。"好的、坏的都将过去，亲爱的姑娘，愿你在2021年能够成为自己的太阳，拥有无限的力量；愿你多留一点儿时间给自己，读好书，成为有才华、有情怀的教师；愿你不忘初心，砥砺前行，做一个幸福快乐的教育人。

亲爱的姑娘，相信世界与你温暖相依，美好与你不期而遇。愿明年再见你时，你会笑靥如花地对我说："嘿，一切都是最好的安排！"

爱你的：碧霞

2020年12月29日

（湖南省永兴县洋塘中心学校　赵碧霞）

164. 青春、梦想、奋斗

亲爱的自己：

踏上三尺讲台已经十年，是否还记得自己最初的梦想？现在周围的人知道自己教师的身份都会很尊敬，有时候自己也会跟着骄傲。但始终要记得自己从事教师的那份初心。追逐梦想路上的努力和艰辛只有自己知道。正如歌词里唱的："青春是段跌跌撞撞的旅行，拥有着后知后觉的美丽。"青春不仅是活力、美好的代名词，更应该是奋斗的代名词。毕业时我放弃了市里的任教机会，毅然选择回到自己的家乡做一名乡村教师，想要为家乡的教育事业尽自己的一份力量。

我虽然年轻缺少教学经验，但是我拥有对教育事业的热爱和对学生的关爱，以及年轻的活力与朝气。在课堂上我采用听故事和讲故事的方法来组织语文教学，不仅能进一步发展学生的口头语言能力，而且能够有效地激发学生的学习兴趣，使学生能够从幼儿园逐渐地过渡到小学。汉字本身有表意的作用，有的汉字本身就是一个故事。比如，当我教"日"这个字时，我通过看图讲故事的方式，给学生讲述后羿射日的故事，圆圆的恰似太阳的形象，中间一横好似是后羿射的箭。生动的故事提高了学生的学习兴趣，使学生一下子就掌握了这个字。在学习"月"这个字的时候，我让学生看图，让学生说一说这个图像什么。学生会联想到小船、香蕉。然后，我再让学生看看"月"从甲骨文演变到现代汉字的过程，加深学生对汉字的记忆。对比记忆之后，我让学生对生字进行运用。例如，用"日"组词，学生会说"今日、明日、红日、日子"；用"月"组词，学生能够说出"月亮"。这样可以使学生真正掌握所学汉字。

在识字教学中，教师应鼓励学生质疑，以充分激发学生的学习兴趣，发展他们的发散性思维；也应该鼓励学生发扬刻苦求知的精神。

课间有时我会和学生到操场上跳绳。一开始，只有两三个人，慢慢地人越来越多。逐渐地，学生与我更亲近了，他们会和我交流自己的想法，有时会跟我讲他们的小秘密。我们从课上的师生关系变成了课下的朋友关系。每天在校园中和学生一起学习、一起成长，面对那一张张天真灿烂的笑脸我感受到了作为一名教师是多么幸福。回想这一路走来自己经历的点点滴滴，付出的心血收获了满满的爱与幸福。这正是我要坚守的初心，亦是我今后为之奋斗的方向。

内心的自己

2023 年 5 月 5 日

（北京市房山区周口店中心小学　王翠竹）

165. 择一事，终一生

亲爱的自己：

　　你好！

　　回眸……

　　参加工作 23 个年头，担任班主任工作 20 年，你一路摸索，一路追寻，从刚开始完全依靠个人权威进行管理的"人治"，到尝试依靠班规班纪进行管理的"法治"，再到今天以"家"文化为基调、"善"文化为核心的"文化治班"，每一个节点，都见证着你生命的绽放。

　　20 年来，你带过的 9 个班集体获得过市区级优秀班集体称号，你也先后获得过紫禁杯优秀班主任、长城杯优秀班主任荣誉称号。2020 年，你又荣幸地被评选为第一届北京市骨干班主任。一路走来，有欢乐也有泪水，有幸福也有委屈，但你还是很庆幸，你一直不忘初心，以匠人之心做一个快乐而明哲的班主任。你愿意择一事，终一生。

　　2000 年，你回到了母校康庄中学任教。因为工作需要，学校并没有安排你担任班主任工作。回想起来，那一年真的很轻松，不用早出晚归，和学生之间也没有什么实质性的接触，只要教好课就够了。但是心里总不免有些失落，凭着对教师职业的热爱，你执着地认为要成为一名优秀的教师，就必须成为一名班主任。于是，你再三向学校领导申请担任班主任。在 2001 年，你第一次以班主任和任课老师的双重身份，出现在初二(7)班孩子们的面前。

　　那时的你认为：做班主任工作的基本要素就是严。为了使班里的孩子们服你，第一步就是得怕你。所以你对他们的管理真的很严格。早晨第一个进班，见到抄作业"罚"，课间有打闹的"罚"，课堂上有违纪现象"罚"。班中的一切事物都以你为中心，你就是拥有最高权威的老师。

　　还记得一个偏科的孩子因为在你的课堂上写数学作业，你无情地把他的数学作业撕得粉碎。在这种严格的管理中，不久班里的秩序就井井有条了。办公室的老教师还这样夸你："小左这个年轻人，带班还真有一套，学生挺听话呀！"听了老教师的夸奖，你心里不禁沾沾自喜，当班主任就得爱学生，爱就是严，这都是为他们好！不久，你就笑不起来了，班级秩序虽然井井有条，但是学生离你的距离真的很远，看你的眼神也是躲闪的，上课时也是死气沉沉。特别是那个被撕作业本的孩子，在他的眼神中你明显感觉到了怨恨。难道你做错了吗？还记得那个晚上，你彻夜未眠：你对学生是爱的，但学生能够理解你的爱吗？一个高高在上的班主任，自以为有责任心的班主任，真的是好班主任吗？

带着疑问，你找到了德育主任宋老师来求救。他语重心长地说了这样一番话，22年后还回响在耳边："小左啊，班主任可不是那么好当的，十四五岁的孩子正处在青春期与叛逆期，你要有童心、爱心、责任心，这些你都具备，但是你还要有包容心、耐心、恒心、自信心。孩子就像一朵朵含苞待放的花儿呀，每一朵都要绽放，只是需要静待花开的时间。你要真诚地对待他们，要像朋友一样与他们相处，要像妈妈一样给他们指引方向。既要传授给他们知识，又要告诉他们做人的道理，只有这样，孩子们才会从心里真正接纳你这个班主任，他们的心门才会向你敞开。"哦，原来这才是师爱，真诚地爱学生，并且让学生感受到你在爱他，这样才是一个合格的班主任。听了宋老师的话，你受益匪浅。

想要做成功的班主任其实就是两点。一是有爱。对学生有爱，就要像对自己的孩子一样。给自己的孩子过生日，也给学生过生日；与自己的孩子做游戏，也要和学生做游戏；给自己的孩子讲故事，也要给学生讲故事。总之，对自己孩子那种无私的爱，都要给了学生，才是真爱。二是有心。做有心的老师，学生的一点一滴都记录下来，学生的作文保留着，学生的信保存着，与学生的联系保持着。只有放下老师的架子，才能得到孩子们的真尊重，才能与孩子们一起成长起来，最终获得成功。作为老师就应该是"让孩子因我的存在而幸福"。

于是在以后的日子里，你试着了解每一个学生，走进他们的家里去家访；带着他们去秋游；在学校里和他们一起游戏；组织生日会，为他们过生日；生病时嘘寒问暖……记得被你撕作业本的孩子，一天在体育课上扭了脚，你背着他跑到医务室，给他的脚涂上药油，一路忙来忙去，脸上尽是汗水。低头时，你看到他满眼全是泪水，他哽咽着对你说："老师，我错了。"一瞬间，你的眼泪也来了，你知道，你终于用你的爱打动了孩子，心门打开了。

岁月不居，时节如流。转眼间你已在班主任的工作岗位上工作了20个年头。班主任是世界上最小的主任，在他人眼中更是一个平凡而又单调的族群，就像路边的一株小草，被人记起的时候少，被人忘记的时候多，但你宁愿守住这份落寞，守住这份清贫，不为高尚，只为习惯。因为23年的教师生涯，20年的班主任工作，你已经习惯了学生的需要、习惯了学生的陪伴、习惯了学生的来来往往，因为在你身边始终有一群激情洋溢、怀揣梦想的孩子在奔跑、在赶路。在他们眼里，在他们心里，你愿做那个不忘初心的师者，你愿做那个坚守诺言的匠人，只为在孩子们想起的时候仍是那个温暖的班主任。择一事，终一生！

工作顺利！

亲爱的自己

2023 年 4 月 9 日

（北京市延庆区十一中学　左静菲）

结语

　　"教天地人事，育生命自觉"——这是叶澜教授所倡导的"生命·实践"教育学的核心理念。这一理念不仅仅是针对学生的发展，更指向教师自身。对于教师而言，生命的自觉是何等重要，因为只有生命觉醒的教师，才能培养出一个个觉醒的生命。

　　收入这一章的一封封家书，正是教师们不断走上生命自觉之路的写照。《论语》开篇即言："学而时习之，不亦说乎？"学，觉也，经由学习而达致生命的觉醒，是古圣先贤给予我们的殷切的叮嘱。克己、自省，作为中国传统修身的基本功，构成了"学以成人"的重要内容。如今，通过百日《论语》学习，自觉、自省的宝贵传统，也在新时代的教师群体中得以继承和发扬。

　　一封家书，就是一次自我探索之旅，就是一番扣心自问。那隐藏在内心深处的另一个"我"，就在这样的追问和省思中挣脱了现实与功利的束缚，以一种更为清醒的姿态，对照着当下那个迷茫的"我"、困顿的"我"、偏狭的"我"……而在这样的自我对话中，心灵也经历着自我的辨析、质询、冲突与和解。灵魂的革命尽管痛苦，但内心的镜面越磨越亮。经由自我反思而走向自我更新，是教师内在生命的又一次壮大。

　　一封家书，也是一次教育生活的叙事，是匆促岁月中的回味与沉思。教育的荣光、教育的繁难，都凝聚在教师日复一日的坚守与付出中。这期间，有多少辛苦、有多少甘甜、有多少次疲惫中的坚持、有多少次收获后的释然……而这样的回溯，恰如旅途中的停顿与修整、加油与充电，过往的那些难忘的时刻、闪光的片段，皆是对教育情怀与理想的生动诠释。于是，一番梳理后，心中的方向越发清晰，脚下的步履更加坚定；于是，带着满满的感动与力量重新上路，向着光明那方继续前行！

　　一封家书，更是一次教师自我成长的契机，是教育经验的沉淀。回首过往，从最初走上讲台，到成长、发展、成熟，一步步走向卓越，这其中，有领导的托付、前辈的帮助、同伴的鼓励，有亲人的理解、学生的爱戴、家长的信任，更有内在生命不断谋求发展的那种不竭的动力。借由经典的学习与家书的表达，老师们深入思考教育的本质与真谛，重新审视成长历程中的关键事件、重要他人，探索如何进一步增加自己的教育智慧，拓展自己的发展空间，让自己的教育生命日日常新。

一位优秀的教师，从不会停下自我探寻的脚步，因为他深知：生命自觉是人之主体性的彰显，是一个人精神能量达致高维的体现。只有拥有了这样的生命自觉，才能让自己的生命永葆活力，拥有无限的激情与创造力。与此同时，也就拥有了对学生生命的敬畏与尊重，能够自觉承担起教育的责任与重担。

清风寄语，家书传情。在这里，家书也成为自我内心的写照，成为载道悟道的路径，倾诉着、交流着、书写着，省思着……新时代的好老师们，继承了古往今来君子圣贤的生命之志，践履着学以成人的教育之道，坚定地走上了生命自觉的康庄大道。

第六章　师爱如歌

导语

爱是什么？

爱是人类最美的语言，我们都在爱中孕育成长。爱是人类最永恒的话题和这世间最大的秘密。

而身为教师的幸运，就在于我们命定地承载了这样一份"爱的事业"。习近平总书记说："教育是一门'仁而爱人'的事业，爱是教育的灵魂，没有爱就没有教育。"①

多年以后，再次回望，过往的学校和教育生活给我们留下了什么？你可能会忘记那些复杂的公式、定理，忘记那些曾经烂熟于心的诸多知识点，你甚至会忘记学生生涯中最令你挫败的某次考试……但你或许依然会记得：那个放学后和你促膝谈心到很晚的老师，那个为你默默补交书费、餐费的老师，那个用自己全部心力将你高高托起的人。你同样也不会忘记，课堂上投向你的那饱含热情与鼓励的眼神，挫败时刻落在你肩头的温暖而宽厚的手掌，还有那些真切的、暖人的、睿智的、幽默的话语……只因为这些都关乎着一份沉甸甸的师爱。

而这份温暖厚实的师爱，会沉淀为记忆里一份深沉的情愫，会化作岁月里一首绵长的歌，时时响起，久久滋润，给学子们最深切的祝福与力量，让他们得以披荆斩棘、乘风破浪，让他们有勇气做自己。

---

① 习近平：《做党和人民满意的好老师——同北京师范大学师生代表座谈时的讲话》，载《人民日报》，2014-09-10。

166. 做一朵绽放的"苔花"

亲爱的小马：

你好！

来信和照片都已收到。得知你已经在首都机场上班了，老师真替你高兴！咱们高三毕业一别已经四年了，照片里的你一如当初，瘦瘦高高，眼含笑意。今天我就写写咱们的故事。

咱俩的缘分始于一张"班级岗位意向表"。在大家争抢班长、学委、课代表时，你偏偏只选择了"班级小管家"，就是管理班级的图书角和绿植，兼带负责收拾讲台桌。这么个"芝麻绿豆官"是如何吸引了你这个高大寡言的男孩呢？这不禁让我对你充满好奇。在接下来的日子里，你很少跟我交流，只是精心照顾那些零星开着小白花的绿植。有时上课，我用余光瞥见那些静默的小白花，旁边就是你那双含笑的眼睛，我脑海中瞬间出现一句诗，"苔花如米小，也学牡丹开"。

高中的日子不总是这样快活，随着课业负担的加重，你的问题渐渐显现了。有一次周末交作业，我看到你作文本上的字迹居然跟妈妈的签字一样。我想起开学初你妈妈在电话里跟我说过，你中考失利，一个假期情绪都很低落，你初中基础最差的学科是语文……我决定等到合适的机会再跟你谈。我背着你联系了你妈妈，进而了解到你的问题比我想象的严重。你敏感、脆弱又怠惰，暂居前列的成绩背后是很糟的学习状态。九门课程你都想学好，但每天作业要拖到夜里两三点才能完成。有时写不完作业，你早上就逼着妈妈编瞎话请假。你妈妈说你特别喜欢我，很想在我心中留下好印象。我难过又自责，这些问题我竟然都没发现。你太不起眼了，可能真的就像那青苔开出的米粒般的花朵，用心盛开却被身边的人，包括我，忽略掉了。

我决定拉起你的手，让阳光穿透阴霾。在班会上，我有意跟孩子们提起了班里的绿植，让他们想想是谁在默默照料。我告诉他们，十一假期中你还跟我要钥匙，到学校来浇水。就这样，你被"聚光灯"照亮了，你还是腼腆地笑笑，看起来和平时没有什么不同。我给大家读了袁枚的诗《苔》："白日不到处，青春恰自来。苔花如米小，也学牡丹开。"每个人都是渺小而独特的个体，我让大家去发现班级里的"苔花"。我希望弥补自己的疏忽，燃起你心里自信的火苗，更盼这火苗能照亮你暂时进入瓶颈的学习之路，成为动力之源。

再后来，我们在一次次的聊天中成了朋友。我帮你一起解开学习中的各种"疙瘩"，你是个完美主义者，一遇到问题就急躁，不解决不罢休。从帮你梳理完成作业的顺序，到建议你回家后先做运动、听音乐以舒缓情绪，再到联合家长一起为你制订全盘学习计划，我们不断努力着。但改变真不是朝夕之功，你的情绪波动非常大。不瞒你说，我也曾经灰心，觉得自己在做无用功，但鼓励我坚持下去的正是你！原来我也只是一朵"苔花"，尽力就好，怎可求全？经过我们一个学期的全力以赴，你的成绩没有退步太多，最难的语文你也尽力备考，我无比欣慰。

窗台上的小花开了又谢，谢了又开，我就这样牵着你的手，走完了高中三年。八月份，你用一张中国民航大学的录取通知书为我送上了最好的毕业礼物。我知道，在人生的路上，无论你我，都还会遇到很多困难。但只要我们坚信自己做的是对的，就要不断为之付出努力，不论结果如何。苔花如米小，也可像牡丹一样绽放！

你的老师：朱冬愉

2022 年 7 月 10 日

（北京市第五十四中学 朱冬愉）

167. "秘密谈话"的遗憾

我亲爱的潘潘：

　　生活中有时总会留下一些遗憾，工作也如是。每当想起你在班会上写下的那段话——我就像浩瀚宇宙中的一粒尘埃，没有人会在乎——就让人感到有些揪心。你不擅言语表达，说话还有些结巴，总是与最熟识的那几个小伙伴在一起，偶尔课上开个小差。乐团老师也为你着急，因为你的学习进度和其他队员相比有些落后。听说你在家里和爸爸经常靠书信沟通，你们也时常会因为意见不同而发生争吵。

　　怎样才能帮帮你呢？我凭着一腔热情开始了和你每周一次的"秘密谈话"。当然，那时你也应该是愿意的，偶尔我没有去班里，你还会到办公室来找我。你告诉我班里有个人人都以为的"好学生"经常"欺负"你，他是个"两面派"；你抱怨有位老师教育方法不对，总是唠唠叨叨却没有看到一点儿效果；你喜欢的小伙伴放了你的"鸽子"，你感到委屈……我耐心听你说任何你想说的话题，偶尔会提出一点儿自己的意见，表达和你不同的看法。我跟你分享我自己的学生时代，当然也努力以成年人的视角和老师的责任去引导你。不知你是否真的理解和认同我说的话，但是我们之间这种"秘密谈话"能够持续，应该就是良性互动的一种证明吧！

　　可就在这个时候，我的工作有些变动，不能经常回学校，听办公室的老师说，你每周五会过来问一次，"王老师回来了吗"，我很惊喜于你对我的信任。但我们都不愿意看到的情况就这样出乎意料地发生了——时隔多日我们再次谈话的过程中，我在不恰当的时机把另一位老师拉进了我们的队伍，但显然这是个愚蠢的"馊主意"！我事先并没有向那位热情而又严厉的老师说明你的来意和情况，导致你在那次谈话时沉浸在与这位老师发生过的一件"小事儿"上不能自拔，一直纠结地争辩着"我到底错在哪儿了"。更加遗憾的是，我也没能及时将这个不合时宜的敏感话题终结！从那以后，我们的"秘密谈话"走向了终结。我知道我不再被你信任了，而我因为当时不在学校工作，也没能及时去修补和你之间的这个裂痕，我只能带着这种遗憾参加了你的毕业典礼。

我很抱歉没能智慧地帮你解决困境，也很难过没能让你的心里照进一些阳光，更遗憾没能在你的毕业典礼上对你诚恳地说些心里话。如果有机会再和你交流，我最想和你分享的是作家毕淑敏的一段话："是的，我很重要。我们每一个人都应该有勇气这样说。我们的地位可能很卑微，我们的身份可能很渺小，但这丝毫不意味着我们不重要。重要并不是伟大的同义词，它是心灵对生命的允诺。"

我想请你相信，你在我心里真的很重要！

你的老师：王乐乐

2021 年 12 月 29 日

（北京市第一零九中学　王乐乐）

168. 天下桃李　何以自芬芳

子臣（化名）同学：

见字如面，捂住温暖；敞开心扉，读懂彼此。

今天是 9 月 10 日，第 38 个教师节，祝福从全国各地向我飞拢，同事之间也以"芬芳桃李"互称。

午休时分，我打开手机，一条微信赫然映入我的眼帘："钱老师您好，祝您教师节快乐！老师，我还可以回到您身边读书吗？"子臣，这是子臣！他因为转回原户籍地读书而"水土不服"了。

子臣，我第一时间拨响了你妈妈的电话。你妈妈忧心忡忡地告诉我，新学校进度快，学习衔接不上，你强烈要求回来上学，否则就不上学了。子臣，当时你妈妈在电话里哽咽了："钱老师，您说我这是不是太望子成龙了？会不会把孩子逼疯了？"

子臣，你还记得小琪（化名）吗？他比你先转学，当初小琪也哭着要回来，我对小琪妈妈说，小琪现在进入了一个全新的环境，需要一段时间适应，现在小琪一个人面对陌生的环境，肯定有孤独感，咱应该给他时间适应。一如当年咱给孩子断奶，也是各种不适应，哭啊，闹啊，病啊，咱不还是咬着牙挺了过来。再后来，就是小琪给我发短信，感谢我的教育有方，他语文考试获得了单科状元。

子臣，你是不是在生活中经常听到这样的话"我情愿欠你一个快乐的童年，也不愿意看到你卑微的成年"，"我给了你一个快乐的童年，代价是你要面对一生的不快乐"？子臣，你看，这些句子的主语或隐或显都是长辈或老师，而我们自己却成了被支配的对象。子臣，虽然父母对我们有"生我鞠我，长我育我"的恩情，但是，我们要明白，我们是自己生命的主体，我们要主宰自己的生命。钱老师也经常跟你们讲"韦编三绝""闻鸡起舞"这些古人的故事，你有没有发现，这些故事的主人公都是说话者本人，而且他们心中都有一个远大的理想和抱负。子臣，无论如何，一个外人是唤不醒一个装睡的人的。生命快乐的根源，在于自我的觉醒、觉悟，内通外达，内圣外王啊！我相信，一个人，如果心有所系，一切都得让路呀！

子臣，说了这么多，我觉得"自"很重要，"自"是"自己的事情要自主"，"自"是"自己的生活要自治"，"自"是"自己的学习要自律"，"自"是"自己的生命要自强"。

子臣，不要抱怨新的环境的孤独，在无人的角落擦干泪水昂起头；不要抱怨新的学校作业难，那是使我们百炼成钢的烈火。

子臣，今天是教师节，我在鲜花祝福的包围中沉思，挂念你以及和你一样迷茫的学生。

我的天涯学子，岁月不待人，及时当勉励。"少年易老学难成，一寸光阴不可轻。"希望你们怀抱理想，点亮生命之火，以青春之我，拥抱青春之国家，实现人生之春、人生之华。天下桃李，大可自芬芳啊！

钱老师

2022 年 9 月 10 日

（北京市朝阳区第五中学双合分校　钱秀萍）

169. 小可爱，老师期待着你更大的进步

可爱的你：

　　你好！你是不是觉得很意外，老师怎么会给你写信呢？

　　在我们相识的第一天，我就发现了你的与众不同：别的小女孩都扎着小辫，只有你，一头短发；每天早晨到校后，别的同学都主动向我问好，只有你，像没有看见我似的低头走向自己的座位；上课时，别的同学认真听讲，积极回答我提的问题，只有你，好像沉浸在自己的世界里，想怎样坐着，就怎样坐着，想说话，开口就说……可以说，你的表现一度让我有些"抓狂"，我心想：调皮的男孩子我见得不少，这样的女孩子，我还是头一次看到。

　　为此，我找到了你的妈妈，和她沟通你的情况。在和你妈妈聊天的过程中，你始终在旁边转着圈，好像我们谈论的话题与你无关。

　　这之后的日子里，你在学校依旧我行我素，没有多大的起色。而我对你的态度，也没有多大改变。

　　时间就这样一天天地过着，直到那一节语文课。那节课上，我忽然发现你没有像往常一样随意坐着，我默默地把这一发现记在心里，想着：看你能坚持多久。没想到，几分钟后，当我再看向你的时候，你仍然端正地坐着，于是，我对全班同学说："看，小希坐得多好，大家一起鼓励鼓励她！"或许，这是你从我这里听到的第一次表扬，那一瞬间，我分明看到了你又挺了挺腰板，坐得更直了，眼里闪着光。这节课的后半段，每当我看向你时，都发现你坐得很端正。

　　也就是从那天起，我发现你在改变：上课端坐的时间更长了，有时遇到自己会的题也敢举手了。特别是下课后，我发现，你总是有意无意地往我身边凑，有时候，我问你："有事吗？"你会不好意思地低下头，看到你这个样子，我拉着你的手说："没关系，有什么尽管和我说，别害怕！"

　　你最爱问我，你和小桐，一个跟你情况差不多的男生，谁表现好？每

当这时，我都会说，他比你学习好，你比他纪律好。听到我这样回答，你都会不好意思地笑起来，并对我说："那我以后在学习上也要超过他！"

果然，在后来的几次听写中，你错得越来越少，有一次，还居然全对了。当我把你进步的消息发给你妈妈的时候，她回复我说，最近，你回家后可骄傲了，每天的口头禅就是：许老师喜欢我，夸我了。说真的，看到这里，我有些惭愧，没想到，几句简单的表扬，会对你产生这么大的影响。我后悔没有早一点儿走近你、了解你，发现你的优点。

最近，你跟我说："老师，我越来越喜欢学习了！"虽然和其他同学相比，你还有一定的差距，但我知道，你逐渐找到了学习的乐趣。

可爱的你，我相信，在不久的将来，你会取得更大的进步，那对我来说将是一份最好的礼物。我等着哟！

爱你的许老师

2021 年 1 月 10 日

（北京市房山区长沟中心小学　许英丽）

170. 怀念你，我的天使宝贝

亲爱的佳佳：

　　你好！能成为你的启蒙老师，我很荣幸。从教 19 年，你是我教过的学生中最特别的，你笑起来的样子最可爱，我永远记得你那浅浅的笑，宛如桂花，散发出淡淡的清香，久久令人回味。

　　记得初次见面是 2009 年，你是刚刚入学的一年级的小学生，还是一个懵懂的 6 岁小姑娘。你令我们所有人印象深刻，不单是因为你的外貌，更重要的是因为你开朗乐观的性格。你像一只快乐的小鸟，一下课就围在老师身边叽叽喳喳说个不停，你的小嘴像抹了蜂蜜，嘴里总说着："老师，我最喜欢您了。"

　　放学后当与你妈妈单独沟通时，才得知你得了很重的疾病，当时医生说你活不过 5 年，然而你却创造了奇迹。这也难怪你的皮肤是那么粗糙，没有 6 岁的孩子应有的光滑，但你总是那么活力四射。

　　接下来的 5 年时光里，你和同学们一起学习、生活，一起成长。虽然你不能像正常的孩子一样去学习更多的知识，一提到数学你就头疼，说自己不会，但是你的字总是写得认真又漂亮，小嘴也总是说个不停。为此你妈妈总是说："这孩子就是这样爱说，没有打扰您吧？"不知什么时候，你已经成了老师的小助手、小管家：每当我批改完了作业，你总是将它们整整齐齐地摆放在我旁边，讲台上的物品也收拾得井井有条，教室里总有你默默打扫的身影。有新同学加入咱们班，你会主动、热情地做介绍，使其很快熟悉校园环境，尽快融入集体。你看出我累了，你会主动帮我抱书本，捶捶背，用你能说会道的小嘴给我讲笑话；我病了，你会嘘寒问暖，还总教育班里淘气的同学别惹老师生气……这样的你怎能不让人喜欢？时间过得真快，我们一起学习、生活的 5 年时光在不知不觉中过去了，然而我们一起经历的这些情景都历历在目，仿佛就在昨天。

　　因为身体原因，很遗憾我不能在六年级继续担任你的班主任，没能为你小学生涯的最后一年画上圆满的句号。在教学处工作的闲暇时间，我设计你们的毕业册，想给你们留下小学生活的美好回忆。那时的我爱拍照，我用一张张照片记录下了你们一起学习、生活的点点滴滴，我分类整理了你们小学6年的所有照片，看着这满载温馨回忆的照片，总能想起我们一起的美好时光。我用你们精选的最满意的照片，边学边做，亲手制作了视频短片《我们的青葱岁月》。视频短片的音乐也是精挑细选的，选中了《我们好像在哪见过》这首歌曲，只因旋律优美，悠扬婉转。从着手准备，整理制作，到刻录成光盘，再贴上精心设计的带有原创班徽的封面，装袋，一一在上面写好你们的名字，历经一个多月时间，终于赶在你们毕业之前完成。看着你们一个个开心地拿在手里，我是那么快乐！

我本想让这张小小的光盘记录下你们这6年小学生活的快乐时光，以后上初中、高中、大学甚至工作后，当你们观看里面的照片、视频时依然能想起单纯而美好的小学生活。谁承想它也同样记录着你的后半生。

记得你刚刚上初一时，曾经与你妈妈在校门口相遇，我们聊了几句，说你很开心在你初中班级里有小学熟识的同学，说你还经常说起小学老师与同学，我们都为你感到高兴。然而在那次过后便传来你永远离开我们的消息。听到消息，我泪流满面，回想起我们在一起的时光，总不愿相信这真的发生了。那时我初为人母，没有充分体会到妈妈把你含辛茹苦养大，是多么不容易，她是多么希望你能像别的孩子一样继续活着，在活着的每分每秒都是快乐的。

13岁，花苞尚未开放的年纪，你永远停留在了那里。花有重开日，人无再少年。只可惜人的生命只有一次，我们再也看不到那个如阳光般明媚的孩子，像花朵一样绽放，体味四季的冷暖。

很多人都在寻找世界上最珍贵的东西，却一直没有找到。有的人说得不到的才是最珍贵的，因为得不到所以显得尤为珍贵吧！有人说已失去的才是最珍贵的，因为失去了再也无法拥有，所以才感觉珍贵吧！但最珍贵的，只有当下你能牢牢把握住的。

生命啊，生命啊，虽然有时我们总是在感慨时间过得真快，但又不懂得珍惜，总在抱怨生活中的种种不公。和你的 13 年相比，我们是多么富有呀！每每回想起你，都让我心生敬佩：面对病痛的折磨，你是那么坚强；面对生活，你是那么乐观；面对你周围的人，你是那样善良美好……

你让我懂得了生命的意义所在，就是要活在当下，把握当下的幸福。用积极的心态去面对生活，好好生活！朝闻道，夕死可矣。生命本身不在活得长短，而是真正活过了，享有自己的生命过程。做老师久了，每天面对琐碎的事情、各方面的压力，有段时间我彷徨无措。每当此时我便会想起你最喜欢的那张照片里的样子：一个红衣女孩，坐在撒满金黄落叶的地上，开心地笑着。你有一双隐形的翅膀，告诉我们生命的可贵，带给我们力量与希望！

送给我最爱的天使宝贝！

陈召芬

2022 年 8 月 11 日

（北京市陈经纶中学民族分校　陈召芬）

171. 致有意或无意伤害过的学生

我的学生：

今年，你已经是 22 岁的大男子汉了，你兴奋地告诉我如今你一米八五了，又告诉我你的工作单位、家庭住址……你是那么健谈，我们聊得十分亲近。得知你已经参加工作，并且一切如意，金老师很是欣慰。十年没见了，但老师依然记得你六年级时的小模样儿：几乎是班里数一数二的高个子；喜欢劳动，从不惜力；爱说爱笑，班里同学遇到大事小情你总爱帮一把，大家也很爱和你交朋友。

小学三年级到六年级，我是你的班主任，教你语文和数学。到了六年级，你的数学成绩不理想，有些题你当时怎么也理解不了。记得一天中午放学，你的错题还没有改好，我把你留下给你讲解，你改了几次却怎么也改不对。我记得清楚极了，我在你的作业本上重重地打了一个大大的红叉，几乎把你作业本的下一页都划破了。我站起身来，大声地甩给你一个字："笨！"说完就生气地走出了教室。

在此后的一段时间里，你的话语少了，笑容少了，课间总和另一个不爱说话的男孩靠在树边，呆呆地看着其他同学尽情游戏，尤其是不敢过多地靠近我身边了。你一直努力，可成绩依旧不理想。

很快，你升入中学，回到老家就读，一晃就是三年。其他同学告诉我，你和班里的许多同学一样，也考入了当地的一所市级重点高中。市级重点高中？我简直不敢相信。但，事实的确是这样。

我为你高兴，真的打心眼儿里高兴！但为你高兴的同时，你六年级时的那一幕又出现在我的脑海里。

我为自己不当的言行感到惭愧，同时也为不当言行没有更多地伤害到你而感到庆幸！还有没有像你一样被老师伤害，哪怕是无意伤害的学生呢？他们现在怎样了？我不敢往下想，越想越难受，越想越后悔……

这个情景已经过去 10 年了，但我从未忘记。

那一刻，我深感一名老师肩上责任的重大。受到尊重，得到理解与宽容，是每一个人在人生各阶段都不可或缺的心理需求。好老师要具有尊重学生、理解学生、宽容学生的品质，做到"学而不厌，诲人不倦"。

如今，我更是深深地懂得：世界上没有两片完全相同的树叶，老师面对的更是一个个性格爱好、脾气秉性、家庭情况、学习情况全然不同的学生，必须精心加以引导和培育。对那些问题学生，老师应该给予更多理解和帮助。老师在学生心目中具有重要位置，无意间的一句话可能造就一个天才，也可能毁灭一个天才。好老师一定要平等对待每个学生，尊重学生的个性，善于发现每个学生的长处和闪光点，帮助学生筑梦、追梦、圆梦，让所有学生都成长为有用之才。

今天，借一封家书，我要向所有有意或无意伤害过的学生致歉！

期待我的学生们健康成长、生活幸福！

你们的金老师

2020 年 12 月 21 日

（北京市房山区良乡行宫园学校　金会红）

172. 迟来的醒悟

亲爱的淘淘：

你好！

很久没有见面了。2005 年你毕业后四年内回过学校两三回，毕业十年时我们聚过一次会，还有之后相约看过一次电影，碰面的机会寥寥。

虽然没怎么碰面，但是感觉你一直在我身边，并不完全是因为你每逢节日不间断送来的温馨祝福，也不完全是因为你微信隔三差五更新的生活动态，而是因为让我长久以来耿耿于怀的一件事情。

还记得毕业后你第一次回学校，聊天时你曾不经意地跟我说起，当年你的妈妈对我挺有意见的，她不能接受高二时我处理你私自借钱那件事的方式，埋怨我给你造成了较大的心理压力，最终影响了你的考试成绩。听到这番话，表面上我不动声色，但其实内心是五味杂陈的。

你还记得吗？高二第一学期，你变得有些萎靡不振，作业潦草，成绩直线下降，完全没有了高一时努力学习的积极状态。我私下了解到，你因为沉迷电子游戏，背着家长和同学借了五百多元，购买了一个手持游戏机。我马上找到你确认此事，你对此"供认不讳"，还说出了你准备实施的还款计划：你打算中午不吃饭，省下饭费，分批次还"外债"。

我觉得事态严重，准备马上通知家长，但是你恳求我千万别那么做。我斟酌再三，最后同意了你的请求，并拿出钱让你先把借同学的钱还清了，我的钱什么时候给都可以，但是一定要好好吃饭。作为交换条件，你必须努力学习，提高成绩。我对你说，你如果做不到，我就随时将这件事通知家长。你当时都乖乖地答应了。

日子一天天过去，这些年我时常会因为一些由头就想起你，想起你妈妈抱怨我的那些话语，进入知天命之年的我，仍然对此耿耿于怀，这困扰着我。但是，我知道我必须面对并试着去理解。于是，我试着站在你妈妈的角度，反思这件事。

老师关心学生身体，替学生还钱，希望学生优秀，严格要求学生，这些地方我做得都没问题。但，老师发现了学生的问题没有做到及时与家长沟通，这是我的问题。家长是有知情权的，如何教育自己的孩子修正其行为，也是家长的权利。老师不能以任何理由——哪怕是心疼孩子——而擅自剥夺家长的权利！如果我是你的妈妈，我当年的心里会是多么的焦虑和难受啊！

淘淘，你知道吗，想到这里，老师内心残留的那些不平和委屈，都被深深的不安和懊悔赶得一干二净了！

我终于理解你妈妈的感受了！

这觉醒，来得有点儿晚；这觉醒，来得也不晚，因为只要觉醒，何时都不晚。

最后，让我跟你和你的妈妈说一句：对不起！请原谅 16 年前那个好心的老师办的糊涂事。

你永远的大朋友：老涂

2022 年 1 月 12 日

（北京市丰台区第二中学　涂英丽）

173. 愿你们能永远善待她们

亲爱的孩子们：

你们好！

我是你们的大朋友、你们的班主任，袁忠欢。你们马上就要满十八岁了！

今儿的天空干净清爽，被昨天的狂风吹得碧蓝碧蓝的，仿佛海洋倒扣在半空中。

冬天的太阳透过明澈的玻璃，将金色的阳光洒进了我们的教室，教室里盈溢着温暖的味道。窗外的白玉兰叶落枝秃，却遒劲舒健，孕育着新的生命。只待春日到，便将蕊香吐。

我们正在读史铁生的《合欢树》。母亲，史铁生的母亲，为了生病的史铁生到处求医，找大夫觅偏方，在希望中失望，在失望中绝望，在绝望中又生发新的希望……史铁生觉得母亲实在是太苦了。史铁生说，母亲年轻的时候，很聪明，是世界上长得最好看的女的；母亲在年轻的时候，还会给自己缝制裙子，蓝地白花的裙子……

讲到这里的时候，你们有些人哭了。

每一位操劳而坚强的母亲，都曾是一个无忧无虑、活泼可爱的少女。作为母亲的她们，为你们操碎了心；可作为少女的她们，也曾得到她们父母的百般宠爱。

她们的生活节奏，因你们的到来而发生巨大改变。这种改变，是她们心甘情愿地付出而带来的改变；这种改变，是她们的无私付出而带来的改变。虽然，很多人会对你们说："你们一定要好好学习，将来好报答你们的父母。"

"报答"？我给你讲，用在父母身上，我不喜欢这个词语。"报答"是一种功利性的说法，是基于付出和回报的道德性约束。对于你们的母亲而言，你们就是她们的小可爱，是上天赐予她们的天使，她们心甘情愿地为你们付出，付出她们能付出的一切。她们不求回报。

你们不要厌烦她们的唠叨，不要苛责她们的琐碎。你们应从唠叨和琐碎中沥漉出关怀和包容，就像静静享受母亲给你们精心准备的早餐一样。你们不用"报答"她们，但你们需要善待她们，她们本就应得到善待。

张晓风有篇文章，叫作《母亲的羽衣》，讲的是一个年轻的妈妈在回忆她自己的母亲。这位年轻的妈妈说到，她的母亲最爱回顾的是"早逝的外公对她的宠爱"：外公总喜欢带她上街去吃点心，有肴肉，有汤包，有煎得两面黄的炒面，还有冰糖豆浆……这位年轻的妈妈说，她难以想象她母亲小时候吃的这些点心是如何美味，但她从小的记忆是：她母亲在家里，就是一个吃剩菜的角色。红烧肉和新炒的蔬菜，简直就是理所当然地放在她和父亲的面前，她母亲的面前永远都是一盘杂拼的剩菜……

每一位操劳而坚强的母亲，都曾是一个无忧无虑、活泼可爱的少女。她们因你们而改换角色，她们应该得到善待。

愿你们的善待，能让她们露出孩子般被宠爱的笑容，就像今日的阳光一样灿烂。

孩子们，加油！

你们的班主任：袁忠欢

2021 年 12 月 27 日

（北京市景山学校　袁忠欢）

174. 慢慢走，总会到达终点

镇均：

暑假过去了一多半了，你的暑假生活过得怎么样？听你妈妈说，你每天都在坚持练字和读课外书，为你点赞！暑假里赵老师也和你一样在坚持学习：每天读《论语》，提升自己的思想觉悟；每天看书，为教研论文积累素材；每天听课做练习，为了一场大考做准备。瞧，咱们都是爱学习的人。

这几天，老师也像你和同学们一样，要完成一份作业，就是写一封家书。思来想去，似乎有很多话想对身边的很多人说，有我的父母，我的孩子，我的爱人，我的朋友，我的同事……而你的模样总是在我的脑海闪现，于是就有了这封专门给你的书信。

办公室的老师们都知道，一到下课时间，办公室门口或者窗户口，总会有个身影晃来晃去，时不时往办公室里张望，看赵老师在不在，看一眼就赶紧跑开，一会儿又来了。这个身影就是你。

记不清你的这个习惯是从什么时候开始的，只记得两年前，你一年级入学第一天，因为坚决不肯去学校公共卫生间而尿裤子的场景，记得你不敢自己下楼梯时的紧张和害怕，记得家访时你的乖巧和喜悦，记得我和你妈妈深入交流之后内心油然而生的对你的阵阵心疼。

你长得很高，超过了班里的绝大多数同学；你的学习并不优秀；你沉默寡言，入学一学期几乎不和同学交流……是的，这就是与众不同的你。

你对老师说的每句话都放在心上，即使学得没别人好，也认真努力地对待每一天的作业。从听老师讲故事，到学习怎么做笔记，从学习写"天、地、人"，到写简单的看图写话，你总是坐得那么端正，学得那么专注，即使你写得很慢，字还有些歪歪扭扭。回想这两年来的点滴，你应该是全班 51 个孩子里面唯一一个没有被我提醒批评过的孩子，是因为老师真的舍不得。是的，这也是你的与众不同。

于是，我们有了更多的单独相处：我第一次牵着你的手，把你送到男生卫生间门口，告诉你已经打扫得很干净了，然后在门口等你再带你回教室。起初你还有些抗拒，后来慢慢变成你会主动伸手拉住我的手，告诉我你要去卫生间，如今你在学校活动早已来去自如。起初全班排队下楼去操场，你扶着墙壁一步一挪不敢走，我搂着你的肩膀，请你陪我一起下楼，如今你可以一溜烟儿跑下楼去帮我拿东西。你在努力地学习和适应学校的生活，那股默默的劲头，令我动容。

每次看到你妈妈发来的你在家学习的照片，我都会回复一个大大的"赞"。我看到你在家比别人花更多的工夫，慢慢地，学写字，学读书，学做家务，学跳绳……谁说慢就是错，谁说慢就不能到达终点？

两年过去了，你的个头依然超过绝大多数同学，你工整美观的书写慢慢地超过了绝大多数同学，你一丝不苟的听课笔记也超过了绝大多数同学，你慢慢地克服了胆怯，学会了自理，慢慢地融入群体生活，你甚至学会了和同学们一起玩跳方格，这些远远超出了你妈妈对你的期望。瞧呀，赵老师果然没说错，你就是这么与众不同！

镇均，过完这个暑假，赵老师因工作调动就要去其他学校了，不能继续教你们了，心中不免有些遗憾，有些不舍，但也对你和其他同学都充满了信心。有一句老话叫作"慢工出细活"，就是这句话，把赵老师这个火暴脾气、急性子的老师打磨成了一个懂得"慢下来"的人，慢慢走，带着思考，带着方向，带着锲而不舍，走向进步，走向明天。

镇均，赵老师愿意和你一样，朝着自己的目标，慢慢走，不停歇，最终到达终点，一起加油！

祝

健康成长、日日进步！

赵老师

2022 年 8 月 11 日

（广东省中山市开发区第一小学　赵雪爽）

175. 遇见最美好的自己

亲爱的孩子们：

又是一年毕业季，我不禁想起两年前，告别六(1)班的娃娃时，那一幕幕难忘的场景。

2011级是人大附中朝阳分校建立后的第一届小学生，也是我来到这所学校后带的第一届学生。六载春秋，三十五个娃，一个都没少！看着你们从一脸的稚嫩到美丽地成长，伴着你们从怯怯地说到自信地笑，当我们终于要说再见时，即使我有再多不舍、再多留恋，也只能告别了！

你们是花，已在含苞待放；你们是树，正在扎根大地；你们是风，自在旋转；你们是雨，尽情飞洒……我们一起走过日出日落，我们一起聆听花开花落，六载春秋如此精彩，静静地看着你们，记忆中浮现出太多动人的画面。

回想2011年来这所学校，是你们的天真让我适应了陌生的环境，是你们的贴心让我以校为家不再孤单。记得我们上的第一节公开课是《小小的船》，当你们稚嫩的诵读声响起，模仿着《小小的船》唱出自己的儿歌时，我看到你们的爸爸、妈妈惊喜的目光！我们一起学文一起写诗，一起行走一起成长。尤其是在我们一起学习《论语》的过程中，你们还结合其中的经典语句创作出情景剧，给低年级的学弟、学妹们表演，更获得了北京市朝阳区"孙敬修杯故事大赛"一等奖。

六年的时光飞逝，一路走来，你们一个个变得更漂亮、更帅气了，多了主见，有了自信。课堂上你们神采飞扬，操场上你们奋勇争先，你们是追风少年，艳阳和蓝天属于你们！虽然偶有乌云狂风，可这又有什么影响呢？只要你们坚持追逐自己的梦想，就能收获属于你们的果实！

还记得最后一次公开课吗？你们非要选择《我最好的老师》一文，来表达对老师的喜爱与信任，谢谢你们！六年时间说长不长，说短亦不短，我早已把你们当成了我自己的孩子，这份情感是无法用语言来描述的！

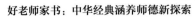

　　明年，你们就要面临中考了，可以说这是你们人生中的一次重要考试，我特别想告诉你们：生活不只眼前的苟且，还有诗和远方，愿你们——我的孩子们可以诗意地栖居，在下一站转角，遇到最美好的自己！

爱你们的老师

2019 年 6 月 11 日

（北京市人大附中朝阳分校　崔瑞娥）

176. 向上成长的力量

亲爱的大鱼同学：

你好啊！

时间过得好快，转眼间一个学期就这样过去了。我不做你的班主任也有半年的时间了。教了你两年，看到了你两年的变化，让我特别欣喜。还记得我刚刚接班的时候，还没有见到你的人，而你所有的消息却从四面八方扑面而来。他们说你是一个让人不省心的学生；说你从学校的栅栏门逃跑过，急得所有体育老师从不同方向围追堵截，才把你堵到；说你在老师的办公室里号啕大哭，满地打滚……所有的老师都让我在遇到你之前做好心理准备。我当时那个心情啊，你现在是不是可以理解？因为你早就不是他们说的样子了，对不对？我也不知道你是从什么时候改变的，反正他们说的这些"光荣事迹"好像从我接触你的时候就再也没有出现过，虽然你也调皮捣蛋过，虽然你也因受了委屈而不停呜咽过。其实，有的时候我甚至有点儿怀疑，他们说的都是真的吗？虽然最后我相信他们说的是真的，但是我更愿意相信，你是因为相信我而愿意听从我的教导。

还记得去年暑假，当知道我不再做你的班主任时，你惊慌失措的样子吗？过了好几天，你用稚嫩的笔触给我写了几句话，你说："我最喜爱的房老师，谢谢您！是您，把我的自信找了回来；是您，让我有了上进心。在您教我的这些时间里，我有了不可思议的进步。您放心，我学习得很好，将会有更大的进步！爱您的大鱼。"当我看到这些字迹的时候，我的眼眶不知不觉湿润了，我想这一定是你的心里话。现在回想自己和你共处的日子，做你的班主任时，我对你还是挺严厉的，你在我面前也因被冤枉而掉过眼泪，但是当听到我跟你说"抱歉，我的大鱼，让你受委屈了"的时候，你哇的一声哭了出来，你对我不是抱怨，而是抱着我如释重负地宣泄你所有的委屈。我猜想，你一定想了好久，曾有那么一瞬间质疑老师，或许还曾有那么一瞬间觉得我辜负了你对我的信任……最终，你还是选择站在了我这一边。

谢谢你的理解，你知道，老师也会犯错误。你选择在我犯错后仍愿意相信我，原谅我。谢谢你，谢谢你的无私和大度，你没有因为我犯了错就嫌弃我，抱怨我。其实在事后，我也进行了反思，要知道你这份信任让我何等的宽慰啊。你觉得老师是对你最好的人。你哪里知道，老师有多感动你在我犯错后的不离不弃啊，这份信任让我找到了一辈子做一个好老师的意义。让我看到了一个老师对于学生的影响是何等重要，与其说是我教会了你什么，不如说是我们彼此都有了成长，我愿意在你向我说"谢谢您"的时候，回敬一句："感谢我的大鱼，你也给予了我向上成长的力量！"

爱你的房老师

2022 年 1 月 12 日

（北京市丰台区第一中学　房园园）

177. 相逢是首歌

亲爱的小朋友们：

　　不知不觉，暑假已过大半。大家都过得不亦乐乎吧？

　　咱们的班级群里，从晨光熹微到夜幕降临，读书声源源不断。一条条语音传来，宛如漠漠水田飞白鹭，阴阴夏木啭黄鹂，尽美矣，又尽善矣。

　　小彤发微信给我："老师，我想您了！"一句简单的话语，碰触到了老师心底最柔软的情思："小朋友们，老师也想你们了！"

　　小朋友们，遇见你们，老师三生有幸，拥有了职业生涯中的第三个一年级。开学那天，天高云淡，我满心喜悦地迎接你们，仿佛迎接一群远道而来的朋友，期盼着以修己安仁之心，导之以德，齐之以礼，在你们最美好的时光里，用中华文化给你们注入一种力量，感召你们，影响你们，爱学习，爱生活。还记得吗？开学不到一个月，一个金风送爽的午后，我悄然无声地站在教室门口，倚门而望：阳光下，你们有的扫地，有的拖地，有的看书，有的画画……黑板最右侧的小朋友希希，离我最近，她一边擦黑板，一边自言自语道："一屋不扫，何以扫天下？"听到这句话，我又惊又喜。那些播下的种子，又有谁能断定它会在什么地方、在什么时间破土而出呢？比如这颗小小的种子，是在学整体认读音节 yi、wu、yu 时种下的。当时我给你们讲了东汉陈藩少年时的故事，告诉你们有远大志向的人都善于从身边的小事做起，积小善成大德。爱听故事的你们听得那么专心，专注的目光如一汪清泉。之后，我把故事中的这句话写在黑板上，带着你们反复读，标出整体认读音节。你们不仅把这句话牢记在心，而且躬身践行。刚入学的你们，生命的自觉性就这样自然而然地开展起来了！每到放学，瑶瑶总是走在最后，一会儿捡起一片纸屑，一会儿扶起坐凳，一会儿摆正桌子……有一次，老师要奖励她一朵小红花。瑶瑶微笑着，淡淡地拒绝了："我喜欢做就做了，不是为了老师表扬和奖励。我也想做一个孔子先生所说的君子。"做君子，这就是你们默默付出的动力啊！国学大家辛意云教授说，君子都是有着高度的生命自觉的人。幼小的你们有如此志向，人生的第一粒扣子系得多好啊！

学期的最后一天，大家身心放松，把学过的古诗美文复习了一篇又一篇，《论语》啦，《爱莲说》啦，《陋室铭》啦，《桃花庵》啦……你们不知疲倦地读着，又不知厌倦地唱着。我临窗而坐，目光掠过每一个小朋友，眼中的你们个个如水陆草木之花，在太阳下尽情舒展着自己的生命，每一朵都是那么美丽，那么与众不同。我沉醉着，流光仿佛在那一刻停滞。

亲爱的小朋友们，再过十几天，我们又能相见了。那一天，我要好好打量打量你们：长高了没有？晒黑了没有？门牙换好了没有？希望你们再把《小雅·鹿鸣》和《周颂·丰年》唱给我听，让我的耳际再一次萦绕着世界上最完美的天籁。相逢如歌，让我们在歌声中一起走向新的年级。

永远爱你们的藏春凤

2019 年 8 月 15 日

（山东省龙口市龙矿学校　藏春凤）

178. 一起成长的旅程

亲爱的学生们：

转眼我已经和你们一起成长两年多了！你们从刚入学时一下课就围着我"告状"、事事问老师，到现在已经成长为有一定判断能力，班级事情经常想到老师前面的学生了。一年级，我们习惯初养成；二年级，我们责任我先行；三年级，我们团队共成长。这两年多老师也跟着你们一步步成长着，从一年级到三年级，你们的成长让我欣喜，我的收获也无比丰硕，所以我要感谢积极生长的你们！

还记得一年级刚入学时，挂在你们嘴边的话经常是："老师我的铅笔找不到了""老师我的书包拉不上了""老师我的舞蹈鞋忘带了"……于是我带着你们一起从收拾物品到上课听讲一步步学习，其实那时的我刚教完六年级回到一年级，也正在努力适应你们 6 岁的年龄差。在习惯小导师活动中，小范心算好，成了同学们的心算小导师；小刘识字多，成了同学们的午间绘本阅读小导师；还有物品收纳小导师、系鞋带小导师等。你们在身边的人需要帮助的时候伸出小手，这一双双小手已经不再是开学时那一双双处处需要老师帮助的小手了，你们在快速适应小学生活，在习惯养成的过程中帮助他人，让身边人感受到了你们的纯真和友善。

二年级，虽然经历了一年级下学期半年的居家学习生活，但是刚开学不到一个月，你们又迅速适应，这时我发现班级中多了很多帮助集体的小手。午餐水果先分给同学把小的留给自己的小杨，早早吃完饭在外面整理餐盒的小赵，还有总是把讲台收拾得整洁有序的小李……所有同学都想为集体贡献力量，让我感受到你们除了年龄增长了一岁以外，品质也越来越优秀，你们心中有了集体意识，于是我们在班级中进行了班级志愿者活动。垃圾分类志愿者、图书管理志愿者等，我们的班级因为你们的志愿服务更加积极向上。暑假小刘同学还将班级志愿服务延伸到了社区，义务绘制垃圾分类环保袋，向社区的邻居们宣传垃圾分类的知识，你真棒！

升入三年级已经将近一个学期了，作为学长你们第一次给学弟、学妹们系上了鲜艳的红领巾，初步进行了班级小组合作模式的探索，参加了各个学科的嘉年华活动，还有很多个第一次。三年级的你们能力更强了，已经有团结合作的意识了，所以本学期我们由上学期的班级志愿者参与班级管理模式转变为小组合作共成长模式。你们一起给小组命名，班级工作每天由小组分工，组长负责，全体成员参与，每名成员都有不同的工作，你们在分工合作中互相帮助，取长补短，感受到了满满的胜任感和成就感。经过努力，你们在体育嘉年华活动中获得了全部四个项目的奖，班级笑脸墙好几次都是五张笑脸，每次获得五张笑脸，你们欢呼的声音就会一直回响在我的耳边。你们合作着解决成长中遇到的问题，体验着团结的快乐，我也被你们感染着，能和你们一起成长真好！

我向上、团结又可爱的学生们，新年将至，祝你们虎虎生威，龙腾虎跃！期待 2022 年，我们一起成长的旅程。

爱你们的崔老师

2021 年 12 月 29 日

（北京市西城区志成小学　崔林娜）

179. 洒在时光里的感动

亲爱的孩子们：

见字如面。

今天收到你们写给我的新年祝福，非常激动。与你们朝夕相处的情景，又再次浮现在眼前。

"辉"，你是否还记得，你在班级微信群里的留言？"明天的篮球决赛，将是一场恶战。我们哥儿几个，已做好充分的准备，为（5）班再拿一个冠军。"你可知，这些朴素的文字，让我潜然泪下。高一刚入学的你，因中考失利，怀疑自己，甚至怀疑过人生。慢慢地，你开始对周围环境不满，你讨厌学校的常规管理，你讨厌咱们这个班。我们多次面对面谈心后，你的反复违规，令我头疼。不知在我们相处中，我的哪几句话或者说是哪一句话，真正触动了你，你不再对班务嗤之以鼻，你开始主动维持课间操的秩序，班级活动中出现了你的身影。我感动于你的变化，感动于你的成长。正如辛意云教授所说，生命的某种觉醒，就是一种成长。你终于明白了"选我所爱，爱我所选"。

"琦"，你是否还记得，高一的那次班会，你当时非常激动？你说，读一流书，做一流人；你说，生在普通班，不做普通人。你可知为师的我，当时听到你的话，是多么欣慰。你跟我说实话，刚入学时，你是不是觉得我在处处刁难你。不准你年级会迟到，不准你将水杯带进金帆音乐厅等。班会上身高一米八几的你，在讲台上非要抱抱我。你曾夸张地说，第一次从我这儿听到，"准时""安静""有序""尊重"是人的一种修养。你对"修己达人"理解性的发挥，赢得了同学们的阵阵掌声。是啊，人最尊贵的标配是君子之道中的"其行己也恭"，是"约之以礼"。

"旭"，你是否还记得，在命题作文"生命中遇到最好的你"讲评课上，你哽咽着说，以后我对我的老爸、老妈不要再是"内疚"，而是倾听他们的意见？青春，意味着长大；青春，意味着学会感恩。你当时曾开玩笑地说，你们初三记人记事作文，多是亲人离世等内容，似乎对家人的歉意是作文的永恒主题。你是否还记得我让你领读？"子游问孝。子曰：'今之孝者，是谓能养。至于犬马，皆能有养；不敬，何以别乎？'"你建议同学们，努力地不和家长闹矛盾，遇到事情，学会冷静，好好说话，千万不要伤着生命中对你最好的人。我佩服勇于自省的你，我爱越来越懂事的你们。

　　……　……

　　孩子们，今夜细数与你们相处的时光，我感到非常幸福。你们褪去了些许青涩，多了几分成熟，这就是成长。你们每个人的点滴变化，我想更多缘于对《论语》的学习吧。大家也许还记得，高一入学刚接触《论语》时，你们彼此的默然。为了考试成绩，大家硬着头皮在读。时至今日，时常有人美滋滋地即兴吟诵几句，引得大家拍手称道，最是书香能致远，浸润心灵细无声。希望大家不断学习，成为最好的自己。

　　感谢相遇，感谢你们的陪伴，希望你们永远快乐。

　　恭祝大家新年快乐！

爱你们的朋友：李冰

2021年岁末

（北京市第三十五中学　李冰）

180. 毕业前，请听一听老师的故事

亲爱的孩子们：

这应该是我给你们的最后一封信。我有些纠结，到底说些什么好呢？作为一个班主任，我应该用无数"前人"的事例和经验劝说你们好好学习，天天向上。但是思来想去，这有悖于我的初衷。如果这是我们仅剩的书面交流的机会，我真正想告诉你们的，是我自己的故事。

种子

10个月大时，我从摇篮里翻了出来，当时，母亲签过病危通知书。而后的岁月中，很多次往返医院，整个小学时代，我都不曾痛痛快快地上过体育课。当时，两位主治医生治着治着就都成了相熟的叔伯。

母亲对我的病情永远都是轻描淡写，直到我毕业工作时才告诉我，当年我第一次出手术室的时候，医生说，孩子的命是保住了，但她将来念书的时候就不要勉强她了。敏感的母亲一下子听出了言外之意。

但是母亲和父亲在此之前从未跟我提起，甚至对我的要求远远比很多父母更严格。一年冬天的凌晨，父亲把我从被窝里面揪起来，让我把做错的8道正负数的数学题一一重算。我迷迷糊糊总是弄不懂，他让母亲端水过来给我洗脸，再一道题一道题地教我。在父母的严格要求下，我从不迟到、从不敷衍作业、从不允许自己落后于别人，甚至，中小学时代不曾请一次假。

现在回想起来，我多么感谢父母的隐瞒。我从不曾知道，自己有理由比别人弱。我不敢想象，如果我从一开始就知道自己的病情，如果那个凌晨父亲不曾固执地将我喊醒，而是安慰我说，我错这么多题目是情有可原的，那我今天会变成什么样？我可能永远都会以儿时的意外为借口，冠冕堂皇地掩饰自己的一切不足。感谢父母斩断了我放弃自己的可能。

孩子们，我想告诉你们的是：愿你们永远不要放弃自己、不要觉得自己没有价值、不要连自己都认为自己不如别人。

初三还有那么多场考试，也许你会一次次摔跤，也许分数会让你一次次怀疑自己。但是，无论经历多少风吹雨打，我都希望你坚信：你是一颗种子，总有一天会发芽。

依靠

我这一个寒假每一天都是在医院度过的。父亲摔伤住院，从我记事起，向来要强的他，从没有喊过一句疼。在刚动完手术的那天，第一次，听到父亲低低的声音在喊："孩子，我疼……"长长的夜里，我只能一直按照医生的叮嘱帮他按着、揉着，我知道，这减轻不了他万分之一的痛苦，只能给他一份慰藉：在最难熬的日子里，他的孩儿，陪在他的身边。

父亲突然住院，这让母亲慌了神，也失了主心骨。父亲手术成功的第二天起，她才有些宽心，才吃得下饭，而且，非要坐车到了医院楼下才去吃饭，仿佛只有到了医院她才踏实。在一个个细节里，我才真切地知道：母亲的担忧是我无法劝解的，我只能代替父亲，给她温暖陪伴。

孩子们，我想告诉你们的是：我们的父母，他们的眼光可能有点儿过时，但穿一件他们选的衣服，要不了我们的命。

他们做的饭可能千篇一律、难吃又不讨我们喜欢，但多吃几口，坏不了我们的胃。

他们的心可能永远向着"别人家的孩子"，但我们说句"我会加油的"，毁不了我们的尊严。

他们说起话来可能啰唆又无趣，但我们找一两个他们能插上嘴的话题，和他们聊一下学校里的事，降低不了我们的格调。

孩子们，你们知道的，他们可能有些笨拙、眼界不宽、思想老套……万般不是，世人皆可指责，但亲爱的，唯有你们，别这样。因为他们爱你们。

十年、二十年、三十年之后的某一刻，你们会突然明白——此生要与父母彼此依靠。

戴老师

2019 年 3 月 5 日

（湖南省长沙市明德华兴中学　戴慧雯）

181. 孩子们，我想你们了

亲爱的孩子们：

你们好！

提起笔来准备写一封家书，突然46张笑脸浮现在我的眼前，这封家书就写给你们吧！

还记得最后一次见面是在寒假前，你们笑着对我说："杨老师，再见，新年快乐！"我的心里有一些不舍，但只是挥挥手，笑意盈盈地说："孩子们再见，开学见！"本来2月10日就可以见面，无奈病毒阻碍了我们的相逢，现在我们只能在网上一起学习、交流。你们在微信群里跟我说："老师，您好，我想您了！"其实，我也非常想你们，但嘴上只是说，别忘记在家锻炼身体啊。前两天天津下大雪了，我把拍的学校雪景的视频发给你们，看着你们在群里一句句"想学校""想老师"，我不禁潸然泪下。这次我没有矜持，面对大家的热情，我连续发了好几次"我也想你们"。

孩子们，其实老师最怕的，就是你们会感到恐惧、无助和焦虑。可是这些日子，我看着你们自己做眼操、体操的图片和视频，看着你们自己做家务、看图书的照片，欣赏你们的画作、乐器表演、舞蹈表演，也惊喜地看到了你们做的各种努力——有的给大家介绍"七步洗手法"，有的给大家普及防病小妙招……老师真心感到喜悦，为你们的身心健康，为你们表现出的乐观、坚强而喜悦。孩子们，你们确实让老师感到自豪。孩子们，你们都是上天派到我身边的天使。居家的这段时间，我的生活因为有了你们而变得多姿多彩。

今天，一位同学在班级群交流了一日生活计划。在他的计划中，玩手机、打游戏占据了很大一部分。同学们看后纷纷指出，这份计划不够严肃，我却觉得这位同学应该是有情绪的。通过微信沟通，我发现果然如此。老师知道你们有时也会感到孤独，这是长久处于一个空间必然产生的情绪。没关系，有老师在，我会帮助你们，虽然老师不是专业的心理医

生，但是老师有一颗爱你们的心，愿意帮助你们消除内心的孤独。春天就要来了，美好的希望都会实现。

孩子们，我想你们了！

杨坤

2020 年 2 月 18 日

（天津市第四十五中学　杨坤）

182. 给你们

亲爱的孩子们：

"老师，她们几个一起孤立我！"

"是她自己不跟我们一起练习舞蹈，还找我们的事！"

"老师你知道吗，她在网上发了很多指桑骂槐、诋毁我的话！"

"那些也是在你先中伤我之后我才做的！"

孩子们，不知道你们现在是否还记得两年前你们的这个对话，但是我印象非常深刻，因为这是我初为班主任时遇到的第一个棘手的问题。

这是在高一分班之后一个月的时候，学校要组织元旦表演，几个小姑娘要一起表演一个节目，而这也恰恰成了矛盾的导火索。作为一个新手班主任，遇到这样的事真的很让人头疼。个别谈话，心理疏导，情感支持，苦口婆心地说教，总算把事情压了下来，但是我知道，问题还没有得到真正的解决。

刚接到这个班级的时候，我还庆幸只有 18 个人，可是仅仅一个月之后我就发现这未必就一定值得庆幸，因为人数越少，你们就越是会积极地表现自己与众不同的地方，给班级管理带来很大的困难。你们会三五成群，结成小帮派；你们会故意哗众取宠博得关注；你们会明知故犯地试探我的底线。这些问题着实让我头疼了一番。而事情的转机发生在冬季三项体育比赛的时候。三项比赛中有一项是跳大绳比赛，每个班级 10 名同学参加，2 人绕绳，8 人跳绳，只要有一人失误就要从头开始。班里的小周是一个非常有集体荣誉感的体育委员，从报名到分配角色，充分地展现了领导力，利用课余时间带领同学们练习。你们还记得一开始的表现吗？没错，一个都跳不成，好不容易跳过了一个，准在第二个卡住。不是这个没跳好，就是那个没跟上，总之是一塌糊涂。

回到班级后，我跟你们说："这只有一根绳子，要求所有人同时跳过，那只有一种解决办法，就是把 8 个人变成 1 个人，如果我们想拿成绩，就要心往一处想，劲往一处使。"说着我就看了看其中 4 名同学，就是文章开篇发生矛盾的 4 名同学，我看到你们眼神闪烁了一下，微微低下了头。

后来的训练我就没有再去看过，直到比赛那一天。那天，你们情绪激动，兴致高昂，看你们摩拳擦掌的样子，我猜你们练得应该不错，而且你们还跟我说："老师，我们现在跳得可好了！""1 个，2 个，3 个……10 个！"同学们喊着，突然，班里的小高摔倒了，崴了脚，所有同学立马跑过去查看情况，投去关切的眼神，然后搀扶着小高送到医务室。小高神情沮丧地说："要不是我，咱们班肯定拿第一了。"听完我有点儿紧张，以为你们会责怪她，没想到你们却说了这样的话："不怪你，是我没绕好绳子"，"不怪你，是我跳得快了"，"是我没跟上大家"……你们七嘴八舌地往自己身上揽责任，宽慰着小高，那时候我才发现，原来从那一刻开始，我们成了真正的一家人。孩子们，在我的心里，那次的比赛我们就是名副其实的第一名。

后来的你们开始学习彼此宽容，曾经有矛盾的同学，后来也成了好朋友。你们也逐渐地没有那么多"个性"了，开始为班级考虑，而不是为自己考虑。你们开始变得善解人意，对待老师和同学都能做到换位思考。最让我自豪的是，咱们班竟然是所有任课教师最喜欢的班级，经常有老师跟我说："魏老师，最喜欢在你班上课，舒服！"而这样的改变，带来的最大的影响就是我们班从高一一整年年级最后一名，变成了现在的年级第四名！你们在一点一点成长，一点一点变得优秀。而我，也在这个过程中，跟你们一起成长，从一个遇事抓狂的新手，成为一个懂得理解、懂得沟通、懂得宽容、懂得等待的老师。曾经我会偶尔抱怨为何遇到你们这一群捣蛋鬼，但是现在我非常欣慰和庆幸当初成了你们的班主任。去年教师节的时候，我着实在学校风光了一次。孩子们悄悄地给我准备了"最美班主任"证书，用他们自己的方式，让我感受到了他们对我的爱。在那一刻，我真正地明白了，什么才是爱的教育。

如今，你们已经踏入高三，还有一年你们即将奔赴人生的另一场盛

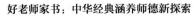

宴，虽有万千不舍，但也充满期待。孩子们，在接下来这最辛苦的一年中，我们(6)班要共同为一个目标全力以赴！十年寒窗，盼前程似锦；百日苦战，誓金榜题名！我们共同期待着！

爱你们的老师

2022 年 10 月 23 日

（辽宁省沈阳市浑南高级中学　魏悦）

183. 目送的背后

亲爱的孩子们：

这是老师与你们的第一次通信，没想到竟是在我离开之后。

首先，请原谅老师的不辞而别。老师不想因为自己的离开而影响你们的心情，进而影响你们对开学的期待。老师害怕看见你们一双双满含泪珠的眼睛，老师也害怕和你们面对面地说再见，老师更害怕你们目送着我离开的情形。所以老师还是选择用这种方式与你们说再见。

老师要感谢你们，是你们使我坚定了做老师的信念。记得给你们上第一节课时，我初踏上讲台，内心非常忐忑。你们那一双双炽热的目光注视着我，凝望着我，带着好奇和期许，似乎我身上有许多珍宝等待着你们去探寻。就这样，在你们的见证下，我顺利地完成了教师生涯中的第一课《我上学了》。

你们是老师的聆听者，每次上课你们都聚精会神地听着老师讲解课文，都在孜孜不倦地汲取知识。但是你们也时不时地给老师出难题，上课搞搞小动作，说说闲话，睡个小觉。在这样的斗智斗勇中，你们不断地让老师去摸索如何能与你们更好地相处，慢慢地老师允许你们走一会儿神儿，允许你们偶尔调皮一下。我也变得越发理解你们，用更加包容的心对待你们。虽然老师也批评过你们，甚至有时候对你们生气，但是老师是爱你们的，是想让你们变得更加优秀，成为更好的自己。

老师感谢你们把心交给我。记得有一次小熠跟弟弟在家闹了矛盾，上学后第一时间找到我，眼眶里满含着泪水，强忍着不让泪珠滴落下来，小脸涨得通红。看得我心疼不已，情不自禁地给了小熠一个拥抱。没想到小熠一下子就大声哭了出来，这是有多委屈啊！了解了缘由之后，我及时与家长联系，告知了小熠的委屈并给予了解决方法。我很欣慰，这说明你们信任老师，老师会尽自己最大的努力保护你们。

还记得那是一个周五，因为离开得匆忙，我还未收拾自己的行囊，就又踏上了回学校的路，本想悄悄地去悄悄地回，不想惊动任何人。可没想到当我正准备返程时，你们下课了，"看！那好像是石老师的车！""对！石老师回来啦！"很快，你们一窝蜂地向我跑来，我急忙下车，张开双臂，你们冲向我，抱紧我，我的眼睛湿润了，有种不想离开的冲动。可是你们没有一个跟我说不要离开，因为你们都知道石老师是回家，你们只是说舍不得我，爱我，看着你们小手攥得紧紧的，眼眶红红的，我的心好温暖。

当你们说会想我时，也触动了我的心弦，我只和你们相处了三年，人生漫漫征途中三年何其短暂，老师真的感受到了心与心的接触。三年又是那么长，长到我们对彼此的感情已经难以忘怀。老师也舍不得你们，老师也想你们。老师会记住你们一张张可爱的面孔。智峰的活泼，思颖的体贴，兴杰的细腻……这些点点滴滴将会永远印在我的脑海中，挥之不去。

我亲爱的孩子们，老师真的离开你们了，虽不愿说再见，但我们都要成为更好的自己，创造各自璀璨的人生。这里有老师的印记，这里有你们的欢笑，这里有我们共同奋斗的汗水，这些将永远留在老师的脑海里，成为最宝贵的财富。老师爱你们！

你们的石老师

2022 年 8 月 9 日

（重庆市沙坪坝区第一实验小学　石宗璐）

184. 一封不知寄往何处的家书

偏初次尔：

你还好吗？

老师最近参加了一个培训班，其中有一项作业是要写一封家书。当我看到这项作业的时候，脑海中不由得浮现出你稚嫩的脸庞，因为老师一直欠你一封回信。因此，想借着这封家书送去我的思念。

你回乡前留下的那封信，老师至今还夹在笔记本里，每次看到你那歪七扭八的字迹，都忍不住流下泪水。你说忘不掉我暖和的手，忘不掉和我在操场上一起踢足球的情景，还对我许下诺言，说一定要努力学习，考上北京的大学，来和我见面。如今的你是否已经长成玉树临风的谦谦君子了呢？是否在为我们之间的约定而努力着呢？

还记得你初到我们班级的模样，那是八年前的冬天。那天，一切都如往常一样按部就班地进行着，直到教室的门口出现了你那张泛着高原红的小脸，我们的一段故事就开始了。校长牵着你的手向我介绍道："他叫偏初次尔，是我校帮扶学校四川省凉山地区的一名藏族孩子。这段时间就安排在你们班吧！"我依稀记得那一刻我与你四目相对，从你的眼神中我看到的并不是欣喜，而是胆怯和好奇，你的手无处安放，身体僵直地立在那里。那一刻，你一定无法理解作为一名刚入职的新教师，接到如此艰巨的任务，我的心里有多么惶恐。这也许是你一生中唯一的一次机会来到北京，我是否能带给你一段难忘的人生经历？你在我的班级里生活得会开心吗？千丝万缕的愁绪缠绕着我。

更让我意想不到的事发生了，对于你的到来，班级里的学生似乎也和我一样显得有些无措，我知道那时的你一定伤心极了。看着课间你一个人孤零零坐在角落，别提我有多难过了。但是一个视频打破了这样的僵局，那是你严阿姨在你家里拍摄的，那个视频是我这辈子看得最心痛的一个视频。看着那四处漏风的简易房屋，陈旧的木板已经渐渐干裂，家中只有一张桌子和几块木板搭成的"床"；午饭是一块肥肉和一碗白米饭；玩具是几个塑料袋包裹着一个瓶子做成的"足球"……但最触动我的是你趴在牛车的车斗里写作业，抬起头望向镜头的那一幕。从那眼神中我看到了最澄澈的光，最真、最善良、最纯粹的光。也是这个视频，让咱们班里的同学们发现原来在他们看不到的地方有着他们想象不到的一群坚强的人在努力地生活着。也正是你的到来将同学们内心的纯善唤醒，爱的种子即将萌芽。

偏初，你知道在那短短一个月的时间里，让我最幸福的一件事是什么吗？就是那天放学在校门口，在我蹲下帮你系上鞋带的那一刻，你主动牵起我的手，在我耳边轻轻说了一声："罗老师，明天见。"那一刻，我相信，你我的相遇就是人生中一次最美的相遇。那一刻，我明白，爱是互通的，心是能彼此感应的。不知道你是否发现，也是从那天起，班里的同学们也变了，教室里会传来此起彼伏的声音——"偏初，这是我妈妈新给我买的笔记本送给你。""偏初次尔，你给我讲讲你家里的美景可以吗？""走啊，偏初次尔，咱们一起踢球去。"看着你们形影不离，每天在操场上自由地奔跑，在教室里激烈地探讨，那样的画面是如此美好。

但美好的时光总是短暂的，我们只能道别。你知道吗？你离开的那天杨天宇同学含泪给你写了一封信，但一直没有寄给你，他这样写道：

　　　　谢谢你带给我的自省，
　　　　谢谢你带给我的心灵撞击，
　　　　谢谢你，我的朋友。

　　　　当有一天，
　　　　我能够独立背起行囊远行时，
　　　　我一定会去到那个叫作大凉山的地方，
　　　　去看看你说的山，你说的水，你说的羊群……
　　　　亲爱的伙伴，

让我们约定：

十年后，我们再相逢；

十年后，我们再续今日的友情。

你带给我们的远远比我们带给你的要多得多，那是对"善"最直接的体会，最真切的感悟。也是你让一位刚入职的新教师明白了：深情不及久伴，厚爱无须多言。也许一个简单的行为，就可以温暖一颗稚嫩的心灵；也许一句简单的话语，就可以唤醒一群孩子内心的纯善。教育不是压制，也并非驯化，是言传身教，是用爱唤醒。

偏初，远在大凉山的我亲爱的孩子，这封信不知寄往何处，但它承载着我对你的思念，希望如今的你还能记得我们的约定，未来的某一天，我们北京见！

思念你的罗老师

2023 年 4 月 22 日

（北京市昌平区回龙观中心小学　罗秀宇）

185. 交流与诉求 成长的标志

亲爱的（2）班同学们：

你们好！

见字如面！最近还好吗？虽然我们只有短短两年的相处时间，但你们作为我入职以来第一个接触的班级，我始终难以忘怀你们那一张张纯真可爱的笑脸，还有我们经历的点点滴滴！

最开始的时候，其实我们相处得并不顺利。我还能想起，在音乐课堂上，每当我正讲在兴头上时，总会有一两个同学因为打小报告而中断我的话语。然后这一两个小报告顿时在全班引起骚动，一两个变成了五六个、六七个……此起彼伏，源源不断。你们知道吗，当时我的感受，仿佛一桶凉水从头浇到脚，顿时让我没了之前的慷慨激昂，甚至忘了之后要说些什么。

说实话，在教学过程中，你们频繁打小报告的行为着实令我头疼。"管好自己就可以了，我不想听到有人举手打谁的小报告！"为了维持课堂纪律，一开始我总是会"一刀切"，将所有小报告扼杀在萌芽之中。看着你们慢慢放下了手，课堂又归于平静，一切又是祥和的样子，我才松了口气，"这样就好了"，一个声音在我心底响起。然后我又努力说服自己不去看你们的眼睛，因为这个时候我怕自己的心会动摇。

但是有一天，我突然想起来我小时候似乎也打过小报告，而且有一次的经历令我记忆犹新。那时候我的语文成绩不好，母亲帮我报了一个写作班。对于那位作文老师，我的印象已经不是很清晰了，脑海中可能已经模糊了他的样貌，也记不得当时是怎么教我写作文的，但我总是回想起我的一次不知因何而起的小报告没有得到回应的经历。我小时候话不多，很腼腆，从没和这位老师有过其他的交流，只有这一次，我鼓起勇气向他求助，却遭遇了冷处理。这种没有得到回应、被冷落的感觉一直徘徊在我心头，似乎只要想起这位老师，便会勾起这段不算美好的回忆。

回想到这儿我突然很惶恐，现在的我作为老师，会不会已经给你们带来了童年阴影？于是我在网上搜索"孩子爱打小报告怎么办？"结果竟然令我大吃一惊：打小报告原来不是故意找碴儿，而是成长的标志！

　　站在你们的角度看，打小报告可能会有三种原因：一是从这个时候开始，你们的语言能力开始加速发展，渴望沟通与交流，希望被重视，打小报告是你们给自己找到的一个交流方法；二是你们年龄小，独立处理事情的能力较弱，勇气也不足，通常认为老师和家长无所不能，所以是依赖大人的一种行为表现；三是在你们开始建立规则、秩序意识的初期，对他人破坏规则的行为比较敏感，所以自以为感到有一点儿不公正的对待便会提出诉求。

　　原来爱打小报告是一种正常现象。有了这样的意识之后，我开始怀着一颗愧疚之心面对之前打小报告被我"呵斥"过的你们。原来你们是这样无辜，我的一时莽撞，竟然误伤了你们幼小纯真的心灵。

　　我决定改变些什么。还记得吗？在一次音乐课上，咱们歌唱得正嗨，班里那个喜欢梳马尾辫、穿红色连衣裙的女孩突然举手，说另一个女孩在她唱歌的时候朝她吐舌头做鬼脸。我往常的反应是，要么说"做好你自己就行了"，要么说"你们的所有表现老师都知道，不需要再重复说一遍"。然而有了前期的反思，这个时候我选择告诉她们："老师都看到了，现在先上课，下了课咱们再交流。"下了课后，我把两个女孩叫到办公室，询问她们事情的经过。原来两个女孩早有矛盾，其实她们曾经是很好的朋友，就是一点儿小误会让她们互相以为对方讨厌自己，开始在办公室边大哭边陈述自己认为对方做得不周到的地方。这个时候，她们发泄了自己的情绪，在某种程度上互相明白了各自的想法，也意识到了种种误会之后，又重新和好继续做好朋友了。

　　这次的经历让我明白，你们有着自己的小世界，这个世界可能并没有我们想的那么直接、简单，你们的一些行为很有可能是因为一系列错综复杂的原因。不过令人欣慰的是，打小报告的高峰期通常存在于你们的3～10岁，这种行为的消退只是时间问题。教育是慢的艺术，你们现在是不是都成长为能够自我判断、独立思考的大孩子了？其实，你们的"打小报告"也像是一份可爱的"礼物"，帮助我成长为一名善于应变、富有经验、散发更多温暖和爱的老师。我们教学相长，互相成就。

亲爱的你们，期待日后有更多的相聚，让老师看到闪闪发光的你们！

你们记忆中青涩的音乐老师

2023 年 4 月 5 日

（北京教育科学研究院附属顺义实验小学　任泓名）

186. 和你们一起成长的日子

亲爱的孩子们：

你们好！时间过得飞快，转眼间你们就从小学升入了初中，度过了初中三年的生活，今年即将迎来高考。前段时间你们跟我说，高考后你们要来学校看看。老师听到你们这样的话语时，内心还是非常激动的。那老师就借此机会向你们说说我的心里话。

还记得 2014 年 7 月 2 日，我作为实习老师走进三 (1) 班与你们第一次见面时，你们天真又充满稚气的样子，让我对教师这份工作产生了期待。9 月 1 日，按照学校的工作安排，我正式接手咱们班，有些孩子可能觉得是我的到来让学校换了原来的班主任，所以当时对我的出现还有一些小小的意见，可是随着我们的相处，我们互相了解了对方，我们的关系也变得越来越好了。9 月 10 日，我迎来了我的第一个教师节，当时你们送了我许多自制的贺卡，那是我第一次收到来自孩子们的礼物，内心是无比开心的。之后，我们就一起有条不紊地学习、生活了。当时，为了鼓励你们更好地学习，我还制作了"黑暗"饼干，虽然我做的饼干样子不是很好看，但是你们拿到饼干的那一刻都露出了满意的笑容。

我们一起过元旦，参加京南杯诵读比赛……现在再翻看当时的照片，我是那样的青涩，你们又是那样的可爱、认真，你们会挤在我身旁一起拍照。这个时候，我感觉我们之间的关系更加紧密了。

2015 年 5 月 15 日，这是我们第一次参加学校的运动会，我们的志愿者——家长们也加入了其中，赛场上你们努力表现，观赛的我和家长们都声嘶力竭地为你们喊着加油，当时我的内心期待的并不是你们取得多好的名次，而是只要你们勇敢地迈出自己的一步，就是我的骄傲。那时我们一起买班服，我还和你们一起穿上同样的班服坐在一起，当时你们亲切地称呼我为"大姐姐"。说实在的，我也是第一次当老师，一下子要面对 30 多名学生时比你们还要紧张、还要忐忑，而你们天真、可爱的笑脸和友善的行

437

为，真的暖化了我的心，让我对教育工作充满了无限的动力。

虽然你们也有调皮的时候，但你们心中有爱，总是带给我惊喜。你们悄悄地记下了我的生日，特意为我准备生日蛋糕，为了不让我知道还偷偷地转移了两次藏蛋糕的地点，这都是我从其他老师那里听说的。当我走进教室时，迎来的是你们的张张笑脸和发自内心的祝福。一群五年级的孩子能够对老师的生日这么上心，可见你们的温暖。我想告诉你们，和你们相遇真的很美好，跟你们在一起可以毫无芥蒂地一起谈论一些话题、一起打雪仗、一起做游戏真的很美好。

除了这些之外，咱们班让我特别欣慰的就是做什么事情都能一呼百应，大家的配合度超级高、集体荣誉感超级强。我为了让自己的课堂教学更有效果，就借来了录像机，而可爱的你们就当起了我的录像师帮我在教室里录课，有了你们的助力，我的教学能力提高了很多。为了给你们更大、更好的展示舞台，我们班创办了自己独有的作文报纸，建设了专属的电台。我们还一起去敬老院献爱心，一起去农民工子弟学校做阅读志愿者，在这些活动中，我见证了你们一次次的成长。

我喜欢和你们一起成长、一起进步的这种感觉。在我们的共同努力下，我们班被评为了毕业班当中的优秀班集体，还被推荐到了区里进行参评。其实我在这件事情上一直觉得有些愧疚，就是我最后写班级介绍稿的时候，文笔不是很成熟。可能因为这个原因咱们班没有评上区级优秀班集体，这是一个小小的遗憾。但是我始终觉得所有的努力和我们之间的这些成长经历，是无法用一张奖状来衡量的。还记得六年级毕业前的那个元旦，我们和家长一起包了饺子，吃了饺子，这种家的感觉越来越浓烈了。

2017年5月24日，你们马上就要小学毕业了。我为了把这些难忘的记忆保存下来，每天都拍一组生活照片。2017年6月23日，你们小学毕业了，我也送走了我的第一批毕业生。在毕业典礼上，我哭成了一个泪人，你们可曾知道老师是一个内向、不怎么会主动表达情感的人，是你们点燃了我内心的力量。感谢你们陪我走过的时光，在这些时光里，我们相互成长，相互收获。

2017 年 9 月 1 日，我们都开学了，你们迎来了你们的初一，我也迎来了我新一批的学生。踏上新的征程，我们都要加油呀！2017 年 10 月 17 日，你们来到了学校，和我一起畅谈你们的新生活。2017 年 12 月 29 日，我的一(3)班迎来了第一个元旦，而早早放学的你们也来到了学校，帮助我一起收拾教室。让我最感动的是，那时我还在上课，你们已经来了，于是你们蹲在教室的后面安静地听了一节课。2017 年，我们都在用心地生活。老师在认真地工作，你们也在好好地学习。在这一年，你们有了自己的 QQ，我会经常看看 QQ 空间，了解你们的动态，有时你们也会在我的微信里给我留言。2018 年 12 月 29 日，又到了一年的元旦，可爱的你们又来到学校和我相聚。

　　2020 年 7 月 17 日，你们即将中考，在中考的当天我发了朋友圈，希望你们锦鲤附体，中考加油。之后，老师就看到你们晒出的中考成绩，你们都通过自己的努力进入了心仪的学校。2021 年 8 月 3 日，你们又来到了熟悉的校园，和老师一起聊天，我们还一起出去吃了饭。这种由师生关系慢慢变成像朋友一样的关系，是我觉得最美好的事情。步入高中的你们，学习变得紧张了起来，老师也因为教研的安排变得忙碌了起来，还好老师在你们的朋友圈和 QQ 空间里能了解你们的动态。看到你们丰富的生活和向上的状态，老师为你们感到高兴。你们也激励了我，让我对工作更加用心，对生活更加热爱。

　　现在老师也向你们汇报一下我的成长，我已经是一名语文骨干教师、一级教师、学生最喜欢的教师了，也发展了自己新的兴趣——长跑、徒步。老师在这里深深地感谢你们，因为遇见了你们，我变得温暖而有力量了。

　　转眼间，时间已经来到了 2023 年 4 月 18 日，这些天你们应该是比较难熬的，但你们要知道"山重水复疑无路，柳暗花明又一村"，希望你们可以调整好心态，保持住积极的学习状态，考出自己理想的成绩。孩子们，高考完你们就将迈进人生中最重要的一个阶段，这个阶段应该是人生当中最美好的时光，希望你们在这段美好的时光里依旧可以眼里有光，心里有

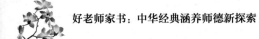

爱，拥有自己独立的思想，坚定地走出每一步。

孩子们，加油吧！老师在这里为你们祝福。期待我们的再一次相聚！

永远支持你们的老师

2023 年 5 月 1 日

（北京师范大学大兴附属小学　宋佳）

187. 给交大附中密云分校九年级
全体学生的一封信

亲爱的同学们：

大家好！

2023 年 6 月你们就将结束自己的初中生活，离开这可爱的校园了。30 年前的 1993 年 6 月我和你们一样，结束了我的初中生活，考入了密云二中高师班，从此走上了教书育人之路。像我一样，因为受到一个人的影响，那一年我的 45 个初中同学中共有 14 个人选择了教师这个职业，现在我们任教涵盖了小学、初中、高中和职业教育的各个学段，是谁有这么大的影响力？是谁缔造了这个奇迹？她就是朱立新老师。朱老师的一言一行、一举一动深深地影响着我们。

我始终对我的初中生活心存感激，尤其感念我的班主任朱立新老师。30 年来，我们这些学生绝大多数都对朱老师念念不忘，时常问候朱老师，偶尔与朱老师相聚。当我希望成为朱老师那样的老师的时候，我已经接过了一支火把，一支教书育人的火把！毕业前夕，我们班组织了盛大的毕业纪念活动，定制了一个巨型蛋糕，还特意录制了磁带，并且信誓旦旦相约再聚。当然后来我几乎再没有踏入过密云四中的大门，尤其是 1998 年我参加工作以后，并不是我不愿意来，不想来，而是彼时的密云四中校址已经成了密云五小，所有的记忆几乎都荡然无存。我的母校密云四中，现在的交大附中密云分校，名字变了，校园变了，物"非"人非，但是我对母校的情感其实还在，只是无由表达，也无法表达！参加工作以来，因为阅卷、培训、听课，我时常到这里来，都是来去匆匆，甚至没有机会在校园走上一圈。我的老师、我的同学也有在这里工作的，但是我们几乎没有在校园里再相聚，甚至没有再相见过，母校于我更像是一个符号，心中有，情中有。

同学们，念念不忘，必有回响。现在我终于有机会走进母校，并且和你们共同走过了一段愉快的旅程，我由衷感到欣慰。名义上我是响应区教委骨干教师入校指导活动，事实上我不是来指导的，而是和大家一起学习的，是回来看望母校的。我觉得这是我回到母校最好的机会，这是我给母校的一份微薄的礼物，而母校给予我的最好的礼物，就是让我努力成为更好的自己。如果我能够为母校、为同学们做一点儿贡献的话，我愿意尽我所能，我也由衷地希望看到更好的母校和更好的你们。

这个为期一年的项目其实在 2023 年 1 月就应该结束啦，但是我还是很希望在你们即将走进中考考场，面临自己人生的第一次选择时用这样的方式给你们一些建议，或者说只是和你们交流一下过来人的感受。

也许你们听过了太多的关于中考重要性的说辞，所以今天我想和你们交流的是我们应该努力成为怎样的人。

首先我们应该成为自食其力的人。比学习成绩更重要的是努力成为能够立足社会的独立的人，不依附、不盲从，能用自己的双手靠诚实劳动养活自己，让自己和家人过上更好的生活，成为和睦家庭的稳定因素、和谐社会的建设者。

其次我们应该成为自我革新的人。人只有正确认识自己才能不断进步，努力提高自己才能影响更多的人。流水不腐，户枢不蠹，活到老学到老既是社会的共性要求，也是个人的个性要求。我们应该正确认识自我，有明确的目标，不断进步，止于至善，努力成为更好的自己。

最后我们应该成为学会感恩的人。因为自己淋过雨，所以总想替别人撑把伞，因为我遇到过深刻影响我的老师，所以也想成为她那样的人，用自己的光照亮别人前行的路。传递温暖，一路向阳而行。我希望你们记得生活中经历的美好，并尽己所能传递这份美好！

同学们，中考在即，我首先预祝你们取得理想的成绩，考入自己理想的学校，我更想预祝你们成为自己想要成为的样子，成为更好的自己。若干年后，我希望我们都还有勇气回到这里，用共同的或者不同的方式向母校表达我们的敬意和爱意。

你们的校友李德敏

2023 年 4 月 11 日

（北京市密云区东邵渠中学　李德敏）

188. 爱你们，到永远

亲爱的拉萨市实验小学三(11)班的孩子们：

你们好！援藏期满，不做你们的班主任已经将近两年了！经过在北京的调整，我的身体已经恢复得差不多了，多想再次援藏，可是一直没有机会。只好写封信，表达我对你们的爱和感谢！

孩子们，和你们在一起的情景常常浮现在我的眼前。

每天，只要一见到我，你们就奶声奶气地喊着："王老师好！"你们跑过来，抱腿，拉手，一层层围在老师身边，特别是小芮，总像树懒一样必须挂在老师身上。曾经一直教高年级的我，头一次感受到学生可以和老师这样亲。每天被你们亲热地拥着，每天都被你们的爱融化，不论是乖的还是淘气的，看看哪个，都是可爱得不得了。

刚开学的运动会，你们观察大哥哥、大姐姐比赛，研究取胜的策略，取得了年级第一名。小小年纪，聪明得让我佩服！

每周一，我会给你们读绘本，记得《乘着光束飞驰》绘本刚讲完，你们就说，轩轩虽然现在很淘气，将来很可能像爱因斯坦一样是大科学家。我们要像等待爱因斯坦说话一样耐心对待轩轩。你们是多么懂事、善良、友爱、包容啊！

每教一个班，我都会带他们背诵《三字经》《弟子规》《论语》等国学经典，我只教你们一年，思来想去，选择了《声律启蒙》。你们自创带表演背法，背得那么快，那么认真。党冈心怡还常常自己"作诗"。比如：

> 禄康游
>
> 青天碧水融一色，
>
> 红亭黄栏棕树皮。
>
> 布宫红白相交错，
>
> 禄康花船人欢喜。

> 我立碧水观冬鸟，
> 水中黄鸭龙潭戏。

敏锐的你，已经用上押韵了呢！

由于平时每课学完，你们都能带动作、表情地背下来，记忆力超群，所以，寒假留了每天讲书的作业。你们好厉害，两个月啊，天天都在坚持！家长夸你们，看一遍，就能绘声绘色地讲！我现在还有你们家长送我的你们讲书的 U 盘呢！你们聪明又勤奋，让我觉得作为你们的老师好幸运！

早春的一个中午，小淘气轩轩兴冲冲地来办公室，送了我一朵金灿灿的蒲公英花。这是春天里最耀眼的花！他那可爱的样子哟，让我一辈子都清晰地记着！

四月，色尼区的书记、校长来听课，你们非常遵守纪律，积极发言，活泼又可爱，写字漂亮，赢得了他们大大的赞美！

庆祝六一联欢会，你们表演国学经典吟诵，一个个从古代穿越来的小学童，博得了满堂喝彩。

那天，自治区教育厅派电视台来拍援藏纪录片，记者看我们师生感情那么深，强烈要求拍"分别"。我从上午推到下午放学，实在推托不过，就对你们说："同学们，假如，明天换年轻漂亮的老师来教你们好吗？"话还没说完，哇——全班号啕大哭，眼泪像小河流淌。你们不排队回家，都跑着围到讲台上来，里三层外三层，60 个孩子将我团团围住，"老师，不要"。我意识到了我这句话有多残忍，"孩子们，我是说假如，不是真的"。没有用，你们的眼泪已经决堤，无可挽回。我的眼泪也决堤了。我怎能如此残忍，说出这样伤害你们的离别话！怎么爱你们还觉得不够，我怎么能说出这样的话！

一年级小孩子的爱最真挚、最淳朴！我何德何能得到你们如此深厚的爱！只有不断回报你们的爱！

第一次给你们买小礼物，是结合咱们理想教育的班会，给你们每人买了自己姓名的小印章，也作分别纪念吧！第二次是觉得离开你们，对你们实在是残忍，怕你们心灵受到伤害，为你们买了解压日记本。这一次，你们三年级了，我不能去援藏，不能和你们在一起，就把我想到的小学生值得读的书寄给你们，代替我和你们在一起，共同成长吧。

经历了援藏，遇到了你们，我深深懂得了：教育，绝不是教师单向的输出，是教师和学生一起创造一段美妙的生命成长历程。教育是师生双向奔赴，是共鸣、共振、共同成长。

孔子说："五十而知天命。"在未遇你们之前，我曾想，早点儿退休，去写字、写作、跳舞、绘画、歌唱、旅游、表演戏剧……是你们，让将近50岁的我坚定了要为教育事业奋斗终生的信念。一生为一大事来，为一大事去。一辈子做老师，就是我今生的大事。

自从援藏归来后，我积极参与各项培训活动，努力提高自己，成长的期望越发迫切。我参加石景山区的骨干教师学习班，刻苦勤奋地学习。我参加北京教育学院"'双减'背景下班级活动研究"培训，参加北京师范大学"立德树人"项目"汉字坊"培训。尤其是参加北京师范大学"立德树人"项目"汉字坊"培训，更让我坚定了做一位像孔子一样有才华、能力、大德的终身发展的老师的信念。

除了学习，还有实践。援藏归来，我接了五年级，现在，我的学生即将毕业。我开设了科幻课程，多名学生的科幻剧登载在刊物上。我们的课本剧表演《小英雄雨来》获得了一等奖。接下来，我们还会有许多的尝试。我自己的文章发表在《现代教育报》上。

这一切，都是拉萨市实验小学曾经一(11)班，如今三(11)班的孩子们教会我的，爱你们，到永远！是你们，让我坚定地选择了我今生的使命！期待，虽然远隔万水千山，我们依然生命共振，互相成就！

　祝
天天开心、进步！

永远爱你们的：王老师

2023 年 5 月 8 日

（北京市石景山区实验小学　王红艳）

189．孩子们，请让我说声，我爱你们

亲爱的孩子们：

金色的阳光，融进每一片树叶，顺着剔透的脉络，向深冬尽情地延展。在你们晶莹而清澈的目光中，我的爱再也无处可藏！

我曾是瀚海中的一叶扁舟，直到遇见你们，我那颗爱的种子才找到了扎根的土壤。我最爱看你们写满纯真的笑脸、饱含着憧憬的双眼。我开始越来越关注时间：什么时间上课，什么时间批改作业，什么时间陪你们跑步，什么时间与你们谈心……于是，你们逐渐成了我的时间，成了一块挂在我心上的钟，我欣喜地看着你们成长，又自私地害怕你们离开。

还记得初一学年，你们充满期待地踏入道吾中学，你们那天真无邪的眼神深深地打动了我。我虽和你们一样，也是刚刚来到这所学校，但是我早已坚定，我要用最真挚的爱陪伴你们成长。爱一旦生根，就会冲破泥土发芽，向每一寸空气生长。还记得学习路上你们努力的模样，运动会上你们拼搏的姿态，元旦会演你们尽情地施展，社会实践活动中你们和家长同心协力、获得社会点赞，对我来说，都是最美的风景。

之前，我们曾约定，寒假里我们要多陪伴长辈，多为他们做力所能及的事；我们要多走出去，参加社会实践，努力去了解我们生活的这个飞速发展的社会；我们要多参加志愿者活动，努力去帮助有需要的人；当然，作为学生，我们还要把学习放在重要位置上，多阅读，多思考。计划虽被一场突如其来的新冠疫情打乱了，但我的心一直与你们同在。于是，我们开始了线上爱的交流，你们每天早早起床，主动在班级群里晒出学习和运动的照片，这就是对我最好的回应。经历了漫长的等待，终于开学了，放下屏幕，走进校园，你们眼神中的光芒、内心中的躁动，是对未来最滚烫的宣言。

请让我说声，我爱你们，我爱你们中的每一个。每一个灵魂，都是那么优秀而独特。

请让我说声，我爱你们，我爱你们朗读时的同声同调，操场上的同步同频，比赛中的同心同行。你们咬紧牙关拼尽全力的身影令我感动，你们为集体荣誉默默落下的眼泪令我欣慰。

　　孩子们，我爱你们。不要感叹时间过得太快，只要我们心中充满阳光，每一个日子都能过得充实；让我们用每一分每一秒，在筑梦之路上，成就最好的自己。学习路上永远不要放弃，我会始终冲在第一，为你们披荆斩棘；成长路上永远不要悲伤，我已修建了港湾，供你们停靠；人生路上永远不要畏惧，我会尽我所能，为你们加油助力！

你们的老曾

2021 年 1 月 5 日

（湖南省浏阳市道吾中学　曾强）

190. 你是我的骄傲

亲爱的彦君：

我实在不知道该怎么和你探讨"人生无常"这个话题。正值读大四花样年华的你，对人生有着最美好的憧憬与期盼，正是满怀壮志地追逐梦想的时候，上天却毫无征兆地和你开了个不小的玩笑，让你的生活陷入了一片绝望。

还记得你读小学二年级的时候，我是你的班主任。你乐观开朗，品学兼优，既是班长，又是学校的大队委。你在绘画方面有着过人的天赋，屡屡获奖，战绩辉煌。整个小学阶段，你是学校的红人，是我最得意的门生。从小学到大学，你集万千宠爱于一身，人生一路开着绿灯。每次见到你，你就像是一个开心果，全身充满快乐的元素。

可是有一天，你带着一丝无奈，夹杂着勉强的笑容淡淡地告诉我，你得了强直性脊柱炎，更让人崩溃的是还合并了类风湿关节炎！你的病使你们原本幸福的家庭陷入了泥潭。你和爸爸、妈妈在病房听到了医生的最后诊断，爸爸、妈妈痛哭失声，你感觉到自己身上发生了很严重的事情。那一刻，我一阵心酸。你说疼痛有时候让你生不如死，身体的每块骨头似乎都在嘲笑着你的脆弱和不堪一击。你总是安慰自己，可以的，以后一个人生活没事，可是走在空无一人的走廊，看着每一间紧闭着门的病房，你都会觉得自己是寂寞的。你觉得自己好像被困在了一个透明的四方的屋子里，屋子里只有自己一个人，没有办法走出去，屋子外面，你看到了很多熟悉的影子，有最亲的人，有最挚爱的朋友，他们在尽力地呼唤你，在给你最大的鼓励，甚至想不惜一切冲进来分担你的孤独和痛苦，可是，最后，你，还是自己一个人。

有时候老师甚至会觉得为什么老天这么不公平，让正处在花季的你承受如此折磨。人生很多时候，要学会独自面对发生在自己身上的事情，即使无助彷徨，可是谁都无法替你走过这片荆棘。我心痛、惋惜、无奈，可是我毕竟不是你，我只能做那个站在透明屋子外面，对你挥手、冲你微笑、给你打气的人。

今年七月，再见你时，你剪掉了长发，看上去神清气爽。你说因为生病放弃了很多原本的坚持：无法久站使你不能再做喜欢的烘焙了，你曾经还憧憬拥有自己的小甜品店呢；你不能放肆地吃喝玩乐了，服药成了日常……庆幸的是你找到了自己喜爱的工作，在社区担任专职社工，每天和一些老人打交道，他们大多独居，你每天都耐心地倾听他们的故事，累并快乐着。你觉得找到了人生的意义，忙碌而充实，内心变得丰盈而无惧。看着你沮丧过后乐观地站起来了，我感到欣慰，也为你自豪。很高兴你即使处于困境，对人生依然充满着热忱，对挫折满怀着斗志。你是我的骄傲，我以你为荣。

加油，彦君！

你的小学班主任：王老师

2021 年 8 月 21 日

（广东省广州市荔湾区流花路小学　王穗萍）

191. 你们是我的骄傲

我亲爱的孩子们：

今夜，我提笔要写一封家书，却不知写给谁，因为有离别、有距离，才需要家书来传情达意。那好吧，就写给你们，这群三年来已经成为家人般存在，却在毕业季倏忽不见了的孩子们。

三年前，我原本要继续去高二教书，没想到暑假里被通知要回到高一做班主任，于是我就遇到了你们。这三年来，我常常想，我是何等幸运，能遇见你们！你们热情开朗，朝气蓬勃，敢言敢为，踏实进取，总有一大拨人用满满的正能量，带动着整个班级向前走。不管是学习、纪律、卫生，还是班级氛围和凝聚力，你们都是最棒的！每个同学都是特别的，也许在某些方面多多少少有点儿问题，可那丝毫不能掩盖你们身上的光芒。"如切如磋，如琢如磨"，在我眼里，你们每个人都是一块璞玉，经过不断打磨，都能不断成长。与我同办公室的老师们都说，每次我提起你们，不自觉地，语气里都是自豪，眼睛里都是光。

做班主任和做任课老师的体验真的很不一样，我竟然在你们面前掉过眼泪。还记得吗？高二那年的感恩班会，是你们自己策划的，演示文稿的内容我事先看过，但是让我没想到的是，当天进行到感恩老师环节的时候，你们突然全体起立，转身向站在教室后面的我深深地鞠了一躬。那段时间我看了一部电影——《死亡诗社》，特别羡慕那里面的文学老师基汀，他因意外被学校开除后，学生们用特别的方式向他致敬。而我那天竟然也被你们这样致敬了。

以前有朋友曾跟我说，教书育人原本只是一份工作，而我却把它当作一份事业在经营。是的，我想成为这样的老师。这三年我尽力做到我能做的：每次班会，我都会努力调动大家的思考，让你们学着去规划当下的时间和未来的人生；每次发现有同学在某些方面有疑虑，我都会努力向他们传递我内心的力量。也许我就是想在教书育人的过程中寻找属于我的那一点儿社会价值感吧。

我以为毕业告别那天我不会哭，因为关于离别的场景，我已经在脑海里想过很多遍了，在心里哭过好几次了。可那天我说着说着，眼泪还是流下来了，把你们也给惹哭了。是啊，最难开口的，就是初次的问好和最后的道别吧。

作为老师，我只参与了你们的一小段人生，更准确地说是一小段人生中的一小部分时光。我不敢奢求我会给你们留下什么回忆，但我想说——你们在我的教书生涯中留下了不可磨灭的印记。感谢你们陪伴了我这三年，因为你们，我感受到了青年人该有的活力与温暖，我想未来几十年的教书岁月，我也会带着这份力量继续前行。

你们是我第一批以班主任的身份从高一送到高三的学生。这三年里，我看到了每一个人的变化和成长，由衷地为你们感到高兴；关于未来，十八岁生日寄语里有我对你们每一个人说的话。

未来可期，加油吧，孩子们！你们是我永远的骄傲！

爱你们的班主任：王晓霞

2021 年 7 月 4 日

（山东省青岛市青岛第二中学　王晓霞）

192. 致需要关怀的你们

亲爱的孩子们：

展信佳！

最近，你们过得好吗？

2022 年的冬季必是一个难忘的冬季。整个国家、每个家庭、每个人都面临着一次特殊的"考试"。或许因发烧、咳嗽而备受煎熬；或许处在不知何时会被感染的担心焦虑中；或许一边坚守在屏幕前上网课，一边还要照顾家人……无论如何，我都为你们的勇敢、努力、坚守点赞。无论遇到多大的困难，我们在一起，风雨共担。

居家这段时间，你们常找我倾诉烦恼，虽然困扰各不相同，但大多数都有一个相似的核心，那就是自我苛责。所以今天，我想和你们聊一聊"自我关怀"这个话题，聊一聊如何对自己好一点儿。

你们常说当对自己不满意时，会自我责怪、自我否定："我怎么这么笨，这点儿事情都做不好，真没用""其他人都那么优秀，我怎么就比不上呢"……这如同控制、压抑你的牢笼，带来的影响往往比事件本身更大。伴随而来的是焦虑、自卑甚至抑郁。它们缠住你，捆绑你，你像午夜滂沱大雨中一只受伤的小鸟，孤独、无助、怯懦……

在你的潜意识中，似乎挨骂才是鞭策自己努力、进步的唯一方式。可身心是一体的，这样的方法不是长久之计。因为每当我们进行自我批判时，身体就会启动压力反应，紧接着心跳加速，情绪紧张，然后，要么是选择逃避，要么是像要去战斗一样紧张地学习和做事，使得身体越来越紧绷，情绪越来越崩溃，事倍功半、身心俱疲。

你知道吗？许多研究表明自我批评带来的动力是外在的，带来的努力很大一部分源于恐惧，而自我关怀才会让你真的去喜欢，想为之努力。但是自我关怀并不等于自我放弃，不在意失败。因为自我关怀的人，对自己的期望和要求不会减少，当没有达到自己的期望时，他们不会深陷失望的泥沼，他们愿意再次努力，再次尝试，因为他们有来源于自己的安全感，笃定地相信自己，并持续地认可自己。

你可能会说"我知道我要爱自己、关怀自己，可是我该怎么做呢？"

自我关怀是和自己的痛苦共处，并带着善意和温柔来回应当下面对挫折的自己。其实，你是可以做到的。

想象一下，当你最好的朋友难过或者做了一件丢脸的事时，他来找你倾诉苦恼，你会怎么做？基本上，我们都会静静地听朋友诉说，安慰他、陪着他，可能还会给朋友递一杯水、一张纸、一些好吃的零食或者送上自己温暖的拥抱。

仔细想想，你的做法就是非常棒的关怀。第一你没有责怪他，而是接受了他、接受了他有情绪的事实；第二你允许了他，允许了他的情绪在你面前释放；第三你照顾了他，给予了他关怀和爱。当你在安慰朋友、给他温暖拥抱时，你帮助他释放了令他开心的化学元素。所以你有关怀和关爱的能力，只是还不知道如何把这个能力用到自己身上。

没关系，别着急，徐老师来教你们。

生活中我们可能会面对各种各样的困难和挫折，学业失利、亲子冲突、人际困扰……当我们遭遇外界的批评，开始自我怀疑、自我否定、自我苛责时，或感到伤心难过、无人支持时，你可以试试这样做。第一步，接受此时的自己，接受自己的情绪。有情绪是正常的，是被允许的。第二步，感受自己，觉察自己。体会自己的感受，命名自己的情绪，描述自己的身体状态。第三步，问自己"此刻我需要什么"，并像对待最好的朋友一样对待自己。

累了就停下来休息一会儿，渴了、饿了就去喝杯水、吃点东西，闷了就打开窗或出去散散步，需要温暖可以轻轻地抱抱自己。没想好要做什么也没关系，发一会儿呆，什么也不想，也是一种自我关怀。

罗曼·罗兰说："世界上只有一种真正的英雄主义，那就是认清生活的真相后还依然热爱生活。"爱生活，爱生命，爱自己，都可以从自我关怀开始。

孩子们，没有一个冬天不可逾越，没有一个春天不会来临。我们坚信，在大家的坚持和努力下，定能守得云开！期待你们的青春笑颜。

爱你们的心理老师

2022 年 12 月 11 日

（重庆市第七中学　徐灵玲）

193. 谢谢你们，成就了老师

可爱的学生们：

从事教师这个职业已经 9 年了，心中一直存着愧疚和感激。

小孙，我喜欢你的不墨守成规，喜欢你的机灵，喜欢你的爱动手，喜欢你对问题的执着追问，甚至喜欢你在数学课上对我说英语"I can"。至今想起，我依然喜欢。不过，也时常觉得对不起你。我不是一个严师，因为喜爱而纵容，没能帮助你在那个年纪改掉懒惰的毛病，老师至今觉得对不起你。

感谢你，让我懂得了，有一种爱的方式是严苛。

小周，你个子不高，全班人却都那么怕你。还记得你的父亲私底下找到我，跟我说你有自残倾向。很愧疚自己的无能，没有在当时更好地帮助你。毕业时，我把我记录大家的照片洗出来发给大家时，你因为没有看到自己的而流露出来的失落眼神真叫人心疼。

感谢你，让我学会了不忽略任何一名学生。

亲爱的你们，我在上班的第二年接手了咱们班，到三年级时，时常能听到你们当时的老师跟我抱怨你们的一些缺点，心里面觉得很不是滋味。在自己经验最不成熟的年纪里，遇见了你们，没有给你们更好的教育，没能引导你们变得更加出色，心中觉得对不住你们。

小董，不知道你的数学是不是还那么棒？接手咱们班时，从没有想过你能从不足 20 分考到 90 分。至今还记得你的妈妈在教室门口喜极而泣，她对我说："我对他都已经放弃了，没想到他还能考成这样。"其实，我特别想感谢你，你的成长，你对数学迸发出来的自信，让我觉得自己的工作充满了价值和期待，生活很充实且有意义。

感谢你，让我学会了勤奋，学会了不放弃。

小徐，还记得拍毕业照那天的情景吗？是我没有把事情处理好，没能静下来倾听你的委屈，没能引导你梳理情绪，让你错过了珍贵的小学毕业照。也特别感谢你能在上初二后还愿意给我机会，来学校找我谈心，能让我在你焦虑的时候给予你帮助。

感谢你，让我学会了冷静和倾听。

在那个充满焦虑和疲惫的毕业年，感谢你们对我的纵容，纵容我为了成绩对你们高标准、严要求。偶然间看到你们在语文作文里写下了各自精彩的生活，那个暑假，我在愧疚中反复思考，懊恼于自己当时对分数的执着，懊恼于自己没有给你们更精彩的生活。

感谢你们，让我知道，在成绩以外还有别样的精彩。

教师是一个能给我很多感动的职业。我没有想到自己能坚持下来，这么多年乐此不疲，感谢你们成就了老师。

我可爱的孩子们，是你们给了我爱，给了我快乐，给了我成长。我要衷心地跟你们说一声，谢谢！

永远爱你们、想念你们的老师

2020 年 3 月 7 日

（天津市蓟州区西龙虎峪镇藏山庄中心小学　刘迪）

194. 一(5)班的小鹰，愿你们越飞越高

亲爱的一(5)班小不点儿们：

你们好！每每总是用"宝贝""乖乖"称呼你们，因为老师爱你们，也想让你们感受到我的爱。看着你们纯真的眼眸、阳光的笑脸，作为老师，我也常常感恩，世界很大，风景很美，很幸运让我在最好的时光遇到了最美的你们。

前不久，你们在年级运动会上捧得冠军奖杯，当体育老师宣布结果的时候，当你们大声欢呼的时候，作为你们的班主任，我喜极而泣，不仅仅是因为一个冠军奖杯，而是因为你们43个人的不懈努力。这是一届"全民"运动会，每一名同学都要参加所有项目，这当中，老师看到了你们为集体荣誉而"战"的决心和行动，你们拼尽全力，终于品尝到了胜利的果实。

还记得去年的9月1日，我牵着你们的小手，踏入了"一师附小"的校门。你们兴高采烈地蹦着跳着，神采飞扬的小脸上洋溢着对小学生活的向往。作为班主任的我，也对你们这些一年级的"小豆包"有无尽的期许，更暗暗下定决心，要把你们带成一个优秀的班级。

开学不久，老师将之前教过的哥哥、姐姐们获得的奖状与你们分享。你们一个个瞪圆了眼睛，小脸上写满了崇拜。从你们稚嫩的话语中，我知道你们每个人都志存高远，不服输的种子也深深扎根在你们心里。

小学生活对于你们来说并不轻松，识记生字的时候，觉得能把汉字的样子记住是多么不容易；学习拼读的时候，第一次觉得说话这么难；整理书包的时候，觉得自己的书本怎么那么不听话；还有刚开始学习跳绳的时候，生怕绳子抽到身上……校园里，每一件事都要你们自己来做，却常常做不周全，总有各种的不小心发生：那个你，写字的时候擦破了作业本；那个她，午餐的时候把饭菜洒到了地上；那个他，跑步的时候摔了跟头……在老师的帮助下，每一天，你们都如同展翅欲飞的小鹰，储备着自己的能量，学习着生活的本领。坚持，努力，困难一点一点被你们战胜，

一次次的眼泪最终换来的是自豪的笑容。这8个月，老师和你们相互陪伴，老师见证了你们共同取得的一个又一个成绩，感到无比骄傲。老师为你们在赛场上勇于追赶、突破自我而骄傲，为你们在闷热的音乐教室里挥洒汗水、坚持排练而骄傲，为你们在舞台上精彩绽放而骄傲。孩子们，你们每一个人都是出色的，你们心中都装着伙伴和集体，班集体的力量、团结的精神又不断鼓舞着你们前进。

最后，老师想送给你们三句话：成功永远属于勇于拼搏的人；逆水行舟的时候更要相信自己；也许结果很美丽，但是努力的过程才是生长的意义！加油吧，孩子们，让我们继续脚踏实地，走好每一步！

爱你们的胡老师

2019 年 6 月 8 日

（北京市第一师范学校附属小学　胡惠娜）

195. 遥远的祝福

亲爱的小姑娘：

首先感谢你前几天发来的生日祝福，老师看了之后无比感动。

离开新疆也有两年了，说来惭愧，这两年一直没有主动联系你，前不久看到你在空间里晒录取通知书，我才意识到时间已经过去了那么久，你已经要去上大学了。

那时我大学刚毕业，只身一人来到了遥远的新疆。进学校的第一天，领导就让我当班主任，带你们这些高一新生。我心里可紧张了，怕自己"镇"不住你们。但当我走进教室的那一刻，看到你们青春洋溢的脸庞，我感受到了学生时代那种熟悉的氛围，我突然就不紧张了。第一周的周记里，同学们都写到我是个严肃的老师，只有你告诉我要多笑一笑，你喜欢我笑起来的样子。我当时心里暖暖的，拿着周记乐了好久。

你知道吗？在这么多的学生中，我对你的印象最深刻，你是我见过的最坚强的小姑娘！最开始当我发现你连背诵《登高》这首诗都十分困难的时候，我很生气，认为你没有用功，责令你背不会就不能下课。等我第三节下课路过教室时，看到别的同学都在玩闹，只有你坐在窗边还在背诗。后来我了解了你的情况，心里充满了愧疚和自责。于是我在课堂上增加了更多的诵读环节，作业也是分层批阅，适当降低对你的要求。而你却仍然努力让自己的背诵和作业都赶在别人前面。虽然有些作业里的题目你都看不太懂，文言文更是难以理解，背诵都是靠死记硬背，但你每次都是全力以赴去完成。你的这种品质是很多孩子身上没有的。现在我回家乡从教了，还经常给我的学生们讲你的这种学习精神。

还有一件事让我经常挂念你，你的牙齿现在还疼不疼了？那时候你住校，一个月才能回一次家。你告诉我你妈妈肾不好在市医院里治疗，爸爸在遥远的学校学习，没人带你去医院。因为学校离县城还有一段路，学校规定没有家长接是不能让学生离校的，再加上你是个十几岁的小女孩，我更不能让你出一点儿意外。没有办法，我只能给你买了一些药带回来。吃了一个礼拜的药，你终于好起来了，脸上又飞起了健康的红晕！冬天的时候，你妈妈身体好点儿了，专门来学校看我，表达感谢。通过你的翻译，我了解到，你妈妈生病期间，家里没有经济来源，虽然学费国家给补助了，但还是很困难。现在政府给你妈妈介绍了一份保安的工作，她还准备在家开一家凉皮店。你眯着眼，笑容是那么甜，跟我说等暑假带我去你家吃凉皮。我意识到正是这样坚强又真诚的母亲才教出了这样坚强又真诚的你。

我只教了你们一年就离开了。我没跟你们告别就悄悄离开了，我以为我只不过是你们生命中一个微不足道的人。但后来你哭着跟我打电话说想我的时候，我才意识到我这个举动伤害到了你们，我的不告而别就像抛弃了好朋友一样，我顿时感到特别羞愧，反而更加不好意思联系你们了。抱歉我没有陪伴你们整个高中时代，抱歉我没有送你们去高考考场，抱歉我没有分享你们考上大学的喜悦……

亲爱的古丽居麦·买买提，恭喜你进入了大学，愿你好好享受你的大学生活，见更多的人，做更多自己喜欢的事，照顾好妈妈，并且一直坚强、一直真诚！

你的老师：李金金

2021 年 8 月 9 日

（甘肃省酒泉市阿克塞哈萨克族自治县中学　李金金）

196. 当不再拥有，那就让我们用力地记住

我的 37 个宝贝们：

六月了，又是一年毕业季。一直想给你们写点儿什么，我亲爱的(10)班，我的羽翼丰满即将飞走的孩子们！从三年级到六年级，我们相伴整整四年，这四年过得幸福惬意，你们被我捧在手上，放在心头，最牵挂，也最不舍。

人最重要的财富是什么？不是身外之物，而是回忆中那些彩色的时刻。这四年，我们留下了多少这样的片段啊！

片段一：宽敞明亮的教室，梧桐叶摇来一窗绿意。阳光照耀着红色的窗栏，那样明丽。忽然来了兴致，给你们讲黛玉的窗子，窗纱颜色不新了，贾母给她选了银红的软烟罗，映衬着猗猗绿竹，和咱们有异曲同工之妙呢。

片段二：四年级开始，每周五下午是吟诵课。你们身着汉服小衫，小手舞动，曼声长吟。外面烈日炎炎，你们吟出一室的清凉。每天总有一段时光，我们会在吟诵中度过。我们在"冠必正，纽必结"里学会了日常规矩，在"近乡情更怯，不敢问来人"里学会了体察入微，在"暮春曲水喜流觞"里懂得了生活情趣……书声琅琅，是最美的声音，是心灵升华的声音。

片段三：秋天，梧桐叶变成了一个个金色的大手掌。下午最后两节课，我们没有在教室做作业，而是去操场赏秋。你们或者将满捧的叶子忽地扔起，任它们如雨散落；或者收集叶柄，三三两两，头碰头地玩着拔根儿游戏；女孩子们解散长发，挨坐在一起，留下最美的背影……而我心中，是吾家儿女初长成的快乐。

片段四：运动会，男子 4×100 米接力。发令枪响，第一个冲出去的赫然是咱班小霏，然后小袆、小浦、小亦，遥遥甩开第二名。阳光照在脸上，发丝在风里飞扬，那一刻，一种团结向上的很热烈的东西生发出来，十足的少年感，非常美好。

这样彩色的时刻，数也数不尽，说也说不完，连缀成我们绚丽多彩、难以割舍的四年。

从当上老师那天起，我就开始思考，该如何做个好老师？我总以为，无论是做老师还是做家长，如果记得自己做小孩时的感受，就能理解学生和孩子。我清楚地记得十一二岁时，那无聊、迷惘、空虚的感觉。所以我能理解，你们沉迷游戏，是对这种感觉的排遣。然而，更好的方式是读书。很高兴你们也开始大量读书了，我最爱《红楼梦》，你们喜欢《三体》。你们在书籍的滋养下，蓬勃而茁壮地生长着。守护在旁的我，是欣慰的、欣喜的。

这半年，我总爱跟你们待在一起，告诉你们要有礼貌，要照顾他人感受，做事要考虑后果，要珍惜每时每刻……想要你们变成更好的人，怕不说就没机会了。最喜欢批阅你们的日记，感谢你们能将真话写给我，让第一次带高年级的我，了解你们的心，也有机会弥补无心言语造成的过错。

我们的班规是"身有君子风，出入慎言行。礼义廉耻具，事事守法纪。心怀天下事，博学又多识。今事今日毕，明日精英聚"，班训是"一日三省，立志有恒"，班风则是"温文尔雅，君子言行"。而这些，你们都做到了，希望你们继续以此为自己的行为准则，永远做个坦荡磊落的君子。

还记得 2017 年元旦，我即将休产假。联欢会上，你们给了我一份特别的礼物。毫不知情的我，听到你们齐声读给我的信，感动到湿了眼眶。那时的感动依然在心，那个装着信件的盒子，是我最为珍视的礼物。多少次，累了乏了，打开这个盒子，你们温暖的文字，会给我阳光般的力量，让我勇敢前行，不再彷徨。

如今你们要毕业了，不能陪伴你们继续前行，只能给你们永存心底的祝福。当不再拥有，那就让我们用力地记住。

杨帆

2019 年 6 月 4 日

（北京市通州区东方小学　杨帆）

197. 用最朴实的话语，纪念我们最纯真的岁月

亲爱的孩子们：

转眼间，已经和你们相处快 15 个月了。这 15 个月里，我眼看着你们长高了、懂事了，给我留下了很多无可复制的美好回忆。

一位老师总要经历迷茫、自我否定再到自我发掘、自我肯定这样的成长过程，教龄不到三年的我更是如此，我会不断问自己要做什么样的老师。经过无数与他人、与自己的对话，我明确了，我要做学生的大班长，对学生在专业上有引领、与学生在心灵间无距离。

"大班长"这个身份，源于开学前新生教育时的集体徒步。那一次，小巧灵活的我走在班级队伍中间，忽然一个女生对我说："老师，我刚才恍惚了，以为您是我们的班长。十五六岁的大班长！"我乐了，一下子就爱上了这个称呼。后来，每次学校开运动会，当我坐在学生中间，其他班的孩子也会说："卢老师，您又给(4)班当班长啊！"那一刻，我似乎真的又回到了我的少年时代。

教育是一个灵魂唤醒另一个灵魂，同时在这一过程中去发现自己真正的灵魂，这样的唤醒从日常点滴中慢慢积累，最终会汇聚成无限的能量。所以，从开学第一天，我们就定下了一个由一日班长记录班级日志的规则。每周一，我都会和你们一起回忆上周的生活点滴，让自己不会错过你们成长的每一个瞬间。当这本日志写完交到我手上时，我也在最后一页写下了我的班级日志，虽然至今还没有机会给你们读过。

而这个记录班级生活的本子，也是我精心挑选的。记得那一天在文具店，我一眼看到这个本子便被吸引。"我闭着眼睛，躺在软乎乎的云朵上幻想，期待着你缓缓而来"——封皮上印制的这句话瞬间就击中了我的心，这大概就是那时我的心情吧，期待着与 40 个有趣的小灵魂相遇，共同创造美好而独特的回忆。

这 120 多页的日常点滴，出自(4)班每个小可爱之手，每一个文字都带

有温度，浸透着那一天的喜怒哀乐，还有一些我听不懂的属于你们自己的小故事，更有我和你们共同的美好回忆。世上有许多东西无法估价，正如这个原本十几元的本子，当有了这些文字，它便成了无价之宝，不可复制。因为它见证了（4）班从无到有、从陌生到熟悉的过程。而每个人，都是（4）班历史的创造者、经历者和记录者。

我曾问自己，什么才是完美的初中生活？学习充实、活动丰富、心情愉悦、能力增强……各种美好的词语都可以用来形容这段时光。现在我是放心的，因为我看到（4）班的小可爱们是如此团结、热情、真诚、友爱、向上，真愿这些品质能一直追随你们，成为你们最宝贵的财富。

此刻，距离这篇班级日志的完成，已经过去了 6 个月，现在看来洋洋洒洒，没有什么核心主题。新的班级日志本也用了快一半，不知当第二本写完的时候，我又会写下怎样的感慨。但我相信，一切真情流露可能没有逻辑，但一定是有温度的，我只想用最朴实的话语，纪念我们最纯真的岁月。

卢锁霞

2019 年 10 月 28 日

（北京市朝阳区第十五中学　卢锁霞）

198. 愿你们赴一场生命的盛宴

九(1)班的孩子们：

现在，你们正在考场上奋笔疾书，而我，正想象着你们曾经的样子与看到这封信时的表情。

有许多话想跟你们说，该从哪儿说起呢？从上周看到小芷伤心地掉泪开始说吧。小芷，你因为好朋友范范要离开我们去学画，很是伤心，我没有劝你。范范虽然与你同龄，却懂事得令人心疼，她和家人乐观地笑谈不幸，总能带给身边人温暖。范范那不向命运屈服的样子，相信应该能让小芷你永远记住吧。

小飒、小悦，郭老师称你俩是"颜值担当"，心里是不是美滋滋的？老师希望你们永远坚持美好的追求，坚守自己的底线，坚定对文化的自信，让自己拥有由内而外打动人心的美好。

欣，你喜欢画画。你内秀、可爱，心里装着一个丰富多彩的世界。期待着，你心中的那个世界能早日从你的画笔中流淌到我们的眼前。

硕，给你当班主任，郭老师没少看你的脸色，可你知道老师为什么还要不停地创造机会给你吗？孩子，那是因为你特别想做好每件事的劲头打动了我。今后，离开了父母和老师的庇护，你得学会与自己和解，与他人真诚相处，只有这样，你才能走得更远！

小靖，我的团支书，你的进步真的好大，是星星火炬赋予你力量了吧？是猎猎团旗给你鼓劲了吧？孩子，勇于挑战，你就有无限可能！希望老师今日送你一程，能帮助你遇到更好的自己！

媛媛，喜欢你含羞的眼神，能感觉到你在我身边时小鹿般的温顺与信任，期待你不急不躁地成长和进步！

小玥，你像极了小时候的我，热情、自信，又有点儿小惰性。放你飞走，我心里还有点儿不安，老师想送你两个字——"坚持"，沿着正确的方向坚持走下去，你会拥有精彩的人生！

森森，"三水姑娘"，上善若水，水利万物而不争，老师希望你能顺流到成功的大海，拥抱更广阔的天地。

小美，此时此刻，很想你。我脑海中有一个画面，就是你在离校前最后一次值日，当时，你把窗帘精心整理好、系好结。知道吗？周一到校，大家都不忍心打开窗帘扣，谢谢你给我们留下的美好。

小栋、小原、龙龙，你们三个肯定在心里埋怨过我，但我还是要记录下来，印在你们的青春纪念册上，让你们记住"没有规矩，不成方圆"，记住"要在适合的场合做合适的事"。

小昊、小琛，送你们一句话吧："好看的皮囊千篇一律，有趣的灵魂万里挑一！"别忘了，我是要看着你们既好看又有趣起来的郭老师！

小玮、小姚，一对小哥儿俩，你们都是有追求的人。小玮你对历史有着浓厚的兴趣，小姚你有着缜密的心思和清醒的头脑，希望你们都能遇到更好的自己！

小伟、翔翔、小予，三位学霸，你们是最有人缘的男子汉，对待同学温和谦逊，学习上分秒必争。可以说，你们已经具备了一个成功者的基本条件。为师领你们进了门，今后修行就要靠你们自己了！

小鹏，终于轮到你了！论资质，你也应该被称作学霸，可郭老师总替你感到不甘心。孩子，为什么你离成功总差一步。聪明＋勤奋、梦想＋毅力、小鹏＋努力才是王道啊！

小柯，在郭老师心里，你一直都是最懂事的那一个，这也许和你的成长经历有关系吧！临别之际，老师送你"忠""恕"二字，希望你诚心做事，宽厚做人，老师相信你来日可期！

我借用国学大家辛意云先生的一句话来问问你们：我们为什么要学习？我们的十五岁与我们的一生有什么样的关系？

孔子说"吾十有五而志于学"，我的孩子们，在你们的十五岁，我也希

望你们都能立下鸿鹄志，带着对自己最美好的生命的向往，自觉地去赴一场生命的盛宴吧！

敏哥

2019 年 6 月 26 日

（北京市育英学校航天校区　郭敏）

199. 与爱同行　幸福成长

亲爱的孩子们：

匆匆六年，你们即将毕业，即将离开朝夕相处的老师、同学，离开生活六年的校园。回想三年前和你们初相遇，你们说："尹老师，您二年级时是（1）班的班主任，三年级时教（1）班和（3）班的语文，四年级了，您终于成了我们的班主任。"听了你们的话语我心情激动，同时又倍感压力，从那一刻起我默默地告诉自己一定要用欣赏的眼光看你们，用宽容的心态待你们，我要和你们一起幸福成长。

你们一定记得咱们四年级时的班级博物馆，我班所选的展览主题是"红色精神照我心"，我和你们反复商量后，巧妙地选择了"梅花"作为红色精神的代表，布置班级博物馆。纸上得来终觉浅，绝知此事要躬行。一个人要想在成长中有所发展，就必须准备好迎接各种困难的挑战，只有不断在实践中提高自己的能力，才能达到自己向往的目标。在班级博物馆中我们设计了身边的榜样这一板块，让你们讲述自己的故事。五岁开始练习书法的小韩同学、坚持打羽毛球五年半的莫非同学、从小学习舞蹈取得丰硕奖项的萱萱同学、坚持参加志愿服务的思鹏同学……你们每个同学的故事定期在班级博物馆专栏里展示。见贤思齐，潜移默化，日积月累，你们的行为在慢慢变化，真正地把梅花精神内化于心，外化于行。孩子们，尹老师希望你们在以后的学习路上，在以后的成长路上，都能以梅花精神激励自己。

你们一定记得最难忘的那次拔河比赛。那天你们得知要举行拔河比赛了，各个兴趣恹恹。原来你们以前参加拔河比赛都是"一轮游"，于是我笑问你们："那这次呢？我们就不战而败了吗？"你们纷纷说："那不行，不能认输！""我们要有信心！""如果连信心都没有肯定赢不了！"……我们一起探讨拔河比赛胜利的秘诀，我们一起观看拔河比赛的视频，一起排兵布阵，掌握正确的队形和姿势。拔河比赛最重要的是团结，要齐心协力，大家跟着口号一起使劲。在双方僵持的关键时刻比的是韧劲，坚持到底的就是胜者！在这次的比赛中，我们班经过三轮闯进决赛，面对强大的对手，我们最终以2比1反败为胜。你们在决胜局咬牙坚持，几次扭转败势，勇夺冠军！拔河比赛的胜利让你们懂得了团结的重要性，你们用行动诠释了团结协作。孩子们，孔子说："君子无所争，必也射乎！揖让而升，下而饮，其争也君子。"这是说君子争与不争的问题，大概意思为：君子没有什么争夺之意，如果有的话，那么就是射箭了，他们互相作揖后登上赛场，下了赛场以后同饮，以此来表达礼节，这样的争斗是君子之争。赛场上的运动健儿们，不分国界，他们在竞技场上是竞争对手，但很多在赛场外是好朋友。就像金博洋与羽生结弦两个人是非常友好的对手，他们两个也是相互尊敬、互相欣赏的，金博洋把羽生结弦视为偶像，羽生结弦在很多次采访中，也说到他非常喜欢金博洋。孩子们，一个班级的同学，在学习上存在竞争，但更多的是互帮互助。如果整个班级的学习气氛浓厚，那你一定也是其中优秀的一员。孩子们，尹老师希望你们懂得现在虽然总是强调竞争，但其实首先应该是合作。希望你们在良性的竞争环境中共同成长。

你们一定记得居家期间我们召开的线上班会。那一次我们全班总动员，你们不断突破自我，分工合作，各司其职。短短三天的时间，你们收集同学的作品，制作PPT，撰写主持词，并且在正式召开之前还进行了彩排。在大家的共同努力下，我们第一次线上班会成功召开，每个同学在居家生活中学习的新技能都得以展示。在这个过程中，你们的语言表达能力、随机应变能力、组织协调能力都得到了提升。孩子们，孔子说："君子不器。"各种器皿都有自己特有的用途，这就形成了局限性。智慧之人，不应把自己框定在某一局限内，而应博学多才，广泛涉猎，思维开阔，不拘一格。孩子们，尹老师希望你们在今后的学习中不断认识自己，探索自己，突破自己，不让自己局限在一个"器"中。

在即将毕业之际，尹老师想再和你们聊一聊"感恩"。

我们要感恩父母。居家期间，爸爸、妈妈有更多的时间陪伴你们，你们和爸爸、妈妈之间的关系更加亲密了，家庭更加幸福了。很多同学在这段时间学会了做家务，学会了做一顿简单的饭菜……你们在长本领的同时，也体会到了原来把整个家的地面清理干净会腰酸腿疼，原来一道简单的西红柿炒鸡蛋想要做好也要经过反复的练习，原来爸爸、妈妈白天上班，晚上回家还要做家务、辅导我们学习是这么辛苦！感恩父母，他们是最爱你们的人。

我们要感恩老师。孩子们，老师是世界上唯一与你们没有血缘关系，却因你们的进步而高兴，退步而着急，满怀期待，助你们成才，舍小家顾大家而且无怨无悔的"外人"。在居家学习期间，责任感、使命感驱使老师们投入忘我的工作中，为你们设计丰富多彩而又具有挑战性的学习内容。对你们提出的问题，做到有问必答；对你们分享的学习成果，做到有交必评。老师们不仅关注你们的学习，更关心你们的心理健康。感恩老师，他们是最负责任的人。

感恩我们正在面临的困难，感恩我们遇见过的所有挫折。挫折在弱者看来是可怕的，但是挫折也能将弱者磨炼成强者。感恩挫折，给我们感悟与启迪；感恩挫折，令我们有信心和勇气；感恩挫折，让我们坚持不懈，团结一心。孩子们，让我们以乐观积极的心态去面对一切困难和挫折。

亲爱的孩子们，让我们心怀感恩，与爱同行，幸福成长！

爱你们的老师
2023 年 2 月 1 日

（北京市朝阳区芳草地国际学校慈云分校 尹春梅）

200. 爱的真谛

亲爱的孩子们：

幽暗的拐角转过

寂静的长廊穿行

木制的红门推开

此刻双眼被点亮

因为

在这里遇见你

你可知道

当目光触碰你时

我就用心拥抱了你

朴实憨厚的赫男

淘气调皮的梓宁

漂亮文静的靓新

稚嫩活泼的睿溪

从此

与你相识相守

你可知道

当内心拥抱你时

我与你再也不分割

粗野的笑声里

有我无言的伤心

委屈的身影后

有我默默的心疼
成功的喜悦中
有我暗暗的骄傲
你可知道
当与你不分割时
我就要时刻爱护你

你听讲常常不专心
我严厉批评
你作业屡屡不改正
我大发脾气
你搞卫生时不认真
我狠心责罚
可是
你可知道
当决定爱护你时
我就收起宠溺之心

面对我的愤怒
你一定在想
我是不是真的爱你
是不是所有的爱都是虚假
面对我的指责
你一定在想
我是不是真的护你
是不是所有的护都是借口
可是
你怎知爱的真谛

孩子

你可知道

爱不是空壳

护不是口号

我爱你实实在在

我护你真真切切

正因为爱的实在

对你的缺点丝毫不留情

正因为护的真诚

对你的谎言半点儿不姑息

因此

爱披上了严厉的外衣

孩子

我要你知道

爱不是纵容

也不是奉承

更不是妥协

爱就是实实在在

孩子

我要你知道

护不是隐瞒

也不是娇惯

更不是偏袒

护就是真真切切

扎西拉姆说

你跟，或者不跟我

我的手就在你手里

不舍不弃

这也将是我的承诺

今天让我

以一颗冰雪淬过的心

再一次告白

我对你的爱

就是实实在在

我对你的护

就是真真切切

我愿陪你

一同走过青涩迷茫

一同奔赴理想彼岸

爱你们的杜老师

2023 年 1 月 20 日

（北京市大峪中学分校　杜海鹰）

结语

　　仁者爱人。关怀理论的代表人物内尔·诺丁斯强调，教育的目的应该是培养有能力、关心人、爱人也值得人爱的人。爱与关怀是生命最真实的存在，体现着生命最终极的本质，关怀他人和被人关怀是人的基本需要。

　　收入这一章的家书，是一曲曲流淌着爱与关怀的歌。

　　教育的形态起源于人与人之间的交往。亲其师，方能信其道。没有一种深刻的关系的建立，教育也就难以发生，无从谈及。因此，良好师生关系的构建，是教育真实发生的基础与保障，和谐的教育关系能够生成平等、自由、合作的互动模式，从而实现自我敞开、自我接纳与自我完善。当王乐乐老师看到学生的留言——"我就像浩瀚宇宙中的一粒尘埃，没有人会在乎"时，她敏锐地捕捉到这个孩子内心的孤独，并与之展开了每周一次的"秘密谈话"："我跟你分享我自己的学生时代，当然也努力以成年人的视角和老师的责任去引导你。不知你是否真的理解和认同我说的话，但是我们之间这种'秘密谈话'能够持续，应该就是良性互动的一种证明吧！"老师用自己满腔的关爱与热忱告诉学生："你在我心里真的很重要！"

　　对于园丁来说，最大的快乐莫过于满庭花开、葳蕤生香；而对于教师来说，更深切的幸福感的获得，则来自学生的生命拔节、蓬勃成长。所以在家书中，我们更多看到的，是老师对学生们满满的期待和殷殷的寄语。郭敏老师写下深情的祝福："孔子说'吾十有五而志于学'，我的孩子们，在你们的十五岁，我也希望你们都能立下鸿鹄志，带着对自己最美好的生命的向往，自觉地去赴一场生命的盛宴吧！"

　　正所谓教学相长，这些家书也记录了师生的共同成长。新生教育时集体徒步的经历，让卢锁霞老师意识到"我要做学生的大班长，对学生在专业上有引领、与学生在心灵间无距离"，于是她也在家书中用最朴实的话语纪念与学生们最纯真的岁月，同时也在与学生们的真诚互动中获得了无限的力量："教育是一个灵魂唤醒另一个灵魂，同时在这一过程中去发现自己真正的灵魂，这样的唤醒从日常点滴中慢慢积累，最终会汇聚成无限的能量。"

爱，是源于对生命的真正的尊重。当我们真正珍惜来到我们身边的一个个鲜活的生命时，内心中就会自然地流淌出无尽的爱意。"仁者人也。""仁"之所以被作为"人"的本质属性加以肯定，是因为要让我们意识到个体与他人、与万物、与天地皆是一体，作为生命理想的君子圣贤之道，从来不仅仅是将自己束缚在一己之私的谋取中，而是不断向外扩充自己的能量，修己达人，推己及人，让自己成为光、成为爱，进而用爱去培育爱、激发爱、传播爱，促动更多的生命走向爱的自觉。经由《论语》和传统文化经典的学习，老师们更深刻地体会到了，无我利他的生命正是天命大道之体现。所谓依道而行，正是不断地激发出我们本自具足的爱与能量，我们在成就他人的同时也就是在成就自己。

师爱如歌，这歌声不仅在学生的心中久久回响，也在每一个葆有仁爱之心的教育者心底流淌。爱人者，人恒爱之。因为有爱，我们也就拥有了一份幸福完整的教育生活。而源于内心深处的这份真挚、持久而深厚的爱，也让我们的教育生命获得了鲜活的动力源泉，不断地激励着我们在回归教育本真的大道上砥砺前行！

回顾下编家书，主要聚焦好老师的教育生活，从师道坚守、师心闪亮、师爱如歌三个方面呈现了好老师对教育家精神的践行。教师的道德不是个体化的职业要求，而是天然处于向外延展又内在关联的家国天下之中，是教师内在性的精神领悟与外在化的公共呈现。正所谓，"小我"是"一个人"之我，"大我"是"一群人"之我。践行教育家精神，教师就要把个人的"小我"融入祖国与人民的"大我"之中，胸怀天下，勇担国家责任和社会责任，成就中华传统师道在新时代的守正出新。好老师"立德树人"，其本意在此！